Conferencia Iberoamericana
n Software Engineering
(CIbSE 2005)

Valparaiso, Chile
2-6 May 2005

Editors:

Hernan Astudillo **Carla Taramasco**

ISBN: 978-1-5108-4065-2

Printed from e-media with permission by:

Curran Associates, Inc.
57 Morehouse Lane
Red Hook, NY 12571

Some format issues inherent in the e-media version may also appear in this print version.

Printed by Curran Associates, Inc. (2017)

For permission requests, please contact CIbSE - IberoAmerican Conference on Software Engineering at the address below.

CIbSE - IberoAmerican Conference on Software Engineering
c/o Luca Cernuzzi
Universidad Católica "Nuestra Seóra de la Asunción",
Campus Universitario, Asunción
Barrio Santa Ana, C.C.1683, C.P. 1364
Asunción - Paraguay

Phone: +595 21 334650
Fax: +595 21 310587

lcernuzz@uca.edu.py

Additional copies of this publication are available from:

Curran Associates, Inc.
57 Morehouse Lane
Red Hook, NY 12571 USA
Phone: 845-758-0400
Fax: 845-758-2633
Email: curran@proceedings.com
Web: www.proceedings.com

TABLE OF CONTENTS

Generación de Patrones de Requisitos en una Herramienta CASE: Aplicación al Common Criteria

Omar Hurtado, Juan Llorens, Gonzalo Génova, José Fuentes
Universidad Carlos III de Madrid
Madrid, España
{ohurtado, llorens, ggenova, fuentes}@inf.uc3m.es

Resumen

La norma llamada Common Criteria sobre requisitos de seguridad de sistemas de información es cada vez más requerida y utilizada a nivel mundial. Por este carácter universal, la adaptación de un proyecto concreto a esta norma puede no ser sencilla. Por tanto dificultará el proceso de desarrollo de software, esencialmente en la fase de análisis de requisitos. Esta situación desfavorable puede cambiar, si utilizamos la idea de patrones para transmitir conocimiento del uso de requisitos en diferentes sistemas de información. Este trabajo establece un primer patrón de requisitos que implementa el estándar, en los aspectos de aprendizaje y uso de sus requisitos de seguridad para incluirlos en un proyecto de software bajo el soporte de una herramienta CASE (seCAKE). Creemos que esta integración de tecnologías para reutilizar requisitos, promoverá una mejor práctica del análisis de requisitos y consecuentemente mejorará el Proceso de Desarrollo de Software.

Abstract

The norm called Common Criteria of security requirements of information system is the more required and utilized on the world. By this universal character, the adaptation of a specific project to this norm can not be simple. Therefore it will hinder software development process, essentially in the phase of requirements. This unfavorable situation can change, if we used the idea of patterns to transmit the knowledge of use of requirements in different information systems. The present work establishes a first requirements pattern that implements the standard, in aspects of learning and use of its security requirement for its inclusion in a project of information systems supported by a tool CASE (seCAKE). Let us think that this integration of technologies for reuse requirements, will promote a better practice of requirements analysis and will improve Software Development Process.

Palabras clave

Common Criteria (CC), Declaración de Seguridad (ST), Objetivo de Evaluación (TOE), Paquete (Package), Perfil de Protección (PP), seCAKE (Software Engineering - Computer Aided Knowledge Environment).

1. Introducción

Al inicio de una conferencia en 1988, Martyn Thomas se preguntaba: "¿Podemos fiarnos de los ordenadores? Con independencia de lo que cada cual responda, la sociedad se comporta como si confiara en ellos, además de manera vertiginosamente creciente"[MT88]. Paradójicamente podemos comprobar que esto es cierto: a pesar de los cotidianos inconvenientes que vemos o nos toca experimentar con las tecnologías de información, cada vez las requerimos y utilizamos de forma más intensiva. En este contexto surge la noción de seguridad de los productos o sistemas de información, de forma paralela a los avances de las tecnologías de la información; noción con connotaciones muy subjetivas, complejas y no siempre previsibles.

Como consecuencia de lo ya mencionado, existen grandes discrepancias entre las organizaciones sobre cómo definir la seguridad de las tecnologías de información. Los primeros esfuerzos al respecto surgen a principios de los 80, en los Estados Unidos, donde se desarrollaron los criterios de seguridad bajo el nombre TCSEC (*Trusted Computer System Evaluation Criteria*) y publicados en el famoso "Libro Naranja" [DOD]. Estos criterios sirvieron como base para que posteriormente otros organismos internacionales los evolucionaran haciéndolos más flexibles y adaptables al continuo desarrollo de las tecnologías de la información. Ya en los 90 la ISO (International Organization for Standardization) empieza a trabajar en la necesidad de estandarizar internacionalmente los requisitos de seguridad para las tecnologías de la información. En 1996 aparece el *Common Criteria* versión 1.0 y llega a consolidarse ya en 1999 con la versión 2.1 o ISO-IEC 15408. En la actualidad, después de continuas revisiones, contamos desde septiembre de 2004 con la versión 2.2 en su revisión 311 [CCP].

También usamos en el presente trabajo la idea de patrones, como forma de transmitir experiencias de desarrollo de sistemas de información. Estos patrones aplicados a requisitos permitirán, a un fabricante de sistemas de información, primero aprender de los patrones y segundo a saber cuál utilizar adecuadamente en un proyecto específico.

Por otro lado, desde la aparición de las herramientas CASE (Computer Aided Software Engineering) [PR02], alrededor de 1984 hasta la actualidad, éstas cuentan con un reconocimiento a nivel mundial, siendo usadas por cualquier desarrollador o programador que busque un resultado óptimo y eficiente. A pesar de esta situación, no existen herramientas que abarquen en forma completa, integrada y eficiente todo el proceso de desarrollo de software: Análisis de Requisitos, Análisis, Diseño, Codificación, Pruebas; y menos aún, la posibilidad de traza que permita llevar una gestión eficiente del proceso de desarrollo de sistemas de información.

Es en esta situación donde aparece *seCAKE* (Software Engineering Computer Aided Knowledge Environment) [LFB], una herramienta CASE que permite el desarrollo de software bajo el paradigma de la gestión del conocimiento. Para realizar su trabajo, la herramienta seCAKE funciona en el entorno denominado *CAKE* (Computer Aided Knowledge Environment) [LFA], en el cual el conocimiento (y no sólo el software) es el recurso central para el desarrollo de sistemas de información.

En consecuencia, el objetivo del trabajo presentado en este documento, es utilizar la idea de *patrones* para transmitir conocimiento acerca del uso de requisitos en diferentes proyectos de sistemas de información. En este trabajo se materializa un patrón de requisitos que implementa el estándar Common Criteria, en los aspectos de aprendizaje (documentos de conceptos y estructuras del estándar) y uso de los requisitos de seguridad. Esto permite a los requisitos ser incluidos en un proyecto de desarrollo de sistemas de información. Todo esto bajo el soporte de una herramienta CASE: seCAKE.

Creemos que esta integración de tecnologías: Patrones, herramientas CASE y Análisis de Requisitos, promoverá un mayor y mejor uso de las prácticas de *Análisis de Requisitos* y por consiguiente mejorará el *proceso de desarrollo de software.*

Los procesos realizados para el logro de este objetivo los describimos en las siguientes fases y los comentamos detalladamente en el resto del documento:

- Análisis de la norma *Common Criteria* o ISO-IEC 15408, con el propósito de determinar la estructura de requisitos de seguridad con que cuenta, así como la factibilidad y el alcance de la implementación dentro de una herramienta CASE.
- Estudio de patrones de diseño, su concepción, para poder trasladarlo al ámbito del Análisis de Requisitos.
- Estudio del entorno de trabajo *CAKE* y de la herramienta *seCAKE,* con la finalidad de determinar la forma de adaptación de los patrones y del estándar *Common Criteria,* al soporte para el proceso de desarrollo con que cuenta actualmente esta herramienta.
- La especificación de los requisitos de diseño de los patrones y del *Common Criteria* para incluirlos dentro del soporte para el proceso de desarrollo de un proyecto desarrollo de sistemas de información en *seCAKE.*
- Implementación de los patrones y del *Common Criteria* en *seCAKE.*

2. Common Criteria (CC)

El estándar *CC* o *ISO/IEC 15408* se orienta a la evaluación de la seguridad de la tecnología de la información [CCP]. El actual estándar es independiente e internacionalmente reconocido que regula la evaluación objetiva, repetible y comparable de las propiedades de seguridad de productos y sistemas de información.

Con el grado de complejidad actual de los sistemas de información, obtener con certeza sus propiedades de seguridad es un problema irresoluble. Ante esta situación el *CC* basa su filosofía, en concordancia con el estado del arte del análisis de seguridad, en ofrecer *grados de confianza en la seguridad* de un producto o sistema de información.

2.1. Organización del estándar

El estándar esta organizado en tres partes con distintas orientaciones, pero relacionadas entre sí:

- **Parte 1: Introducción y Modelo General (Introduction and general model).** Presenta los conceptos generales y principios de evaluación de seguridad, así como la estructura para la derivación de los requisitos y especificaciones de un producto o sistema basado en tecnologías de la información.
- **Parte 2: Requisitos Funcionales de Seguridad (Security functional requirements).** Presenta el catálogo de requisitos funcionales de seguridad para el *Objeto de Evaluación* (TOE: Target Of Evaluation).
- **Parte 3: Requisitos de Garantía de Seguridad (Security assurance requirements).** Presenta el conjunto de requisitos de garantía para la seguridad del TOE. También se definen los criterios de evaluación para un *Perfil de Protección* (PP: Protection Profile) y para una *Declaración de Seguridad* (ST: Security Target). Así como también la escala de *Niveles de Evaluación para la Garantía* (EAL), predefinidos por el CC.

2.2. Contexto de seguridad del Common Criteria

El CC parte de la siguiente definición básica: *el objeto de la seguridad es proteger los recursos contra las amenazas.* Bajo esta premisa tratan la seguridad estableciendo un escenario para la misma; que la salvaguarda de los recursos es responsabilidad del propietario. Éste analiza las amenazas y determina los riesgos a los que está expuesto, aplicando contramedidas para reducir vulnerabilidades y cumplir las políticas de seguridad. Pero esto no es suficiente: tiene que solicitar una evaluación de las contramedidas que le permita tener la garantía o confianza en que los criterios aplicados tendrán un comportamiento apropiado.

Esta situación de protección está dada por la aplicación de los requisitos de seguridad del CC. Para una mejor utilidad de los mismos, deben definirse dentro del contexto de un proceso de diseño en distintos niveles de abstracción. Luego llegar hasta la especificación final de los requisitos de seguridad para un TOE dado. Estos niveles de abstracción los describimos a continuación y la figura 1 los esquematiza:

- **Entorno de seguridad.** Define el contexto o escenario en el que el TOE será usado, definiendo y documentando las amenazas y riesgos a los que el TOE está expuesto, los supuestos que debe cumplir y las políticas de seguridad del TOE. El entorno de seguridad se define por: El entorno físico de operación del TOE, los recursos que requieren ser protegidos del TOE y el propósito del TOE.
- **Objetivos de seguridad.** Definido el entorno de seguridad, se pueden definir objetivos de seguridad en oposición a las amenazas identificadas y concordantes a las políticas de seguridad y supuestos adoptados.
- **Requisitos de seguridad.** Son el refinamiento de los objetivos de seguridad para el TOE y su entorno, en un conjunto de requisitos, quc si se alcanzan, aseguran que el TOE puede cumplir sus objetivos de seguridad. El CC presenta estos requisitos en dos categorías:
  - Requisitos Funcionales (functional requirements).- Definen el comportamiento de seguridad deseado.
  - Requisitos de Garantía (assurance requirements).- Definen la confianza en la exactitud de la implementación y en la efectividad de las funciones de seguridad.

- **Especificación resumen del TOE.** Define la materialización de los requisitos de seguridad para el TOE. Es la especificación o representación a alto nivel de las funciones de seguridad y las medidas de garantía tomadas para alcanzar los objetivos de seguridad.
- **Implementación del TOE.** Es el desarrollo del TOE basado en los requisitos de seguridad y en la especificación resumen contenida en la ST.

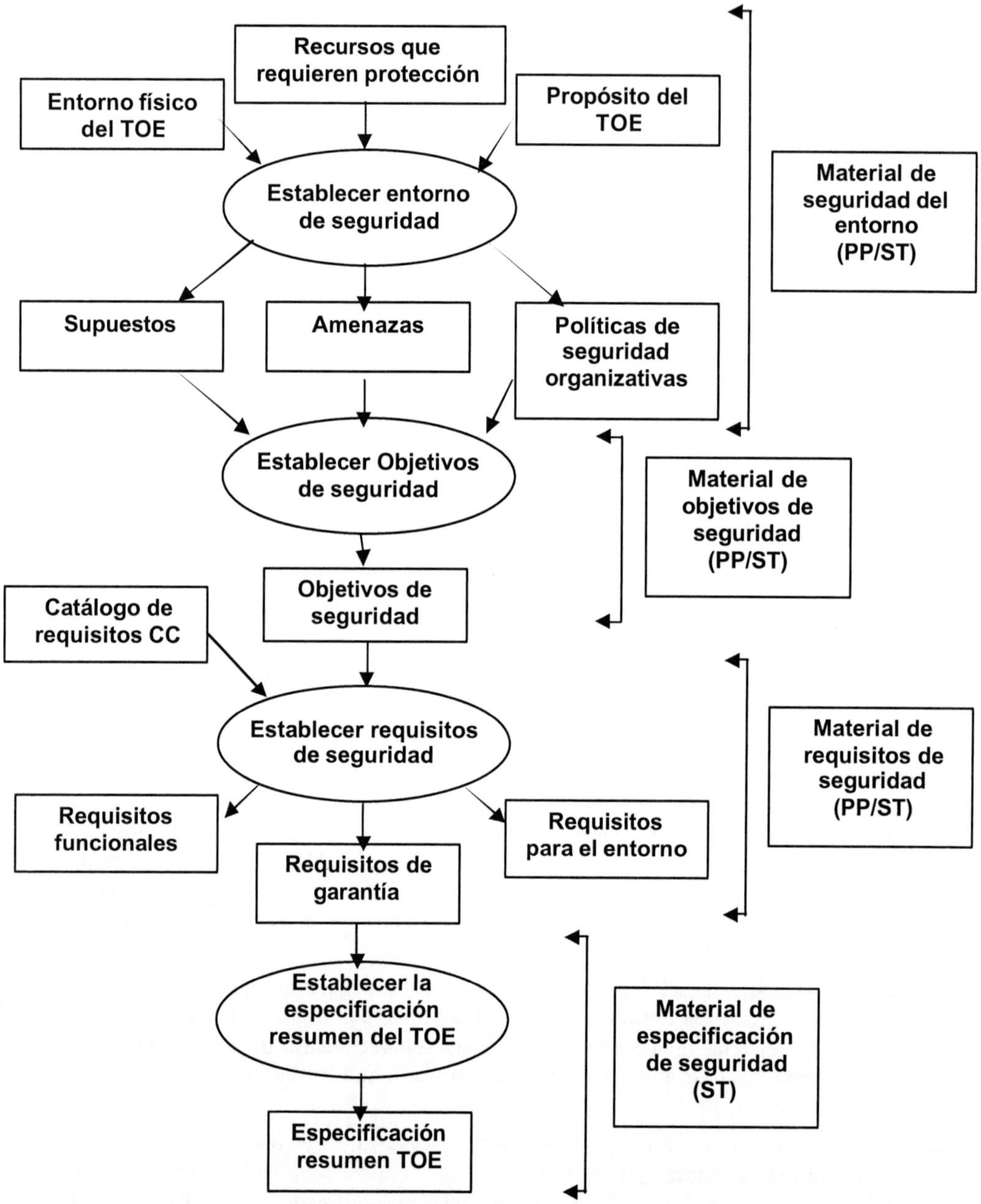

Figura 1: Proceso de integración del CC en un TOE

2.3. Estructura de los requisitos del Common Criteria

El CC, debido a su carácter universal para todo tipo de producto o sistema en los que se necesite obtener un grado de confianza en su seguridad, tiene una organización de sus criterios de seguridad muy estructurada aunque a la vez muy flexible. Aun así, visto desde una perspectiva de organizaciones de desarrollo de productos o sistemas de información, *no es sencillo de aplicar.*

2.3.1. Expresión de los requisitos de seguridad

Todos los requisitos de seguridad del CC, tanto los de funcionalidad como los de garantía, se organizan de forma jerárquica en clases, familias y componentes. Estas agrupaciones de criterios de seguridad son de reconocida validez y permiten a los usuarios la fácil localización de los requisitos, para su posterior uso. A continuación describimos la estructura y la mostramos en la figura 2.

Clase. Nivel más genérico de agrupamiento de los requisitos de seguridad. Compuesto por familias, que comparten un mismo enfoque, aunque se diferencian en el alcance de sus objetivos de seguridad.

Familia. Compuesta por componentes, comparten objetivos de seguridad, pero pueden diferir en el énfasis o rigor. Los componentes dentro de una familia pueden ser jerárquicos, lo cual permite a un componente cualquiera satisfacer dependencias de otro dentro de la jerarquía.

Componente. Define un conjunto específico de requisitos de seguridad. Es la parte "seleccionable" más pequeña para su uso en la estructura del CC. Los componentes son construcciones de elementos individuales. *El elemento*, es la expresión más pequeña de requisito de seguridad, y es el requisito indivisible de seguridad que puede ser verificado para la evaluación.

2.3.1.1. Nomenclatura de los requisitos. Mediante el siguiente ejemplo mostramos la nomenclatura usada para los requisitos de seguridad:

```
Nombre del requisito: FAU_GEN.1.2
ι  F:      Requisito funcional ("A" para los de garantía).
ι  AU:     Clase Auditoria de Seguridad.
ι  _GEN:   Familia Generación de datos.
ι  .1:     Primer componente, llamado "Generación de datos de
   auditoria".
ι  .2:     Segundo elemento del componente.
```

2.3.1.2. Dependencia entre los componentes. Se dan cuando el componente no es autosuficiente y depende de otro para su uso. Las dependencias deben ser satisfechas para usar el componente en un PP o ST.

2.3.1.3. Operaciones permitidas en componentes. Los componentes pueden ser usados como están definidos en el CC, o ser adaptados a través del uso de operaciones permitidas, para alcanzar una política de seguridad específica o contrarrestar una amenaza determinada. Estas operaciones son: iteración, asignación, selección y refinamiento.

2.3.2. Uso de los requisitos de seguridad

Para el uso de estos requisitos de seguridad, se definen tres tipos de estructuras de requisitos: Paquete (Package), Perfil de Protección (PP) y Declaración de Seguridad (ST), los cuales los mostramos en la figura 2 y describimos a continuación.

Paquete (Package).- Permite la expresión de un conjunto de requisitos funcionales o de garantía que cumplen un subconjunto identificable de objetivos de seguridad. Un paquete está pensado para ser reutilizable. Un paquete puede ser usado en la construcción de Paquetes mayores, PPs y STs.

Perfil de Protección.- El PP permite la implementación independiente de requisitos de seguridad para un tipo de TOEs que cumplirán un conjunto de objetivos de seguridad. También especifica el entorno donde se utilizará el TOE, los objetivos y los requisitos de seguridad.

Declaración de Seguridad.- Expresan requisitos de seguridad específicos para *un determinado TOE*, para su posterior evaluación. Contiene la especificación resumen del TOE, los requisitos y objetivos de seguridad, y el fundamento de cada uno. Pueden estar basados en un PP

2.4. Modelo de clases de la estructura de requisitos del CC

En la figura 2 mostramos un diagrama de clases que representa la estructura de requisitos del CC, que acabamos de describir en los apartados anteriores:

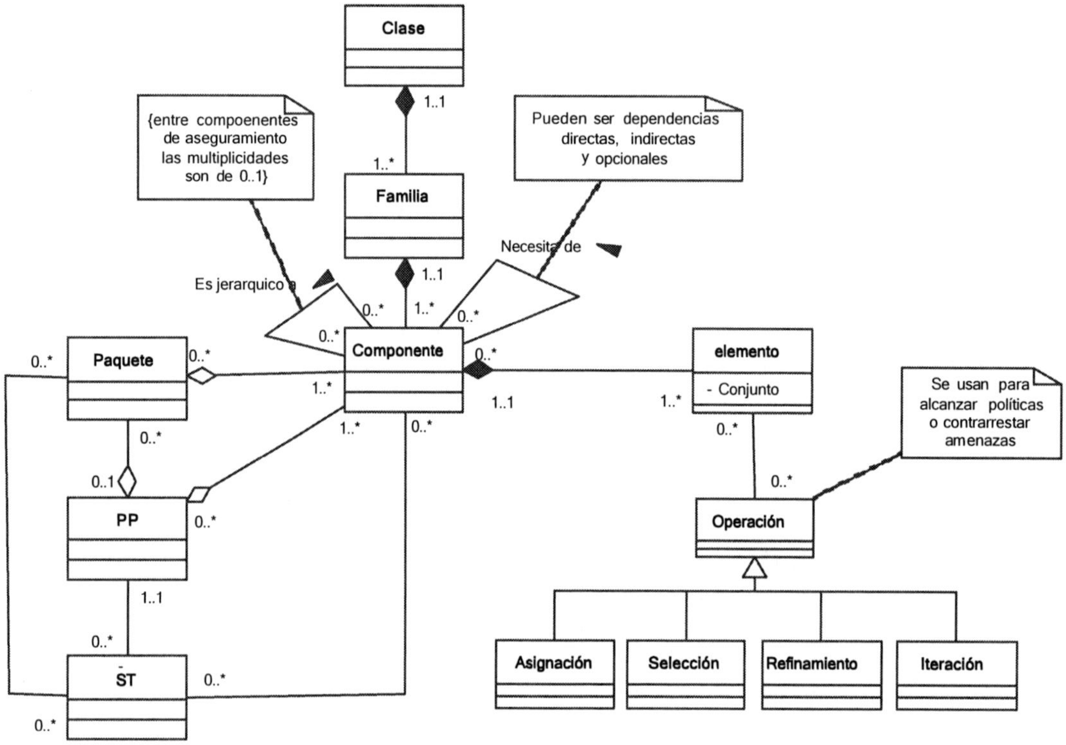

Figura 2: Diagrama de clases de la estructura de requisitos del CC

2.5. Niveles de Garantía de Evaluación (EAL: Evaluation Assurance Lavel)

La filosofía del CC se basa en conseguir la garantía en la seguridad mediante la evaluación: cuanto mayor sea el esfuerzo en la evaluación se obtendrá mayor garantía. El nivel creciente de esfuerzo está basado en:

- **Alcance:** el esfuerzo es mayor si se abarca una parte mayor del producto o sistema de tecnología de la información.
- **Profundidad:** el esfuerzo es mayor si se despliega hasta un nivel más fino del diseño y del detalle de la implementación.
- **Rigor:** el esfuerzo es mayor si es aplicado de una manera más estructurada y formal.

El CC presenta *paquetes* predefinidos de componentes de garantía, que proveen una escala creciente que permite medir el nivel de garantía para una evaluación dentro del entorno del estándar. Estos niveles de garantía se encuentran definidos en una escala del 1 al 7 en orden creciente de garantía en la seguridad.

3. Patrones de Diseño

En un proceso de desarrollo de software los analistas o diseñadores con experiencia resuelven, de forma mayormente intuitiva, una multitud de problemas de modelado de sistemas reales. Estas experiencias, que engloban técnicas y criterios experimentales efectivos, pueden ser difícilmente transmitidas formalmente a ingenieros noveles.

Los Patrones [GA03] pretenden ser la solución a este problema de comunicación de experiencias. Cada patrón describe un problema que ocurre una y otra vez en nuestro entorno, para describir después el núcleo de la solución a ese problema, de tal manera que esa solución pueda ser usada más de un millón de veces sin hacerlo siquiera dos veces de la misma forma.

Esta idea de patrones, por su misma naturaleza genérica de Problema – Solución – Reutilización, se ha popularizado a nivel mundial. En la actualidad existen muchas investigaciones al respecto, las cuales se orientan a muy distintos ámbitos de la actividad humana. Así mismo dentro de la ingeniería de software se ha extendido, tal así que se han creado y siguen creando catálogos de patrones para problemas de distintos niveles de abstracción. Por ejemplo, estamos hablando ya, ya no solo de patrones de diseño, sino también patrones de programación, de arquitectura, de análisis, de requisitos entre otros.

4. SECAKE (Software Engineering Computer Aided Knowledge Environment)

SECAKE es una herramienta CASE construida para permitir a los ingenieros de software desarrollar sistemas de información usando el paradigma de gestión del conocimiento. Es por esto que *seCAKE* incluye un conjunto completo de mejoras para la gestión de software con base en el conocimiento.

En concordancia, para dar soporte a la gestión del conocimiento dentro de esta herramienta CASE, The Reuse Company [TRC] la integra en *CAKE* (*Computer Aided Knowledge Environment*), el cual es un entorno de trabajo de herramientas, aplicaciones y especialmente metodologías para identificar, clasificar, recuperar, organizar, administrar y reutilizar conocimiento.

En la figura 3 mostramos la pantalla principal del *seCAKE.* La herramienta está orientada a dar soporte completo al *Proceso de Desarrollo de Software (SDP)*, y como tal esta aplicación dispone de los siguientes módulos, entre otros rasgos interesantes:

- **Gestión de requisitos**.- Módulo que permite definir, consultar, editar, gestionar tipos, importar y generar informes sobre los requisitos de un proyecto determinado.
- **Gestión de riesgos.-** Módulo que permite definir, consultar, editar, gestionar tipos, importar y generar informes sobre los riesgos de un proyecto determinado.
- **Estimación**.- Módulo que permite estimar parámetros relevantes para la gestión de un proyecto de desarrollo de software, basándose en los métodos de estimación de *Puntos de Función* [PR02] y *COCOMO II* [PR02].
- **Análisis y diseño sobre UML.-** Módulo que permite soportar la sintaxis de UML de modo gráfico. Consta de las siguientes partes: árbol de contenidos semánticos, ventanas de descripción y diagramas del modelo.
- **Métricas.-** Módulo que permite realizar medidas de parámetros relevantes de un proyecto de software para mejorar la gestión del proceso de desarrollo. *SECAKE* se basa en las técnicas de MOOSE [GE02] y MOOD [GE02] para el cálculo de las métricas.
- **Gestión de casos de prueba y anomalías.-** Módulo que permite definir el conjunto de pruebas que se deben realizar en un proyecto y controlar las anomalías descubiertas.
- **Otros módulos.-** *SECAKE* ofrece otros módulos que complementan las funcionalidades de soporte para el ciclo de vida de desarrollo de un producto de software:
    - **Compilador de modelos.-** Se encarga de validar que el modelo realizado es correcto según el estándar de UML.
    - **Compilador de vocabulario.-** Se encarga de validar el vocabulario del modelo realizado con el vocabulario del dominio en el cual se este trabajando (base de conocimiento).
    - **Compatibilidad con Rational Rose.-** Permite exportar e importar ficheros *mdl* de Rational Rose.
    - **Comparador de modelos.-** Permite comparar las similitudes entre dos modelos completos de UML, diferencia o no mayúsculas de minúsculas, ve el orden de las relaciones según UML, detecta el mismo elemento pero con características o contenidos diferentes y muestra elementos que están en uno y faltan en el otro.

- **Trazabilidad.**- Cabe destacar una característica importante de la herramienta, que es la posibilidad de *traza*, que permite tener conectado todos los elementos de *seCAKE*, para el óptimo seguimiento de dichos elementos que forman parte de un proyecto.

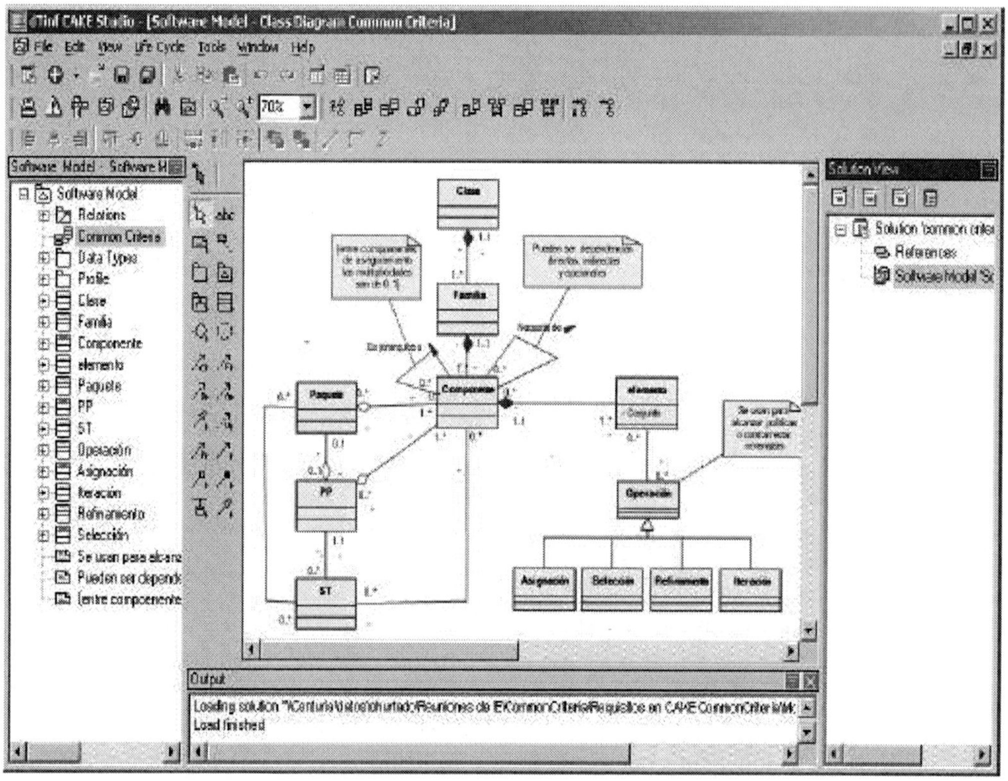

Figura 3: Pantalla principal de seCAKE

5. Integración de Patrones y del Common Criteria en seCAKE

El Ingeniero de Software se enfrenta día a día con una multitud de problemas de distintas magnitudes. Las mejores prácticas en ingeniería nos aconsejan "no reinventar la rueda", y por esto, si continuamente se presentan problemas comunes, un buen ingeniero probará su efectividad resolviendo problemas, reutilizando una misma solución adaptada para problemas similares.

Como ya mencionamos anteriormente la idea de patrones pretende reutilizar las experiencias en la solución de problemas de diseño. En el presente trabajo ampliamos la idea a la generación de patrones de requisitos con el objeto de transmitir conocimiento para una efectiva reutilización de requisitos.

Esta idea de reutilización de requisitos la definimos en un repositorio de patrones de requisitos. Para el presente trabajo, la materializamos en un primer patrón que permita transmitir el conocimiento y reutilización de los requisitos de seguridad del estándar CC. Todo esto integrado en la herramienta CASE: *seCAKE.*

El diseño de un patrón de requisitos, que mostramos en la figura 4, engloba dos aspectos generales:

- **Aprendizaje.**- El usuario de los patrones tendrá la imperiosa necesidad de aprender acerca de un patrón específico, para poder aplicarlo con efectividad en un determinado proyecto. Este aspecto nos permite, para el caso del CC, investigar acerca de los conceptos generales, su estructura y formas de uso de los requisitos de seguridad especificados en el estándar.

- **Aplicación e Integración.**- El principal objetivo de los usuarios del patrón de requisitos es utilizarlo. Para este propósito existe un modelo de proceso de uso de los requisitos de seguridad del estándar, esquematizado en la figura 1. También se cuenta con un modelo de representación definido, representado en la figura 2. De este modelo de representación podemos reutilizar paquetes de requisitos de seguridad predefinidos en el estándar o por el propio usuario, para cubrir objetivos de seguridad específicos. Esta reutilización consiste en incorporar estos paquetes de requisitos a un proyecto de desarrollo de software que esté activo en la herramienta seCAKE.

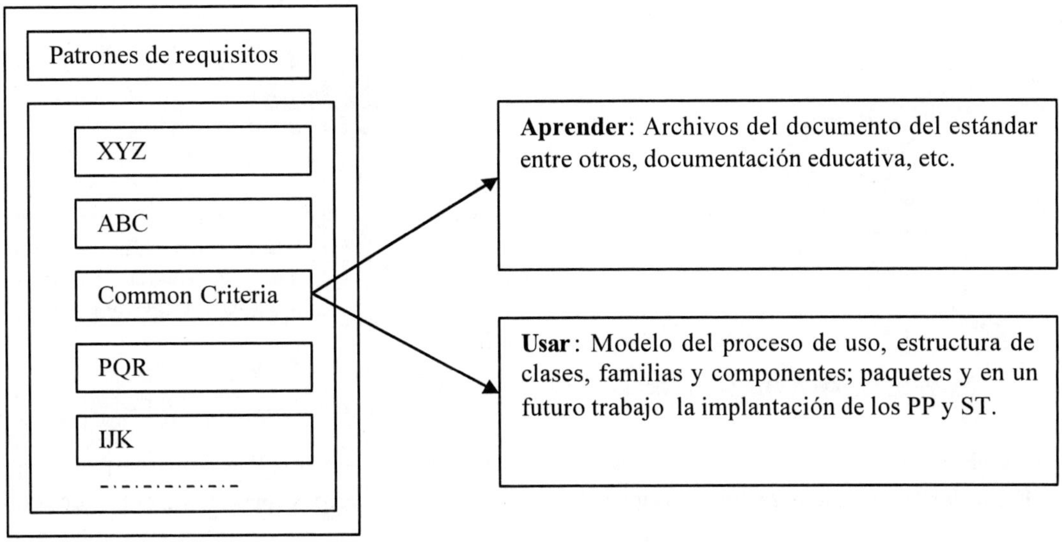

Figura 4: Modelo del repositorio de paquetes

5.1. Determinación de los requisitos para la creación de patrones de requisitos

Después del estudio de patrones, para ampliar la idea a la creación de patrones de requisitos; luego analizar la estructura de requisitos del *Common Criteria (CC),* con el propósito de conocer sus formas de uso; y así como también hacer el estudio de la herramienta *seCAKE,* para lograr la mejor forma de integración de dichas tecnologías; se llegó a determinar el alcance del trabajo el cual describimos a continuación:

- Disponer de un repositorio de patrones, que para el presente trabajo, implementa el patrón de requisitos llamado Common Criteria, que incluye un conjunto de archivos con información del estándar y los paquetes de requisitos predefinidos por el CC: Niveles de Garantía de la Evaluación (EALs).
- Disponer de los requisitos de seguridad del CC, de su organización jerárquica original en clases, familias y componentes, tanto para los criterios funcionales de seguridad como para los criterios de garantía de la seguridad. Esta forma de expresar los requisitos de seguridad permitirá a los desarrolladores localizar fácilmente los requisitos que necesiten implementar para lograr sus objetivos de seguridad previamente definidos, como lo vimos en el proceso de integración del CC en un TOE (figura 1).
- Disponer de una funcionalidad para crear *paquetes* de requisitos de seguridad. Los *paquetes* permitirán a los desarrolladores crear sus propias agrupaciones de requisitos que estén en concordancia con determinados objetivos de seguridad, con el propósito de reutilizarlos en la construcción de un futuro paquete, PP o ST. Esta funcionalidad permite crear los *paquetes* según las características especificadas en el CC.
- Tener un repositorio de *paquetes* reutilizables. Este repositorio contiene los paquetes ya predefinidos por el **CC** para los Niveles de Garantía de Evaluación (EALs). Estos *paquetes* podrán ser reutilizados por los desarrolladores, con la adición de otros paquetes o componentes de seguridad o de garantía, en la construcción de un PP o ST.

5.2. Implementación de los requisitos

En la figura 5 y figura 6 mostramos respectivamente la opción de acceso y la ventana del patrón desarrollado. Luego se describen las funcionalidades que implementan los requisitos de diseño mencionados en el apartado anterior:

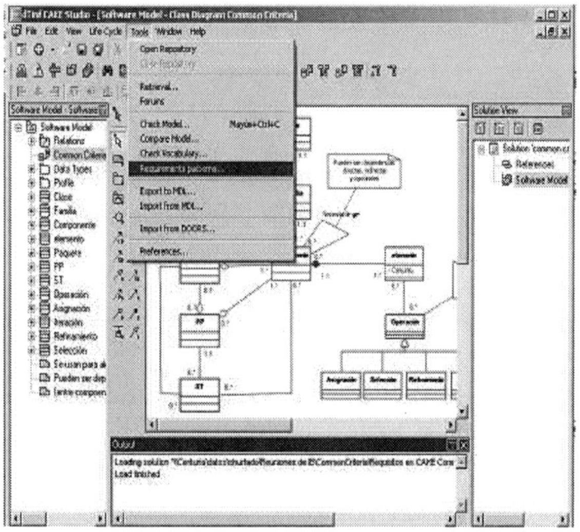

Figura 5: Opción de patrones de requisitos

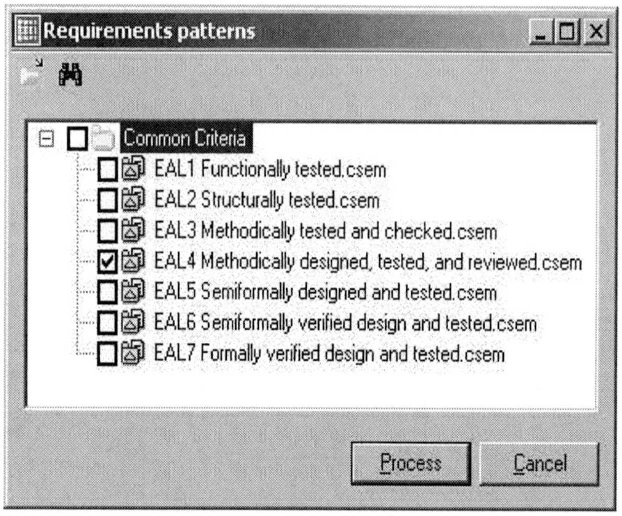

Figura 6: Repositorio de patrones de requisitos

- **Repositorio de patrones**.- Esta función permite visualizar y seleccionar un patrón de requisitos. Para el presente trabajo, está definido sólo el patrón de requisitos del CC, el cual podemos utilizar para analizar y reutilizar los paquetes predefinidos.
- **Catálogo de los requisitos del CC**.- Esta función permite la creación, eliminación y modificación de los elementos de la estructura de clases, familias y componentes. Muestra un conjunto de opciones que permite definir:
  - El tipo de requisito de seguridad a crear: Funcional o de Garantía
  - Crear, eliminar o modificar una Clase, donde se permite hacer un mantenimiento de las propiedades de la misma como son: nombre, introducción y familias que lo componen.
  - Crear, eliminar o modificar una Familia dentro de una Clase, donde se permite hacer un mantenimiento de las propiedades de la misma, como son:
    - **Familia funcional:** nombre, comportamiento, niveles de componentes, gestión, auditoria y componentes que la forman.
    - **Familia de garantía:** nombre, objetivo, niveles de componentes, notas de aplicación, componentes que la forman.
  - Crear, eliminar o modificar un Componente dentro de una Familia, donde se permite hacer un mantenimiento de las propiedades de la misma como son: identificación, objetivo, notas de aplicación, dependencias, elementos que lo conforman (sólo para los elementos de los componentes de garantía, se clasifican en: Acciones del Desarrollador, Contenido y Presentación, y Acción del Evaluador).
- **Catálogo de Paquetes**.- Esta función permite la creación, eliminación y modificación de *paquetes* de requisitos funcionales o de garantía del CC. Muestra un conjunto de opciones que permiten definir:
  - La descripción respectiva del paquete, la cual consiste en las siguientes características: nombre, objetivo, notas de aplicación y componentes.
  - La adición de los componentes dentro del *paquete*, se realiza por medio de una ventana que muestra los componentes y de la cual se permite agregar el componente seleccionado o en todo caso de otro paquete ya creado anteriormente, mediante una ventana de muestra y selección de paquetes.
- **Consulta de los requisitos del CC**.- Esta opción permite la navegación y consulta de la estructura de clases, familias y componentes del **CC**. Muestra una ventana con dos secciones verticales:

- La primera sección permite navegar por medio de una estructura de directorios de las clases, familias y componentes, tanto de los criterios funcionales como de los criterios de garantía.
- La segunda sección está enlazada con los elementos de la primera, para que muestre las descripciones de las clases, familias y componentes respectivamente, conforme se navegue en ellos.

- **Consulta de paquetes.**- Permite la consulta de los *paquetes* que se encuentran en el repositorio. Permite seleccionar los paquetes, los cuales agrupan componentes funcionales, de garantía o mixtos. La figura 7 muestra la pantalla donde se describe el paquete: nombre, objetivo, componentes que lo conforman, etc.
- **Anexar un paquete a un proyecto.**- Esta opción permitirá añadir un *paquete* determinado al proyecto del proceso de desarrollo de software que esté activo en el *seCAKE.* La figura 8 muestra los requisitos del paquete integrados a un proyecto concreto.
- **Funcionalidades Adicionales.** Destacamos las siguientes funcionalidades en el presente trabajo:
    - Los elementos de los componentes (requisitos indivisibles evaluables del CC) son creados y almacenados de una manera estructurada para cada componente. Para que el componente pueda ser validado, cuando es incorporado a un proyecto de software, todos sus elementos contenidos deben satisfacer la validación.
    - Permite la traza de los requisitos de seguridad del CC dentro de un proyecto de proceso de desarrollo de software. Los requisitos se pueden relacionar con cualquier elemento dentro del proyecto, cobrando mayor relevancia al asociarlos con casos de prueba para permitir una mejor gestión de los mismos.

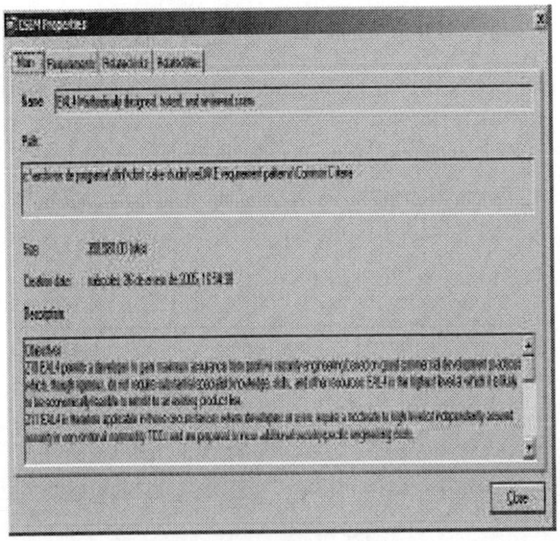

Figura 7: Descripción de un paquete seleccionado

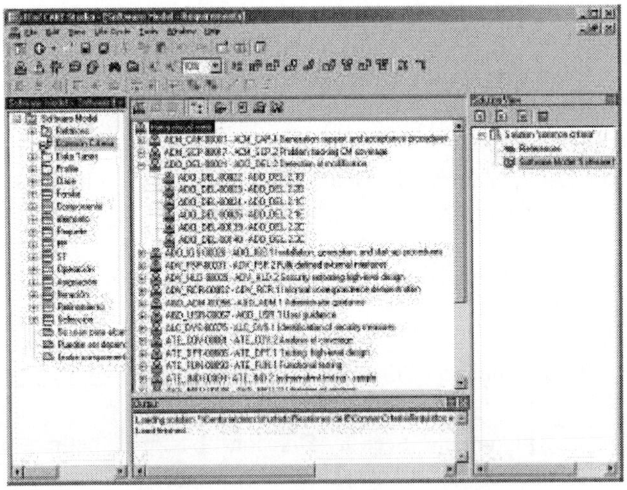

Figura 8: Requisitos integrados a un proyecto

6. Trabajos Futuros

Una continuación del presente trabajo es la extensión al diseño de un tercer aspecto del patrón de requisitos, que permita implementar un modelo de proceso de creación de patrones de requisitos.

Potenciar el aspecto aprendizaje del patrón de requisitos, añadiéndole funcionalidades que permitan establecer la llamada "Educación a Distancia" (asistencia web, evaluación, etc.), todo enfocado a la temática del patrón de requisitos en concreto, requisitos, patrones y reutilización.

Buscar y promover otros estándares de requisitos reconocidos, para generar nuevos patrones que cubran todos los aspectos de los productos o sistemas de información. Por ejemplo requisitos arquitecturales para un estilo arquitectural concreto.

Otro punto importante para un próximo proyecto a desarrollar, es la implantación de componentes que permitan soportar el desarrollo de perfiles de protección (PP) y declaraciones de seguridad (ST), que dé como resultado final la generación de los respectivos documentos de PP y ST.

7. Conclusiones:

La idea de patrones de diseño ampliada al ámbito del análisis de requisitos mejora el proceso de desarrollo de software y se potencia aun más al estar integrado en una herramienta CASE, que permite la efectiva reutilización de requisitos.

Las dificultades naturales de conocimiento y aplicación del estándar CC son superadas con la integración del mismo en una herramienta CASE, lo cual promoverá su uso en los procesos de desarrollo de productos o sistemas de información, por parte de las organizaciones productoras de software.

La investigación y el proceso de implantación realizado en el presente trabajo, contribuye a sentar las bases para la reutilización de requisitos.

Así mismo, la integración de patrones de requisitos a la herramienta seCAKE para su uso en proyectos determinados permite la traza de los requisitos durante el proceso de desarrollo de software. Esto contribuirá a llevar una gestión eficiente que garantice la correcta implantación de los requisitos de seguridad dentro del producto o sistema de información.

8. Bibliografía.

[FM03] Fernández-Medina Patón, E. Moya Quiles, R. Piattini Velthuis, M. G.. *Seguridad de las Tecnologías de Información.* Ediciones AENOR, Madrid (2003).

[GA03] Gamma, E. Helm, R. Jonson, R. & Vlissides, J.. *Design Patterns: Elements of Reusable Object-Oriented Software.* Addison Wesley (1995).

[PR02] Pressman R.. *Ingeniería de software: un enfoque práctico.* 5ed. McGraw-Hill Interamericana, Madrid (2002).

[CCP] Common Criteria Portal, 2004. **http://www.commoncriteriaportal.org** [última visita 12-01-2005]

[CSR] Computer Security Division - National Institute of Standards and Technology. **http://csrc.nist.gov/cc/** [última visita 12-01-2005]

[TRC] The Reuse Company, 2004. **http://www.reusecompany.com** [última visita 12-01-2005]

[LFA] Llorens J. &. Fuentes J. "*Computer Aided Knowledge Environment CAKE*". The Reuse Company, Winter, 2004. **http://www.reusecompany.com** [última visita 12-01-2005]

[LFB] Llorens J. &. Fuentes J. "*Software Engineering Computer Aided Knowledge Environment seCAKE*". The Reuse Company, Winter, 2004. **http://www.reusecompany.com** [última visita 12-01-2005]

[DOD] Department of Defense Standard. "*Department of Defense Trusted Computer System Evaluation Criteria.*" DOD 5200.28-STD Supersedes CSC-STD-001-83, December 1985.

[MT88] Martyn Thomas. "The BCS/Unisys Anual Lecture." Royal Society, July 1988.

[GE02] Genero, M., Piattini, M. y Calero C. "*Calidad de Modelos Conceptuales.*" I+D Computación, Vol. 1, No. 2, noviembre 2002.

Mejorando la Rastreabilidad de Requisitos de Software

Marco Toranzo

Universidad Arturo Prat, Departamento de Auditoría y Sistemas de Información
E-mail: {*mtoranzo@unap.cl*}

Resumen

Experimentos sobre las tres últimas décadas muestran que la realización de la mantención de software, sin el análisis sobre sus efectos, pueden contribuir a una pobre estimación de esfuerzo; atrasos en el cronograma; degradación del diseño de software; produción de software no confiable; y a una prematura desactivación del software. Entre las principales preocupaciones del desarrollo de software, detectamos la necesidad de comprender y mejorar la rastreabilidad de requisitos. Este artículo presenta una propuesta para mejorar la rastreabilidad de requisitos, la cual consiste de: una clasificación de la información rastreable; un modelo intermadiario de rastreabilidad; un conjunto de directrices para desarrollar un modelo de rastreabilidad; y una herramienta para rastrear.

Palabras-clave. Rastreabilidad, Requisitos, Directrices, Software, Calidad, Modelo.

1. Introducción

En estos últimos años hemos trabajado en la rastreabilidad de requisitos cuyos objetivos son establecer y mantener las relaciones de los requisitos con sus fuentes de origen y los artefactos de un proceso de software. En la última década varias investigaciones han contribuido a realzar la importancia de la rastreabilidad de requisitos, por ejemplo, Gotel ([Gotel, 1996]) realzó la importancia de vincular los requisitos a sus fuentes de información (producción y refinamiento de requisitos); Pohl ([Pohl, 1996]) implementó un ambiente centrado en proceso que incluye la cuestión de la rastreabilidad; Pinheiro ([Pinheiro, 1996a]) realizó un tratamiento formal (matemático) en la definición y manipulación de los elementos de un modelo de rastreabilidad; y Toranzo ([Toranzo, 2002a]) contribuyó con la propuesta de modelos y directrices para mejorar la práctica del rastreamento de requisitos.

Los estudios realizados nos muestran que los investigadores asumen que los artefactos rastreables ya fueron identificados y no entregan directrices bien definidas o preguntas sistemáticas para elaborar un modelo de rastreabilidad [Toranzo, 2002b].

Nuestra propuesta para mejorar la rastreabilidad de requisitos fue desarrollada sobre varios trabajos teóricos y prácticos. Ella consiste de cinco componentes:

1. Una clasificación de las informaciones que pueden formar parte de un modelo de rastreabilidad. La clasificación propone cuatro (4) niveles: externo, organizacional, gerencial y desarrollo. Cada uno de ellos son explicados en la Sección 2.
2. Una propuesta de tipos de relaciones para usar en la elaboración de un modelo de rastreabilidad. En otras áreas, como el modelamiento de sistema con UML [Rumbaugh, 1999], se coloca a disposición de los usuarios un conjunto de relaciones predefinidas. De forma análoga, este trabajo coloca a disposición de los usuarios un conjunto de relaciones predefinidas para la rastreabilidad de requisitos. Informaciones detalladas de los tipos de relaciones pueden ser encontradas en [Toranzo, 2002a].
3. Un modelo intermediario de rastreabilidad (un diagrama de clases) que tiene las informaciones y relaciones generalmente encontradas en muchos modelos de rastreabilidad. Con esto, el usuario tiene la oportunidad de derivar su propio modelo de rastreabilidad y ahorrar tiempo, más aún, cuando se es principiante. El modelo intermediario es presentado en la Sección 3.

4. Aplicación de un conjunto de directrices para orientar el desarrollo de un modelo de rastreabilidad. Usando la clasificación, los tipos de relaciones y el modelo intermediario, fue desarrollado un conjunto de directrices para guiar la elaboración de un modelo de rastreabilidad. Las directrices son presentadas en la Sección 4.
5. Una propuesta de una notación matricial para los tipos de relaciones para mejorar su representación, entendimiento e interpretación. Generalmente, las herramientas industriales (CaliberRM [Borland, 2005] y RequisitePro [IBM, 2005], por ejemplo) e investigaciones académicas usan el símbolo flecha (poco significativo) para indicar que dos elementos están relacionados. Un ejemplo de la notación es presentado al final de la Sección 4.

La parte restante del artículo está estructurada como sigue. La Sección 2 presenta una clasificación de las informaciones rastreables. Un modelo intermediario para la rastreabilidad es presentado en la Sección 3. Un conjunto de directrices para elaborar un diagrama de rastreabilidad es presentado y ejemplificado en la Sección 4. En seguida, un cuadro comparativo de los trabajos revisados es presentado en la Sección 5. Finalmente, la Sección 6 presenta las conclusiones del artículo.

2. Clasificación de las Informaciones Rastreables

En general, las investigaciones estudiadas formulan algunas preguntas asistemáticas para identificar los elementos o informaciones que formaran parte de un modelo de rastreabilidad. Las preguntas asistemáticas no contribuyen a mejorar el raciocinio y entendimiento de los usuarios en la elaboración de un modelo de rastreabilidad [Toranzo, 2002b]. Una solución alternativa y parcial es la propuesta de una clasificación de las informaciones rastreables para ayudar a responder ¿Qué rastrear?. El hecho que una organización tenga una herramienta para rastrear, no significa que ella tenga de un proceso definido para identificar y organizar las informaciones que serán rastreadas. Una situación similar acontece con las herramientas de modelamiento de sistemas de software.

Este trabajo propone una clasificación de las informaciones que pueden ser rastreadas en cuatro (4) niveles de información, a saber: externo, organizacional, gerencial y desarrollo. Los conjuntos de informaciones de los niveles no son necesariamente disjuntos. La existencia de los niveles se justifica porque existen diferentes de sistemas artificiales [Lardent, 2001], caracterizado por el nivel externo, en los cuales están insertas las organizaciones (nivel organizacional), cuyas necesidades requieran la construcción de algun software que debe ser planificado y supervisado por la gerencia de proyecto (nivel gerencial) para que apartir de los requisitos sean elaborados los respectivos artefactos (nivel desarrollo). La Figura 1 presenta los niveles de información. Los cambios en los sistemas artificiales podrían provocar cambios en las organizaciones y en sus sistemas de informaciones.

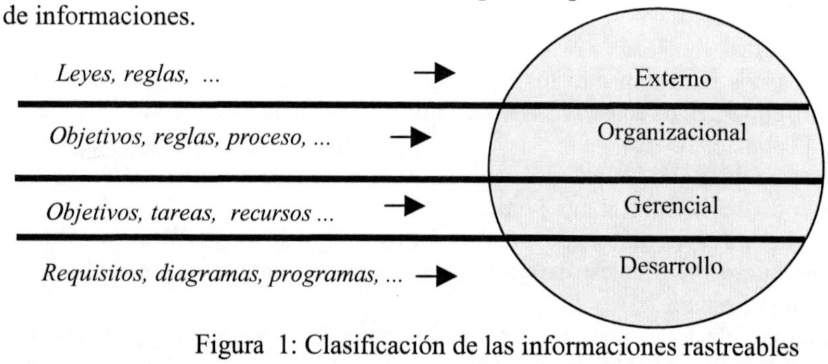

Figura 1: Clasificación de las informaciones rastreables

El nivel externo engloba las informaciones relacionadas con el contexto político, económico y patrones externos de la organización que afectan sus sistemas computacionales. Desde el punto de vista de la rastreabilidad de requisitos, el nivel externo ayuda a entender mejor los trabajos de Gotel, Pohl y Ramesh, quienes emplean el término de fuentes de información, para referirse a lo mismo.

El nivel organizacional representa los conceptos que originan el desarrollo y el crecimiento de una organización (lucro, mejores servicios, metas, etc.) con el apoyo de un sistema computacional. Consecuentemente, la compra y el uso de los sistemas computacionales dentro de una organización tienen sus orígenes aquí, sean para agregar y mejorar la calidad de sus productos y servicios. Por lo tanto, el nivel organizacional torna explícito que existen algunas informaciones organizacionales que deben ser conocidas y comprendidas por los encargados del análisis y rastreabilidad de un software.

Con excepción de Ramesh ([Ramesh, 2001]), la mayoria las investigaciones prestan poco interés de cómo la rastreabilidad puede integrarse con la gerencia de proyectos de software. Se sabe que uno de los grandes problemas que afectan los procesos de software es de tipo gerencial. Luego, la gestión de la gerencia de proyecto de software debería estar más preocupada que sus planos de proyectos de software sean basados en la satisfacción y cambios de requisitos [Wiegers, 2003]. Para la gerencia de proyectos de software, la rastreabilidad de requisitos es esencial porque es un medio para demostrar al cliente que todos sus requisitos fueron implementados correctamente y que el trabajo fue concluido [Ramesh, 2001]. Estos fundamentos nos permiten proponer el nivel gerencial para representar todas las informaciones rastreables y relacionadas con la gerencia de proyecto. En particular, nos interesa establecer relaciones de las tareas con otros elementos (requisitos, objetivos del sistema, propuestas de cambio y artefactos, por ejemplo) para mejorar la supervisión de la implementación de los requisitos en los programas. Por ejemplo, si un cronograma de trabajo fue un éxito y fueron establecidos y documentados las relaciones entre tareas y requisitos, el desarrollo de otro proyecto semejante podría reusarlos, ciertamente con modificaciones, para apoyar la gestión de la gerencia de proyecto.

El nivel de información de desarrollo representa los artefactos de software producidos por las diferentes actividades de un proceso de software, por ejemplo, documentos de requisitos, diagramas, programas y subsistemas. Este nivel incluye las actividades de pos-rastreabilidad de requisitos citadas por algunos autores, tales como, [Spence, 2000], [Leffingwell, 2000], [Ramesh, 2001] y [Wiegers, 2003].

Finalmente, algunos beneficios de la propuesta de niveles son:

1. Un medio de abstracción de las informaciones que serán rastreadas.
2. Apartir del punto anterior, un otro punto inicial para la identificación, estructuración y analisis de las informaciones que serán rastreadas.
3. Ayudar a mejorar la práctica y entendimiento de la rastreabilidad de requisitos en el desarrollo y mantención de software [Toranzo, 1999].

3. Propuesta de un Modelo Intermediario para la Rastreabilidad de Requisitos

Esta sección presentará el modelo intermediario (ver Figura 2). Un modelo de rastreabilidad puede ser desarrollado apartir de nada (reinventar la rueda) o apartir de un modelo intermediario que contiene los elementos generalmente rastreados en la mayoria de los proyectos de software. Nuestro trabajo desarrolló un modelo intermediario para:

1. Ser un punto de partida para la identificación, discusión y construcción de un modelo de rastreabilidad de un proyecto de software.
2. Contener las informaciones generalmente encontradas en los modelos de rastreabilidad de los diferentes proyectos de software, por ejemplo, el modelo entrega una visión de la rastreabilidad mas próxima de la etapa de diseño. Luego, parte o todo el modelo podría ser adaptado en la elaboración de un modelo de rastreabilidad.
3. Realzar la importancia de la existencia y uso de tipos de relaciones para incrementar el significado y entendimiento de los modelos de rastreabilidad.

Es importante destacar que el modelo intermediario es una solución alternativa y parcial para la elaboración un modelo de rastreabilidad porque es imposible representar en él todas las posibles relaciones que pueden establecerse en todos los proyectos de software. Sin embargo, en el modelo intermediario hemos intentado identificar y representar las informaciones comunmente encontradas en los modelos de rastreabilidad.

En el modelo intermediario, la superclase *Información* representa todas las posibles informaciones que pueden ser rastreadas. Ella y sus subclases pueden ser especializadas para incorporar nuevas informaciones.

La clase *InformaciónExterna* es una abstracción de todos los posibles tipos de informaciones del nível de información externo. La clase *InformaciónOrganizacional* es una abstracción de las informaciones del nivel de información organizacional. Las clases *Tarea* y *ObjetivoSistema* representan algunas de las informaciones del nivel de información gerencial. Las clases *Requisito*, *Diagrama*, *Programa*, *Subsistema*, *PropuestaCambio* y *Prueba*, representan algunas de las informaciones del nivel de información de desarrollo.

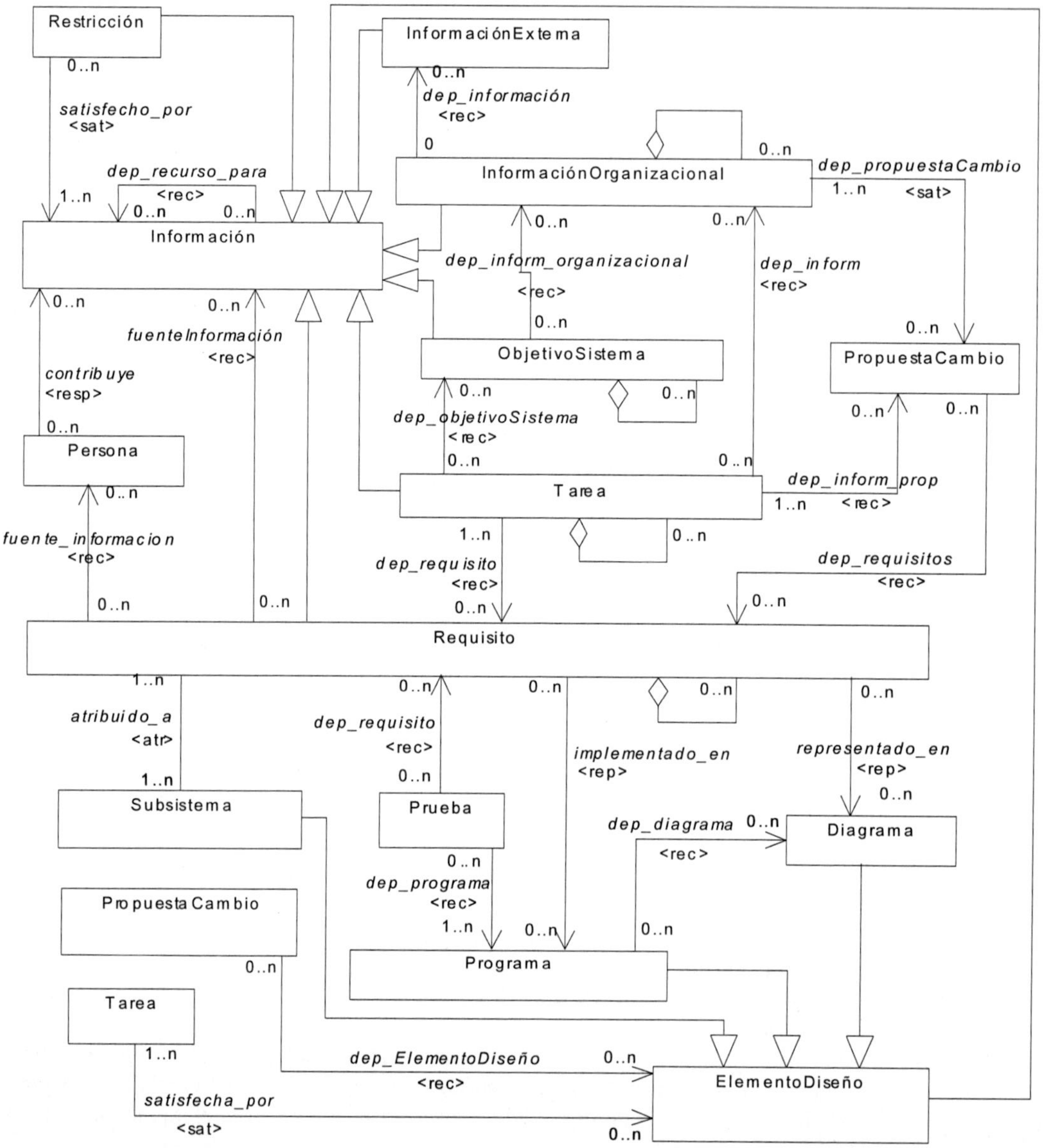

Figura 2: Modelo intermediario para la rastreabilidad de requisitos

Los símbolos <rec>, <sat>, <resp>, <atr> y <rep> representan los tipos de relaciones de recurso, satisfacción, responsabilidad, atribuición y representación, respectivamente. En el diagrama, las relaciones se grafican de una clase (clase origen) hacia otra clase (clase destino) que es apuntada por la flecha de la relación.

La relación de tipo recurso (<rec>) expresa que la clase origen tiene una dependencia física o de información con respecto a las instancias de la clase destino. Por ejemplo, en la Figura 2, las instancias la clase *Tarea* tienen una dependencia de información con las instancias de las clases *Requisito* y *Restricción.* Aquí se expresa que las tareas de la gerencia de proyecto dependen de las informaciones contenidas en los requisitos y restricciones.

La relación de satisfacción (<sat>) especifica que la clase origen tiene una dependencia de realización (o conformidad) con respecto a la clase destino. Usamos el término satisfacción para expresar que algo deberá ser realizado para satisfacer lo que representan las instancias de la clase destino. Por ejemplo, las instancias de la clase *Tarea* tienen que ser satisfechas (cumplidas) por las instancias de la clase *ElementoDiseño*, tales como, diagramas, programas y subsistemas.

Además de los símbolos de multiplicidad disponibles en las relaciones de satisfacción y recurso, es posible agregar el operado lógico "Y" u "O" para mejorar el significado de la dependencia entre las instancias de dos clases [Toranzo, 2002a]. Por ejemplo, si colocamos el símbolo "Y" sobre la relación *dep_propuestaCambio* entre las clases *InformaciónOrganizacional* y *PropuestaCambio*, estaríamos expresando que algun cambio recomendado por la organización (*InformaciónOrganizacional*) debe ser satisfecho por un conjunto predeterminado de propuestas de cambio. Si colocamos "O", estaríamos expresando que las instancias de la clase *InformaciónOrganizacional* sean satisfechas, por lo menos, por una de las instancias *PropuestaCambio* con las que está relacionada. Nuestra necesidad de mejorar la semántica de las relaciones usadas en la rastreabilidad también es una necesidad de otros investigadores, tales como, [Dick, 2002] y [Knethen, 2002].

La relación de responsabilidad (<resp>) especifica que lo representado por las instancias de la clase origen tienen un compromiso sobre lo representado por las instancias de la clase destino. El término responsabilidad es usado para expresar que alguien realiza alguna actividad para elaborar los elementos representados por las instancias de la clase destino. A título de ejemplo, las personas son responsables por idealizar, elaborar y probar artefactos, tales como, diagramas y programas.

En la literatura corriente sobre rastreabilidad, muchos autores, tales como, [Palmer, 1997], [Dorfman, 2002], y [Ramesh, 2001], usan la expresión "atribuido a" para expresar que los requisitos fueron asignados a un subsistema. Nuestro trabajo incorporó esa relación con el nombre *Atribuido.*

La relación representado <rep> especifica que las instancias de la clase origen fueron expresadas sobre las instancias de la clase destino. Por ejemplo, muchos requisitos son expresados en un diagrama usando una notación, pero en un programa son expresados (implementados) usando un lenguaje de programación.

A continuación presentaremos una explicación de algunas relaciones del modelo intermediario. La relación recursiva *dep_recurso_para* sobre la clase *Información* expresa una relación de dependencia de recurso entre las subclases de *Información*, por ejemplo, los requisitos son recursos de información para gestionar las tareas del desarrollo de un software.

La relación *dep_información*, de la clase *InformaciónOrganizacional* para *InformaciónExterna*, es una abstracción de las posibles dependencias de las informaciones del nível organizacional con las del nivel externo.

La relación *satisfecha_por*, entre las clases *Restricción* e *Información*, expresa que es posible atribuir restricciones a todas las subclases de la superclase *Información*, por ejemplo, una restricción puede expresar que todas las informaciones rastreables deberán ser documentadas conforme las normas organizacionales.

La relación *contribuye*, de la clase *Persona* para *Información*, captura las personas que contribuyeron o fueron responsables por la realización de ninguna o muchas cosas (tarea, artefacto, requisitos, etc).

4. Directrices para Desarrollar un Modelo de Rastreabilidad

Los objetivos de la sección son presentar y aplicar un conjunto de directrices para desarrollar un modelo de rastreabilidad. La presentación de las directrices será realizada sobre un Sistema de Biblioteca, cuyos objetivos fueron gerenciar e integrar los datos bibliográficos de la Universidad Estadual do Oeste do Paraná, Brasil. El sistema administra todas las informaciones de los usuarios (alumnos, profesores y funcionarios), operadores (administrativos, bibliotecaria y administradores) y circulación de obras bibliográficas.

A seguir presentaremos e ilustraremos las directrices. Informaciones mas detalladas de ellas pueden ser encontradas en [Toranzo, 2002a] e [Toranzo, 2002b]. Junto con las directrices, mostremos parte del prototipo para apoyar la gestión de la gerencia de requisitos, llamado Labrador.

- **Directriz 1:** Identificar las informaciones que pueden afectar el sistema. El objetivo de la directriz es identificar clases del nivel de información externo que pueden afectar el sistema. El resultado de la aplicación de la directriz fue la inclusión de la clase *InformaciónFormato* para referenciar las informaciones de los formatos de visualización y de catalogación de obras, llamados MARC (**MA**chine-**R**eadable **C**ataloging) y AACR (**A**nglo-**A**merican **C**ataloging **R**ules).

- **Directriz 2:** identificar los objetivos, estrategias o reglas de negocio que serán rastreables. El objetivo de la directriz es identificar los objetivos, estrategias o reglas registradas que pueden afectar el sistema deseado. Después de aplicar la directriz fue decidido incluir la clase *ObjetivoOrganizacional* en el modelo de rastreabilidad ya que algunos objetivos organizacionales fueron documentados.
- **Directriz 3:** incluir clases de información de la gerencia de proyectos en el modelo de rastreabilidad. El objetivo de la directriz es recomendar la inclusión en el modelo de rastreabilidad de las clases que representarán las tareas del cronograma del proyecto, los objetivos del sistema y las personas (desarrolladores). Con esto deseamos reducir la distancia entre la gerencia de proyecto y la gerencia de requisitos. No fue incluida ninguna clase porque las tareas del proyecto no fueron documentadas.
- **Directriz 4:** Identificar subsistemas. El objetivo de la directriz es identificar los subsistemas del sistema de biblioteca. El resultado de la aplicación de la directriz fue la inclusión de la clase *Subsistema* para registrar y representar, por ejemplo, los subsistemas: gerencia de obra; gerencia de usuarios y gerencia de préstamos.
- **Directriz 5:** Identificar los requisitos. Es obligatorio la inclusión de los requisitos en el modelo de rastreabilidad del sistema de biblioteca. Luego, fue incluida la clase *Requisito.*
- **Directriz 6:** Identificar los diagramas. Los objetivos de la directriz son: identificar los tipos de diagramas en los cuales fueron representados los requisitos; y definir los caminos lógicos para accesar las representaciones de los requisitos en los diferentes tipos de diagramas. El camino lógico es la ruta para accesar la representación de un requisito.
- **Directriz 7:** Identificar programas. El objetivo de la directriz es identificar los programas en los cuales fueron representados (implementados) los requisitos del sistema y definir un camino lógico para accesar la representación de los requisitos en los programas. El resultado de la directriz fue la inclusión de la clase *Programa.*
- **Directriz 8:** Identificar las pruebas. Aquí son identificados los documentos o fragmentos de documentos que especifican como los requisitos fueron o serán probados. No fue incluida la clase *Prueba* porque no fueron documentadas las pruebas de software realizadas sobre el sistema de biblioteca.
- **Directriz 9:** Excluir las clases de información irrelevantes.
- **Directriz 10:** Integrar las clases con el mismo significado.
- **Directriz 11:** Integrar nuevas clases.

Las directrices 9, 10 y 11 fueron aplicadas para desarrollar e identificar las clases candidatas del modelo de rastreabilidad. Las clases identificadas pueden ser definidas en la herramienta Labrador. La Figura 3 muestra que para definir la clase *Requisito* se debe ingresar el nombre de la clase, su acrónimo (REQ), sus atributos con su tipo (texto, prioridad y estado) y tamaño. En el proceso de generación de una clase en el Labrador consiste en crear y manipular, de forma transparente para el usuario, un número que representa la llave primaría para la clase definida.

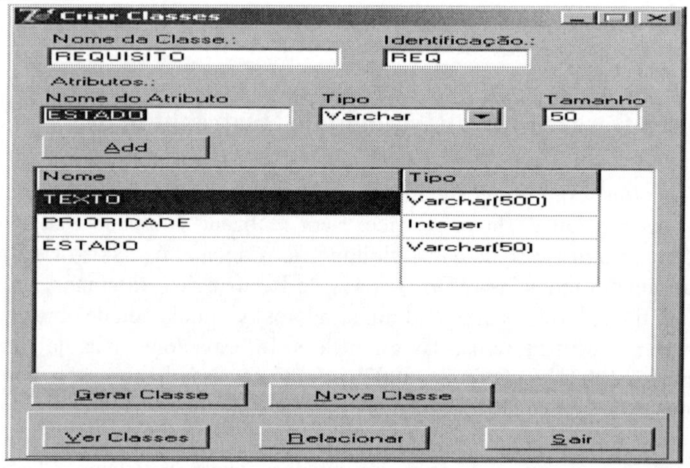

Figura 3: Definición de clases

- **Directriz 12**: Organizar las clases. Aquí se deben organizar y estructurar las clases que formarán parte del modelo rastreabilidad del proyecto en cuestión.

- **Directriz 13**: Establecer relaciones. Aquí se deben relacionar las clases candidatas. Para esto, fueron identificados varias relaciones, por ejemplo, de la clase *Requisito* para las clases: *Subsistema, Programa* y *Persona*. Ver la Figura 4.

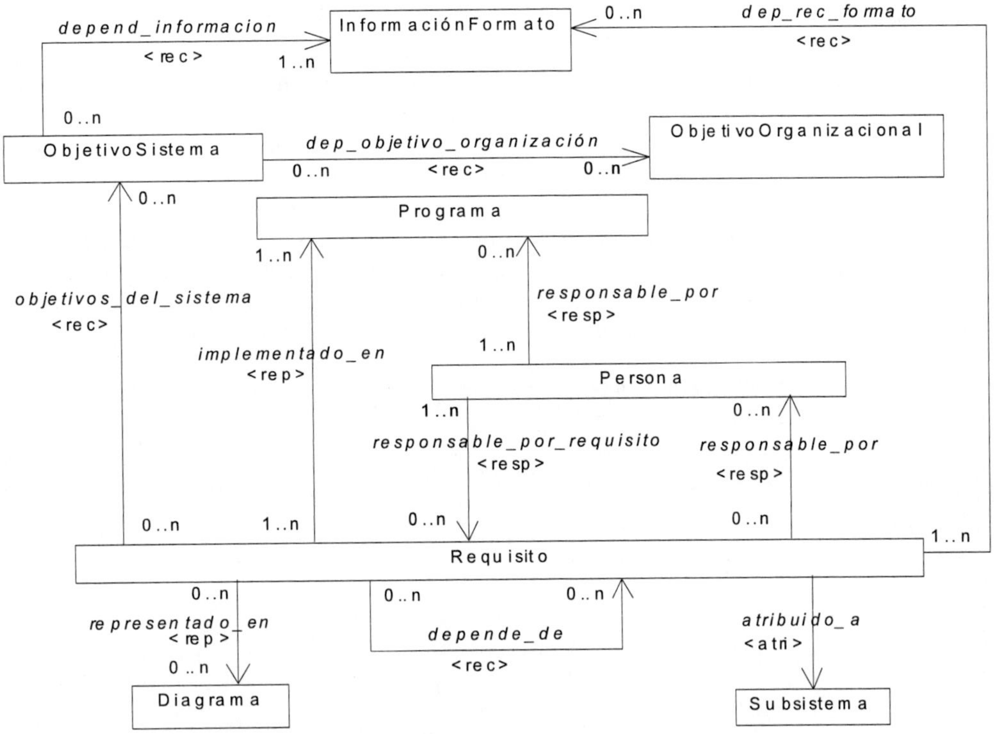

Figura 4: Modelo de rastreabilidad para el sistema de biblioteca

La Figura 5 presenta la ventana usar definir una relación y atribuirle un tipo.

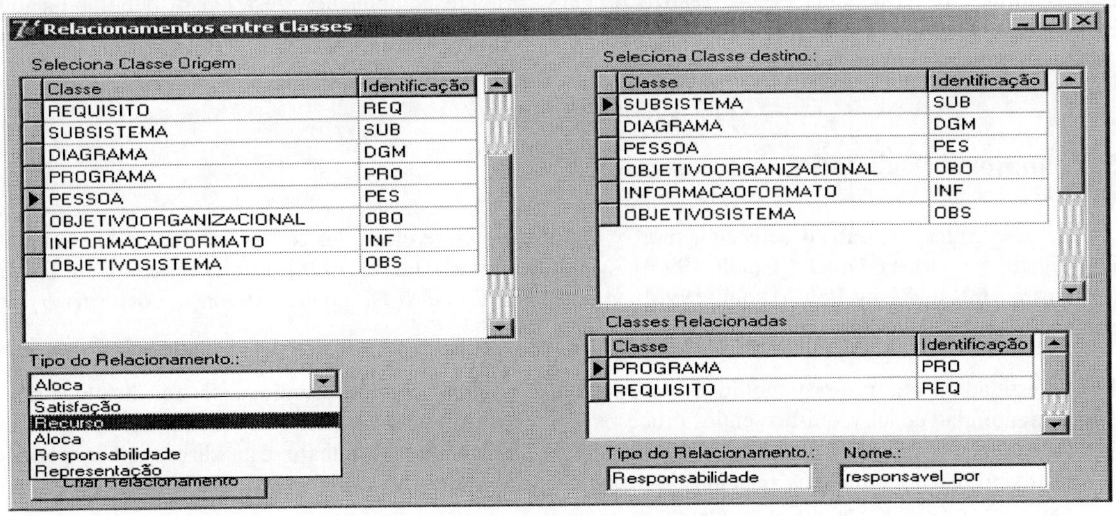

Figura 5: Definición de una relación

Para el usuario definir una relación se debe seleccionar: la clase origen; la clase destino; el tipo de relación; e ingresar el nombre de la relación. Los *grids,* de las partes izquierda y derecha de la Figura 5, muestran todas las clases definidas en el sistema y que pueden ser relacionadas. Las relaciones ya definidas por el usuario son visualizadas en el *grid* titulado por "Classes Relacionadas". Los campos "Nome" y "Tipo do Relacionamento" especifican el nombre y tipo de la relación definida por el usuario.

- **Directriz 14:** Recomendar atributos sobre las clases. El objetivo es sugerir algunos atributos generalmente encontrados en los elementos de un modelo de rastreabilidad.
- **Directriz 15:** Definir una matriz para cada relación del modelo. El objetivo es desarrollar varias matrices o listas para representar las relaciones del modelo de rastreabilidad. A Figura 6 es un ejemplo de la representación matricial de una relación de tipo responsabilidad entre las clases Persona (*Pessoa*) y *Requisito*, cuja representación matricial tiene tres (3) argumentos: el papel de la persona; actividad realizada; y grado de responsabilidad sobre la actividad. Con esto deseamos mejorar la representación y entendimiento en las matrices de las relaciones. Sin embargo, reconocemos la importancia de simplificar la longitud de los argumentos para manipular grandes volúmenes de requisitos.

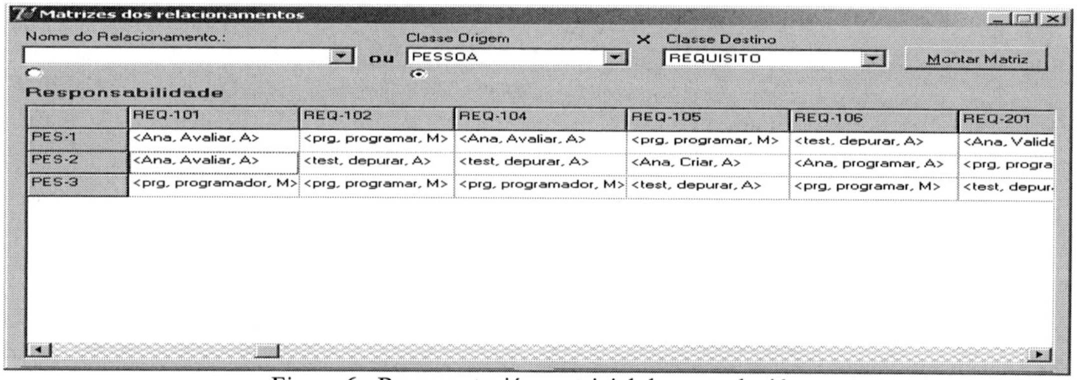

Figura 6: Representación matricial de una relación

La intersección de una fila y una columna representa la relación entre las instancias de las clases origen y destino. Recuerde que la identificación de las instancias es formada por el acrónimo de su classe y por el número generado por el Labrador. A título de ejemplo, la representación matricial de la Figura 6 indica que la intersección entre el requisito "REQ-104" y la persona "PES-2", es representado por "<test, depurar, A>", esto significa que la persona PES-2, realizó pruebas (primera componente "test") para depurar (segunda componente "depurar") la implementación del requisito REQ-104, y fue responsable (tercera componente "A") por la realización de la tarea.

5. Trabajos Relacionados

Para desarrollar este trabajo, seleccionamos y estudiamos, entre otras, las contribuciones de los siguientes investigadores: Orlena Gotel ([Gotel, 1996]), Matthias Jarke ([Jarke, 1998]), Balasubramaniam Ramesh ([Ramesh, 2001]), Klaus Pohl ([Pohl, 1996]) y Francisco Pinheiro ([Pinheiro, 1996a]). Los criterios para comparar los trabajos estudiados fueron:

1. Investigación de pre-rastreabilidad de requisitos. Indica que el estudio está focalizado para la rastreabilidad de los requisitos en los procesos de producción y refinamiento de requisitos.
2. Investigación de pos-rastreabilidad de requisitos. Indica que el trabajo está direccionado para la rastreabilidad de requisitos relacionados con los artefactos producidos apartir de la inclusión de los requisitos en el documento de requisitos.
3. Presenta un meta-modelo para la rastreabilidad de requisitos. Indica si el trabajo presenta un meta-modelo para estructurar los diferentes tipos de relaciones usadas para asociar los elementos de un modelo de rastreabilidad.

4. Clasifica las informaciones rastreables de un proyecto. Deseamos identificar los trabajos que agrupan las informaciones rastreables para ayudar al usuario en la identificación y elaboración de un modelo de rastreabilidad.
5. Usa un enfoque matemático para la rastreabilidad de requisitos, esto es, emplea elementos matemáticos (relación, función, axioma y conjunto, por ejemplo) para especificar y rastrear información.
6. Propone tipos de relaciones. El objetivo es determinar si una investigación define un conjunto de tipos de relaciones para facilitar la elaboración y comprensión de los modelos de rastreabilidad.
7. Propone modelo intermediario de rastreabilidad. Deseamos identificar los trabajos que proponen modelos de rastreabilidad (pre-definidos) que orienten a sus usuarios en la identificación de los posibles elementos y relaciones que formarán parte de su propio modelo de rastreabilidad.
8. Entrega directrices para construir un modelo de rastreabilidad. Independiente del pre y pos-rastreabilidad, deseamos identificar las investigaciones que entreguen orientaciones a sus usuarios para elaborar un modelo de rastreabilidad.
9. Tratamiento explícito de los aspectos externos (político, económico y normas) de una organización. Deseamos identificar las investigaciones que recomiendan la rastreabilidad de aspectos externos a la organización en los sistemas computacionales.
10. Tratamiento explícito de los aspectos internos de una organización. Deseamos identificar las investigaciones que entregan directrices para identificar las informaciones internas de la organización que pueden afectar un sistema computacional.
11. Tratamiento explícito de la gerencia de proyecto. Estamos interesados en los trabajos que identifican, registran y relacionan las tareas (de la gerencia de proyecto) con los requisitos. De esta forma, podríamos entender mejor las causas del suceso o fracaso de un proyecto.

Criterios de comparación		**Identificación de los Investigadores**					
		Toranzo	Ramesh	Gotel e Filkenstein	Jarke	Pohl	Pinheiro
1	Investigación de pre-rastreabilidad de requisitos	Sí	No	Sí	Sí	Sí	Sí
2	Investigación de pos-rastreabilidad de requisitos	Sí	Sí	No	Sí	No	Sí
3	Presenta un meta-modelo para la rastreabilidad de requisitos	Sí	Sí	No	Sí	Sí	Sí
4	Clasifica las informaciones rastreables de un proyecto	Sí	No	No	No	No	No
5	Usa un enfoque matemático para la rastreabilidad de requisitos	No	No	No	No	No	Sí
6	Propone tipos de relaciones	Sí	Sí	Sí	Sí	Sí	No
7	Propone modelo intermediarios de rastreabilidad	Sí	Sí	No	No	Sí	No
8	Entrega directrices para construir un modelo de rastreabilidad	Sí	No	No	No	No	No
9	Tratamiento explícito de los aspectos externos (político e social) de una organización	Sí	No	No	No	No	No
10	Tratamiento explícito de los aspectos internos de una organización	Sí	Sí	Sí	No	No	No
11	Tratamiento explícito de la gerencia de proyecto.	Sí	No	No	No	No	No

Figura 7: Cuadro comparativo de las investigaciones sobre la rastreabilidad de requisitos

6. Conclusiones

Experimentos sobre las tres últimas décadas muestran que la incorporación de cambios en el software, sin el análisis de sus efectos, pueden contribuir para una pobre estimación de esfuerzo, atrasos en el cronograma, degradar el diseño de software, productos de software no confiables, y una prematura desactivación del software. Entre el conjunto de buenas prácticas para mitigar los efectos colaterales negativos del problema citado está la realización de la rastreabilidad de requisitos.

Si bien es cierto que muchos modelos y normas de calidad recomiendan el uso de la rastreabilidad de requisitos, también es cierto que ellos no entregan directrices, modelos y ninguna clasificación de las informaciones que pueden formar parte de un modelo de rastreabilidad.

Los estudios realizados nos permiten afirmar que una de las características comunes de los investigadores es asumir que los artefactos rastreables ya fueron identificados y que no entregan actividades bien definidas para elaborar un modelo de rastreabilidad.

Trabajos futuros estarán direccionados a continuar mejorando nuestro trabajo y a desarrollar nuevos estudios de casos. También, nuevos esfuerzos serán realizados para identificar y definir un conjunto de patrones de rastreabilidad. Es ampliamente aceptado que el uso de patrones incrementa la productividad e incrementa la calidad de una solución [Pott, 2004].

El autor agradece al Departamento de Auditoría y Sistemas de Información y al Laboratorio de Ingeniería de Requisitos del Centro de Informática de la UFPE, Brasil, en la realización de la investigación, y a la Sra. Olga Astorga por sus contribuciones para mejorar la redacción del artículo.

Bibliografía

[Borland, 2005] http://www.borland.com/caliber/ . Sitio visitado el 2 de abril de 2005.

[Dick, 2002] J. Dick. Rich Traceability. 1st International Workshop on Traceability in Emerging Forms of Software Engineering. 2002

[Dorfman, 2002] M. Dorfman and R. Thayer, "Software Engineering: Development Process", IEEE Computer Society Press,R. Thayer and M. Dorfman, Eds., pp. 286-307, 1997

[IBM, 2005] http://www-306.ibm.com/software/awdtools/reqpro/. Sitio visitado el 2 de abril de 2005.

[Gotel, 1996] O. Gotel. Contribution Structures for Requirements Engineering. Ph.D Thesis. Department of Computing, Imperial College of Science, Technology, and Medicine, London, U.K., 1996.

[Jardim, 1999] N. Jardim, M. Toranzo, J. Cunha, J. Castro, S. Kovacecic, R. Dave, J. Tarby, M. Collinscope, and M. Harmelen. Workshop an Interactive Systems Design and Object Models (Wisdom'99). In: 13th Conference European on Object, 1999, Lectures on Computer Ciences. 1999. v.1. p.34-58.

[Jarke, 1998] M. Jarke, "Requirements Tracing," Communication ACM, vol. 41, pp. 32-36, Dec. 1998.

[Lardent, 2001] A. Landent. Sistemas de Información para la gestión empresaria: Planeamiento, Tecnología y Calidad. Prentice Hall. 2001

[Leffingwell, 2000] D. Leffingwell, and D. Widrig. Managing Software Requirements: A unified Approach. Addison-Wesley. 2000.

[Letelier, 2002] P. Letelier. A Framework for Requirements Traceability in UML-based Projects. 1st International Workshop on Traceability in Emerging Forms of Software Engineering. 2002

[Marc,2002] MARC 21 Concise Format. Library of Congress Network Development and MARC Standards Office. Http://lcweb.loc.gov/marc/concise/concise.html#general_intro. Pagina visitada em 2/2/2005

[Pott, 2004] A. Pott and D Berman. Trapt - Traceability Pattern Tool. Technical Report CS04-13-00, Department of Computer Science, University of Cape Town. 2004. http://pubs.cs.uct.ac.za/archive/00000170/ . Página visitada en 13/01/2005

[Palmer, 1997] J. D. Palmer, "Traceability", Sofware Requirements Engineering, IEEE Computer Society Press,R. Thayer and M. Dorfman, Eds., pp. 364-374, 1997.

[Paulk, 1993] M. Paulk, M. Chissis, and C. Weber. Capability Maturity Model for Software: Version V1.1. Technical report SEI-93-TR-24. Software Engineering Institute, Carnegie Mellon University, Pennsylvania, USA, Feb. 1993

[Pinheiro, 1996] F. A. C. Pinheiro. Design of a Hyper-Environment for Tracing Object-Oriented Requirements. Ph.D Thesis. Department of Computing, University of Oxford, Oxford, U.K., 1996.

[Pinto, 2001] Pinto, R. C. C., Castro, J. F. B., Toranzo, M. A., "Requirements Traceability in Agent Oriented Development" SELMAS2002 – International Workshop on Software Engineering for Large-Scale Multi-Agent Systems, 2002, Orlando

[Pohl, 1996] K. Pohl. Process-Centered Requirements Engineering. Advanced Software Development Series, John Wiley and Sons Ltd., 1996.

[Ramesh, 2001] B. Ramesh and M. Jarke, "Towards Reference Models For Requirements Traceability," IEEE Transacions on Software Eng., vol. 27, pp. 58-93, Jan. 2001

[Rumbaugh, 1999] J. Rumbaugh, I. Jacobson and G. Booch. The Unified Modeling Language: Reference Manual. Reading, MA: Addison Wesley Longman, 1999.

[Spence, 2000] I. Spence. And L. Probasco. Traceability Strategies for Requirements Management with Use Cases . White Papers, 2000. Rational Software Corporation

[Toranzo, 1999] Toranzo, M., Castro, J.(1999a), A Comprehensive Traceability Model to Support the Design of Interactive Systems, WISDOM'99 Workshop, http://math.uma.pt/wisdom99. in European Conference on Object-Oriented Programming- ECOOP'99

[Toranzo, 2000] M.Toranzo, "Towards to Reference Models for Requirements Traceability," III Fórum de Tecnologia: X Seminário Regional de Informática. Universidade Regional Integrada do Alto Uruguai e das Missões, 2000

[Toranzo, 2002a] Toranzo, M. A Framework to Improve Requirements Traceability (in Portuguese. Ph.D thesis, Centro de Informática da UFPE, Brazil, 2002.

[Toranzo, 2002b] Toranzo, M. A Framework to Improve Requirements Traceability (in Portuguese. Workshop de Engenharia de Requisitos. Pp. 194 -209. Valencia-España. 2002.

[Wiegers, 2003] K. Wiegers. Software Requirements. Microsoft Press, 2003.

[Yu, 1999] E. Yu, "Strategic Modelling for Enterprise Integration". In Proc. of the 14th World Congress of International Federation of Automatic Control – IFAC99, pp.34-45, July 1999, Beijing, China.

Patrones de Transformación de Sentencias*

Isabel Díaz†‡ Oscar Pastor‡ Alfredo Matteo† Lidia Moreno‡

†Universidad Central de Venezuela ‡Universidad Politécnica de Valencia (España)

{idiaz|opastor|lmoreno}@dsic.upv.es ~ {idiaz|amatteo}@kuaimare.ciens.ucv.ve

Resumen

En este trabajo se describe el modelo de transformación de Metamorfosis: un marco concebido para modelar el intercambio de información entre los componentes de un sistema. Este marco utiliza técnicas de procesamiento del lenguaje natural para obtener el Modelo de Interacción a partir de un Modelo de Casos de Uso. Metamorfosis sigue un enfoque de Ingeniería de Software centrado en la construcción de modelos y en la sucesiva trasformación de los mismos. Además, se basa en el uso de patrones de diseño para especificar tanto la transformación propiamente dicha como también sus insumos y productos. La estrategia de transformación de Metamorfosis aplica a tres ámbitos: el de una entidad, el de un caso de uso y el de una sentencia. En particular, este artículo explica cómo se realiza la transformación en el ámbito de una sentencia. Cada patrón de transformación especifica cómo obtener información del contexto gramatical de la sentencia para deducir el fragmento de interacción que le corresponde. Los patrones de transformación diseñados fueron sometidos a una primera experiencia de validación. Para esto se implementó un traductor que fue integrado a un ambiente de producción automática de software. Esta experiencia y algunos de los resultados obtenidos se exponen también en este trabajo.

1. Introducción

Este artículo aborda aspectos relativos a dos de las principales actividades de la Ingeniería de Requisitos [NE 00][Van-Lamsweerde 00]: la *especificación* o definición precisa de los requisitos funcionales de un sistema de software y el *análisis* o interpretación de los mismos. Desde que Jacobson acuñó el término "caso de uso", muchos métodos de desarrollo de software orientados a objeto concretan la especificación de los requisitos funcionales mediante un *Modelo de Casos de Uso* [Jacobson et al. 92][OMG 03b]. Durante el análisis, los métodos que siguen esta línea de acción, proyectan el comportamiento descrito en los casos de uso en el Modelo de Objetos y en el Modelo de Interacción. El *Modelo de Objetos* representa los componentes internos del sistema, sus propiedades, relaciones y restricciones. El propósito del *Modelo de Interacción* es mostrar cómo esos componentes deben intercambiar información para dotar al sistema de la funcionalidad especificada en los casos de uso. RUP (Rational Unified Process), OOSE (Object-Oriented Software Engineering) y OO-Method son ejemplos representativos de métodos que trabajan de esta forma [Evans 04][IPW 02][Jacobson et al. 92][Rational 03][Pastor et al. 01].

Se han propuesto diversas técnicas y herramientas para facilitar la proyección del comportamiento descrito en los casos de uso en los modelos del análisis. Sin embargo, estas estrategias presentan algunas debilidades. La extracción de las abstracciones del análisis no siempre es una tarea fácil debido a que se requiere experiencia de modelado y conocimiento del dominio. Los analistas que tienen la responsabilidad de ejecutar esta tarea deben establecer su propio criterio para construir los modelos del análisis independientemente de la técnica o herramienta utilizada. La diversidad de criterios genera inconsistencias en estos modelos que sólo pueden ser superadas después de un arduo trabajo de consenso. Además, el vínculo entre la especificación y el análisis de los requisitos pasa a ser de exclusiva propiedad de quien haya realizado esta tarea. La transición entre estos modelos no deja huella por lo que, una vez realizado, resulta irreversible. En consecuencia, resulta difícil conocer el impacto que tendría en el sistema desarrollado, los cambios que eventualmente pudieran sufrir sus requisitos.

---

* Este trabajo ha sido realizado gracias al apoyo de: (i) el Proyecto DESTINO (MEC, TIN2004-03534) y cofinanciado por FEDER; (ii) el proyecto CICYT TIC2003-07158-C04-03; y (iii) el Consejo de Desarrollo Científico y Humanístico de la Universidad Central de Venezuela (CDCH/UCV).

Los problemas expuestos resultan más serios para la construcción del Modelo de Interacción que para la construcción del Modelo de Objetos. Los métodos de desarrollo de software carecen de heurísticas o estrategias para esto y, en caso de proponerlas, son poco exhaustivas y precisas. De esta forma, la identificación y especificación de interacciones resulta un trabajo tedioso e ineficaz para el analista. Esta situación motivó la definición de un marco que pretende facilitar la extracción de información de los casos de uso con el fin de especificar interacciones. Este marco, denominado Metamorfosis, sigue una orientación basada en la transformación automática de modelos y la aplicación de patrones de diseño. Se trata con esto de facilitar el trabajo de los analistas al mismo tiempo que se garantiza la consistencia de los modelos obtenidos y su trazabilidad.

El propósito principal de este trabajo es describir el modelo de transformación de Metamorfosis. El artículo ha sido estructurado en nueve secciones. En la Sección 2 se describe la arquitectura de Metamorfosis en términos de los modelos que le permiten cumplir con su misión, la relación establecida entre éstos (como insumos y productos de la transformación) y los lenguajes utilizados para su especificación. La Sección 3 explica la estrategia de transformación en los distintos ámbitos en los que ésta es aplicada y define algunos conceptos básicos relacionados con esta actividad. A través de un ejemplo, en la Sección 4 se describen los elementos de un patrón de transformación y la forma cómo éstos operan sobre las sentencias de un caso de uso. La Sección 5 da cuenta de una experiencia realizada para validar estos patrones y los resultados obtenidos. La Sección 6 presenta los trabajos más representativos de otros autores que sirvieron de base para la formulación de Metamorfosis. En la Sección 7 se mencionan las principales investigaciones que actualmente se adelantan como continuación del trabajo presentado. Finalmente, las dos últimas secciones han sido dedicadas a las conclusiones y las referencias.

2. Modelo de Transformación de Metamorfosis

Metamorfosis ha sido diseñado siguiendo un enfoque de Ingeniería de Software orientado a modelos. La deducción del Modelo de Interacción a partir del Modelo de Casos de Uso se ha expresado como una *transformación* [Frankel 03]. En esta línea de trabajo se eligió MDA (Model Driven Architecture) como plataforma para la especificación del modelo de transformación de dichos modelos [OMG 03a]. Esta especificación tiene la responsabilidad de describir los vínculos que deben definirse entre las primitivas de los modelos que participan en la transformación. Por otra parte, la aproximación es soportada por un proceso que tiene un ciclo de vida, que se desarrolla a través de fases y actividades con el apoyo de un conjunto de guías (heurísticas y técnicas) y la intervención de diversos analistas [Díaz et al 04b].

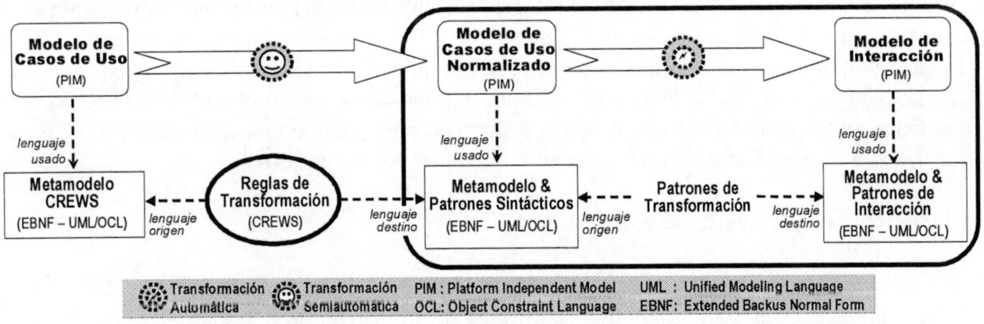

Fig. 1. Modelo de Transformación de Metamorfosis

La Figura 1 muestra los modelos que participan en las transformaciones de Metamorfosis. Todos los modelos son independientes de plataforma debido a que no muestran detalles de implementación. Han sido expresados utilizando metamodelos UML y patrones de diseño [Gamma et al 95][OMG 03b]. Como lenguajes de especificación también se usa EBNF (Extended Backus Normal Form) y OCL (Object Constrain Language) [ISO 96][OMG 03c]. Por otra parte, en la Figura 1 se ha enmarcado la fase de la transformación de más interés para este artículo: la que permite obtener el Modelo de Interacción a partir de un Modelo de Casos de Uso Normalizado. Esta transformación se realiza automáticamente debido a que no requiere la participación de los analistas con el fin de obtener los principales elementos del Modelo de Interacción. Para que esto pueda ser así, los casos de uso que serán objeto de transformación deben ser normalizados. La normalización consiste en preparar el texto de los casos de uso para que, posteriormente, sea posible su transformación en interacciones. Este proceso es necesariamente semiautomático debido a que algunas de las decisiones que debe tomar Metamorfosis requieren información que sólo puede ser suministrada por los analistas [Díaz et al 04b]. La normalización tiene tres objetivos principales:

- *Promover la correctitud y completitud de la documentación de los casos de uso (normalización sintáctica).* La normalización debe garantizar que se cumplan las reglas de estilo y estructura establecidas por CREWS (Cooperative Requirements Engineering With Scenarios) para especificar casos de uso usando textos en lenguaje natural [RB 98][Ben-Achour et al. 99]. Con este propósito, Metamorfosis se apoya en una gramática `G` desarrollada para sentencias escritas en español. Esta gramática utiliza un conjunto de reglas de producción que describen la estructura de sentencias simples y especiales (condicionales, iteraciones, etc.). Las sentencias simples pueden ser: sentencias de interfaz (que muestran el intercambio de información entre el sistema y los actores) o sentencias de proceso (acción del sistema que puede cambiar su estado). Ambos tipos de sentencias derivan de una estructura genérica de tipo: `sujeto,verbo-principal,predicado` que admite la presencia de sentencias subordinadas [Díaz et al 04a].
- *Dotar el texto de los casos de uso con información que permita la deducción automática del Modelo de Interacción (normalización sintáctica).* Se trata de anexar información morfológica, sintáctica y semántica a cada sentencia del texto de un caso de uso normalizado. Esta información es obtenida utilizando un analizador morfosintáctico y la gramática definida [Díaz et al 05].
- *Garantizar la consistencia terminológica de los casos de uso (normalización semántica).* A cada palabra del texto de un caso de uso se debe asignar un significado único así como también información acerca de sus relaciones gramaticales con otras palabras (por ejemplo: equivalencia, antítesis, generalización y composición) [Díaz et al 04b]. Se pretende con esto lograr una conceptualización robusta de los términos que contengan información significativa del dominio. Los principales componentes, propiedades y restricciones de los términos significativos forman la ontología del dominio. Esta ontología mejorará la comprensión del texto de los casos de uso potenciando su utilización en las distintas etapas del desarrollo del sistema. Además, es determinante para garantizar la consistencia de las interacciones deducidas.

3. Estrategia de Transformación

En Metamorfosis, la transformación de un Modelo de Casos de Uso Normalizado para obtener su correspondiente Modelo de Interacción se realiza en tres ámbitos: el definido por la entidad, el delimitado por cada caso de uso de ésta y el establecido por cada sentencia del texto de un caso de uso. En el ámbito de la entidad, la transformación tiene el propósito de integrar y complementar la información obtenida en cada caso de uso de un sistema, subsistema o componente de software en desarrollo. En el ámbito de un caso de uso, la transformación cumple un propósito similar pero, esta vez, pretende integrar y complementar la información deducida de las sentencias del caso de uso. Por último, la transformación en el ámbito de una sentencia de un caso de uso tiene responsabilidad de identificar los elementos básicos de una interacción. En esta sección se explica la estrategia de transformación de Metamorfosis en estos tres ámbitos.

3.1 Transformación en el Ámbito de una Entidad

En el *ámbito de una entidad*, una transformación $TR_E: f(E) \rightarrow MI_E$ es una función f aplicable sobre una entidad E. Una entidad es el dominio de mayor alcance de aplicación de la transformación. La delimitación de este dominio queda establecido por un conjunto $E=\{CU_1, CU_2, ..., CU_i, CU_{i+1}, ..., CU_n\}$ de los casos de uso que especifican los requisitos funcionales de la entidad E.

El resultado de una transformación T_E es el Modelo de Interacción MI_E. El principal propósito de la función de transformación f es integrar los modelos de interacción obtenidos para cada caso de uso de E hasta obtener MI_E, garantizando su consistencia y completitud. Esto significa que f debe resolver los posibles conflictos generados por esta integración de forma tal que todas las representaciones parciales estén contenidas o expresadas en MI_E. Metamorfosis asume la definición de interacción dada por el UML [OMG 03b]. Una interacción describe el intercambio de mensajes entre dos o más objetos. Para representar estas interacciones se usan diagramas de secuencia. No obstante, es posible también que sean expresadas mediante otros tipos de diagramas de interacción del UML (diagramas de comunicación o diagramas de interacción de alto nivel).

3.2 Transformación en el Ámbito de un Caso de Uso

En el *ámbito de un caso de uso*, una transformación TR_{CU}: (CU) → MI_{CU} es una función aplicable a un caso de uso CU. Un caso de uso es un texto escrito en lenguaje natural cuyo propósito principal es especificar una funcionalidad de la entidad E. Este documento tiene una estructura descrita por una plantilla. Una plantilla P es una secuencia ordenada $p_1 \cdot p_2 \cdot ... \cdot p_i \cdot ... p_m$ de campos $p_i = \langle A, V \rangle$ donde:

- $A = \langle d, c \rangle$ denota un atributo de la plantilla P. Cada atributo tiene una descripción d y una clase $c \in C$ siendo C el conjunto de todas las clases de atributos $C = \{c = \langle n, d, k \rangle\}$. Cada clase c tiene un nombre n, una descripción d y un carácter k que puede tomar los valores: 'obligatorio' u 'opcional'. El carácter de una clase indica si la existencia de un campo en una plantilla es obligatoria o no. Además, para que Metamorfosis pueda cumplir con su objetivo de transformación, las plantillas de los casos de uso deben contener campos de las siguientes clases: 'identificación' (campos con información que permite distinguir un caso de uso de otro), 'contenido' (para los actores y las trayectorias básica/alternas), 'vinculante' (campos dedicados a especificar las relaciones de extensión, inclusión y herencia) y 'condicionante' (para las precondiciones y postcondiciones del caso de uso). Ejemplos conocidos de atributos de plantillas de casos de uso son: 'Trayectoria Alterna', 'Actor(es)' o 'Resumen' pudiendo considerar los dos primeros como obligatorios y, el tercero, como opcional.
- $V = \langle m, q \rangle$ es el conjunto de valores de un atributo de la plantilla P, siendo m la multiplicidad o máximo número de valores de tipo q del mismo. El conjunto de tipos de valores de un atributo es $Q = \{q \mid (q \in T) \vee (q \in NT) \vee (q \in PR) \vee (q = ex)\}$ donde T, NT y PR son, respectivamente, el conjunto de símbolos terminales, símbolos no terminales y producciones de la gramática G. Además, ex es una expresión para un de tipo de valor complejo obtenido mediante la combinación de los demás tipos de valores. Por ejemplo, el valor del atributo 'Trayectoria Básica' puede ser del tipo complejo $\{paso\}^+$ (secuencia de más de un paso). paso es un símbolo no terminal ($paso \in NT$) definido por la producción PR: identificador, (sentencia-simple|sentencia-especial).

Las reglas de transformación de Metamorfosis no dependen de la plantilla definida para estructurar la funcionalidad. No obstante, esta plantilla debe ser la misma para todos los casos de uso de E y contener los atributos necesarios para registrar la información que se espera tenga la especificación de un caso de uso. Por otra parte, el resultado de aplicar la transformación T_{CU} a un caso de uso CU se obtiene el correspondiente Modelo de Interacción MI_{CU}. La función de transformación . es responsable de integrar la información obtenida de cada sentencia de CU. Esta función también debe incorporar al modelo MI_{CU} información que sólo puede ser deducida mediante un análisis de conjunto del caso de uso o de grupos de sentencias del mismo. Además, la función de transformación debe garantizar la consistencia (resolución de conflictos) y completitud (representación de toda la información parcial) de MI_{CU}.

Algunas de las actividades de transformación que Metamorfosis realiza a partir del documento de un caso de uso son las siguientes: construir todos los diagramas de secuencia vinculados al caso de uso (un diagrama de secuencia para la trayectoria básica y uno para cada una de sus trayectorias alternas); combinar los fragmentos de interacción deducidos de cada sentencia de una trayectoria del caso de uso hasta formar el diagrama de secuencia correspondiente; asignar información descriptiva a cada diagrama de secuencia (nombre, pre y post condiciones, vinculación con otros diagramas de secuencia incluidos, por extensión o herencia, etc.) y deducción de fragmentos de interacción correspondientes a sentencias especiales conformadas por grupos de sentencias.

3.3 Transformación en el Ámbito de una Sentencia

En el *ámbito de una sentencia* del caso de uso CU una transformación $TS: \hbar(S) \rightarrow MI_S$ es una función $\hbar$ aplicable a una sentencia S perteneciente al texto de un caso de uso CU. Una sentencia S es una secuencia de grupos de palabras cada uno de los cuales tiene asociado una etiqueta con su categoría sintáctica. De esta forma, $S = (w_1, e_1) \cdot (w_2, e_2) \cdot ... \cdot (w_i, e_i) \cdot ... \cdot (w_n, e_n)$ donde $\forall i = 1..n$ se cumple:

- $w_i \in (W \cup CE)$, siendo W un conjunto no vacío de grupos de palabras y CE el conjunto de caracteres especiales (signos de puntuación, marcadores, etc.).

- $e_i \in ETQ$, siendo ETQ el conjunto de categorías sintácticas de los grupos de palabras. Se define como $ETQ = \{e_i \in (T \cup NT) \vee e_i \in CE\}$ donde T es el conjunto de símbolos terminales de la gramática G, NT el conjunto de símbolos no terminales y CE es el conjunto de caracteres especiales. En Metamorfosis las etiquetas son asignadas a cada grupo de palabras con la ayuda del analizador MS-ANALYSE que tiene propiedades de desambiguación morfológica [CP 02]. Esta información es vinculada a cada grupo de palabras como parte del proceso de normalización sintáctica de los casos de uso. A continuación se muestra una sentencia documentada sintácticamente: *El Sistema* [nom-sist] *registra* [acción-de-ejecución] *en el contrato* [de-lugar] *los datos* [objeto] *del comprador* [de-pertenencia] *del vehículo* [de-pertenencia].

- $\exists (w_0, e_0), (w_{n+1}, e_{n+1})$ siendo $(w_0, e_0) \cdot (w_1, e_1)$ y $(w_n, e_n) \cdot (w_{n+1}, e_{n+1})$ con e_0 y e_{n+1} caracteres especiales de inicio y finalización de sentencia, respectivamente.

El objetivo principal de las reglas de transformación definidas por *ℏ* es obtener el fragmento de interacción que describe una sentencia S. En términos del UML, un fragmento es una interacción que es parte de otra interacción [OMG 03b]. Metamorfosis distingue ambos elementos de modelado como sigue. El fragmento es deducido a partir de una sentencia de un caso de uso. Puede consistir de uno o más mensajes y de una o más instancias que envían y reciben estos mensajes. Una interacción completa es el resultado de combinar todos los fragmentos obtenidos de las sentencias de un caso de uso. Gráficamente, la interacción completa corresponde a un diagrama de secuencia mientras que una pieza de este diagrama representa un fragmento de la interacción.

4. Patrones de Transformación de Sentencias

En Metamorfosis los patrones de transformación de sentencias han sido organizados en un catálogo. Hasta el momento este catálogo contiene 21 patrones de transformación. El propósito de cada uno de estos patrones es describir cómo, a partir de la información gramatical de una sentencia, puede deducirse un fragmento de interacción. Cada patrón fue especificado utilizando un esquema básico de cinco elementos. Dos de estos elementos son: su *nombre* (identificación que distingue un patrón de transformación de otro) y las *observaciones* (mencionan casos específicos del patrón, ejemplos de aplicación y anotaciones de diversa índole). Los elementos restantes son descritos en las próximas subsecciones: *contexto gramatical, patrón de interacción* y *reglas de transformación.* También se dedica una subsección a explicar, a través de un ejemplo, cómo se realiza el proceso de transformación.

4.1 Contexto Gramatical

Un contexto gramatical CG es una subgramática de G. Esto significa que CG es una gramática tal que $CG = \langle T', NT', PR' \rangle$ donde $T' \subseteq T$, $NT' \subseteq NT$ y $L(CG) \subseteq L(G)$. Un contexto gramatical define, por comprensión, una familia de patrones sintácticos. Cada patrón sintáctico PS describe una particular secuencia de símbolos terminales y no terminales obtenida por la aplicación de una o más reglas de producción de la subgramática: $PS = q_1 \cdot q_2 \cdot \ldots \cdot q_i \cdot \ldots q_m$ siendo $q_i \in (T' \cup NT') \forall q_i$ y $PS \in L(CG)$.

En la Figura 2 se presenta un contexto gramatical (CG) denominado Cadena de Propietarios. Muestra las características que puede adquirir una sentencia de proceso (el sujeto es el sistema en desarrollo siendo éste el emisor y el receptor de la acción que realiza). En este contexto gramatical, el objeto de la sentencia puede o no tener un complemento (expresión que contiene la preposición "a" pero que no cumple la función de objeto indirecto). El símbolo " % " indica que el orden entre éstos es irrelevante. Además, el objeto de la sentencia debe estar seguido por una secuencia de más de un sintagma preposicional de-pertenencia (usan la preposición "de" u otra expresión equivalente). La Figura 2 también presenta uno de los patrones sintácticos perteneciente a la familia definida por el CG-Cadena de Propietarios.

CG-Cadena de Propietarios	Un Patrón Sintáctico
nombre-sistema, (acción-ejecución|acción-indefinida), {objeto, [complemento-objeto] }*, de-pertenencia, {de-pertenencia}+;	nombre-sistema, acción-indefinida, objeto, de-pertenencia, de-pertenencia;

Fig. 2. Contexto Gramatical: Ejemplo

4.2 Patrones de Interacción

En Metamorfosis el resultado de la transformación de una sentencia S es un fragmento de la interacción completa que describe el caso de uso CU_i al cual pertenece dicha sentencia . Este fragmento responde a un patrón de interacción PI definido para el contexto gramatical CG de S. Un patrón de interacción es una estructura genérica que describe un fragmento de una interacción. Para especificar un PI se ha aplicado una técnica basada en la especialización de metamodelos UML propuesta en [France et al. 04]. Esta técnica utiliza roles para describir los participantes de un patrón de diseño. Un rol especifica las propiedades estructurales y semánticas que un elemento de modelado del UML debe tener para que forme parte del patrón. Así, un rol es un subtipo de una clase del metamodelo del UML.

La especificación de un patrón de interacción de Metamorfosis se ha sustentado en el Metamodelo de Patrones de Interacción definido como un profile del Metamodelo de Interacción del UML [OMG 03b]. En las Figuras 3 y 4 se presenta parte del resultado de aplicar la técnica para especificar el PI-Efecto Dominó. Su representación gráfica se muestra en la Figura 4. La expresión |inic:|Iniciador indica que el rol de la línea de vida inic es jugado por una instancia de la clase Iniciador. Similarmente, el rol de la línea de vida puen[i] es desempeñado por el i-ésimo objeto Puente del conjunto de objetos de la clase Puente; el rol de la línea de vida ejec es realizado por una instancia de la clase Ejecutor. El primer mensaje del fragmento de interacción es enviado desde un objeto Iniciador hasta un objeto Puente. Conectar representa un tipo de operación que permite relacionar un objeto emisor con un objeto receptor. Este mensaje induce a la instancia receptora a enviar un mensaje a otra instancia Puente y así sucesivamente hasta que una de éstas envía un mensaje a un objeto Ejecutor. Este mensaje activa la operación Actualizar responsable de cambiar el estado del objeto Ejecutor.

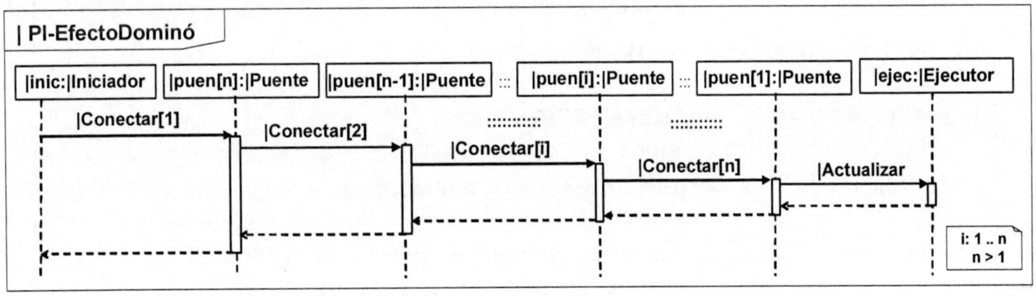

Fig. 3. Representación Gráfica de un Patrón de Interacción

La Figura 4 presenta una vista parcial del Metamodelo de Patrones de Interacción especializado. Los roles inic y puen son líneas de vida del patrón que representan clases entidad del dominio del sistema[1]. Por otra parte, inic es una línea de vida de un patrón que representa una clase frontera o una clase de control. Hay dos tipos de mensajes síncronos en el PI-Efecto Dominó: Conectar y Actualizar. Este último aparece en el patrón una vez mientras que, el primero, debe ser aplicado al menos dos veces. Además, la operación Conectar no tiene parámetros a diferencia de la operación Actualizar que sí puede tenerlos.

[1] Las definiciones de clase entidad, clase frontera y clase de control se corresponden con las dadas en [Jacobson et al 92].

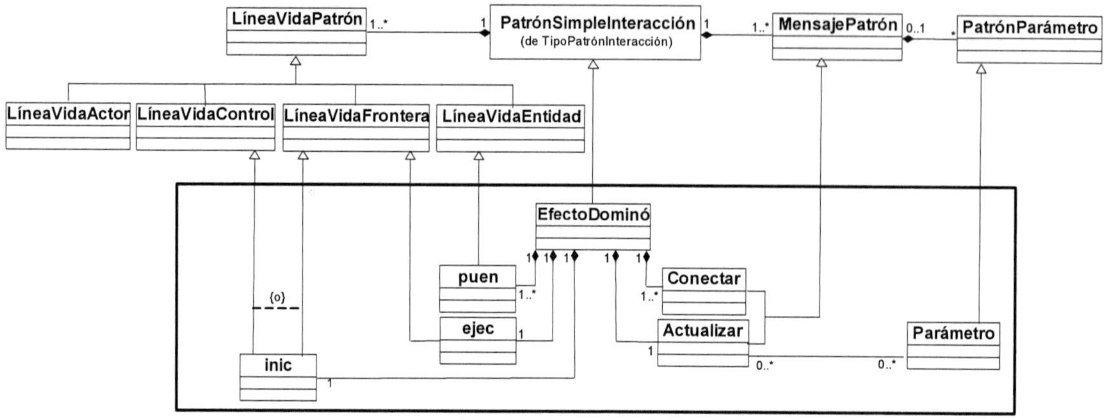

Fig. 4. Especialización del Metamodelo de Patrones de Interacción de Metamorfosis (Vista Parcial)

4.3 Reglas de Transformación

Las reglas de transformación describen cómo los elementos de un contexto gramatical son convertidos en elementos de un fragmento de interacción. La Figura 5 muestra las reglas de un patrón de transformación aplicables al contexto gramatical `Cadena de Propietarios` (Fig. 2). La aplicación de estas reglas permite obtener una interacción con la forma genérica descrita por el patrón de interacción `Efecto Dominó` (Fig. 3).

El lado izquierdo de una regla de transformación corresponde a los elementos del patrón de interacción. Su lado derecho permite reconocerlos utilizando los constituyentes que participan en el contexto gramatical. En la Figura 5, por ejemplo, el objeto `Iniciador` (Fig. 3) es deducido del sujeto de la sentencia (`nombre-sistema` en Fig. 2). La identificación del objeto `Ejecutor` es extraída del `sintagma-nominal` contenido en el primer sintagma preposicional `de-pertenencia` de la sentencia. Cada objeto `Puente` es obtenido de los restantes sintagmas preposicionales `de-pertenencia`. Para hacer esto, sus respectivos sintagmas nominales son considerados en orden inverso de aparición.

|inic:|Iniciador	⟵	**nombre-sistema**;
|puen[i]:|Puente	⟵	**⟨sintagma-nominal-j⟩**^{Norm} ∀i,j /1 ≤ i,j ≤ n donde sintagma-nominal-j ⊂ de-pertenencia-j
|ejec:|Ejecutor	⟵	**⟨sintagma-nominal-1⟩**^{Norm} donde sintagma-nominal-1 ⊂ de-pertenencia-1
|Conectar[i]	⟵	**preposición-de,determinante** ∀i,j /1 ≤ i,j ≤ n donde preposición-de ⊂ de-pertenencia-j
|Actualizar	⟵	**(acción-ejecución|acción-indefinida), objeto,[complemento-objeto];**

Fig. 5. Reglas de Transformación: Ejemplo

4.4 Proceso de Transformación de Sentencias: Un Ejemplo

El proceso de transformación de una sentencia se realiza, básicamente, en tres pasos. El primero de éstos consiste en *reconocer el contexto gramatical* `CG` *de la sentencia* `S`. Esto implica identificar el contexto gramatical `CG` al que pertenece el patrón sintáctico de la sentencia `PS(S)`. A manera de ejemplo, supóngase que una sentencia dada tiene el patrón sintáctico que se muestra en la Figura 6. El paso de reconocimiento de esta sentencia permite determinar que `PS(S)` es un elemento de la familia de patrones sintácticos definida por el contexto gramatical `Cadena de Propietarios` descrito en la Figura 2.

Sentencia:S	Patrón Sintáctico: PS(S)
El Sistema de Control de Estudios *calcula* *el promedio* *de las calificaciones* *de cada estudiante* *de un curso*	nombre-sistema, acción-ejecución, objeto, de-pertenencia, de-pertenencia, de-pertenencia;

Fig. 6. Patrón Sintáctico de una Sentencia: Ejemplo

El segundo paso del proceso de transformación es la *identificación de las reglas* que deben ser aplicadas para obtener el fragmento de interacción. Esto se deriva directamente del contexto gramatical al que pertenece la sentencia. Cada uno de éstos determina un patrón de transformación del catálogo. Siendo Cadena de Propietarios el contexto gramatical de la sentencia del ejemplo (Fig. 2 y Fig. 6), corresponde aplicar las reglas de transformación dadas en la Figura 5. Además, estas reglas permiten obtener un fragmento de interacción que responde al patrón PI-Efecto Dominó (Fig. 3).

El tercer y último paso en el proceso de transformación consiste en la *aplicación de las reglas identificadas*. Al aplicar las reglas de transformación a la sentencia del ejemplo, se obtiene un fragmento de interacción que contiene tres instancias: curso, estudiante y calificación (Fig. 7). Estos objetos son reconocidos a partir de cada sintagma-nominal contenido en los sintagmas preposicionales de-pertenencia. Además, se consideró la forma canónica de los sintagmas nominales mediante la función de normalización <sintagma-nominal-j>^{Norm}. Esta función permite obtener la etiqueta calificación a partir del sintagma nominal "las calificaciones". Por otra parte, el nombre dado a la instancia frontera (Iniciador) del patrón de interacción corresponde al nombre del sistema que está siendo desarrollado (SCE: Sistema de Control de Estudios). También se identificaron los tres mensajes sincrónicos enviados y recibidos por las instancias reconocidas. Estos mensajes fueron dispuestos en el fragmento de forma inversa al orden de aparición de los sintagmas preposicionales de-pertenencia en la sentencia. Los dos primeros mensajes permiten referenciar sus respectivas instancias receptoras (curso y estudiante). El tercer mensaje es responsable de activar la operación de actualización calcular el promedio. Esta operación es aplicada a una instancia de la clase calificación (objeto Ejecutor).

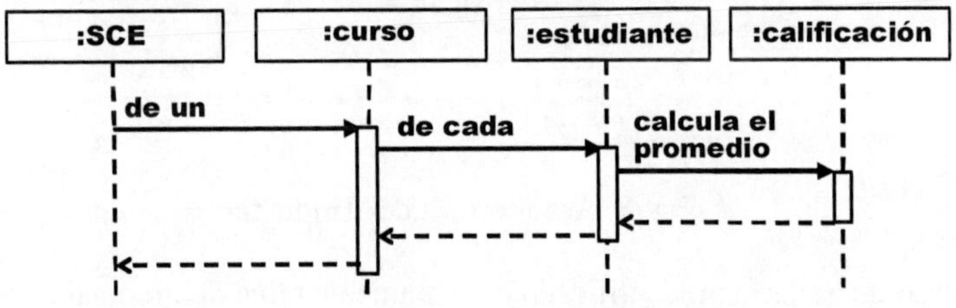

Fig. 7. Fragmento de Interacción obtenido por Metamorfosis

5. La Experiencia

Los primeros patrones de transformación fueron identificados y diseñados después de la observación directa de una muestra significativa de diagramas de secuencia. Estas representaciones fueron obtenidas a partir de los casos de uso de algunos sistemas de información desarrollados con fines académicos y comerciales. Los patrones de transformación fueron entonces validados con el propósito de establecer sus limitaciones, mejorar su diseño e identificar nuevos patrones. La estrategia de validación se llevó a cabo en dos fases: una manual y otra automática. Además, para realizar la validación automática de los patrones fue desarrollado un traductor. Esta herramienta fue integrada a OO-Method, un ambiente de producción automática de software

[Díaz et al. 05a]. A continuación se describe brevemente el traductor y luego se muestran algunos resultados de la validación realizada.

5.1 El Traductor

Para el diseño e implementación del traductor se tomaron en cuenta las características de RETO-UPV (Requirements Engineering Tool de la Universidad Politécnica de Valencia) [IPW 02][RETO 04]. Esta herramienta soporta todas las actividades de la Fase de Ingeniería de Requisitos de OO-Method. La Figura 8 muestra la arquitectura del traductor y su interacción con RETO-UPV.

RETO-UPV sustenta las tareas de elicitación y especificación de los casos de uso. La entrada del traductor es el texto de un caso de uso normalizado. La primera acción que realiza el traductor es dotar de información morfosintáctica a cada sentencia. Para esto, utiliza los resultados obtenidos por el MS-ANALIZE, encargado de etiquetar cada palabra de la sentencia con la categoría a la cual pertenece. Luego, el traductor agrupa estas palabras y las re-etiqueta usando los diccionarios que recogen los símbolos terminales y no terminales de la gramática definida. Al finalizar este paso, el traductor ha deducido el patrón sintáctico de la sentencia.

El paso siguiente del traductor es reconocer el contexto gramatical al cual pertenece el patrón sintáctico de la sentencia. Esto se realiza comparándolo con los patrones sintácticos que pertenecen a la familia generada por cada contexto gramatical de los patrones de transformación del catálogo. Cuando se logra este reconocimiento, el traductor está en capacidad de identificar las reglas de transformación que le corresponden.

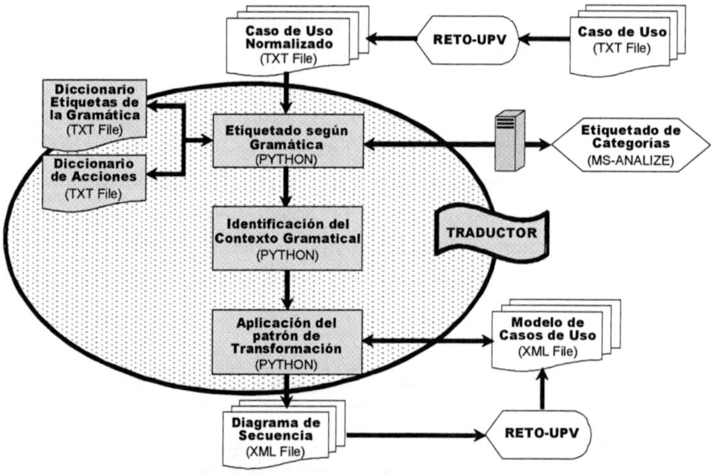

Fig. 8. Arquitectura del Traductor

La aplicación del patrón de traducción identificado es la siguiente tarea del traductor. Para esto, es posible que el traductor requiera información adicional acerca del Modelo de Casos de Uso que se está analizando. El resultado del proceso de traducción de la sentencia es un fragmento de interacción. Una vez que el traductor ha realizado su trabajo para cada sentencia, todos los fragmentos de interacción obtenidos son combinados hasta formar el diagrama de secuencia del caso de uso. Esta información es mantenida en un archivo XML. Por último, el editor de diagramas de secuencia de RETO-UPV muestra la representación gráfica de esta especificación.

5.2 Validación

Para la validación manual de los patrones de transformación se desarrolló el Modelo de Casos de Uso de un Sistema de Alquiler de Vehículos (SAV). Después de la normalización de los casos de uso, se construyeron sus respectivos diagramas de secuencia. Tanto los casos de uso como los diagramas de secuencia fueron revisados exhaustivamente por los analistas con el fin de llegar a un acuerdo sobre la validez de los resultados obtenidos manualmente. Luego, estos diagramas de secuencia fueron comparados con los obtenidos por la herramienta de traducción con el propósito de determinar sus diferencias y similitudes. Utilizando esta estrategia fueron analizados 41 casos de uso, para un total de 574 sentencias.

Las interacciones obtenidas manualmente fueron comparadas con las generadas automáticamente para cada sentencia de los casos de uso del SAV. La comparación pretendía establecer en qué medida las interacciones generadas automáticamente eran las esperadas por los analistas. Esto implicó determinar si ambas interacciones eran iguales, equivalentes o diferentes. Se consideraron iguales aquellas interacciones que estaban compuestas por las mismas instancias y mensajes. Fueron clasificadas como equivalentes, si ambas lograban el mismo objetivo de interacción aunque las instancias y los mensajes no fuesen los mismos. Las interacciones que no son entre sí ni iguales ni equivalentes, se reconocieron como diferentes. Estas decisiones fueron tomadas por los analistas conjuntamente con los diseñadores de los patrones de transformación. Usando estos criterios, se concluyó que: el 66% de las interacciones resultaron ser iguales, 23% equivalentes y sólo el 11% fueron consideradas como diferentes. Esta experiencia permitió establecer cuáles de los patrones de transformación eran apropiados, cuáles debían ser mejorados y cuáles rechazados. También fue posible identificar nuevos patrones de transformación a partir del reconocimiento de otros contextos gramaticales, no considerados inicialmente .

6. Trabajos Relacionados

Desde hace más de tres décadas se han reportado diversas aproximaciones basadas en técnicas y herramientas de procesamiento y control del lenguaje natural para el desarrollo de sistemas de software [Boyd 99]. Distintos han sido sus propósitos y ámbitos de acción [Métais 02]. De particular valor para este trabajo son aquellas que hacen uso de las propiedades lingüísticas de un texto para obtener información que permita construir modelos automáticamente [BV 96][JML 00]. Y más específicamente, las propuestas que establecen vínculos susceptibles de automatizar entre una especificación funcional de requisitos y los modelos de interacción de instancias [BV 95][Flield et al. 00]. En este contexto, pueden considerarse representativos los trabajos de Feijs y Li [Feijs 00][Li 00]. El estudio presentado por Feijs establece correspondencias entre algunos tipos de sentencias escritas en lenguaje natural y MSCs (Message Sequence Charts). Por otra parte, Li plantea un proceso semiautomático de derivación de diagramas de secuencia a partir de un subconjunto limitado de sentencias.

Las contribuciones de los trabajos de Feijs y Li son importantes por cuanto tienen propósitos similares a los que esta investigación pretende lograr. No obstante, también tienen algunas limitaciones que Metamorfosis se ha propuesto superar, entre otras: (i) *La transformación no ha sido formulada en el marco de un proceso de desarrollo de software* (no se exponen objetivos, fases, actividades, insumos ni productos que describan la forma cómo se realiza la traducción de los casos de uso en diagramas de secuencia en un marco soportado por la Ingeniería de Software); (ii) *Se desconoce la forma cómo estos trabajos conciben los modelos que participan en la transformación* (no está claro el nivel de granularidad que estos modelos deben tener, ni se indican aspectos relativos a su representación, alcance y utilización en las distintas etapas del desarrollo de la aplicación [Cockburn 01][Díaz et al 04a][RB 98]); (iii) *La traducción de los casos de uso no es estudiada a través de un modelo de transformación* (no se ha considerado un enfoque centrado en la construcción de modelos ni en la especificación de la transformación sucesiva de los mismos); (iv) *Preexistencia de un modelo objeto del dominio* (suponen la existencia previa de un modelo de objetos del dominio lo cual no siempre está disponible), (v) *Se desconoce si se ha realizado algún tipo de validación de la traducción* (con el fin de determinar en qué medida han logrado sus objetivos); (vi) *La traducción se ha planteado en una única dirección (*se realiza suponiendo como insumo el caso de uso y, como producto, el diagrama de secuencia pero nada se dice acerca del proceso contrario [Zisman et al. 03]).

7. Trabajos en Progreso

Actualmente se trabaja en cuatro líneas de acción. La primera de éstas intenta *establecer una estrategia de validación permanente* del catálogo de patrones de transformación con el fin de garantizar su oportuna adecuación y ampliación. Se trata con esto de facilitar la identificación de nuevos contextos gramaticales, diseñar su correspondiente patrón de interacción y comprobar que tal correspondencia es válida. La segunda línea de acción consiste en *independizar la especificación de los contextos gramaticales de las características sintácticas de la sentencia*, propias de un idioma en particular [Díaz et al. 05b]. Para esto, se han utilizado roles semánticos que describen las funciones abstractas que cumplen los componentes de una sentencia con respecto a la acción representada por su verbo principal [Ben-Achour et al. 99][Fillmore 68][RB 98]. Tales funciones son independientes de la estructura sintáctica de una sentencia y son válidas para distintos idiomas.

Una tercera línea de trabajo está orientada a *complementar los patrones de transformación con información estructural*. Se busca ampliar el alcance de estos patrones para que también permitan la deducción del modelo objeto vinculado a la sentencia. Esto, con el fin de integrar posteriormente esta información a nivel de caso de uso y de entidad. De esta forma, se pretende generar a partir de un mismo contexto gramatical, un patrón de interacción y un patrón estructural. La cuarta línea de acción está relacionada con el *diseño de una estrategia de evolución de los modelos* obtenidos. Se busca garantizar la consistencia cuando estos modelos sufren cambios así como la trazabilidad entre los distintos elementos que lo componen.

8. Conclusiones

En este artículo se ha descrito el modelo de transformación de Metamorfosis. Este modelo es soportado por una aproximación lingüística que facilita la deducción de diagramas de secuencia a partir del texto de casos de uso. La transformación supone la normalización sintáctica y semántica de tales documentos. Fue definida como una función aplicable a tres ámbitos: el de una entidad, el de cada uno de los casos de uso que especifican los requisitos funcionales de ésta y, por último, el ámbito delimitado por cada sentencia de un caso de uso. Este último es un aspecto clave en el proceso pues de sus resultados depende la transformación completa del caso de uso que la contiene y de la entidad que éste especifica funcionalmente.

La transformación de una sentencia está basada en el uso de un conjunto de patrones de transformación organizados en un catálogo. Un patrón de transformación describe cómo transformar contextos gramaticales en patrones de interacción. Un contexto gramatical es una estructura genérica que especifica una familia de patrones sintácticos. Un patrón sintáctico es la secuencia de símbolos de la gramática vinculados a grupos de palabras de la sentencia que es objeto de transformación. Por otra parte, un patrón de interacción es una especificación genérica del fragmento de interacción que se puede deducir de la sentencia. Las reglas de transformación hacen corresponder un contexto gramatical con un patrón de interacción. La conveniente combinación de todos los fragmentos de interacción de las sentencias de un caso de uso permite obtener un diagrama de secuencia.

Por último, en este artículo se describió brevemente un experimento diseñado con el propósito de validar los patrones de transformación. La validación pretendía establecer en qué medida las interacciones generadas utilizando estos patrones eran iguales, similares o equivalentes a los obtenidos manualmente. Aún cuando los resultados se pueden considerar positivos, se requiere replicar este experimento en condiciones diversas para que puedan ser considerados como concluyentes.

9. Referencias

[Ben-Achour et al. 99] BEN ACHOUR C., ROLLAND C., MAIDEN N.A.M., SOUVEYET C. ***Guiding Use Case Authoring: Results of an Empirical Study***. In Proceedings of the Fourth IEEE International Symposium on Requirements Engineering (RE'99). Pp. 36-43. Ireland, June 1999.

[Boyd 99] BOYD N. ***Using Natural Language in Software Development***. Journal of Object Oriented Programming-Report on Object Analysis and Design. February 1999.

[BV 95] BURG J.F.M., VAN DE RIET R.P. ***Color-X: Linguistically-based Event Modelling: A General Approach to Dynamic Modeling***. In Proceedings of the Seventh International Conference on Advanced Information Systems Engineering. LNSC in Computer Science. Springer-Verlag, 1995.

[BV 96] BURG J.F.M., VAN DE RIET R.P. ***Analyzing Informal Requirements Specifications: A First Step towards Conceptual Modeling***. In Proceedings of the 2nd International Workshop on Applications of Natural Language to Information Systems (NLDB'96). The Netherlands, 1996.

[CP 02] CARRERAS X., PADRÓ L. ***A Flexible Distributed Architecture for Natural Language Analyzers***. European Conference on Language Resources and Evaluation (LREC'02). Spain, 2002.

[Cockburn 01] COCKBURN A. ***Writing Effective Use Cases***. Addison-Wesley. 2001.

[Díaz et al. 04a] DÍAZ I., LOSAVIO F., MATTEO A., PASTOR O. ***A Specification Pattern for Use Cases***. Information & Management, Vol. 41/8 (April 2004). Pp. 961-975. Elsevier Science B.V.

[Díaz et al. 04b] DÍAZ I., PASTOR O., MORENO L., MATTEO A. ***Una Aproximación Lingüística de Ingeniería de Requisitos para OO-Method***. Memorias del VII Workshop Iberoamericano de Ingeniería de Requisitos y Desarrollo de Ambientes de Software (IDEAS'04). Perú. Mayo, 2004.

[Díaz et al. 05a] DÍAZ I., MORENO L., FUENTES I., PASTOR O. ***Integrating Natural Language Techniques in OO-Method***. Proceedings of the Sixth International Conference on Intelligent Text Processing and Computational Linguistics (CICLing'05). LNCS, Springer-Verlag. México. Pp. 560-572. February, 2005.

[Díaz et al. 05b] DÍAZ I., MORENO L., PASTOR O., MATTEO A. ***Interaction Transformation Patterns based on Semantic Roles***. Por publicar en Proceedings of the 10th International Conference of Applications of Natural Language to Information Systems (NLDB'05). LNCS, Springer-Verlag. June, 2005.

[Evans 03] EVANS G. ***Getting from Use Cases to Code. Part 1: Use-Case Analysis***. The Rational Edge. July 2004. http://www-106.ibm.com/developerworks/rational/library/5383.html

[Feijs 00] FEIJS L.M.G. ***Natural Language and Message Sequence Chart Representation of Use Cases***. Information and Software Technology 42 (2000). Pp. 633-647.

[Fillmore 68] FILLMORE C. ***The Case for Case***. In Holt, Rinehart and Wiston editors, Universals in Linguistic Theory. Bach&Harms, 1968. Pp. 1-90.

[Flield et al. 00] FLIELD G., KOP C., MAYERTHALER W., MAYR H., WINKLER C. ***Linguistic Aspects of Dynamics in Requirements Specifications.*** In IEEE Proceedings of the 11th International Workshop on Databases and Expert Systems Applications (DEXA 2000). Greenwich. Pp. 83-90.

[France et al. 04] FRANCE R., KIM D., GHOSH S., SONG E. ***A UML-Based Pattern Specification Technique***. IEEE Transactions on Software Engineering 30(3), 193- 206. March 2004.

[Frankel 03] FRANKEL D. ***Model Driven Architecture. Applying MDA to Enterprise Computing***. Wiley Publishing, 2003.

[Gamma et al. 95] GAMMA E., HELM R., JOHNSON R., VLISSIDES J. ***Design Patterns: Elements of Reusable Object-Oriented Software***. Addison-Wesley, 1995.

[IPW 02] INSFRÁN E., PASTOR O., WIERINGA R. ***Requirements Engineering-Based Conceptual Modeling***. Requirements Engineering, 7(2), 61-72. Springer-Verlag. March 2002.

[ISO 96] INTERNATIONAL STANDARD ISO/IEC14977. ***Extended Backus-Naur Form***. 1996.

[Jacobson et al. 92] JACOBSON I., CHRISTERSON M., JONSSON P., ÖVERGAARD G. ***Object-Oriented Software Engineering. A Use Case Driven Approach***. Addison-Wesley, 1992.

[JML 00] JURISTO N., MORENO A., LÓPEZ M. ***How to Use Linguistic Instruments for Object-Oriented Analysis***. IEEE Software Vol. 17 Issue 3. May/June 2000. Pp. 80-89.

[Li 00] LI L. ***Translating Use Cases to Sequence Diagrams***. In Proceedings of the Fifteenth IEEE International Conference on Automated Software Engineering (ASE'00).

[Métais 02] MÉTAIS E. ***Enhancing Information Systems Management with Natural Language Processing Techniques***. Data & Knowledge Engineering 41 (2002), 247-272. Elsevier Science.

[NE 00] NUSEIBEH B., EASTERBROOK S. ***Requirements Engineering: A Roadmap***. In Proceedings of the 22nd Conference on Software Engineering (ICSE 2000). Conference on The Future of Software Engineering. Pp. 37-46. ACM Press.

[OMG 03a] OBJECT MANAGEMENT GROUP. ***MDA Guide***. Version 1.01. Jun 03. http://www.omg.org/uml

[OMG 03b] OBJECT MANAGEMENT GROUP. ***Unified Modeling Language: Superstructure Specification***. Version 2.0. August 2003. http://www.omg.org/uml.

[OMG 03c] OBJECT MANAGEMENT GROUP. ***OCL 2.0.*** October 2003. http://www.omg.org/uml.

[Pastor et al. 01] PASTOR O., GÓMEZ J., INSFRÁN E., PELECHANO V. ***The OO-Method Approach for Information Systems Modeling: from Object-Oriented Conceptual Modeling to Automated Programming***. Information Systems 26 (2001): 507-534.

[RATIONAL 03] RATIONAL SOFTWARE CORPORATION. ***The Rational Unified Process***. Version 2003.06.00.65.

[RETO 04] RETO-UPV. ***Requirements Engineering Tool***. Universidad Politécnica de Valencia. DSIC. 2004. http://retoweb.europe.webmatrixhosting.net/home.aspx

[RB 98] ROLLAND C., BEN-ACHOUR C. ***Guiding the Construction of Textual Use Case Specifications***. Data & Knowledge Engineering 25(1998), 125-160. Elsevier Science.

[Van Lamsweerde 00] VAN LAMSWEERDE A. ***Requirements Engineering in the Year 2000: A Research Perspective***. In Proceedings of the 22nd Conference on Software Engineering (ICSE'00). Pp. 5-19. ACM Press.

[Zisman et al. 03] ZISMAN A., SPADOUDAKIS G., PÉREZ E., KRAUSE P. ***Tracing Software Requirements Artefacts***. Proceedings of the International Conference on Software Engineering Research and Practice. June 2003.

Supporting Ontology Axiomatization and Evaluation in ODEd

Vítor Estêvão Silva Souza, Ricardo de Almeida Falbo
Computer Science Department, Federal University of Espírito Santo
Av. Fernando Ferrari, CEP 29060-900, Vitória – ES, Brazil
vitorsouzabr@yahoo.com.br, falbo@inf.ufes.br

Abstract

Recently, we have seen an increasing interest in ontologies as artifacts to represent knowledge and as critical elements in knowledge management, requirements engineering and several other application areas. In Domain-Oriented Software Development Environments, ontologies are used as domain models that can be used to guide requirements engineering. Thus, in this kind of environment, tools supporting ontology development are necessary. In the context of ODE (Ontology-based software Development Environment), we developed ODEd, an ontology editor. The initial version of ODEd, however, offered limited support for defining axioms and for ontology evaluation. In order to overcome such limitations, we improved ODEd adding an axiom editor to it. In this paper we discuss how this axiom editor supports axiom definition and ontology evaluation using an inference engine.

1. Introduction

As pointed by Brewster and O'Hara [1], recently, we have seen an explosion of interest in ontologies as artifacts to represent human knowledge in several areas of Computer Science, such as Knowledge Management, Semantic Web and Software Engineering, among others. In Software Engineering, ontologies are useful as domain models [2], for structuring Software Development Environment (SDE) [3], and for improving learning software organizations [4].

An important goal of using ontologies in Software Engineering is to describe domain knowledge to support software development in that domain. In this case, ontologies can be used: (i) for establishing a shared conceptualization about the domain, (ii) as a basis for software specification and development, allowing knowledge reuse, and (iii) for searching information repositories for desired resources, improving precision and reducing the overall amount of time spent in searching. All these uses of ontologies match with the purposes of Domain-Oriented Software Development Environments (DOSDEs) [5]. DOSDEs are a special class of SDEs that uses domain knowledge to guide software developers across the several phases of the software process. DOSDEs organize the application domain knowledge facilitating problem understanding during system development [5]. In this way, DOSDEs can use ontologies as a model that makes explicit the basic conceptualization of the domain.

But building ontologies is not a simple task. It involves the specification of concepts and relations that exist in the domain, besides their definitions, properties and constraints, described as axioms [6]. Therefore, tools supporting ontology development are necessary. These tools must support definition of concepts, relations, properties, and constraints, and must enable the inspection, browsing, and coding of the resulting ontologies [7].

In order to support ontology development in a software engineering environment called ODE (Ontology-based software Development Engineering) [8], we developed ODEd [9], an ontology editor. The main goal of ODEd was to support domain orientation in ODE, turning it into a DOSDE. In its initial version, ODEd allowed the definition of concepts, relations and properties, using graphic representations, and the description of some pre-defined classes of axioms, such as transitivity and symmetry. Also ODEd supported the derivation of object frameworks and hypertexts from ontologies.

However, ODEd presented some problems, most of them concerning ontology axiomatization. To deal with those problems, we built AxE, an Axiom Editor integrated to ODEd, which allows defining axioms in a general way. AxE has an inference engine integrated to it, to better support ontology evaluation.

In this paper we present AxE. Section 2 briefly discusses some aspects of the use of ontologies in DOSDEs and presents SABiO [6,10], the ontology development process that underlies ODEd functionalities. Section 3 presents an overview of the first version of ODEd and points some of the problems detected. Section 4 presents AxE, discussing how it treats ontology axiomatization and evaluation. In section 5, we discuss related works. Finally, section 6 reports our conclusion and future work.

2. Ontologies and Domain Oriented Software Development Environments

To represent a phenomenon or part of the world, which we call a domain, it is necessary to focus on a limited number of concepts that are sufficient and relevant to create an abstraction of the phenomenon at hand. Thus, a central aspect of any modeling activity, including various Software Engineering activities, consists of developing a conceptualization [11]. An ontology is an explicit specification of a shared conceptualization. In this context, a conceptualization refers to an abstract model of how people think about things, usually restricted to a particular subject area. An explicit specification means that concepts and relations of this abstract model are given explicit terms and definitions [12].

According to Guarino [13], "an ontology refers to an engineering artifact, constituted by a specific *vocabulary* used to describe a certain reality, plus a set of explicit assumptions regarding the *intended meaning* of the vocabulary words. This set of assumptions has usually the form of a first-order logical theory, where vocabulary words appear as unary or binary predicate names, respectively called concepts and relations. In the simplest case, an ontology describes a hierarchy of concepts related by subsumption relationships; in more sophisticated cases, suitable axioms are added in order to express other relationships between concepts and to constrain their intended interpretation".

One of the main benefits of the use of ontologies in Software Engineering is to reuse domain specifications. In traditional Software Engineering, for each new application to be built, a new conceptualization is developed. In an ontology-based approach, requirement elicitation and modeling can be accomplished in two stages. First, the general domain knowledge can be elicited and specified as ontologies. These ontologies are used to guide the second stage of the requirement analysis, when the particularities of a specific application are considered. This way, the same ontology can be used to guide the development of several applications [6]. In fact, in a more general way, ontologies can be useful for developers understand the application domain in which the system being built will take place. This is the basic premise for Domain-Oriented Software Development Environments (DOSDEs) [5]. DOSDEs extend the traditional notion of Software Development Environment (SDE) by introducing into it domain knowledge (in the form of domain ontologies) to guide software developers through the several software development phases [5].

A DOSDE, like any other SDE, should have a repository storing all the information related to the software projects, and a set of tools to support the activities of the software process. On the other hand, this new class of SDE requires two additional features: representation of domain knowledge and use of this knowledge during software development [5]. Thus, we need to integrate an ontology editor into a DOSDE, in order to support ontology development and use in it. Ideally, this ontology editor should support an ontology-based domain engineering approach, allowing the development of ontologies and their use in some software process activities.

Falbo et al. [2] proposed an ontological approach to domain engineering that considers ontology development (domain analysis), its mapping to object models (infrastructure specification) and Java frameworks development (infrastructure implementation). This approach seems to be very useful for DOSDEs, because it deals with ontology development and latter use as object frameworks.

To perform the ontology development process, a method for building domain ontologies called SABiO (Systematic Approach for Building Ontologies) [10] is suggested. SABiO encompasses the following activities [6, 10], shown in Figure 1:

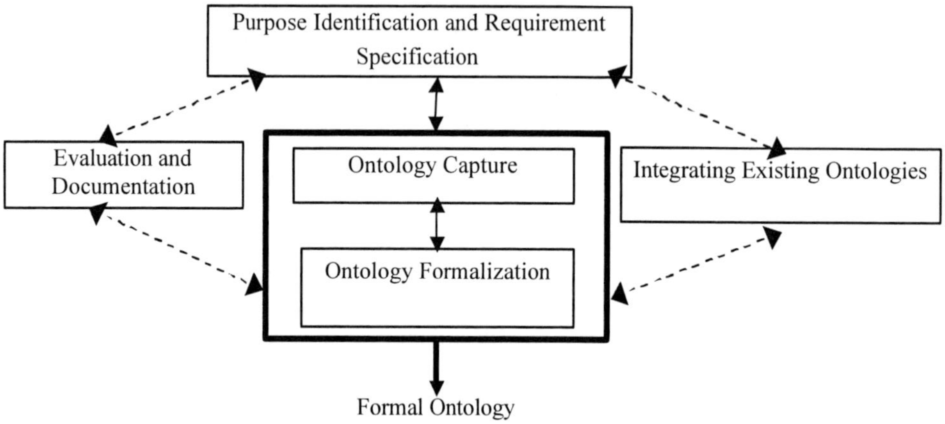

Figure 1: SABiO's development process

- Purpose identification and requirement specification: concerns to clearly identify the ontology purpose and its intended uses, i.e. the competence of the ontology. To do that, competency questions should be used. Competency questions are the questions that the ontology should be able to answer [14];
- Ontology capture: the goal is to capture the domain conceptualization based on the ontology competence. Relevant concepts and relations should be identified and organized. A model using a graphical language and a dictionary of terms should be used to aid communication with domain experts. Also, constraints should be written down as axioms, in this phase written in natural language;
- Ontology formalization: aims to explicitly represent the conceptualization captured in a formal language. When a logical formalism is adopted, concepts, relations and properties should be mapped to predicates, and formal axioms can be written as sentences using these predicates (what we call axiomatization);
- Integration of existing ontologies: during ontology capture or formalization, it could be necessary to integrate the current ontology with existing ones, in order to use previously established conceptualizations;
- Ontology evaluation: the ontology must be evaluated to check whether it satisfies the specification requirements. Since SABiO advocates the use of competency questions to capture the ontology requirements, one of the most important checks to be done is to verify if the ontology is able to answer the competency questions. To automate this evaluation process, during ontology formalization, it is interesting to choose a formal language that is supported by an inference engine. This way, we can formalize the competency questions and pose them as questions to be answered by the ontology;
- Documentation: all the ontology development process must be documented, including purposes, requirements and motivating scenarios, textual descriptions of the conceptualization, the formal ontology and the adopted evaluation criteria.

Once we have the ontology, an object framework can be generated from it. This framework can be added to the DOSDE repository as a domain-oriented reusable artifact, and can be reused later in activities such as design and implementation. The ontology-based domain engineering approach [2] proposes a set of directives, design patterns and transformation rules for deriving Java frameworks from ontologies. These directives are used to guide the mapping from the epistemological structures of the domain ontology (concepts, relations and properties) to their counterparts in the object-oriented paradigm (classes, associations and attributes, respectively), and to implement them as Java classes.

Finally, as pointed by Oliveira et al. [5], the use of a DOSDE introduces a change in the software development process. In several activities of the software process (such as requirements analysis, design, and so on), a sub-activity called domain investigation should be introduced, specifically targeted to take advantage of the knowledge available. Domain investigation concerns studying the application domain and to support this task, it is worthwhile to generate hypertexts from the ontologies.

ODEd partially supports the ontology-based domain engineering approach described above. In the next section, we present it, focusing on its initial version. Based on the problems detected in this initial version, we improved ODEd, adding to it an axiom editor that is presented in section 4.

3. ODEd: An Ontology Editor for making ODE a DOSDE

ODEd was developed to support domain engineering in ODE (Ontology-based software Development Environment) [3, 8], so that ODE could evolve to a Domain Oriented Software Development Environment (DOSDE). To do this, ODEd partially supports the ontology-based domain engineering approach discussed in section 2. This section presents briefly the main features of the first version of ODEd and present some of the problems detected when using it. To better clarify how ODEd supports ontology development, we also present part of the activity ontology [6], which is used as an example. As shown in figure 2, some concepts of this ontology are activity, artifact and resource. An activity can be decomposed into sub-activities and can be preceded by other activities. Activities produce and consume artifacts. Finally, to be accomplished, activities require resources, including human, software and hardware resources.

Several constraints should be taken into account in this context, deriving some axioms. For example:

A1. The precedence relation is transitive, then if *a1* is preactivity of *a2* and *a2* is preactivity of *a3*, then *a1* is also preactivity of *a3*: $\forall(a1, a2, a3)\ preActivity(a1, a2) \wedge preActivity(a2, a3) \rightarrow preActivity(a1, a3)$;

A2. If *a* is preactivity of *b* and *a1* is part of *a*, then *a1* is also preactivity of *b*: $\forall(a, b, a1)\ preActivity(a, b) \wedge subActivity(a1, a) \rightarrow preActivity(a1, b)$;

Concerning ontology development, the first version of ODEd [9] supported the following activities of SABiO:

- Purpose identification and requirement specification: ODEd allowed the definition of informal competency questions, that is, competency questions in natural language. These competency questions were used only for documentation purposes;
- Ontology capture: during ontology capture, the use of a graphical representation is essential in order to facilitate the communication between domain engineers and experts. Thus, ODEd supported the definition of concepts, relations and properties using a graphical language (LINGO [6] or UML [9]). Figure 2 shows part of a software activity ontology, written in UML. ODEd also supported a limited way to define constraints, only allowing the description of those imposed by relations, called association axioms. Association axioms allow the classification of relations as being reflexible, irreflexible, symmetric, anti-symmetric, atomic, disjointed, exclusive and transitive;
- Ontology formalization: the first version of ODEd did not directly treat ontology formalization, since only the predefined types of association axioms could be defined. However, for this type of axioms, an axiomatization was automatically provided. In this version, axiom A1, described above, could be formalized, but axiom A2 could not;
- Integration of existing ontologies: ODEd supported ontology integration in a very simple way. It was possible to import concepts from existing ontologies to the current one. If more than one concept was imported and there was a relation between them, that relation was also imported to the ontology;
- Ontology evaluation: the first version of ODEd did not directly support ontology evaluation. The ontology engineer could instantiate the ontology and try to manually check if the ontology was answering the competency questions;
- Documentation: although ODEd stored several ontology development information, such as competency questions and ontology diagrams, it did not generate any documents.

As pointed in section 2, after developing an ontology as a domain model, it is useful to map this model to a reusable framework (domain design and implementation). ODEd automatically generates object frameworks from ontologies in Java [9], considering also the association axioms.

Finally, to support domain investigation, ODEd provides automatic generation of hypertexts based on the ontologies designed. Using these hypertexts, developers can browse and search the domain concepts, relations, properties and constraints to learn about them [9].

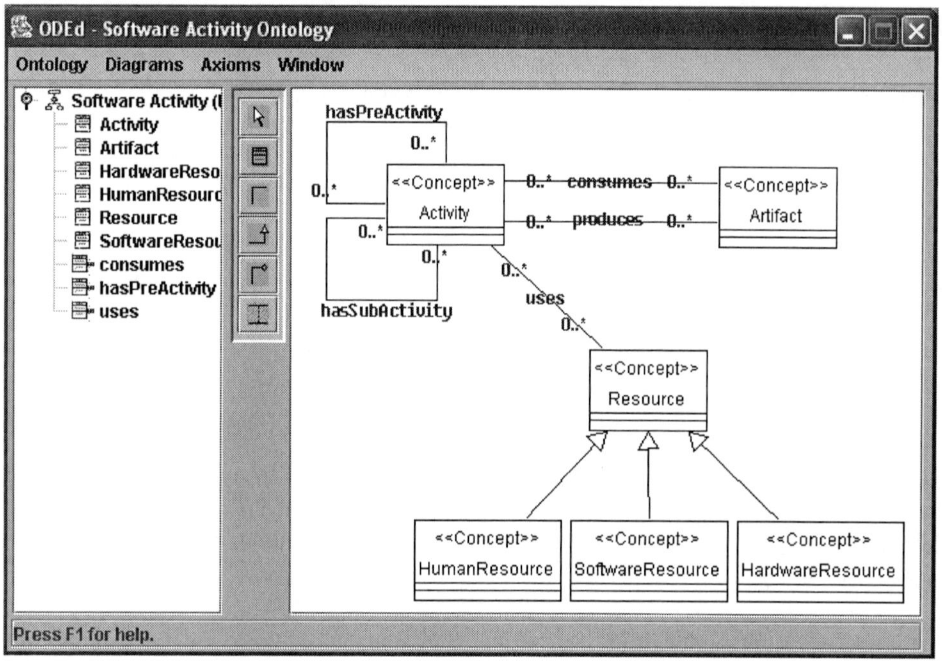

Figure 2: Software Activity Ontology in ODEd

Although most phases of ontology development process were supported by ODEd, there were many aspects to be improved, such as [9]:

- ODEd should support the definition of formal competency questions. This feature is related to ontology evaluation: once competency questions are formalized, they can be used to evaluate if the ontology satisfies its requirements. To support these features, ODEd should support an ontology language, and reasoning services are necessary;
- Only certain types of axioms could be captured in ODEd. Other axioms which did not fit in these categories were not treated. So, it is important to improve axiomatization in ODEd, allowing free definition of axioms. To do that, ODEd should support an ontology language;
- Ontology evaluation was not properly supported. Formalizing competency questions and axioms, ontology evaluation can also be improved.

Based on this improvement opportunities, we developed AxE (Axiom Editor), an axiom editor integrated to ODEd, which is presented in the following section.

4. AxE: ODEd's Axiom Editor

In order to better support axiom definition and ontology evaluation, the ontology must be formalized using an ontology specification language. In 2002, when we started developing AxE, the W3C Ontology Web Language (OWL) was still a working draft and was strongly based on DAML+OIL [15]. Hence, the latter was chosen as the ontology specification language for AxE. DAML+OIL is a semantic markup language for Web resources. It builds on earlier W3C standards such as RDF and RDF Schema, and extends these languages with richer modelling primitives. DAML+OIL provides modelling primitives commonly found in frame-based languages. However, DAML+OIL did not have enough expression power to represent axioms in a general way. For example, an axiom such as the axiom A2 presented in section 3 cannot be written in DAML+ OIL. Thus, another language was needed to complement it, and we chose KIF [16] for that purpose.

KIF (Knowledge Interchange Format) is a formal language for the interchange of knowledge among disparate computer programs [16]. It is not intended for internal representation of knowledge, therefore the ontology and the axioms are stored as objects in the system and converted to DAML+OIL and KIF for the interchange with the inference engine (this is further detailed later). KIF has declarative semantics and provides for the expression of arbitrary sentences in predicate calculus, thus complementing DAML+OIL for our purposes.

Before discussing how axioms are treated in AxE, we need to first present how ontologies are internally represented in ODEd. Figure 3 shows partially the current ODEd's meta-ontology model. This meta-ontology model was proposed as part of the improvement efforts done in ODEd, in which we aimed to make it compatible with UML meta-model specification. In other words, the current ODEd's meta-ontology model can be seen as an UML light weight extension. With this approach, we uniformly treat all models in ODE (including ontologies), allowing reuse and facilitating integration.

The ontology purpose and its intended uses are identified through *competency questions.* An *ontology* is represented by a set of *ontology diagrams,* which contains *concepts*. Concepts are related through *relationships* that can be *associations* or *generalizations.* The latter denotes subsumption relationships, while the former can be *relations* or *whole-part* relations, which in turn can be of two types: *aggregation* or *composition*. Concepts and relations may have *properties* and, in an *association*, concepts have *roles* and *cardinalities* (*association ends*).

Making the ontology meta-model compatible with the UML meta-model imposes a bit more of complexity to the design of the system. The relationship between the *Ontology* and its *Diagrams* is represented by the association between *Model* and *Diagram.* Similarly, *Ontology* and *CompetencyQuestion* are associated at the superclass level: *Model* and *ModelElement*. The same thing happens to all the other classes in the ontology meta-model (which are color-filled for emphasys): their relations with *Ontology*, *OntologyDiagram* and among themselves are modeled at the UML meta-model.

Although the axioms are written in KIF, ODEd also converts them to an internal model, following the structure presented in Figure 4. An *axiom* is modeled as a tree, having an *operator* as root, which is the central operator of the axiom. Operators have *symbols* as arguments. A symbol can be an *operator* or an *operand*. *Operands* can be *variables*, *concepts*, *instances of concepts* or *undefined concepts*. *Operators* can be *logical connectives*, *relations* or *undefined relations*, which are like *relations* but do not specify which *concepts* it associates (they are used to create axiom templates).

Axiom Templates are a special kind of axiom that defines general association axioms, such as those treated in the first version of ODEd (symmetry, transitivity, and so on). Axiom templates can use only undefined relations and connectives as operators and undefined concepts and variables as operands. In the case of symmetry, for example, it can be defined by the following axiom template: `(C1 R C2) <=> (C2 R C1)`, where C1 and C2 are undefined concepts and R is an undefined relation. When this axiom template is linked to a specific association in the ontology, a new axiom is automatically generated, substituting the undefined relation R by the association, and the undefined concepts C1 and C2 by the corresponding concepts of the association.

To aid writing axioms, AxE provides an easy-to-use graphical interface, shown in Figure 5. On the left side of the window, we can see the concepts, relations, instances and variables that can be used for defining an axiom. In the bottom part, there are buttons for easy access to common KIF and DAML+OIL operators. In the top-right, the description field can be used to supply the axiom with a description in natural language, while the axiom formalization field is where the KIF sentence is formed. Finally, the infix/prefix radio buttons determine in which notation the axiom is being written.

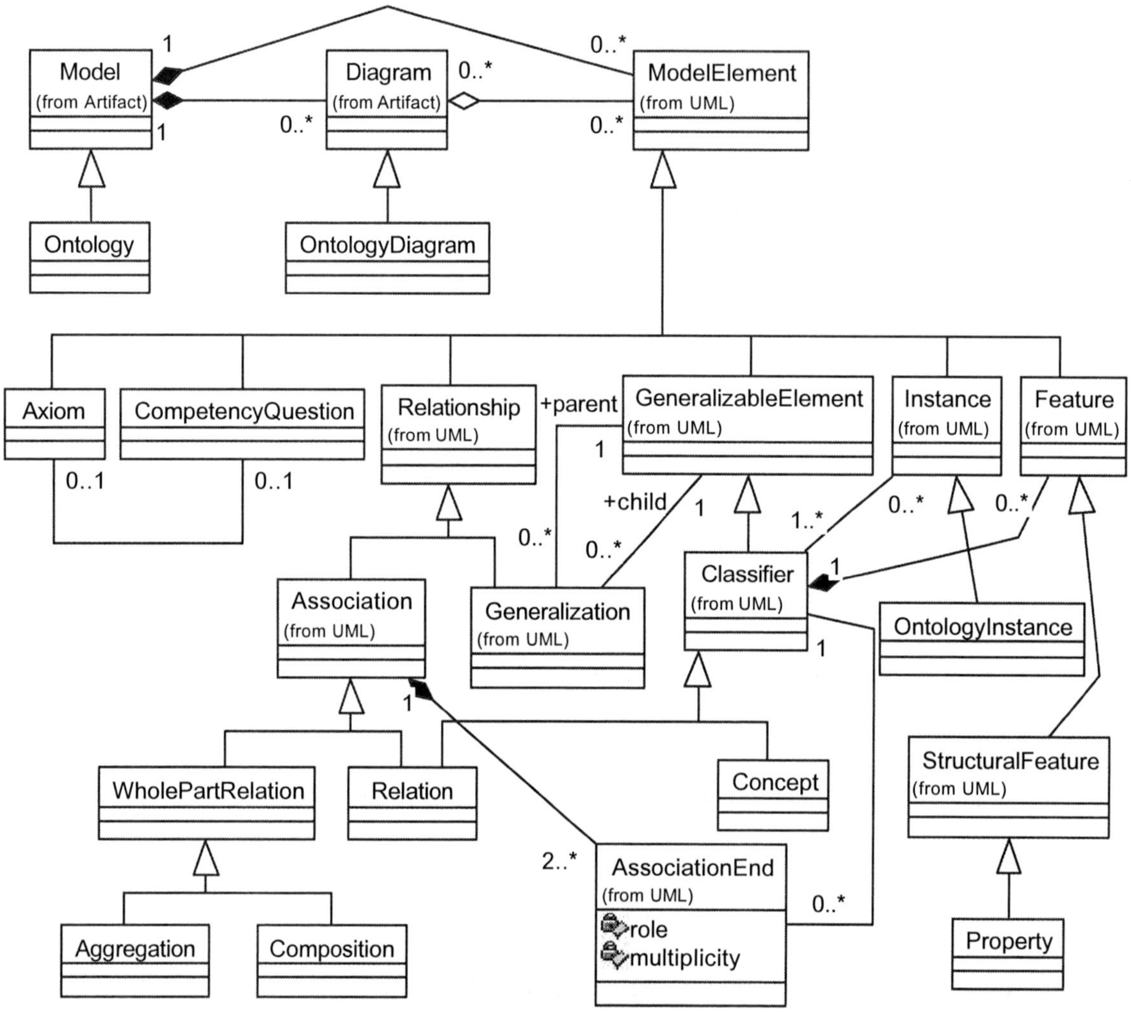

Figure 3: ODEd's meta-ontology model

Once the ontology is formally axiomatized, it is possible to support ontology evaluation by integrating an inference engine into the axiom editor. For this purpose, JTP [17] was chosen and integrated to AxE, because it is able to parse DAML+OIL ontologies and KIF statements, and also because it is an open source project written in Java, thus, being seamlessly integrated to AxE.

Figure 6 shows AxE's query interface. On the top text area, the domain engineer writes the query, which consists of an axiom with open variables. The axiom editor (Figure 5) can be used to formulate the query. JTP's response — the concepts that fit in the open variables — is returned in the bottom text area.

By formulating queries the domain engineer can check an ontology. However, there is a more appropriate way to do this: by formalizing the competency questions. In this case, first, each competency question must be formalized. That is, we have to define an axiom representing the competency question. This is the reason why competency questions are linked to axioms in Figure 3. Those axioms must have at least one open variable as an operand, and are said to be queries. Next, these queries can be submitted to the inference engine. If all the queries return satisfactory results, then we can say that the ontology is answering all the competency questions, hence fulfilling its requirements.

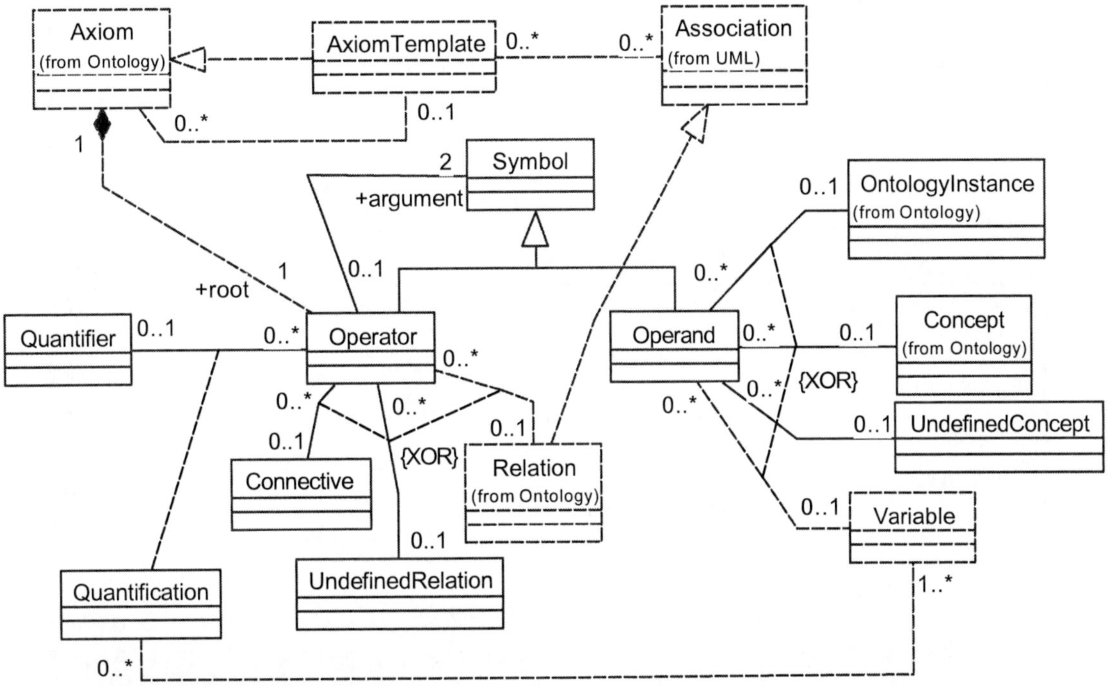

Figure 4: Axiom representation in AxE

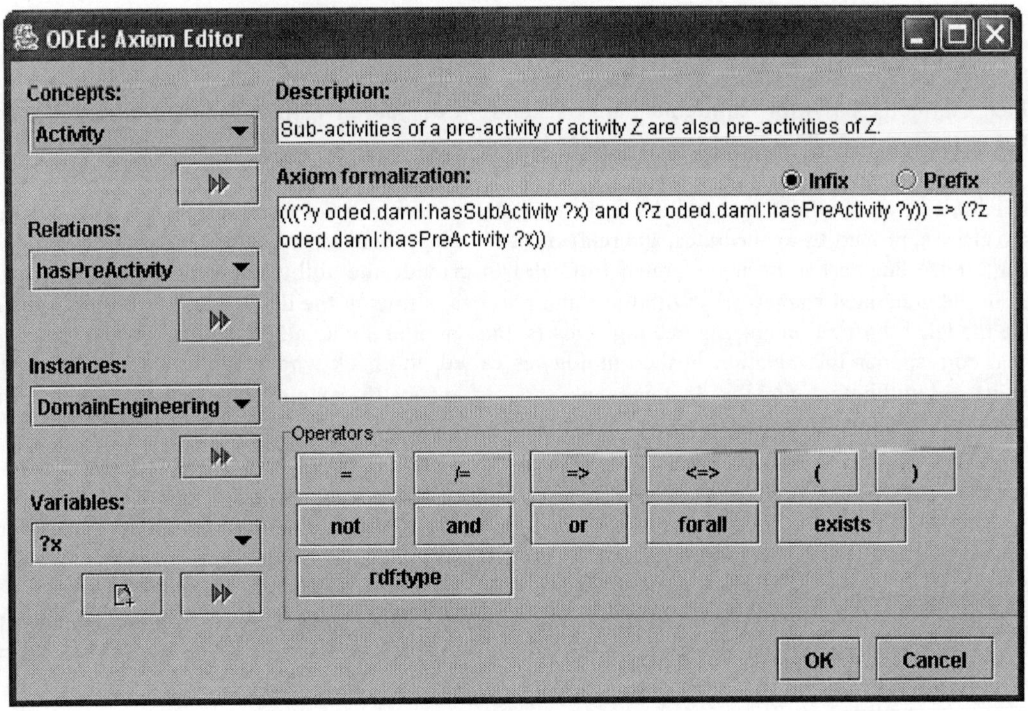

Figure 5: Writing axioms in AxE

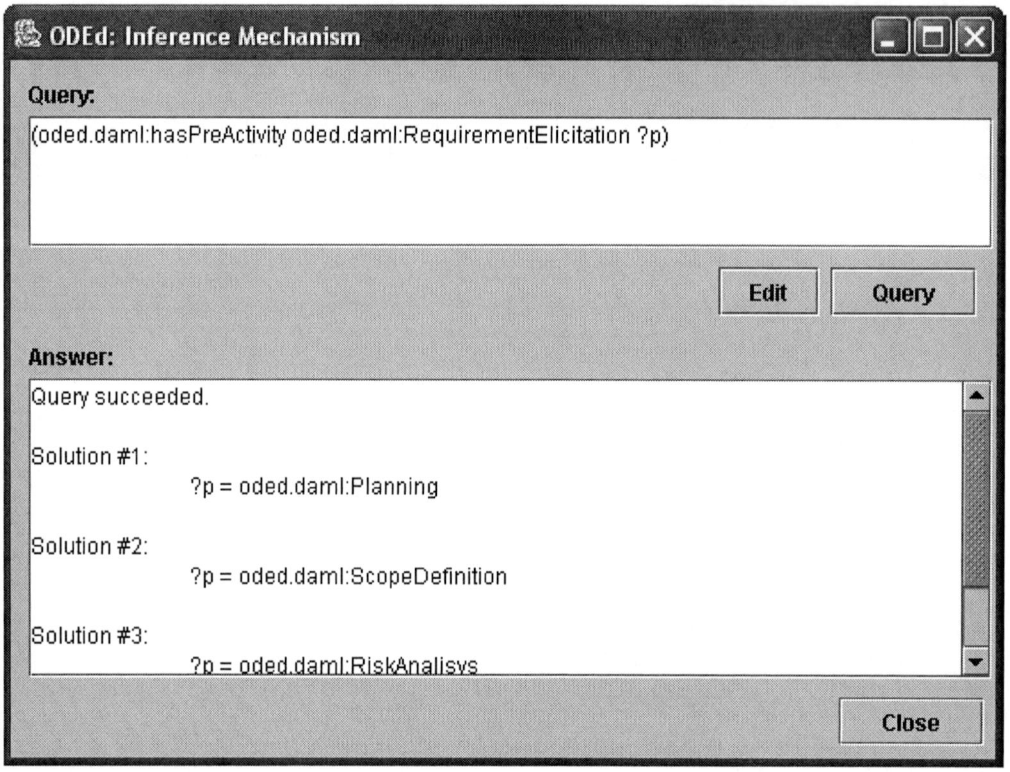

Figure 6: Querying an ontology in AxE

As told before, one of the main goals of the ontology-based domain engineering approach implemented in ODEd is to reuse the domain knowledge throughout the software development process, in activities such as requirement analysis, design and implementation. ODEd generates two artifacts that can be reused: one of them is the ontology itself, which can be the basis for requirement analysis and for domain investigation, as discussed in section 3; the other one is a framework of Java classes derived from the ontology.

As discussed in section 3, ODEd supports the derivation of Java frameworks from ontologies. This derivation maps concepts to classes, properties to attributes, and relations to bi-directional associations (and corresponding methods). Since an inference engine has been integrated to ODEd to provide the ability to work with axioms, it was also integrated to the generated frameworks with the same purpose, allowing the developers to reuse all of the domain knowledge modeled during domain engineering. This is done by making a call to the inference engine whenever a method that corresponds to a relation in the ontology is called, to check whether this relation participates in any axioms registered within the ontology. If it does, we should translate the axioms into method calls that will change the result of the method that was called in the first place.

Axiom A2 (Section 2), for example, is written in infix KIF as follows:: `((?A hasPreActivity ?B) and (?B hasSubActivity ?B1)) => (?A hasPreActivity ?B1)`. When the activity ontology is derived to Java classes, the class Activity, representing the homonymous concept from the ontology, would have a `getPreActivities()` method that returns a set of pre-activities from an activity *a*. When this method is applied in an object `X`, it will check the inference engine for axioms related to the `hasPreActivity` relation and will find the one above. Then, it will convert the axiom to method calls. First, it will convert the first part of the axiom and obtain all pre-activities of `X` by calling `X.getPreActivities()` (with checks to prevent eternal loops). Then, for each object returned from that, it will apply the second part of the axiom and call `getSubActivities()`. The objects returned from those calls are added to the actual set of pre-activities of `X`, which is finally returned to the user.

Although this feature has been developed, it requires thorough analysis and testing to verify if integrating an inference engine in domain objects that are to be used by software developers is really a good idea. Things like performance, increased complexity and inference engine lock-in should be considered beforehand. As we didn't have time in our research, this should be considered future work.

5. Related Work

There are many ontology editors described in the literature, such as OntoEdit, OILEd and Protége-2000. *OntoEdit* [18] pursues an approach where graphical means exploited for concepts and relations modeling scale up to axiom specifications in RDF(S), XML, DAML+OIL, F-Logic and SQL Scheme. Regarding ontology evaluation, it provides axiom editing and it has an inference engine attached to support ontology validation, consistency checking and even debugging.

OILEd [19] supports the construction of ontologies in OIL. The editor allows the definition of concepts and relations and also supports the definition of some pre-defined axioms. OILEd has reasoning services that supports ontologies construction, integration and verification. Ontologies are formalized using Description Logics, and OILEd has a DL Classifier (SHF and SHQ) integrated to provide subsumption consistency checking.

Protégé-2000 [20] aims to support knowledge acquisition, and to reach interoperability with other knowledge representation systems. It generates knowledge acquisition forms automatically based on the types of the slots and restrictions on their values, allowing ontology instantiation. It also allows axiom creation using Protégé Axiom Language (PAL), which is very similar to KIF. There is also a PAL Constraints Verifier.

As we can see, ODEd is in line with most ontology editors by using standards for ontology formalization, providing axiom editing and integrating an inference engine. Some editors cited above do have a few functionalities that are lacking in ODEd. However, ODEd exceeds the other editors when applied to domain engineering as part of the software development process. It has some features that are specific for this purpose, such as the generation of Java frameworks integrated to the inference engine, allowing carrying domain knowledge to further stages of the software process.

In fact, all editors previously mentioned were developed to support ontology design in the context of the Semantic Web. None of them was developed aiming to support evolving a Software Development Environment (SDE) to a Domain-Oriented SDE (DOSDE). An exception is the domain theory editor of the meta-environment TABA [5]. TABA, as a meta-environment, generates DOSDEs using the ontologies defined in the domain theory editor. This editor allows defining concepts, relations and properties of an ontology. This editor also allows entering axioms in pre-defined Prolog files. When the meta-environment generates a DOSDE, each concept becomes a class in the DOSDE. But this editor is not graphical, does not support axiom edition nor ontology evaluation, and its class generation is too simple. ODEd, as discussed in this paper, goes a step ahead in supporting ontology building and mapping to object frameworks in the context of a SDE.

6. Conclusions

In this paper, we presented an evolution of ODEd, an ontology editor developed in the context of a software development environment, focusing on the support to ontology axiomatization and evaluation offered by its axiom editor AxE.

By integrating AxE to ODEd, we provided the ability to define axioms in a general way, allowing expressing more complex axioms than in the first version of ODEd. The use of axiom templates, in turn, preserved the original approach adopted, since we can still pre-define some classes of association axioms, such as symmetry and transitivity. The languages chosen for representing axioms in AxE (DAML+OIL and KIF) have great expression power. Integrating an inference engine to AxE, we also improved ODEd's capability of evaluating ontologies. This integration was also extended to the generated object framework, automatically carrying the domain knowledge to future stages of the software process.

However, there is a lot of room for improvement in ODEd. At this moment, the following can be noticed:

- Only binary relations are supported;
- There is no support for distributed/collaborative ontology development;
- Java framework derivation research, as explained at the end of section 4;
- There are several improvements to be implemented on its user interface, especially concerning diagram drawing;
- We are studying the possibility of changing the ontology representation language to a more powerful one, such as OWL DL. But it depends on the availability of ontology inference engines. As pointed by Franconi [21], it is not possible to build a complete inference engine for OWL Full yet. However, some existing description logics systems can be used as inference engines for OWL Lite and OWL DL.

7. Acknowledgments

This work was accomplished with the support of CNPq, an entity of the Brazilian Government reverted to scientific and technological development.

8. References

[1] C. Brewster, K. O'Hara. "Knowledge Representation with Ontologies: The Present and Future", IEEE Intelligent Systems, pp. 72-73, January/February 2004.

[2] R.A. Falbo, G. Guizzardi, K.C. Duarte. "An Ontological Approach to Domain Engineering". Proceedings of the 14th International Conference on Software Engineering and Knowledge Engineering, SEKE'2002, pp. 351- 358, Ischia, Italy, 2002.

[3] R.A. Falbo, F.B. Ruy, J. Pezzin, R. Dal Moro, "Ontologias e Ambientes de Desenvolvimento de Software Semânticos", 4th Ibero-American Symposium on Software Engineering and Knowledge Engineering, JIISIC'2004, Madrid, Spain, November 2004.

[4] H. Holz, G. Melnik, "Research on Learning Software Organizations - Past, Present, and Future", Advances in Learning Software Organizations (Proceedings of the 6th International Workshop on Learning Software Organizations - LSO'2004), Melnik G. and Holz, H. (Eds.): LNCS 3096, pp. 1-6, 2004.

[5] K.M. Oliveira, F. Zlot, A.R. Rocha, G.H. Travassos, C. Galotta, C.S. Menezes, "Domain-oriented software development environments", The Journal of Systems and Software 72, pp. 145-161, 2004.

[6] R.A. Falbo, C.S. Menezes, A.R.C. Rocha. "A Systematic Approach for Building Ontologies". Proceedings of the 6th Ibero-American Conference on Artificial Intelligence, Lisbon, Portugal, Lecture Notes in Computer Science, vol. 1484, 1998.

[7] O. Lassila, F. Van Harmelen, I. Horrocksm, J. Hendler, D.L. Mcguinness. "The Semantic Web and its Languages". IEEE Intelligent Systems, pp. 67-73, November/December 2000.

[8] R.A. Falbo, A.C.C. Natali, P.G. Mian, G. Bertollo, F.B. Ruy, "ODE: Ontology-based software Development Environment". Proceedings of the IX Argentine Congress on Computer Science, CACIC'2003, pp. 1124 – 1135, La Plata, Argentina, 2003.

[9] P.G. Mian, R.A. Falbo, "Supporting Ontology Development with ODEd", Journal of the Brazilian Computer Science, vol. 9, no. 2, pp 57-76, November 2003.

[10] R.A. Falbo, "Experiences in Using a Method for Building Domain Ontologies", Proceedings of the International Conference on Software Engineering and Knowledge Engineering – SEKE'2004, Ontology in Action Workshop, 2004.

[11] N. Guarino. "Understanding, building and using ontologies". Int. Journal Human-Computer Studies, 46(2/3), February / March 1997.

[12] M. Gruninger, J. Lee, Ontology Applications and Design, Communications of the ACM, vol. 45, no. 2, p. 39-41, February 2002.

[13] N. Guarino. "Formal Ontology and Information Systems". In N. Guarino (Ed.), *Formal Ontologies in Information Systems*, IOS Press, 1998.

[14] M. Grüninger, M.S., Fox. "Methodology for the Design and Evaluation of Ontologies". Technical Report, University of Toronto, 1995.

[15] D. Connolly, F. van Harmelen, I. Horrocks, D.L. McGuinness, P.F. Patel-Schneider, L.A. Stein. "DAML+OIL (March 2001) Reference Description", December, 2001.

[16] M.E. Genesreth, R.E. Fikes. "Knowledge Interchange Format, Version 3.0 Reference Manual". Technical Report Logic-921, Computer Science Department, Stanford University, 1992.

[17] R. Fikes, J. Jenkins, G. Frank. "JTP: A System Architecture and Component Library for Hybrid Reasoning.: Proceedings of the Seventh World Multiconference on Systemics, Cybernetics, and Informatics. Orlando, Florida, USA. July 27 - 30, 2003.

[18] S. Staab, A. Maedche. "Ontology Engineering beyond the Modeling of Concepts and Relations". 14th European Conference on Artificial Intelligence, Workshop on Applications of Ontologies and Problem-Solving Methods, 2000.

[19] S. Bechhofer, I. Horrocks, C. Goble, R. Stevens. "OilEd: a Reason-able Ontology Editor for the Semantic Web". Working Notes of the 14th International Workshop on Description Logics (DL-2001), pp.1-9, USA, August 2001.

[20] N.F. Noy, M. Sintek, S. Decker, M. Crubézy, R.W. Fergerson, M.A. Musen. "Creating Semantic Web Contents with Protégé-2000", IEEE Intelligent Systems, March/April 2001.

[21] E. Franconi. "Using Ontologies", IEEE Intelligent Systems, pp.76-77, January/February 2004.

Enhancing a Requirements Specification Method with a Vocabulary Acquisition Tool

Israel Antezana[1], Emilio Insfran[2], Roel Wieringa[3]

[1]*Independent Consultant*
israelantezana@yahoo.com

[2]*Departamento de Sistemas Informáticos y Computación*
Universidad Politécnica de Valencia, España
einsfran@dsic.upv.es

[3]*Department of Computer Science*
University of Twente, the Netherlands
roelw@cs.utwente.nl

Abstract

This work is based on the idea of ***vocabulary acquisition*** *to support the building of requirements specifications avoiding the inconsistent or ambiguous use of terminology during the requirements engineering phase. While the idea of vocabulary acquisition seems very straightforward, currently it is not well supported by requirements engineering methods and tools. In this paper, we present the definition of a* ***Dictionary Tool*** *to manage terms of the problem domain in order to help analysts in the process of requirements specification. The dictionary is implemented as a stand alone application and as a component that was used to enhance the functionality of the OO-Method Requirements specification Tool (****RETO****).*

1. Introduction

The main objective at the beginning of the software development process is to correctly understand the requirements of the system's customers or users: *What the system is supposed to do.* The input for the requirements engineering process consists of many informal, fuzzy individual statements of requirements which have to be transformed into one coherent specification that is as complete as possible and that is understood and agreed, after a possible negotiation phase, by all stakeholders.

In this paper, we present the result of our efforts to help analysts in this requirements engineering process. In particular, the work is based on the idea of *vocabulary acquisition* to support the building of requirements specifications to avoid the inconsistent or ambiguous use of terminology. Although, we focus the developed technology to the requirements engineering phase, it can be very helpful in the design, implementation or exploitation of the system.

While the idea of vocabulary acquisition seems very straightforward currently it is not well supported by requirements engineering methods and tools. We all agree that wrong decisions, misunderstandings and other errors made in the requirements engineering phase have major impact in subsequent software development phases and thus on the software system itself.

Usually, the requirements engineering process is imprecise and difficult to overcame. To do it successfully, it requires that we deal with the underlying difficulties. In [RZF94] the main difficults are classified in five categories of problems:

- *Articulation problems*, when the users don't know how to articulate their needs, when they are not aware how technology can help them, when users and developers misunderstand concepts or relationships because they have different meanings for common terms, etc.
- *Communication problems*, when users and developers come from different worlds and have different vocabularies or the use of inadequate form or medium of communication (natural or formal languages, diagrams, pictures, charts, etc.)

- *Knowledge and cognitive limitations*, the software engineer must have adequate domain knowledge to avoid making wrong decisions. Informal or intuitive specifications are frequently interpreted differently by different people because of their own experiences and biases. Scale and complexity also have important influence.
- *Human behaviour issues*, when conflicts and ambiguities appears in the roles that the users and developers play often leading in gaps in the requirements. Fear to change that can cause individuals to withhold information or, in extreme cases, actively sabotage the development effort.
- *Technical problems*, more complex systems, change management (requirements, technology), different sources of requirements and different expectations.

A dictionary for requirements elicitation is a proposal to overcome some of the problems of the requirements elicitation phase mainly the communication and articulation problems. In [Wie03] there is the following definition: "A dictionary contains definitions of all important terms that appear in the assumptions made about the environment and in the specification of the system under development". If we define all terms that could cause misunderstandings between people involved in the system under development in a dictionary, we will inherently improve the communication between them.

Both users and developers come from different worlds and have different professional vocabularies, the users may come from a financial, aeronautics, manufacturing domains, etc. Developers belong to the software domain. It is true that within any problem domain there will appear many specialist terms and some commonplace words can take on a special list meaning. This could cause misunderstandings between people involved in the development of the software system, e.g. analysts, programmers, customers, users, etc... To avoid such problems, these terms should be defined. It is common to gather all definitions of terms in a common place and such a collection is called a *dictionary*.

The structure of this paper is the following: after this introduction and motivation, in section 2, we present the main techniques and tools for dictionaries in the context of requirements engineering. In section 3, a brief overview of the OO-Method requirements specification method, which was enhanced with the dictionary technology, is presented. Section 4, presents the architecture and main features of the dictionary tool developed. In section 5, the definition of a component that can be used to enhance any CASE tool with the dictionary facility is shown. Section 6, presents our conclusions and future works.

2. Techniques and Tools for Dictionaries for RE

In this section we briefly describe some existing techniques and tools that can help us to get a better understanding on the question: How can a dictionary be designed, built, and used to effectively support the requirements engineering phase in real world projects?.

2.1 Grammalizer

The Grammalizer (Grammatical Analyzer for lexicon based analysis of English and Dutch texts) is a CASE Tool for textual analysis of domain description documents. It is based on the KISS method [Kri94], a modelling paradigm which supports both knowledge extraction from natural language, paraphrasable primitives at conceptual level, and system generation. In order to incorporate natural language-based techniques into the software development process, knowledge about the words occurring in the informal as well as formal specifications (like their meaning), and the rules which they should satisfy have to be specified. The ***lexicon*** is the main resource of such linguistic knowledge.

The lexicon component of Grammalizer [Hop97] is the central repository of all terminology and related linguistic elements that are needed to describe communication in and about the world we live in, including conceptual models. As such, it is much more than a list of terms. The lexicon contains the ***concepts*** that make up our communications, and it defines the ***relationships*** between these concepts.

In order to represent ***concepts*** or ***mental images*** Hoppenbrauwers [Hop97] proposes to see the mental images as the core and to assign possible several ***physical images*** to the mental image. As such, a concept can have various associated ***lexicals*** to express it in (written) language. In other words Hoppenbrauwers does not combine the concept and its lexicals into one whole. The real power of the lexicon is provided by the relationships between the concepts, some of these relationships that are included between others are synonym, homonym, antonym, generalization, specialization.

2.2 LEL (Language Extended Lexicon)

The LEL [LF93, LRB97, LHD00, CL01] is a representation of the symbols of the problem domain. It is a meta-model designed to help the elicitation and representation of the language used in the application and is supported by a very simple idea: Understand the language of the problem, without worrying about understanding the problem. So the LEL is centred on the idea that a closed description of the language terms improves the comprehension of the application domain. It is a natural language representation that aims to capture the vocabulary of an application.

The lexicon main goal is to register signs, words or phrases, which are peculiar to the application domain. Each LEL entry in the lexicon is identified by three different entities:

- **Names (signs)**, the term's name or names (case of synonyms), where each name can be a word or a phrase.
- **Notions**, the usual description found in dictionaries, its goal is to describe the denotation (defines 'what the symbol is').
- **Behavioural Responses**, intends to describe the connotation (describes 'how the symbol acts in the system') of the word or phrase, that is, it provides extra information about the context at hand.

While describing the signs or symbols, that means when describing a notion or a behavioural response, two principles have to be followed: the ***principle of circularity*** that intends to maximize the use of symbols in the description of other symbols and the ***principle of minimal vocabulary*** that intends to minimize the use of symbols that are external to the lexicon. The external symbols must belong to a small subset of a natural language dictionary.

2.3 Other existing lexicons

Some well known international projects not oriented to be used in an specific application but in all kind of applications such as natural language processing, artificial intelligence, information retrieval, etc., are:

- **Wordnet**. It is a lexical database result of an ongoing research program at Princeton University in the representation of lexical information [Mil95]. WordNet links English nouns, verbs, adjectives, and adverbs to sets of synonyms that are in turn linked through semantic relations (like antonyms, hypernymy, etc) that determine word definitions. It contains more than 90000 different word senses (i.e. concepts), and more than 160000 pointers representing semantic relationships between WordNet words and concepts.
- **Celex**. This lexicon consists on three large electronic databases which can provide on-line and off-line users with detailed English, German and Dutch lexical data [Bur90]. The Ducth database (version N3.1, released in March 1990) contains information on 381,292 present-day Dutch word forms, corresponding to 124,136 concepts. The latest release (E2.5, June 1993) of the English database contains 52446 concepts representing 160594 word forms. The German database (D2.5, February 1995) currently holds 51728 concepts with 365530 corresponding word forms. Apart from orthographic features, the database comprises representations of the phonological, morphological, syntactic and frequency properties of concepts.

2.4 A Hyper-Dictionary for Requirements Engineering

Since it is common that during the definition of a term other terms that belong to the language of the domain being defined are used; our dictionary will contain the concepts that make up our communications, but at the same time it will also define the relationships between these concepts.

It is desirable that the terms in our dictionary have a natural language representation that aims to capture the vocabulary of an application such a way that users can easily understand this representation. This is the reason why we choose the **Language Extended Lexicon** (LEL) to represent the terms in our dictionary.

Following the LEL approach each term in the dictionary will be composed of three entities: Names, Notions and Behavioural Responses. And the principles of circularity and of minimal vocabulary will be followed while describing the notions or behavioural responses. By imposing these principles, we are forming a self contained set with several links between its elements, thus forming a graph. This graph is in reality a **hypertext document**, where the authoring rules are the structure of the LEL and the two principles. This is why we can think of our dictionary as a ***Hyper Dictionary for Requirements Engineering.***

3. The OO-Method Requirements Specification Method

The OO-Method Requirements Model [IPW02, Ins03] is defined in order to represent user's requirements in a structured way providing methods and techniques to accomplish this goal. It is also a feature of this model to guide the transition from the requirements model to the conceptual model keeping traceability between them.

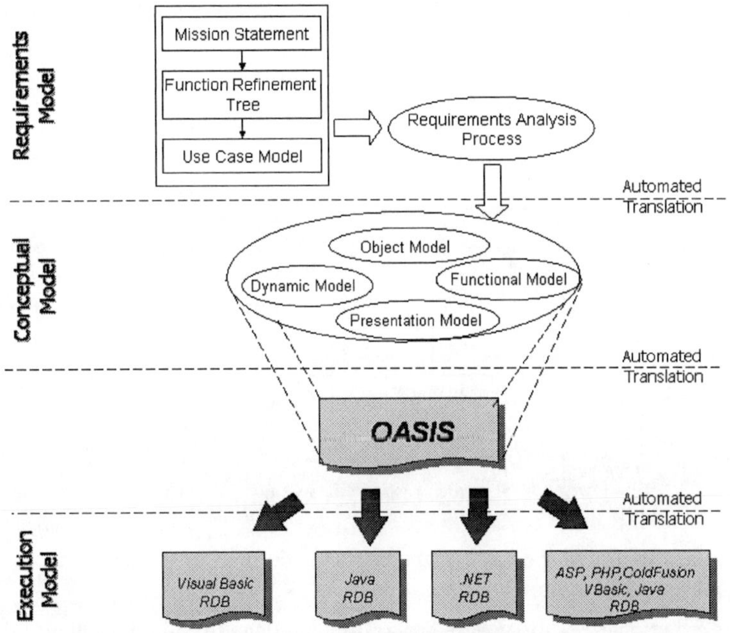

Figure 1 The requirements model in the context of OO-Method

Figure 1 shows the requirements model in the context of the OO-Method approach. The following techniques are used in the requirements model:

- **Mission statement** is the highest level description of desired system functionality [Wie03].
- **Function Refinement Tree** is a hierarchical list of system functionality, that refines the system purpose to the level of individual services [Wie03]
- **Use Case Model shows** the communication between actors and the system, and includes the use case description (specification) in order to specify the behaviour of the use case at a high level. Each primary use case corresponds to a leaf node in the function refinement tree.

Once the analyst uses all these techniques to specify the requirements of the system under development, he or she starts the process of analysing those structured requirements. This process is called Requirements Analysis Process (RAP) and consists on the refinement of each use case (in this method a use case is used as a synonym of scenario) to identify and assign responsibilities. These responsibilities are described as services of classes which together cooperate in order to obtain the overall functionality specified in the use cases. To represent the assignment of these responsibilities at this level of detail a subset of the UML Sequence Diagrams are used. The sequence diagrams are the main source in the process of building an OO-Method Conceptual model by means of analyzing the participating classes and their corresponding interactions. In order to ensure the traceability between the requirements and the conceptual model a traceability catalog and consistency rules are also defined. The complete catalog of rules, the templates of how to specify uses cases, stereotypes of sequence diagrams, and a detailed description of the requirements model can be found in [Ins03].

4. The Dictionary Tool

Figure 2 shows the subject domain model of the Dictionary Tool. As we can see in the figure a dictionary for a problem domain is composed of one or more terms, and since our vocabulary acquisition strategy is based on the LEL approach each term is identified by one or more names, defined by one or more notions and has one or more behavioural responses. Terms in a domain are used during the specification of models, within the ONME (OlivaNova Model Execution System, a family of tools that provides support to OO-METHOD) context, the requirements engineering model, the conceptual model and/or the generated applications. This makes ONME models richer since information about the terms used in the models is available, trying this to avoid communication problems.

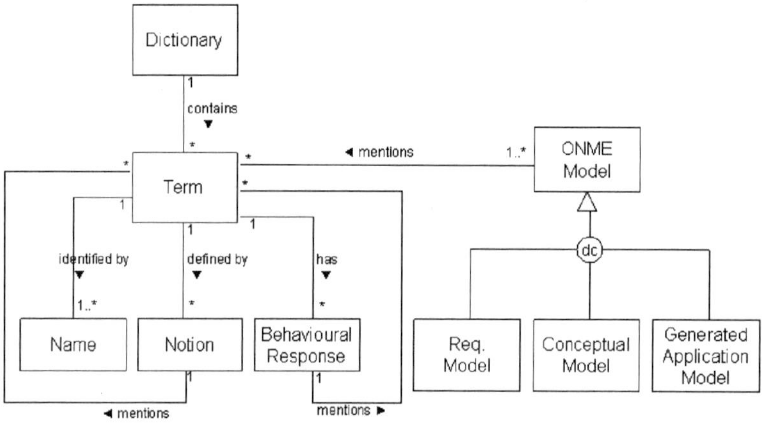

Figure 2 Subject Domain Model

To clarify the model we also define a glossary of the concepts defined in figure 2, that is a dictionary of the subject domain model presented in figure 2:

- **Dictionary:** Is a dictionary of the vocabulary of the language used in a problem domain. It contains a set of all important terms in the problem domain, and it is convenient that the dictionary be alphabetically ordered.
- **Term:** A relevant word or phrase used in the problem domain. It is composed of name, notion and behavioural response.
- **Name:** Is the component of a term that identifies it by means of a word or phrase. A term may be identified by more than one name if it has synonyms or alias.
- **Notion:** Is the component of a term that defines its meaning, describes what the term is.
- **Behavioural Response:** Is the component of a term that describes how the symbol acts in the system.
- **ONME Model:** Any OlivaNova Model Execution model that can use or mention terms of a dictionary for a problem domain.
- **Req. Model:** The ONME requirements model which mentions terms of a dictionary.
- **Conceptual Model:** The ONME conceptual model which uses terms of a dictionary.
- **Generated Application Model:** The generated applications by ONME software which uses terms of a dictionary.

4.1 Implementation of the tool using the model based code generation strategy provided by ONME

In order to build the Dictionary Tool we used the capabilities of generation of software from a conceptual model provided by ONME. In other words our Dictionary Tool was generated with the tool (ONME) to which once finished it provides support.

This means, that we built a complete conceptual model for the Dictionary Tool, ONME software provides good support for the process of building the conceptual model. In figure 3 we can see an overview of the ONME software showing part of the conceptual model of the Dictionary.
As show in figure 3 the conceptual model is mainly composed of two classes: *Dictionary* and *Term*. A *Dictionary* is composed of zero or more *Terms*. A *Term* has zero or more *TermAlias*. The main attributes in the *Term* class are *name, notion* and *behaviour*.

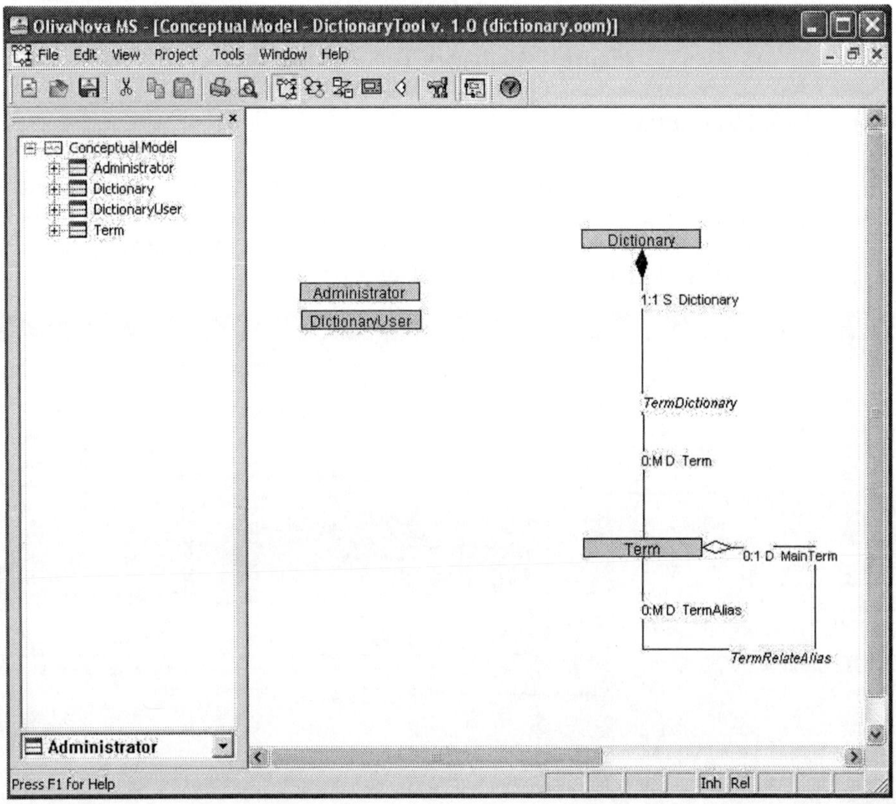

Figure 3 An overview of ONME showing part of the Dictionary Tool conceptual model

Following the ONME approach once the conceptual model, composed of the object, dynamic, functional and presentation models, is completed and validated it is possible to obtain the OASIS formal specification from which it is possible to generate the code of the application.

4.2 Dictionary Tool Architecture

As we can see in figure 4 the architecture of Dictionary Tool is a common three tier architecture composed of the following tiers:

- **User Interface** is about how to handle the interaction between the user and the software.
- **Application Logic** composed of two tiers:

  - **Problem Domain**, whose components represent the implementation of classes from the conceptual model
  - **Service Support,** provide supporting services such as interfacing with the database.
- **Dictionary DB,** represents the relational database which provides persistent storage to the application.

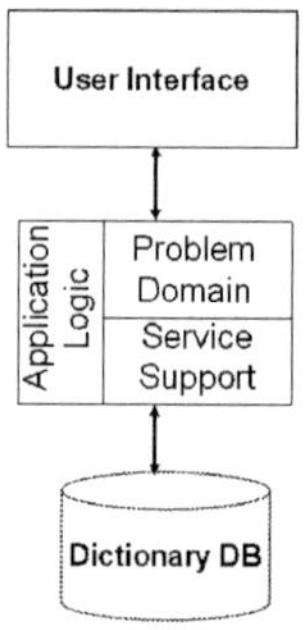

Figure 4 Dictionary Tool Architecture

4.3 Dictionary Tool User Interface

The user interface of Dictionary Tool is shown in figure 5. In the left section of the main window there is an ordered list with the terms and alias defined for a domain, there are also search facilities to look for a specific term or alias in this list. If the user selects a term or alias in this list, its aliases, notion and behavioural response are shown in the right section of this main window.

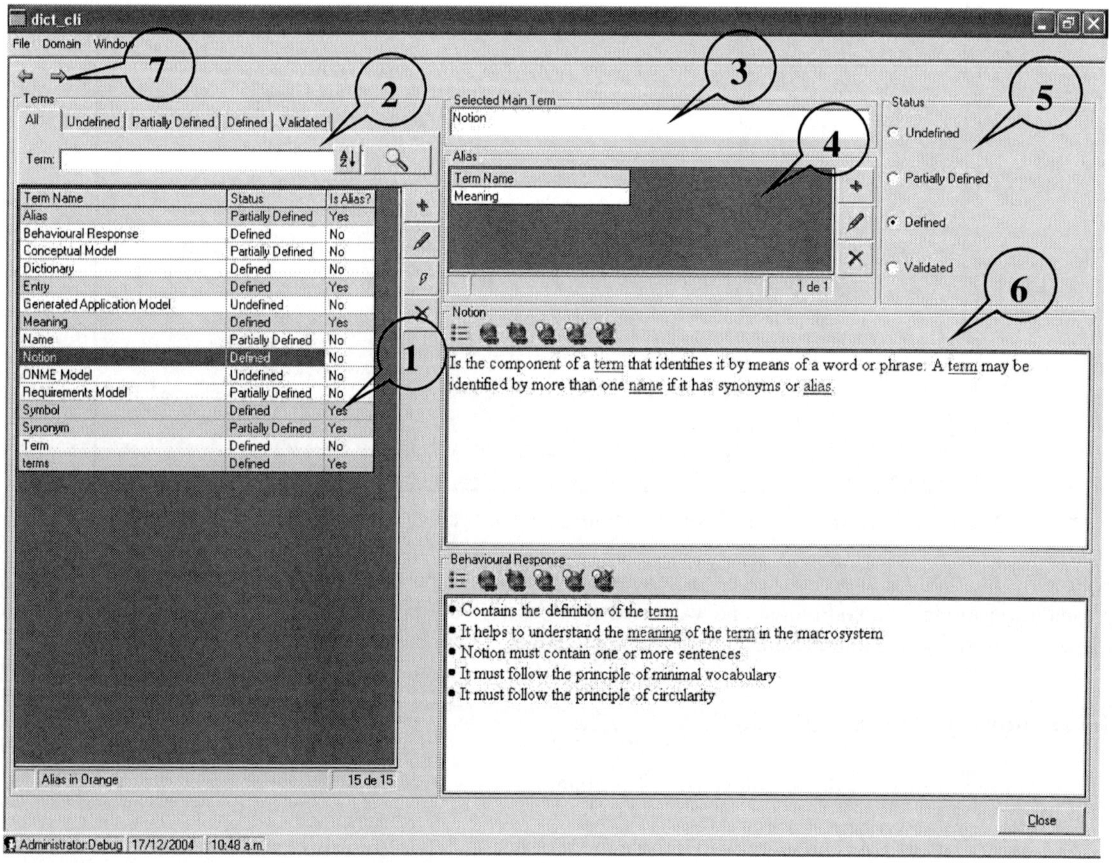

Figure 5 Dictionary Tool user Interface

The Dictionary Tool user interface tries to provide an easy to use hypertext environment, in which the user can navigate trough term definitions, search for terms or alias, create, edit, delete terms and alias, create links between term's definitions, etc.

The following elements or sections can be distinguished in figure 5:

(1) The **ordered list of terms** and synonyms are shown in this section, alias in the list are distinguished by an orange colour. In the right part of this section there are buttons to insert, edit, delete and merge terms.

(2) This section provides facilities to **search for a term** or alias in the list, there are also tabs to show the undefined, partially defined, defined, validated or all terms and/or search a specified term within these groups of terms.

(3) The **selected main term** of the list of terms of section (1) is shown here, if the user selected an alias this section shows its main term.

(4) **Alias or synonyms** of the selected term are shown in this section, for example in the figure we the alias 'meaning' for the 'notion' main term. In the right part of this section there are buttons to insert, edit and delete alias.

(5) This sections show the **status of the term**, the user can also update the status of the selected term here.

(6) In this section the **notion and behavioural response** of the selected term are shown. The user can also update the notion and behavioural response of the selected term here. Both the notion and behavioural response sections have the same functionality to create, suggest, and delete links between terms. As shown in the figure, links to term's definitions are shown in blue colour and are underlined. If the user double clicks on a link it is automatically directed to that term.

(7) In this section there are **go back and go forward buttons**, which are useful for navigating trough the list of terms, for example, to return to the previous visited term before clicking on a link on the notion or behavioural response sections.

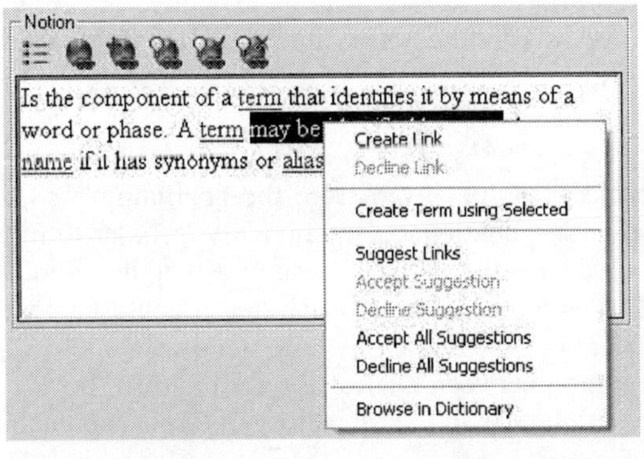

Figure 6 The Notion section of Dictionary Tool main window

The notion and behavioural response sections of the main window of Dictionary Tool provide many services to manage links between term's definitions. In figure 6 we show in more detail the notion section of the Dictionary Tool main window, functions embedded in this section can be accessed by a toolbar or with a contextual pop-up menu. The most used functions are the following:

- **Create link to term dictionary**, with this function it is possible to create a link to a term definition when writing a description on the component. When pressing this button a window is displayed where the user can search for the term and select it to introduce it as a link in the current description.
- **Decline link**, if the user decides, for some reason, to decline an already defined link.
- **Create term using selected text**, with this function the selected text is inserted as a new term in the dictionary and the selected text is marked as a link to this new term.

- **Suggest links for selected text**, after selecting some text and pressing on this button the component marks with a blue colour all words that exist as terms in the dictionary. These marked words are suggestions for the user for him to accept them or decline them as links to term's dictionary.
- **Accept suggestions**, After pressing the 'suggest links for selected text' option the user can decide if the suggestions are established as links or not, for this he has the option to accept all suggestions or to accept specific suggestions one by one.
- **Decline suggestions,** If the user decides to decline a suggested link by the component. The user has also a function to decline all suggestions.

5. Using Dictionary Tool within other CASE Tools

As explained in section 2 the LEL has been designed to be implemented in the context of a hypertext environment, following the principles of circularity and minimal vocabulary we will form a hypertext document with several links between its elements. So we needed to provide the functionally of a hypertext environment to our Dictionary Tool, such a way that it would be possible to establish links when defining the notion and behaviour of a term, and also to navigate through this links within a domain.

So we built a component to provide all the functionality necessary to manage links in text descriptions. Functions like create link, suggest links, navigate to term definition, etc. are provided by this component. It has been called **DTEditor** and it is used in the notion and behavioural response sections of Dictionary Tool, as shown in figure 5.

The main functionality provided by this component is described in the previous section and show in figure 6, to support all this functionality the DTEditor component needs to access to the Dictionary Tool repository of terms. This can be done by using the services provided by the application logic layer generated by ONME software shown in figure 4. This layer provides all the services necessary to access the repository of terms. In other words, the DTEditor shares the Dictionary tool application logic layer generated by ONME Software in order to have full access to the repository of terms. And as explained above, the DTEditor is also used to modify the User Interface layer of figure 4 for the notion and behavioural responses sections.

5.1 Integration of Dictionary Tool with RETO

One of the main goals of this project, as conceived from the beginning, was to extend the Requirements Engineering phase of OO-Method with a Dictionary functionality in order to improve its understanding and the communication between involved people. It was desirable that the Requirements Engineering TOol (RETO) and the Dictionary Tool to be tight integrated such that it could be possible to execute most of the functions of the Dictionary from RETO.
In order to provide this tight integration between Dictionary Tool and RETO the DTEditor component takes an important role since it provides full access to the repository of terms and enables the execution of most of the functions of the Dictionary.

The DTEditor component is being used in all suitable places where descriptions are written in RETO such as the mission statement, function refinement tree, actors, use cases and classes. In figure 7, an example of the use of the DTEditor component in RETO is shown, in this example the DTEditor is used for the description of the nodes of the function refinement tree. This is just an example, since the DTEditor is being used in many other places in RETO were descriptions are written, providing this way more information about the terms used in any part of the requirements model. This also makes the model easier to read and understand by all stakeholders since using the 'correct' terms of the domain help to build a correct representation of the domain. And also, having full access to a centralized repository of terms of the problem domain, helps to improve the communication between stakeholders.

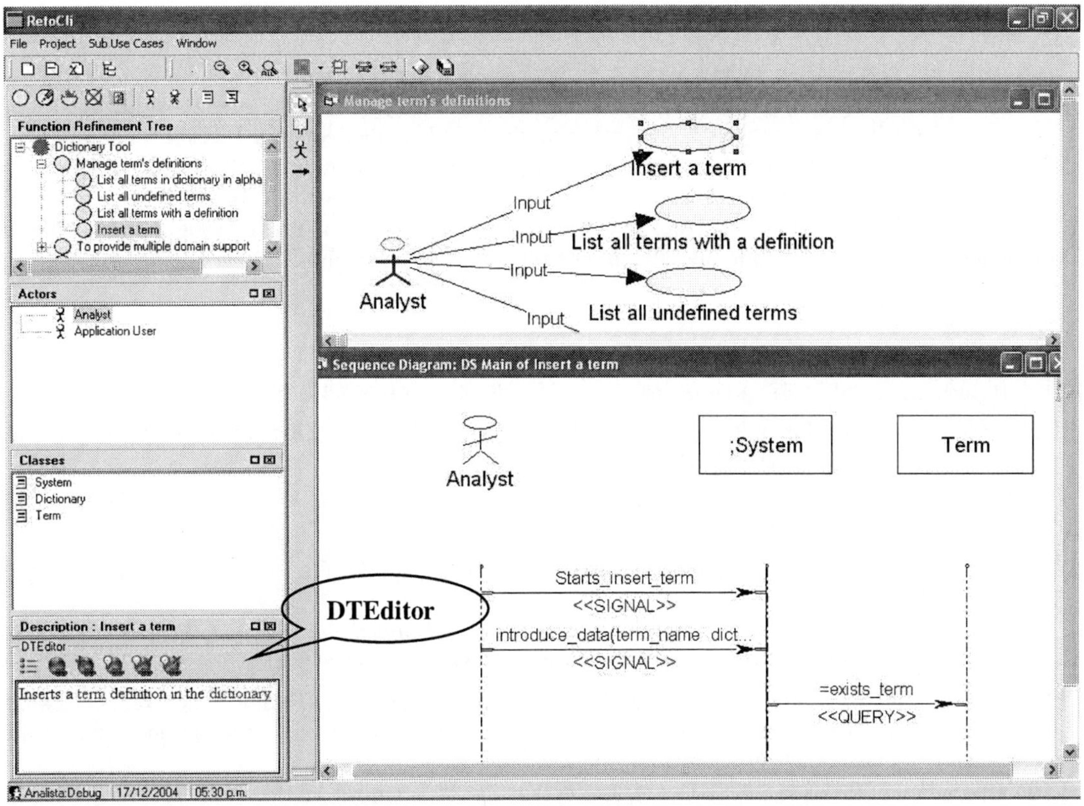

Figure 7 Overview of the integration of Dictionary Tool with RETO

5.2 Using DTEditor in other CASE Tools

The DTEditor component has been built as an ActiveX control in order to be easily used in other applications or CASE Tools as a standard windows control.

As a standard component the public interface of this control is composed by properties commonly found in windows components like caption, width, height, visible, font, tooltiptext, etc, but its interface has also some specific properties that make possible to configure and customize the DTEditor component.

Some of the most relevant specific properties of the DTEditor component are:

1. **DictionaryId**, specifies the dictionary id to which terms of the current description belong. This is necessary because more than one dictionary can be defined in the same repository. It is mandatory to set this property in order to execute all functions that interact with the Dictionary.
2. **ShowButtons**, specifies if the buttons toolbar is shown or not in the component. This is useful if the component is going to be used in a small area where there is no space to loose showing the toolbar, in this case the functions provided by the component can be accessed by the pop-up menu.
3. **LinkColor**, specifies the colour used to represent links in the component.

6 Conclusions and Further Work

The requirements engineering process is usually imprecise and difficult to overcome. To help analysts in this hard process we have presented in this paper, a dictionary technology to manage terms of the problem domain. In our experience using the tool in several projects, an appropiately use of the Dictionary Tool (or the DTEditor component embedded in another CASE tool) improves the quality of the requirements specifications, and also, helps developers and customers to reduce the communication and articulation problems. The easy-to-use user interface based on hyperlinks among terms of the domain, and its expert features like automatic creation or suggestions of terms or aliases management makes this tool appropriate to be incorporated in any software development process.

The dictionary technology including the Dictionary Tool and the DTEditor component was developed as part of a joint research & development project among the University of Twente, the Polytechnic University of Valencia, and CARE Technologies S.A. Further work include embedding the DTEditor component in other development tools developed at the company, using the technology in new software development projects, and to continue improving the facilities of the dictionary specially those oriented to manage different domains, to extract terms from different sources (Word or Excel of text files), and to automatically identify different words that correspond to the same base term and that are not alias (i.e. car and cars).

References

[Bur90] Burnage G. *"CELEX: A Guide for Users"* ISBN 90-373-0063-4. 1990.

[CL01] Cysneiros LM, Leite JCSP, *"Using the Language Extended Lexicon to Support Non-Functional Requirements Elicitation"*. WER 2001: 139-153.

[Hop97] Hoppenbrauwers C.A.J.J., *" Conceptual Modeling and the Lexicon"*, PhD thesis, Tilburg University, 1997.

[Kri94] Kristen G., "Object-Orientation: The Kiss Method". Addison-Wesley Longman Publishing Co., Inc. ISBN:0201422999. 1994.

[LF93] Leite JCSP, Franco AP, *"A Strategy for conceptual model adquisition"*, Proceedings of the First International Symposium on Requirements Engineering, IEEE Computer Society Press, 1993

[LRB97] Leite JCSP, Rossi G, Balanguer F, Maiorana V, Kaplan G, Hadag G, Oliveros, *"Enhancing a requirements baseline with scenarios"*, Proceedings of the Third International Symposium on RequirementsEngineering: IEEE Computer Society, 1997.

[LHD00] Leite JCSP, Hada GDS, Doorn J, Kaplan G., *"A scenario construction process"*, Requirements Engineering Journal: Vol. 5, Springer-Verlag London Limited, 2000

[Mil95] Miller G.A., *"Wordnet: a lexical database for English"*, Communications of the ACM, 1995

[RZF94] Raghavan S., Zelesnik G, Ford G., *"Lecture Notes on Requirements Elicitation"*, Software Engineering Institute, Carnegie Mellon University, 1994

[Wie03] Wieringa R.J., *"Design Methods for Reactive Systems"*, Morgan Kaufmann, 2003.

[Ins03] Insfrán E., *"A Requirements Engineering Approach for Object-Oriented Conceptual Modeling"*, PhD Thesis, Universidad Politécnica de Valencia, 2003.

[IPW02] Insfrán E., Pastor O. and Wieringa R.,*"Requirements Engineering-Based Conceptual Modelling"*. Journal "Requirements Engineering" (RE), March 2002. 7(2): p. 61-72. Springer-Verlag. ISSN: 0947-3602 (printed version) ISSN: 1433-010X (electronic version).

Using NFR to improve separation of concerns in requirements

Geórgia Sousa and Jaelson F. B. Castro
Centro de Informática, Universidade Federal de Pernambuco, Av. Prof. Luiz Freire S/N,
Recife PE, Brazil 50732-970, + 55 81 32718430
e-mail: jbc@cin.ufpe.br

Abstract

In order to improve comprehensibility, maintainability and reusability of requirements specifications, this work describes an approach to provide a way to represent non-functional requirements apart from the requirements they apply to. We provide means to specify the composition among requirements in a noninvasive way. An Internet Banking System example is used to illustrate our proposal.

1. Introduction

The growing complexity of software and the demand for rapid development have increased the importance of comprehensibility, maintainability and reusability of software system artifacts. In order to achieve these qualities, some of the Software Engineering principles can be applied throughout the software development process, from requirements to implementation: modularity, abstraction, rigor and formality, separation of concerns and anticipation of change [1].

Separation of concerns (SoC) [2] means dealing with different issues of a problem individually so that it is possible to concentrate on each one separately. The main advantages of applying this principle are: (i) decrease the complexity of the software development by concentrating on different issues separately; (ii) support division of efforts and separation of responsibilities [1] and (iii) improve the modularity of software systems artifacts. Furthermore, when the SoC principle is correctly applied, software artifacts tend to be cohesive and loosely coupled. The consequences of this are manifold: an artifact can be understood in isolation; the software artifacts can be reused; and changes to one artifact have a limited effect on other artifacts [3].

Nevertheless, due to the intrinsic relationship among some requirements, especially between non-functional and functional ones, sometimes references to a non-functional requirement (NFR) is scattered across multiple functional artifacts (scattering) and one functional artifact contains references to multiple non-functional requirements (tangling). For instance, each non-functional requirement is normally repeated in every use case that the NFR affects [4; 5]. This kind of representation makes it difficult to evolve, maintain, reuse and understand the requirements [6].

Hence, in order to improve comprehensibility, maintainability and reusability of requirements specifications, this work describes an approach to provide a way to represent non-functional requirements apart from the requirements they apply to as well as means to specify the composition among them in a noninvasive way.

This work is organized as follows. In Section 2, we present some issues about non-functional requirements. Section 3, in turn, presents an outline of our proposal, illustrating it with samples in the context of an Internet Banking System. Then, in Section 4, we discuss the contributions of our proposal. Related work is presented in Section 5. Finally, in Section 6, we present our conclusions and future work.

2. Non-functional requirements

Functional requirements (FRs) capture the intended behavior of the system in terms of services, tasks or functions the system is required to perform [7]. On the other hand, non-functional requirements (NFRs) are requirements that impose restrictions on the product being developed (product requirements), on the development process (process requirements), or they specify external constraints that the product/process must meet (external requirements) [8]. These constraints usually narrow the choices for constructing a solution to the problem.

Since the distinction between functional and non-functional requirements may cause confusion, there are some characteristics of NFRs that are used to distinguish them from functional requirements:

- NFRs are focused on how the software must perform something instead of focused on what the software must do [9];
- NFRs "cross-cut" software functionality [10];
- NFRs express constraints or conditions that need to be satisfied by functional requirements and/or design solutions [11];
- Different from functional requirements that can fail or succeed, NFRs rarely can be completely met: they are satisficed within acceptable limits [12].

Although non-functional requirements are crucial for system development success, they are seldom analyzed. Of course there are exceptions, for example real-time systems constraints need to be carefully analyzed. However, even when they are considered, they are generally poorly documented:

(i) They are often stated in requirements specifications just as abstract, vague and informal declarations such as: "the system should have good security, performance, confidentiality, usability". This kind of declaration makes it difficult to analyze and to verify how to meet the non-functional requirement [13]. Moreover, it may be ambiguous since different interpretations about the real meaning of the NFR are possible [8]. For those reasons, we advocate that abstract declarations of non-functional requirements need to be broken down into smaller components and then converted into operationalizations (i.e. operations, data and/or design decisions) that together contribute for achieving these NFRs; the NFR Framework [11; 12; 14] adopts this approach.

(ii) Normally, non-functional requirements are repeatedly mentioned in each functional artifact that they apply to [4;5]. This fact contradicts the separation of concerns principle and, as a consequence, it compromises the requirements comprehension, evolution and reuse

3. Proposal Outline

The focus of this paper is on non-functional requirements since, in the most of current approaches, these requirements are specified in a scattered and tangled fashion.

Figure 1 presents an outline of our proposal. We consider separately both the analysis and the specification of functional and non-functional requirements. Furthermore, we document the relationships between them in a different artifact, named composition table. Doing so, we hope to improve the comprehensibility, maintainability and reusability of requirements specifications.

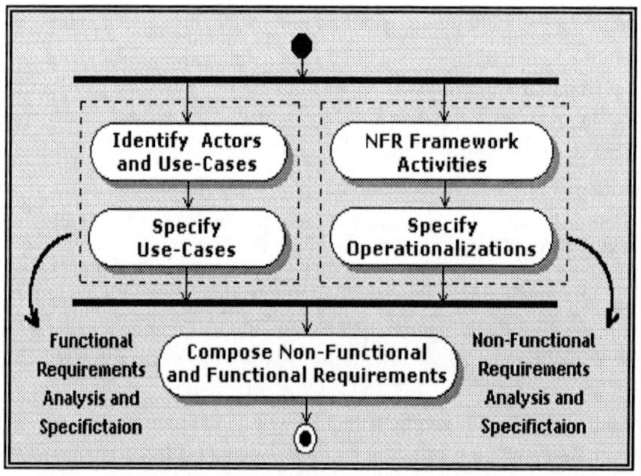

Figure 1 – Outline of our proposal

In the following subsections, we outline the activities of this approach, introducing examples from an Internet Banking System to ground the discussion. The basic functional requirement considered allows clients to perform banking transactions through the Internet such as query transactions (account balance and statement) and financial transactions (transfers, bill payments, etc.). In turn, the non-functional requirement considered here is security, i.e., protecting transactions against unauthorized access.

3.1. Functional Analysis and Specification

We rely on the well known use case approach [15,16] to capture and represent functional requirements.

Firstly, the system actors should be identified, i.e. users and other systems that will communicate with the system. The interactions that take place between an actor and the system should be identified by means of use cases. In the following step, each use case should be specified in more detail, describing the basic course of events and later specifying variants of this course and errors that can occur.

To exemplify this activity output, Table 1, Table 2 and Table 3, exhibit simplified specifications for common use cases in the context of an Internet Banking System.

Table 1 - *View Account Statement* Use Case Specification

USE CASE # 02 - VIEW ACCOUNT STATEMENT	
PRIMARY ACTOR	Bank client
MAIN SUCCESS SCENARIO	
STEP	ACTION
1	The customer informs the initial and final dates.
2	A list of debits and credits and the respective dates, descriptions and document numbers should be exhibited.
3	A confirming receipt is issued.

Table 2 - *Transfer Funds* Use Case Specification

USE CASE # 03 – TRANSFER OF FUNDS	
PRIMARY ACTOR	Bank client
MAIN SUCCESS SCENARIO	
STEP	ACTION
1	The customer informs: the value of the transfer, the target account and branch number.
2	The system validates the informed transfer data
3	The system debits the value from the customer account and credits the value in the target account
4	A confirming receipt is issued.

Table 3 - *Pay Bill* Use-Case Specification

USE CASE # 04 - PAY BILL	
PRIMARY ACTOR	Bank client
MAIN SUCCESS SCENARIO	
STEP	ACTION
1	The user informs: bill bar code, payment date, payment value.
2	The system validates the informed pay ment data
3	The user confirm the informed data
4	The system debits the payment value from the user account and register the payment; the payment will be processed in *Process Bills Use Case*.

3.2. Non-functional Analysis and Specification

We use the NFR Framework [11; 12; 14] to systematically deal with non-functional concerns. In this approach, abstract and subjective NFRs (e.g. security, performance) are treated as goals to be achieved. However, different from functional goals that can fail or succeed, non-functional satisfaction is accomplished within acceptable limits. For that reason, non-functional goals are named *softgoals* [12].

Firstly, each *softgoal* is iteratively decomposed into more specific ones. At some point, when the *softgoal* has been sufficiently refined, it is possible to operationalize it, i.e. provide more concrete and precise mechanisms (e.g. operations, processes, data representations, constraints) to realize it. When the possible solutions for achieving the *softgoal* are sufficiently detailed, the last step is to select among the operationalizations: accepting (✓) or rejecting (×) each of them. During refinement and operationalization steps, contributions and possible conflicts should be established, defining the impact of the *softgoal* to each other and identifying priorities (indicated by "!" or "!!").

Figure 2 exhibits the sequence of activities adopted by our approach to analyze and specify non-functional requirements. All the activities are those of the NFR Framework, except the last one: *Specify operations*. This activity was added to the framework in order to provide a detailed description of each selected operation that contributes to satisfy a NFR.

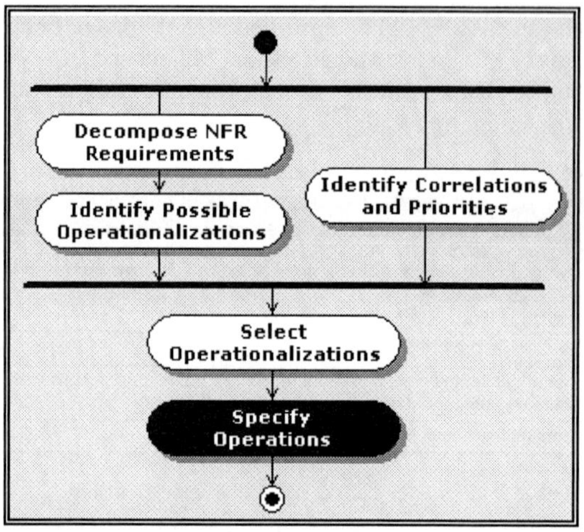

Figure 2 – Outline of Non-Functional Analsyis and Specification Activities

Figure 3 graphically represents in a *Softgoal Interdependency Graph* (SIG) the decompositions, interdependencies and operationalizations necessary to achieve the security concern in an Internet Banking System. As we can see in Figure 3, after the successive decompositions, the following operationalizations were selected to achieve the security concern (more details in [30]): *Limit Transaction Value, Firewall, Data Encryption, Identification, Check Internet Password, Check Customer Personal Data, Duplicate Servers, and Mirror Database.*

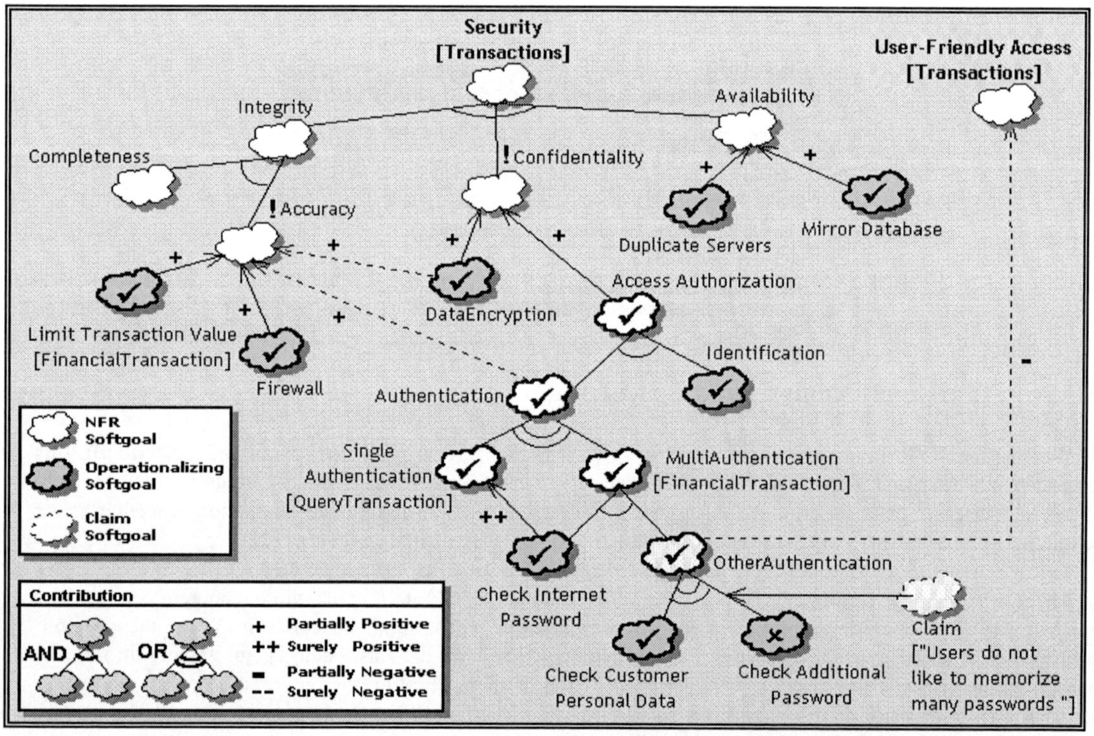

Figure 3- Softgoal Interdependency Graph for Security non-functional concern

The simplified specifications for the *Check Internet Password* Operationalization and *Check Customer Personal Data* Operationalization are presented in Table 4 and Table 5.

Table 4 –Specification for *Check Internet Password* Operationalization

OPERATIONALIZATION # 01 – CHECK INTERNET PASSWORD	
NFR SOFTGOAL	SECURITY → Confidentiality → Access Authorization → Authentication → Single Authentication or Multiple Authentication
PRIMARY ACTOR	Bank customer (user)
MAIN SUCCESS SCENARIO	
STEP	ACTION
1	The actor informs the Internet Password
2	The system compares the informed Internet Password with the account's Internet Password
3	The output of the comparison is returned

Table 5 –Specification for *Check Customer Personal Data* Operationalization

OPERATIONALIZATION #02 – CHECK CUSTOMER PERSONAL DATA	
NFR SOFTGOAL	SECURITY → Confidentiality → Access Authorization → Authentication → Multiple Authentication→ Other Authentication
PRIMARY ACTOR	Bank customer (user)
MAIN SUCCESS SCENARIO	
STEP	ACTION
1	The customer informs the requested personal data

3.3. Non-Functional and Functional Requirements Composition

At this point of the approach, the requirements have been represented individually. However, there are some non-functional requirements that need to be applied to functional requirements. The common approach to model this situation is to insert, inside each affected use case, references to the NFR operationalizations that that need to be applied to them [4;5]. For complex and big systems, this kind of representation makes it difficult to keep all the requirements updated and in the correct place. Moreover, the scattering and tangling in requirements artifacts makes it difficult to evolve, maintain, reuse and understand the requirements [6]. Nevertheless, according to the separation of concerns principle [2], in order to preserve the reuse and maintainability of the artifacts, one artifact should only have references to artifacts that share the same concerns.

For the reasons previously presented, we advocate that this composition should be represented apart, i.e. in a noninvasive way in relation to the affected artifacts. To achieve this goal, we provide a composition table (see

Table 6). This table should be specified for each NFR operationalization that is crosscutting, describing which artifacts it will affect (first column), in which point of the artifact the crosscutting should be applied (fourth column) and how the composition should be done (third column). To determine how a crosscutting requirement is applied in a particular point that it affects, we use the following composition rule operators [17]:

- Overlap: indicates that the crosscutting requirement should be applied before or after the step of the scenario it transverses;
- Override: indicates that the crosscutting requirement superposes the scenario's step it transverses. This means that the behaviour described by the crosscutting requirement substitutes the behaviour defined by the step.

Table 6 –Composition Table for a Crosscutting Artifact

CROSSCUTTING REQUIREMENT: # N <NAME>			
AFFECTED ARTIFACT	CONDITION (OPTIONAL)	COMPOSITION RULE OPERATOR	AFFECTED POINT
UC #N<name>	condition of the composition	{overlap.after | overlap.before | override}	Step of the Scenario

4. Discussion

When one performs banking transactions through the Internet, it is adequate to guarantee a minimum of security. As presented in Section **Erro! A origem da referência não foi encontrada.**, some decisions were selected to satisfy this NFR requirement:

(i) in all banking transactions, the following operationalizations should be applied: *Identification* and *Data Encryption*;

(ii) in query transactions (e.g. *View Account Statement* and *View Account Balance*) the system should perform an *Internet Password Request;*

(iii) in financial transactions (e.g. *Transfer of Funds* and *Pay bill*), besides performing an *Internet Password Request,* the system has to check the *Limit Value* for the transactions and to ask for another authentication.

This situation above described exemplifies cases in which a NFR operationalization needs to be applied in several use cases. It also describes samples of use cases that are affected by more than one operationalization.

Take in particular the *Check Internet Password* operationalization: in our example, it needs to be applied in three use-cases *View Account Statement (UC02), Transfer of Funds (UC03)* and *Pay bill (U04)*. In common approaches the composition between these artifacts would be done in an invasive way, i.e. there should be a reference to the *Internet Password Request* in all of three use-cases. This kind of approach makes it difficult to understand, to maintain and to reuse those use-cases. Note that, using this kind of approach, *View Account Statement, Transfer of Funds* and *Pay Bill* use-cases could not be understood in isolation, because it is also necessary to understand the *Internet Password Request* operationalization. Moreover if the *Internet Password Request* is no longer necessary, for example, then all artifacts affected by it should be altered. Also, imagine, for example, that another system requires the same functionality provided by the *Transfer of Funds* use-case, but it does not need the *Internet Password Request.* In this case, the reuse of this use case will not be possible since the use case is tangled with *Internet Password Request* crosscutting requirement. This situation would be worse if we note that use cases, such as *Transfer of Funds* and *Pay Bill,* will be tangled with other operationalizations: *Identification, Data Encryption, Check Limit Value and Check Customer Personal Data.*

Our approach intends to address these issues. As was explained before, we provide a way to make the composition between a crosscutting requirement and the requirements artifacts it affects in an artifact apart, the composition table. This fact helps to promote comprehensibility, maintainability and reusability of requirements artifacts. Furthermore, since the composition occurs only in one artifact, it is easy to determine the range of artifacts that a crosscutting requirement affects and how it affects each one of them.

Table 7 illustrates the specification for the composition between the *Internet Password Request* operationalization and the artifacts it affects, according to our approach. This specification indicates that the *Internet Password Request* operationalization should be applied after step 2 in *View Account Statement* use-case; and after step 1 in *Transfer of Funds* and *Pay Bill* use-cases.

Table 7 – Composition for *Check Internet Password*

CROSSCUTTING ARTIFACT:OP#01-CHECK INTERNET PASSWORD			
AFFECTED ARTIFACT	COND.	COMPOSITION RULE OPERATOR	AFFECTED POINT
UC #02 –View Account Statement	-	overlap.before	Step 2
UC #03 – Transfer Funds	-	overlap.after	Step 1
UC #04 – Pay Bill	-	overlap.after	Step 1

Since our goal in this paper is only to present the proposal, we use this simple example. However, the benefits of our approach will be greater as the number of relationships between functional and non-functional requirements increases.

5. Related Work

There are two research areas related to our proposal: (i) works concerned with functional and non-functional requirements and their relationships; and (ii) research related to SoC approaches in Requirements Engineering process. Both of them will be outlined in the following paragraphs.

5.1. Approaches to Integrate Functional and Non-Functional Requirements

An interesting strategy for dealing with non-functional requirements and integrating them into Entity-Relationship and Object-Oriented conceptual models was presented in [18; 19]. In this strategy the software development process is carried out through two independent cycles, one regarding the functional requirements of the system and the other the non-functional requirements. The integration of these views is done by representing the operationalizations found in the non-functional view inside of functional models such as entity-relationship and class diagrams.

A similarity of this approach and our proposal is that both deal separately with functional and non-functional requirements. However, Cysneiros' approach does not apply the separation of concerns principle since the models produced by their approach have weak cohesion and strong coupling. The former occurs because the models contain data and methods that are not directly related with its functionality. The latter occurs due to mixing of non-functional and functional properties in a given entity, making it difficult to isolate each one.

5.2. Separation of Concerns Approaches

Many Separation of Concern mechanisms have been proposed, including procedures, objects, packages and so forth. However, recently, the research has been concerned in providing approaches for *separation of crosscutting concerns*, also called Advanced Separation of Concerns (ASoC). Many ASoC approaches have been proposed such as Subject-Oriented Programming and Design [20], Composition Filters [21] and Multidimensional Separation of Concerns [22]. However, Aspect-Oriented Paradigm [23] has been the one that has attracted considerable research lately. In short, this paradigm employs special abstractions known as aspects to encapsulate (and thereby separate) crosscutting concerns; while non-crosscutting concerns are encapsulated in components such as classes or modules. The composition between aspects and components is accomplished by means of a mechanism named *weaving*.

Among the research works in Aspect-Oriented Requirements Engineering (AORE), we can cite: [24; 25; 17; 26; 27; 28,29]. In the sequel we will comment some of them.

Moreira et al. [17] and Araujo et al.[25] have proposed a model to identify and specify quality attributes that crosscut requirements, including their systematic integration into UML models at the requirements stage. The process proposed by these approaches consists of three main activities: identification, specification and composition of crosscutting requirements. Our proposal has two points in common with those approaches: (i) the process model and (ii) the composition rule operators used in the composition activity. However, while our approach makes the composition on a separate artifact, the approach of Moreira et al. [17] and Araujo et al. [25] makes the composition inside UML models, in an invasive way. Another difference among the works is the treatment of non-functional requirements: they deal with NFRs as abstract attributes such as security, performance, etc; we, in turn, manipulate with non-functional requirements operationalizations [12] (i.e. operations, processes, data representations, constraints, etc) that contributes to satisfy an abstract NFR.

In our previous work [28], we have proposed an adaptation of the NFR Framework in order to improve the mapping and the composition of crosscutting requirements onto artifacts at later development stages. This work was based on AORE generic models presented in [24; 26]. The main contributions of this approach were: (i) the adaptation of an existing requirements technique to include concepts of Aspect-Oriented-Paradigm; and the use of NFR operationalizations [12], instead of abstract declarations of NFRs, in the mapping and composition of crosscutting NFRs. This last contribution was incorporated in our proposal.

One difference between our previous approach and this one is that the former was specifically developed for the Aspect-Oriented Software Development (AOSD) whereas the latter can be used not only in the context of AOSD but also in others kinds of software development paradigms.

6. Conclusion and Future Work

In software development it is important to specify system artifacts with a clear separation of concerns. The reasons are manifold: the comprehension and the maintenance of one artifact can be accomplished without having to know all of the details of the larger system. Moreover, the reuse of system artifacts is promoted.

However, sometimes it is difficult to apply the separation of concerns principle in the specification of requirements artifacts due to the strong relationship and the interdependencies among some requirements. This fact is especially true in the specification of non-functional requirements that are naturally crosscutting. Very often, they are scattered and tangled in the functional specification.

Our proposal provides an approach to solve this problem, permitting the following:
(i) the analysis and specification of functional and non-requirements to be accomplished separately; and
(ii) the composition of these requirements to be done in a different artifact.

Hence, crosscutting requirements are specified separately from the requirements they affect. As a consequence, we advocate that using a quite simple composition mechanism, the maintainability and the reusability of functional requirements specification can be improved.

Our future work will focus on applying this proposal in others case studies and evaluating its use in the context of Aspect-Oriented Software Development. The scalability of the approach also needs to be assessed.

Acknowledgments

This work was partially supported by CNPq under grants No. 304982/2002-4 & 478199/2004-0 for Jaelson Castro.

7. References

1. Ghezzi, C.; Jazayeri, M. and Mandrioli, D. "Fundamentals of Software Engineering". Prentice Hall, 2002..
2. Dijkstra, E. "A Discipline of Programming". Prentice-Hall, 1976.
3. Hursch, W. and Lopes, C. "Separation of Concerns". Technical Report NU CCS-95-03, Northeastern University, 1995.
4. Jacobson, I.; Booch, G.; and Rumbaugh, J. "The Unified Software Development Process", Addison-Wesley, 1999
5. Bittner, K. "Managing Use-Case Details". The Rational Edge: e-zone for the rational community, 2001.
6. Baniassad, E.; Murphy, G.; Schwanninger, C. and Kircher, M. "Managing Crosscutting Concerns During Software Evolution Tasks: an Inquisitive Study", Proceedings of the 1st international conference on Aspect-oriented software development, April 22-26, Enschede, The Netherlands, 2002.
7. Sommerville, I. and Sawyer, P. 1997. "Requirements Engineering: A Good Practice Guide", Wiley, John & Sons Inc, 1997.
8. Kotonya, G. and Sommerville, I. "Requirements Engineering: Processes and Techniques". Wiley, 1998.
9. Cysneiros, L. and Leite, J. "Non-functional Requirements: From Elicitation to Modelling Languages". In Proceedings of the 24th International Conference on Software Engineering, Tutorial Session, Pages: 699 - 700, 2002.
10. Burge, J. and Brown, D. "NFRs: Fact or Fiction", Computer Science Technical Report, Worcester Polytechnic University, WPI-CS-TR-02-01, 2002.
11. Mylopoulos, J.; Chung, L. and Nixon, B. "Representing and Using Non-Functional Requirements: A Process-Oriented Approach". IEEE Transactions on Software Engineering, Vol. 18, No. 6, June, pp. 483-497, 1992.
12. Chung, L; Nixon, B.; Yu, E. and Mylopoulos, J. "Non-Functional Requirements in Software Engineering".Boston:Kluwer Academic Publishers, 2000.
13. Sommerville, I. "Software Engineering". Sixth Edition, Addison Wesley, 2001.
14. Mylopoulos, J.; Chung, L.; Liao, S.; Wang, H. and Yu, E. "Exploring Alternatives during Requirements Analysis". IEEE Software Jan/Feb, pp. 2-6, 2001.
15. Jacobson, I.; Christerson, M.; Johnson, P. and Overgaard, G. "Object-Oriented Software Engineering: A Use-Case Driven Approach". Addison-Wesley, 1992.
16. Jacobson, I., and Christerson, M., "A Growing Consensus on Use Cases", Journal of Object-Oriented Programming, vol. 8, pp. 15-19, March- April, 1995.
17. Moreira, A.; Araújo, J. and Brito, I. "Crosscutting Quality Attributes for Requirements Engineering", 14th International Conference on Software Engineering and Knowledge Engineering (SEKE 2002), ACM Press, Italy, July, 2002.
18. Cysneiros, L.; Leite, J. and Neto, J. "A Framework for Integrating Non-Functional Requirements into Conceptual Models". Requirements Engineering Journal - Vol 6, Issue 2 Apr., pp. 97-115, 2001.
19. Cysneiros, L. and Leite, J. "Using UML to Reflect Non-Functional Requirements". Proc. of the 11th CASCON, IBM Canada, Toronto, pp. 202-216, 2001.
20. Harrison, W. and Ossher, H. "Subject-Oriented Programming (a Critique of Pure Objects). Conf. on Object Oriented Programming: Systems, Languages, and Applications, 1993.
21. Bergmans, L and Aksit, M. "Composing Crosscutting Concerns Using Composition Filters". Commun. ACM, 44(10): 51-57, Oct, 2001.
22. Ossher, H and Tarr, P. "Multi-Dimensional Separation of Concerns and the Hyperspace Approach". Proc. Symposium on Software Architectures and Component Technology: The State of the Art in Software Development. Kluwer Academic Publishers, 2001.
23. Kiczales, G.; Lamping, J.; Mendhekar, A.; Maeda, C.; Lopes, C.; Loingtier, J.-M. and Irwin, J. "Aspect-Oriented Programming". In Proceedings of ECOOP '97, Springer-Verlag, 1997.
24. Rashid, A.; Sawyer, P.; Moreira, A. and Araújo, J. "Early Aspects: a Model for Aspect-Oriented Requirements Engineering", IEEE Joint Conference on Requirements Engineering, Essen, Germany, September, Pages 199-202, 2002.

25. Araújo, J.; Moreira, A.; Brito, I. and Rashid, A. "Aspect-Oriented Requirements with UML", Workshop: Aspect-oriented Modeling with UML, UML 2002, Germany, 2002.
26. Rashid, A. Moreira, A. and Araujo, J. "Modularisation and Composition of Aspectual Requirements". 2nd International Conference on Aspect-Oriented Software Development, ACM, pp. 11-20, 2003.
27. Brito, I. and Moreira, A. "Towards a Composition Process for Aspect-Oriented Requirements". Workshop on Early Aspects: Aspect-Oriented Requirements Engineering and Architecture Design, March 17 - Boston, USA, 2003
28. Sousa, G.; Silva, I. and Castro, J. "Adapting the NFR Framework to Aspect-Oriented Requirements Engineering". In: XVII Brazilian Symposium on Software Engineering, Manaus, 2003. p.177 - 192.
29. Y. Yu, J.C. Leite, and J. Mylopoulos,, From Goals to Aspects: Discovering Aspects from Requirements Goal Models, 12th IEEE International Requirements Engineering Conference (RE04), Kyoto, Japan, September, 2004.
30. Sousa, G. Uma Abordagem Direcionada a Casos de Uso para o Desenvolvimento de Software Orientado a Aspectos. MS.c. Dissertation, Centro de Informática, Universidade Federal de Pernambuco, May, 2004.

Análisis Comparativo de Metodologías Orientadas a Agentes basado en Evaluación de Perfiles

Luca Cernuzzi[1,2], *Oscar Serafini*[1], *Roberto Sánchez*[1], *Michelle Chelli*[1], *Franco Zambonelli*[2]

[1] Universidad Católica "Nuestra Señora de la Asunción", Paraguay
Campus Universitario – C.C. 1683 Asunción, Paraguay, Tel: +595-21-334650
lcernuzz@uca.edu.py, roberto_sanchez@uca.edu.py, michelle.chelli@gmail.com

[2] DISMI – Università di Modena e Reggio Emilia, Italy
Via Allegri 13 – 42100 Reggio Emilia, Italy
franco.zambonelli@unimore.it

Resumen

En los últimos años han sido presentados varios trabajos de evaluación de metodologías orientadas a agentes abarcando enfoques cualitativos y cuantitativos y diferentes tipos de evaluaciones.
Si bien estos estudios han presentado algunos resultados interesantes, sería particularmente relevante para el área poder contar con mejores instrumentos de comparación entre las evaluaciones actualmente disponibles que permitan incrementar la confiabilidad con respecto a los estudios existentes.
Para el efecto, en este trabajo se propone la utilización de técnicas de análisis comparativo de perfiles, en particular calculando los coeficientes de Congruencia y Similaridad Configuracional, para corroborar eventuales similitudes entre evaluaciones de distintos autores y de distintas metodologías. Además, este tipo de análisis podría ser de utilidad para la elección de una metodología que tenga cierto nivel de Congruencia con respecto a un perfil ideal o deseado, ya sea en términos generales o por constructo (conjunto de criterios relacionados).

Palabras Claves: Evaluación de metodologías de agentes, Análisis de Perfiles, Ingeniería de Software de Sistemas Agentes

1. Introducción

Una de las áreas de la ingeniería de software que más avance ha tenido en los últimos tiempos es la tecnología basada en agentes. Sin embargo el desarrollo de métodos confiables para la construcción de sistemas relacionados a esta área se encuentra aun en una etapa experimental y de desarrollo. La necesidad de contar con metodologías confiables para la implementación de sistemas basados en agentes a nivel industrial ha encontrado varias propuestas en los último años [CiWo01], [ZaOm04], pero la estandarización todavía no pudo lograrse.
Para alcanzar dicha estandarización es fundamental contar con evaluaciones de las metodologías. En el área de Ingeniería de Software en general, en el tema de la evaluación de metodologías se han presentado esfuerzos importantes con una relevante producción científica sobre todo en el área de orientación a objetos. Sin embargo, las propuestas de evaluación de metodologías orientadas a agentes son una disciplina muy nueva y con un conjunto todavía bastante reducido de estudios. Algunos de estos han sido presentados en los últimos años [CGGR03], [ShSt01], [CeGi00], [Hoa03], [HoWi03], [SDS04], [CeRo02], abarcando enfoques cualitativos y cuantitativos y diferentes tipos de evaluaciones como ser Análisis de Características, Compendio (Survey), Casos de Estudio y el Análisis Estructural.
Si bien estos estudios han presentado algunos resultados interesantes, la mayoría de ellos se centran en evaluaciones cualitativas que se vuelven difícilmente comparables. Además, algunos estudios realizado por ciertos autores sufren de parcialidad al evaluar metodologías propuestas por ellos mismos. También, no siempre los trabajos son congruentes con relación al tipo de evaluación realizada y menos con respecto a los criterios adoptados; esto dificulta la posibilidad de una comparación entre evaluaciones realizadas por distintos autores. Finalmente, en todo caso, se presentan resultados que no han sido comparados con los demás estudios y por ende ofrecen un valor relativo más difícil de ser aceptado como valedero por la comunidad de investigadores y desarrolladores de sistemas basados en agentes.

En este sentido, sería particularmente relevante para el área poder contar con mayores evaluaciones cuantitativas (no es el objetivo principal de este articulo) y mejores instrumentos de comparación entre las evaluaciones actualmente disponibles. En particular las técnicas de comparación pueden ser utilizadas para facilitar el descubrimiento de nuevas informaciones con respecto a los estudios existentes y consolidar los resultados de las evaluaciones actualmente disponibles, apuntando a una mayor confiabilidad en los resultados de las evaluación y por ende una mayor aceptación de los mismos.

Para poder realizar dicha comparación, proponemos la utilización de técnicas de análisis comparativo de perfiles. El presente estudio, se centra en la aplicación de este método para alcanzar mayor confiabilidad con respecto a ciertas evaluaciones realizadas por distintos autores acerca de algunas metodologías de análisis y diseño de sistemas basados en agentes. Por ende, se pretende corroborar eventuales similitudes entre evaluaciones de distintos autores y de distintas metodologías, esperando así confirmar resultados que puedan ser más fácilmente aceptables por la comunidad científica y de ingeniería de sistemas basados en agentes.

El resto del trabajo se estructura de la siguiente manera. En la sección 2 se presentan brevemente las bases teóricas del análisis comparativo basado en perfiles. En la sección 3 se detalla su aplicación a dos estudios relevantes en el área [Hoa03] y [SDS04] proporcionando algunas inferencias interesantes que permiten consolidar las apreciaciones presentada en cada estudio. Finalmente, además de las conclusiones, se esbozan posibles trabajos futuros.

2. Análisis comparativo basado en Perfiles

El análisis de perfiles [Morr76], [Nun78], [Reis97] es un método multivariado sencillo que permite el procesamiento y evaluación de perfiles en un área de estudio determinada, de forma a obtener resultados cuantitativos [Sera88].

El análisis de perfiles permite la triangulación de información de varias fuentes mediante la contrastación de dos o más perfiles en el mismo espacio, ayudando así a obtener información confiable y relevante que permitirá dar mayor confiabilidad a las evaluaciones previamente realizadas.

Un perfil puede definirse como el resultado de la descripción real o ideal de un ente determinado (persona, proyecto, institución, etc.) en términos de varias dimensiones, consideradas en forma simultanea, relacionadas funcional o teóricamente y que adoptan valores de una misma escala [Sera88]. Como ejemplo, si se selecciona una metodología de la cual queremos evaluar cuatro criterios: Autonomía, Expresividad, Etapas del Proceso y Escalabilidad, cada uno de los criterios seria una dimensión, por lo tanto cada perfil tendría cuatro dimensiones.

En toda evaluación existe una relación entre lo que es planeado o esperado y lo obtenido o implementado. Esta relación es conceptualizada en términos de distancia/proximidad. Cuanto mayor es la distancia tanto más estaremos alejados del valor planeado o ideal. Para poder medir la distancia, siendo que un perfil puede tener n dimensiones, tiene que ser evaluado en un plano n-dimensional, donde el conjunto de los valores de las n-dimensiones determina la posición de un punto en este espacio. De esta forma, es posible determinar la distancia euclidiana entre el punto obtenido y el deseado o ideal.

Teniendo varios perfiles es posible obtener una serie de valores, como una estimación de cada perfil con respecto a alguna situación deseable o ideal, determinar la distancia entre dos o más perfiles obtenidos y ver la coincidencia para los puntos altos y bajos entre perfiles con la determinación de la Similaridad Configuracional.

Como un indicador cuantitativo de la distancia euclidiana de los perfiles se puede utilizar el Coeficiente de *Congruencia* C. Se define *Congruencia* como la proximidad entre la situación planeada y la obtenida, es decir, entre lo que es real y lo que es ideal. Los valores de C varían de 0 a 1. En la tabla 1 se observan los valores absolutos de C y su interpretación.

Valor Absoluto de C	Interpretación
0.90 a 1.00	Congruencia virtualmente perfecta.
0.70 a 0.89	Congruencia alta.
0.40 a 0.69	Congruencia moderada.
0.20 a 0.39	Congruencia baja
0.00 a 0.19	Virtualmente no existe congruencia

Tabla 1: Interpretaciones del valor absoluto de C

Mediante el valor de la congruencia se tiene una estimación de que tan alejado se encuentra el perfil evaluado del marco normativo o ideal. Por ejemplo, si se calcula este coeficiente para dos perfiles obteniendose 0,80 para el perfil A y 0,65 para el perfil B se puede inferir que el perfil A está más cerca del marco deseado que el perfil B. El conjunto de criterios del perfil A han sido mejor evaluados que los del perfil B.
El coeficiente de Congruencia Simple es utilizado cuando todas las variables o dimensiones tienen el mismo peso en la evaluación. La fórmula de Congruencia Simple de Serafíni [Sera81] es la siguiente:

C_{ij} = Congruencia Simple de los valores.

[1] $$C_{ij} = 1 - \frac{D_{ij}}{D_{max}}$$

D_{ij} = Distancia euclidiana entre perfiles en un espacio de p dimensiones.

D_{max} = Distancia máxima permitida por la escala común a las p dimensiones.

[2] $$D_{ij} = \left[\sum_{k=1}^{p} \left(X_{ik} - X_{jk}\right)^{2}\right]^{1/2}$$

[3] $$D_{max} = T.p^{1/2}$$

Donde:

k = 1,2,......,p
p = Número de dimensiones del perfil.

X_{ik} = Valor del perfil i en la dimensión k.

X_{jk} = Valor del perfil j en la dimensión k.

T = Diferencia entre los valores máximo y mínimo de la escala.

El coeficiente de Congruencia Ponderada puede ser utilizado cuando las variables tienen diferentes pesos en la evaluación y existe información disponible para realizar la ponderación correspondiente.
En el presente estudio el coeficiente utilizado es el de Congruencia Simple, pues para hallar la Congruencia Ponderada se necesita información sobre los pesos asignados a los criterios; a falta de esta información se consideran todos los criterios con igual ponderación.
Un indicador complementario al coeficiente mencionado es el de Similaridad Configuracional. El grado de correspondencia que existe entre los valores altos y bajos entre dos perfiles en cada dimensión es lo que llamamos Similaridad Configuracional. Cuando estos valores son representados gráficamente nos muestran el grado de picos y valles correspondientes uno con el otro. Se debe tener en cuenta que dos perfiles pueden ser distantes uno de otro y aun así tener una gran similaridad en su configuración [Sera88].
La fórmula definida en [Sera 88] para este indicador es la siguiente:

[4] $$ES2_{ij} = \frac{\sum_{k=1}^{p} \left|d_{1(k)} + d_{2(k)}\right|}{\left[\sum_{k=1}^{p} \left|d_{1(k)} + d_{2(k)}\right| + \sum_{k=1}^{p} \left|d_{1(k)} - d_{2(k)}\right|\right]}$$

Donde:

k = 1,2,3,.......,p.
P = Número de dimensiones

Para k = 1:

$$d_{i(k)} = d_{j(k)} = 0$$

Para 2 = k = p:

$$d_{i(k)} \copyright X_{i(k\,\text{ſ}1)}\ \text{ſ}X_{i(k)}$$

$$d_{j(k)} \copyright X_{j(k\,\text{ſ}1)}\ \text{ſ}X_{j(k)}$$

$d_{i(k)}$ © Diferencia entre valores sucesivos del perfil X_i

$d_{j(k)}$ ©Diferencia entre valores sucesivos del perfil X_j

El concepto de Similaridad Configuracional puede ser de gran utilidad para mostrar la coincidencia existente entre dos perfiles. Así como el Coeficiente de Congruencia, el valor de la Similaridad Configuracional varía desde 0 a 1, representando 1 una perfecta coincidencia entre las evaluaciones de los perfiles, la interpretación de los valores para la Similaridad Configuracional es idéntica a la de la Congruencia, como se vio en la Tabla 1. En la Tabla 2 se presenta un ejemplo, donde se pueden apreciar algunos criterios evaluados con los valores obtenidos por dos perfiles.

Criterios o Dimensiones	Perfil 1 - Valores	Perfil 2 - Valores
Autonomía	9	7
Expresividad	6	3
Etapas del Proceso	7	6
Escalabilidad	4	2

Tabla 2: Valores obtenidos por dos perfiles para una metodología con 4 dimensiones

Una representación gráfica de los mismos, se puede apreciar en la Figura 1. Mediante el gráfico podemos observar que existe una distancia entre los perfiles, pero ambos coinciden en los puntos altos y bajos.

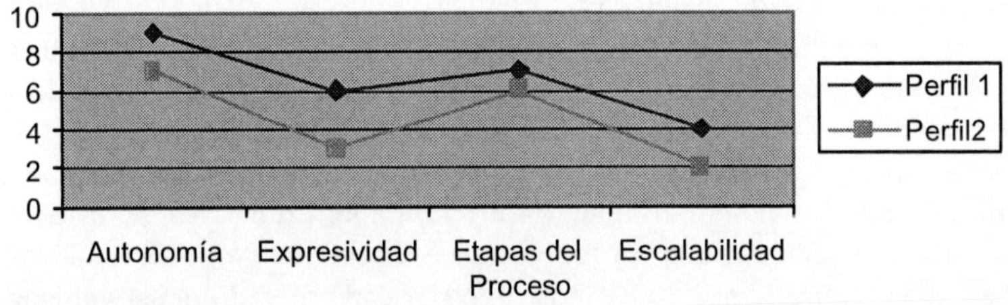

Figura 1: Representación gráfica de la evaluación de los perfiles de la Tabla 2

El presente estudio, se centra en la aplicación de este método, incluyendo los coeficientes presentados, para alcanzar mayor confiabilidad con respecto a ciertas evaluaciones de metodologías de análisis y diseño de sistemas basados en agentes. Mediante el análisis comparativo basado en perfiles se pretende corroborar eventuales similitudes entre evaluaciones de distintos autores y de distintas metodologías, esperando así confirmar resultados que puedan ser más fácilmente aceptables por la comunidad científica y de ingeniería de sistemas basados en agentes.

3. Aplicando el análisis de Perfiles

Como se mencionó, este trabajo se basa en la comparación de evaluaciones de metodologías orientadas a agentes aplicando el análisis de perfiles. En este capítulo se realiza la selección de las evaluaciones de metodologías a comparar, se establece un marco comparativo común y por último se presentan los resultados obtenidos y un análisis de los mismo s.

3.1 Selección de Evaluaciones y Metodologías

Existe una variedad de evaluaciones realizadas por diferentes autores sobre diversas metodologías. Muchas de estas son de carácter cualitativo como [CGGR03], [ShSt01], [CeGi00], pero para que el análisis de perfiles sea aplicable se necesitan evaluaciones cuantitativas. Entre las propuestas disponibles con estas características cabe mencionar [Hoa03], [HoWi03], [SDS04], [CeRo02].
De los trabajos existentes se seleccionaron los de Hoa Dam y Winikoff [Hoa03], y el de Sturm, Dori y Shehory [SDS04], por varios motivos. Por un lado, estos están entre los más referenciados en la bibliografía especializada. Además, ambos evalúan metodologías comunes aplicando los mismos métodos de evaluación (Análisis de Características, Compendio, etc.) en ciertos casos. Finalmente, presentan una parcial coincidencia en cuanto a los criterios de evaluación adoptados, facilitando así una comparación en caso contrario extremadamente más difícil de realizar.
Entre las metodologías evaluadas (MaSE [DWS01], Tropos [GMP02], Gaia [WJK00], Prometheus [PaWi02], MESSAGE [CCEG01], OPM-MAS [SDS03]) en los trabajos seleccionados, tres son las comunes y por ende candidatas para aplicar la comparación basada en perfiles: MaSe, Tropos y Gaia. Sin embargo, Gaia ha sido descartada ya que ambas evaluaciones hacen referencia a la versión original [WJK00] de Gaia. Dicha versión ha sido ampliamente modificada [ZJW03] para incluir las abstracciones organizacionales como una perspectiva fundamental para el análisis y diseño de sistemas multi-agentes. Además, la nueva versión de Gaia, permite el modelado de sistemas abiertos, a diferencia de la primera que se centraba en sistemas de agentes cerrado. Por ende, el presente estudio se centra en la comparación de las evaluaciones de MaSE [DWS01] y Tropos [GMP02].
Como se menciona en [ShSt03], al realizar una evaluación de metodologías existen diversos tipos de evaluaciones, entre ellos el Análisis de Características, Compendio (Survey), Casos de Estudio y el Análisis Estructural. En los trabajos comparados se aplican los siguientes tipos de evaluación: Hoa Dam y Winikoff [Hoa03] realizan Análisis de Características, Compendio y Casos de Estudio; Sturm, Dori, y Shehory [SDS04] realizan Análisis de Características, Compendio y Análisis Estructural. Como es posible notar, existe una coincidencia en dos métodos de evaluación, Análisis de Características y Compendio. Sin embargo, ambas aplicaciones del Compendio presentan ciertas limitaciones. Por un lado, Sturm, Dori y Shehory se basan en la experiencia de un curso de 15 alumnos donde cada metodología ha sido utilizada por grupos compuestos de 2 0 3 alumnos. Esta experiencia, si bien provee datos útiles, no puede ser considerada como particularmente significativa por ser los alumnos inexpertos en las metodologías utilizadas y además, desde el punto de vista de muestra estadística, por el número muy limitado. En el caso del estudio de Hoa y Winikoff, el Compendio se ha basado en evaluaciones proporcionadas directamente por los autores de las metodologías además de una experiencia realizada por 5 alumnos (uno por cada metodología evaluada). La experiencia de los alumnos, sufre problemas similares a los anteriormente mencionados con referencia al otro estudio de evaluación. Por otro lado, el cuestionario completado por parte de los autores de las diferentes metodologías puede proporcionar datos interesantes, debido al alto nivel de conocimiento y experiencia de los mismos autores. Sin embargo, estas evaluaciones, pueden facilmente verse influenciadas por la parcialidad de juicio.
Por los motivos anteriores, en el presente estudio se centra unicamente en el Analisis de Características, utilizado en ambas propuestas. Por último es importante destacar que ninguna de las metodologías seleccionadas tiene como autor a alguno de los evaluadores dándole mayor imparcialidad y por consiguiente mayor veracidad al trabajo.

3.2 Definición de un Marco Comparativo Común

Como se ha mencionado anteriormente, para aplicar el análisis de perfiles se debe contar con un marco evaluativo unificado para cuya obtención, es necesario realizar los siguientes pasos:

1. Selección de criterios comunes
2. Transformar los atributos cualitativos a valores cuantitativos
3. Convertir los valores de los atributos a una escala común previamente seleccionada.

El primer paso para realizar la comparación de las evaluaciones es seleccionar los atributos comunes en las propuestas en estudio. Ambos marcos evaluativos clasifican los atributos en cuatro modalidades o constructos que son: Conceptos y Propiedades; Modelado y Notaciones; Proceso; y Pragmática.
Sin embargo, en la definición de los atributos específicos se encuentran varias discrepancias. Por un lado, existen criterios que son definidos de forma idénticas pero reciben nombres distintos de acuerdo al marco; por ejemplo en [Hoa03] se nombra al atributo Consistencia (Consistency) mientras que en [ShSt03] se denomina

Analizabilidad (Analizability); inversamente existen atributos con el mismo nombre pero que se definen de manera distinta, como por ejemplo ocurre en el caso del atributo Concurrencia (Concurrency). Finalmente, existen atributos que en un trabajo son definidos de forma individual y en otro abarcan a más de un criterio; para este caso se ha realizado la agrupación de todos los criterios independientes a un criterio global. Por ejemplo, en [SDS04] para el constructo "Proceso" el atributo Etapas del Proceso es un atributo global mientras que en [Hoa03] comprende los siguientes sub-criterios: Requerimientos, Análisis, Diseño, Implementación, y Testeo. Para unificarlos, se resuelve promediar los valores de cada sub-atributo y asignar dicho valor al atributo Etapa del Proceso. En la Tabla siguiente se presenta por ende el conjunto de atributos comunes que forman la base del marco evaluativo. Se ha marcado con el símbolo (*) para indicar con que nombre se hace referencia en este trabajo a los atributos con nombres distintos.

Hoa Dam – Winikoff	Sturm - Shehory
Conceptos y Propiedades	
Autonomía	Autonomía
Reactividad	Reactividad
Proactividad	Proactividad
Nociones Mentales	Nociones Mentales
Grupo de Trabajo	Organización (*)
Protocolo	Protocolo
Modelado y Notaciones	
Consistencia (*)	Analizabilidad
Refinamiento (*)	Complejidad Administrativa
Lenguaje Adecuado y Expresivo	Expresividad (*)
Fácil de Usar + Fácil de Aprender + Notación Clara	Accesibilidad (*)
Proceso	
Etapas del Proceso	Etapas del Proceso
Pragmática	
Dominios de aplicación	Dominios de aplicación
Escalabilidad	Escalabilidad
Madurez (Calidad) (*)	Recursos

Tabla 3: Atributos seleccionados para la comparación de evaluaciones

Como segundo paso, se pretende transformar las eventuales evaluaciones cualitativas en cuantitativas. Esto se debe a que las escalas numéricas permiten representar de una forma más precisa la información obtenida al realizar la evaluación, ya que con métricas cualitativas se representa la diferencia entre valores pero no la magnitud de esta.

Cada marco tiene una escala de evaluación particular. En [ShSt03] se utiliza una métrica del 1 al 7 para todos sus atributos, siendo 1 el menor valor y 7 el mayor. Sin embargo en [Hoa03] se utilizan diversas escalas según la modalidad; dichas métricas se citan a continuación:

- "High - Medium - Low - None" para los atributos de Conceptos y Propiedades.
- "Strongly Disagree - Disagree - Agree - Neutral - Strongly Agree" para los atributos de Modelado y Notaciones; y Pragmática (Escalabilidad y Madurez).
- "Yes - No" para atributos de Pragmática (Dominios de Aplicación).
- "0 - 1 - 2 - 3 - 3'- 4" para los atributos de Proceso.

Como se puede observar, algunas de las métricas que utiliza [Hoa03] son de carácter cualitativo. Para su conversión a valores cuantitativos, se realiza una escala para cada métrica. Cabe mencionar que estas escalas son independientes y por ende, el mismo valor para atributos diferentes podría implicar distintos significados. A continuación se presentan las conversiones propuestas:

- None-Low-Medium-High → 0-1-2-3
- Strongly Disagree-Disagree-Neutral-Agree-Strongly Agree → 0-1-2-3-4
- Yes-No → 0-1 (estos valores se deben a que se trata de una escala inversa)
- 0-1-2-3-3'-4 → 0-1-2-3-4-5

Finalmente (tercer paso), ante la variedad de escalas es necesario convertirlas a una métrica comparable de modo a obtener inferencias interpretables de los valores. La obtención de esta escala común es imprescindible para poder realizar el análisis de perfiles, ya que este supone que los perfiles analizados poseen escalas iguales. Sin embargo, es importante mencionar que al realizar dicha conversión no se descarta la posibilidad de una posible distorsión en los resultados, debido al error humano, por lo que se pierde precisión tanto en el Coeficiente de Congruencia como en la Similaridad Configuracional.

La definición de una escala común es un problema ampliamente tratado en la literatura especializada y en principio no existen razones fuertes para preferir un cierto tipo de métrica con respecto a otras, excepto en casos particulares que no se aplican en el presente estudio. Por ende, se ha decidido adoptar una escala común del 0 al 10, siendo 0 el menor valor y 10 el mayor. La conversión se realiza calculando el porcentaje que un valor toma dentro de su escala y luego estableciendo que valor este porcentaje representa en la escala del 10. En el caso de que el valor convertido tenga parte fraccionaria se redondea al entero más cercano. Por ejemplo, si se tiene un 5 evaluado (sobre 7) en [SDS04] , este representa el 66,66 % dentro de su escala por lo tanto tiene un valor 6,6 en la escala común, lo cual se redondea obteniéndose el valor 7.

La conversión de las escalas a la común se ilustra en la Tabla 4 para los atributos de [ShSt03], que como se puede notar tiene una única métrica para todos los atributos, y en la Tabla 5 para aquellos evaluados en [Hoa03]. En adelante los valores mencionados en este trabajo se basan en la escala común, mientras que los valores originales asignados por cada autor pueden encontrarse en [SDS04] y [Hoa03] respectivamente.

Escala Sturm – Shehory	Escala Común
1	0
2	2
3	3
4	5
5	7
6	8
7	10

Tabla 4: Conversión de los valores de Sturm – Dori - Shehory

Escala Hoa Dam - Winikoff	Escala Común
Conceptos y Propiedades	
None (0)	0
Low (1)	3
Medium (2)	7
High (3)	10
Modelado y Notaciones	
Strongly Disagree (0)	0
Disagree (1)	3
Neutral (2)	5
Agree (3)	8
Strongly Agree (4)	10
Proceso	
0	0
1	2
2	4
3	6
3'	8
4	10
Pragmática	
Yes (0)	0
No (1)	10

Tabla 5: Conversión de los atributos de Hoa Dam - Winikoff

3.3 Resultados del Análisis de Perfiles

Esta sección presenta los Coeficientes de Congruencia y Similaridad Configuracional calculados y los gráficos de las comparaciones, así como un breve análisis de los resultados obtenidos.

La Figura 3 resume la comparación de las evaluaciones realizadas por los autores para la metodología MaSE mientras que la Figura 4 aquella para Tropos. En las figuras comparativas se pueden observar los valores asignados por cada autor a los criterios, las diferencias y coincidencias entre los perfiles considerando todos los atributos del marco común, así como la diferencia que existe con respecto al perfil ideal o deseado que se representa con todos los atributos evaluados al máximo puntaje posible.

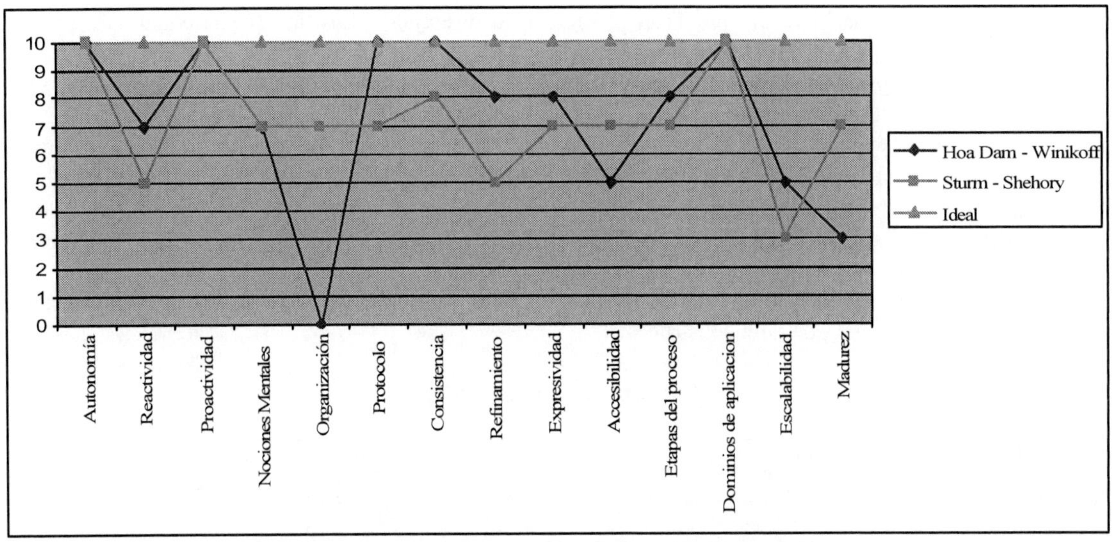

Figura 2: Comparación para la metodología MaSE

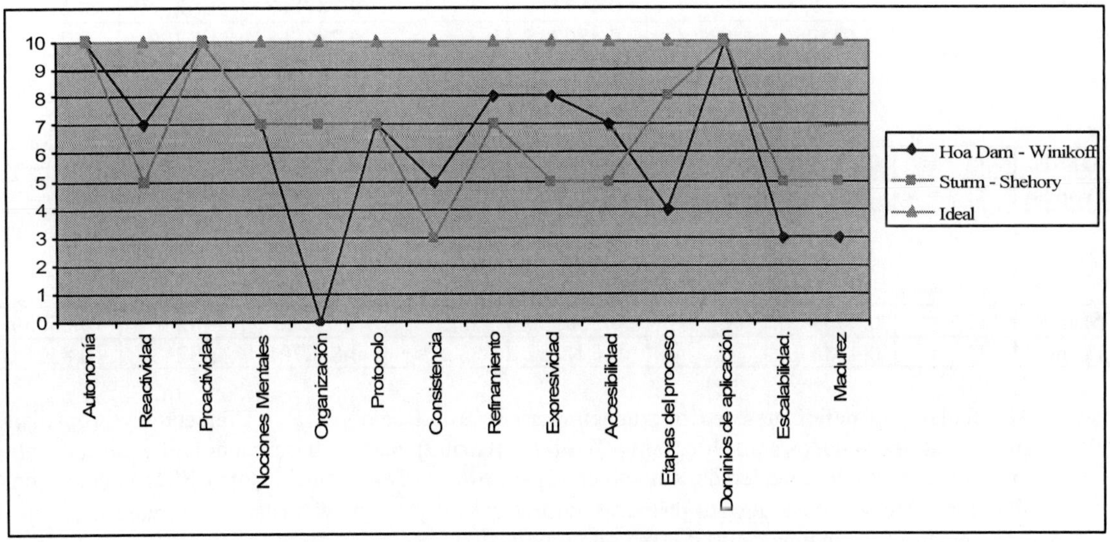

Figura 3: Comparación para la metodología Tropos

A continuación se presentan los resultados obtenidos tomando en consideración el conjunto completo de criterios.

MaSE	C_{wi} =	0.59556	C_{si} =	0.655658	C_{ws} =	0. 731406	ES2 =	0.64286
Tropos	C_{wi} =	0.53478	C_{si} =	0.6090305	C_{ws} =	0.739506	ES2 =	0. 66667

C_{wi} representa la congruencia existente entre el perfil obtenido con la evaluación de Hoa Dam – Winikoff [Hoa03] y el perfil ideal.

C_{si} representa la congruencia existente entre el perfil obtenido con la evaluación de Sturm - Dori - Shehory [SDS04] y el perfil ideal.
C_{ws} representa la congruencia existente entre los perfiles de ambos autores.
ES2 representa la Similaridad Configuracional existente entre ambos perfiles.

La consideración conjunta de los datos sobre la Congruencia y Similaridad Configuracional, sugiere las siguientes inferencias.

- Ambos autores coinciden en que la metodología MaSE tiene un mayor coeficiente de Congruencia, con respecto al perfil ideal, que Tropos; incluso la diferencia entre los coeficientes hallados para cada metodología es muy similar para ambos autores.
- Existe consistencia en las evaluaciones, ya que a pesar que ambos autores coinciden en que MaSE es mejor en términos generales que Tropos, es relativamente escasa la distancia entre estas metodologías, lo cual se refleja en el valor de la Congruencia entre los perfiles de cada autor, que se encuentra en un nivel evaluativo alto.
- La Similaridad Configuracional para ambas metodologías es considerada moderada a alta, lo que indica que dos sujetos independientes llegan a conclusiones relativamente similares, lo cual apunta a la credibilidad.

Para poder realizar un análisis más detallado, resulta interesante calcular los valores de Congruencia y Similaridad Configuracional por cada constructo:

Conceptos y Propiedades

MaSE	C_{wi} =	0.55653	C_{si} =	0.705608	C_{ws} =	0.678545	ES2 =	0.65000
Tropos	C_{wi} =	0.53993	C_{si} =	0.705608	C_{ws} =	0. 702791	ES2 =	0.66667

Modelado y Notaciones

MaSE	C_{wi} =	0.71277	C_{si} =	0.657217	C_{ws} =	0.787868	ES2 =	0,62500
Tropos	C_{wi} =	0.67596	C_{si} =	0.480385	C_{ws} =	0.787868	ES2 =	0,71429

Proceso

MaSE	C_{wi} =	0.80000	C_{si} =	0.70000	C_{ws} =	0.90000	ES2 =	---------
Tropos	C_{wi} =	0.40000	C_{si} =	0.80000	C_{ws} =	0.60000	ES2 =	---------

Pragmática

MaSE	C_{wi} =	0.50334	C_{si} =	0.560303	C_{ws} =	0.74180	ES2 =	0,63636
Tropos	C_{wi} =	0.42845	C_{si} =	0.591752	C_{ws} =	0.836701	ES2 =	0,85714

- Al calcular los Coeficientes de Congruencia por constructo se observa en Conceptos y Propiedades que los valores hallados para Hoa Dam y Winikoff [Hoa03], para ambas metodologías, se encuentran en el nivel evaluativo moderado, sin embargo para Sturm - Dori - Shehory [SDS04] se ubican en el nivel alto, esto se debe a que los primeros autores consideran que el atributo de Organización no es contemplado por ninguna de las dos metodologías.
- Algo significativo que resaltar es que en el constructo Conceptos y Propiedades los coeficientes son casi idénticos, como puede observarse también en los gráficos, con lo que se concluye que los autores coinciden en que las metodologías cubren de forma similar estos criterios.
- En el constructo Proceso se observan las mayores diferencias para cada uno de los coeficientes hallados, debido a que solamente el criterio Etapas del Proceso es el que influye en estos valores, y por esto mismo no es calculable el coeficiente de Similaridad Configuracional por darse una división por cero (ver formula [4]).
- En todos los constructos la Similaridad Configuracional varía de moderada a alta, por lo cual podemos concluir que ambas evaluaciones coinciden en algunos puntos altos y bajos de las

metodologías, dando mayor confiabilidad al estudio realizado. Cabe mencionar que contando con un mayor numero de criterios se podrían obtener datos más precisos.

4. Conclusiones y Trabajos futuros

En este trabajo se ha presentado la aplicación de técnicas de análisis comparativo de perfiles como mejor instrumento de comparación entre evaluaciones actualmente disponibles de metodologías de análisis y diseño de sistemas basados en agentes. Esto permite alcanzar mayor confiabilidad con respecto a los resultados presentados por los evaluadores independientes, corroborando similitudes entre evaluaciones de distintos autores y de distintas metodologías. Además, este tipo de análisis podría ser de utilidad para la elección de una metodología que tenga cierto nivel de Congruencia con respecto a un perfil ideal o deseado, ya sea en términos generales o por constructo.

En particular, definiendo un marco comparativo común, se ha realizado una comparación de dos trabajos de evaluación [Hoa03] y [SDS04] limitando el análisis a dos de las metodologías evaluadas: MaSE [DWS01] y Tropos [GMP02]. Para efectuar la comparación se seleccionaron criterios comunes entre las propuestas de los evaluadores, donde cada valor ha sido convertido a una escala común.

Uno de los aspectos resaltantes a considerar y que ha sido corroborado a partir del calculo de los coeficientes de Congruencia y Similaridad Configuracional, es que los evaluadores presentan cierta coincidencia en una serie de factores, a pesar de haber pertenecido a grupos de trabajo diferentes y utilizados marcos evaluativos independientes.

Finalmente, se pueden identificar varias líneas de posibles trabajos futuros en pos de alcanzar un nivel de confianza más alto con respecto a las evaluaciones de metodologías para sistemas basados en agentes. Por un lado, estudios parecidos podrían realizarse para comparar otras evaluaciones independientes así como ampliar el espectro de las metodologías abarcadas. También sería posible incluir un análisis de la Congruencia y Similaridad Configuracional para la evaluación de diferentes metodologías realizadas por el mismo grupo de evaluación.

5. Referencias

[CCEG01] Caire, G., Chainho, P., Evans, R., Garijo, F., Gómez Sanz, J., Kearney, P., Leal, F., Massonet, P., Pavón, J. "Agent Oriented Analysis Using MESSAGE/UML". Proceedings of Agent-Oriented Software Engineering – AOSE 01, pp. 101-107, Montreal (Canada), May 2001

[CeGi00] Cernuzzi, L., Giret A. "Methodological Aspects in the Design of a Multi-Agent System". In: Proceedings of Workshop on Agent Oriented Information Systems. VII National Conference on Artificial Intelligence (AAAI-2000), pp. 21-28, Austin, USA, 2000

[CeRo02] Cernuzzi, L. and Rossi, G., "On The Evaluation Of Agent Oriented Methodologies". In Proceedings of the OOPSLA 02 - Workshop on Agent-Oriented Methodologies, pp.21-30, Seattle (USA), November 4-8, 2002

[CiWo01] Ciancarini, P. And Wooldridge, M. "Agent-Oriented Software Engineering". Proceedings of the 1st International Workshop on Agent-Oriented Software Engineering, Springer Verlag, LNCS, Vol. 1957, pp. 1-24, 2001

[CGR03] Cuesta, P., Gómez, A., González, J.C. & Rodríguez, F.J. "A Framework for Evaluation of Agent Oriented Methodologies". Actas del Taller de Agentes Inteligentes en el tercer milenio (CAEPIA'2003), San Sebastián, 11 de Noviembre de 2003

[DWS01] DeLoach, S., Wood, M. and Sparkman, C. "Multiagent Systems Engineering". International Journal of Software Engineering and Knowledge Engineering, vol. 11, No. 3, pp. 231-258, 2001

[GMP02] Giunchiglia, F., Mylopoulos, J. and Perini A. "The Tropos Software Development Methodology: Processes, Models and Diagrams". Proceedings of Agent-Oriented Software Engineering (AOSE-2002), pp 63-74, Bologna (Italy), July 2002

[Hoa03] Hoa Dam K. "Evaluating Agent-Oriented Software Engineering Methodologies – M.Sc. Thesis", 2003

[HoWi03] Hoa Dam, K. & Winikoff, M. "Comparing Agent-Oriented Methodologies". AOIS 2003, Fifth International Bi-Conference Workshop on Agent-Oriented Information Sys-tems, pp. 52-59, 2003

[Morr76] Morrison, D. F., *Multivariate Statistical Methods.* Mc Graw Hill, NY, 1976

[Nun78] Nunnally, J., *Psychometric Theory.* McGraw Hill. NY, 1978

[PaWi02] Padgham, L. and Winikoff, M. "Prometheus: A Methodology for Developing Intelligent Agents". Proceedings of the First International Conference on Autonomous Agents and Multi-Agent Systems - AAMAS '02, Third International Workshop on Agent-Oriented Software Engineering AOSE-2002, pp. 135-146, Bologna (Italy), July 15, 2002

[Reis97] Reis, E., *Estatística Multivariada Aplicada.* Ediçoes Sílabo, Lisboa, 1997

[Sera88] Serafini, O. "Análisis de Perfiles en Ciencias de la Educación: Coeficientes ES1 y ES2 de Similaridad Configuracional entre Perfiles Cuantitativos". Revista Paraguaya de Sociología, n. 72, pp. 193–200, 1988

[Sera81] Serafini, O. "Indicadores Cuantitativos de la Distancia Evaluativa: Coeficientes y Congruencia Simple (C) y Ponderada (Cp)". Brasilia, 1981

[ShSt01] Shehory O. and Sturm A., "Evaluation of Modeling Techniques for Agent-Based Systems", In: Proceedings of Autonomous Agents, pp. 624-631, Montreal (Canada), 2001

[ShSt03] Sturm A. & Shehory O. "A Framework for Evaluating Agent-Oriented Methodologies", Proceedings of the Fifth International Bi-Conference Workshop on Agent-Oriented Information Systems, pp. 60-67, 2003

[SDS03] Sturm, A., Dori, D., Shehory, O. "Single-Model Method for Specifying Multi-Agent Systems". Proceedings of the Second International Conference on Autonomous Agents and Multi-Agent Systems - AAMAS'03, pp. 121-128, Melbourne (Australia), July 2003

[SDS04] Sturm A., Dori, D. & Shehory O. "Comparative Evaluation of Agent-Oriented Methodologies". Methodologies and Software Engineering for Agent Systems, Kluwer, pp. 127-149, 2004

[WJK00] Wooldridge, M., Jennings, N.R. & Kinny, D. "The Gaia methodology for agent-oriented analysis and design". Autonomous Agents and Multi-Agent Systems, vol. 3, n. 3, pp. 285-312, 2000

[ZJW03] Zambonelli, F., Jennings, N.R. & Wooldrige, M. "Developing Multiagent Systems: The Gaia Methodology". ACM Transactions on Software Engineering and Methodology (TOSEM)". Vol. 12, n.3, pp. 417–470, 2003

[ZaOm04] Zambonelli, F. and Omicini, A., "Challenges and Research Directions in Agent-Oriented Software Engineering". Journal of Autonomous Agents and Multiagent Systems, vol. 9, No. 3, Kluwer Academic Publishers, pp. 253-283, 2004

Hacia la Validación del Diseño de un Procedimiento de Medición de Tamaño Funcional

Nelly Condori-Fernández, Silvia Abrahão y Oscar Pastor
Departamento de Sistemas Informáticos y Computación
Universidad Politécnica de Valencia
Valencia-España
{nelly, sabrahao, opastor}@dsic.upv.es

Resumen

Este artículo presenta la validación del diseño de un procedimiento de medición de tamaño funcional para sistemas orientado a objetos a partir de especificaciones de requisitos de OO-Method de acuerdo al método de medición de tamaño funcional COSMIC-Full Function Point (COSMIC-FFP). OO-Method es un método de producción semi-automático de software que inicia con un Modelo de Requisitos, el cual permite la especificación de los requisitos funcionales y genera un esquema conceptual por medio de un proceso de análisis de requisitos. A partir de este esquema conceptual un sistema software orientado a objetos es obtenido de manera automática.

Abstract

This paper presents the validation of the functional size measurement procedure for Object-Oriented systems from OO-Method requirements specifications according to the COSMIC-Full Function Point measurement method.(COSMIC-FFP). OO-Method is an automatic software production method that starts with a Requirements Model, which allows the specification of the functional requirements and generates a conceptual schema through Requirements Analysis Process. From this conceptual schema an object-oriented software system is obtained in a automatic way.

1. Introducción

El estándar ISO/IEC 14143 [ISO98] provee un marco en el cual un nuevo método de medición de tamaño funcional puede ser desarrollado, probado y refinado. Sin embargo, se percibe la necesidad de complementar este estándar con un conjunto de pasos que guíen el proceso de diseño, aplicación y análisis del método de medición propuesto.

Frente a esta necesidad, Jacquet y Abran [JA97] definen un modelo de proceso de medición, el cual comprende de cuatro pasos. En el primer paso un método de medición es diseñado, es decir el concepto a ser medido es definido y las reglas a medir son concebidas. En el segundo paso, el método de medición es aplicado para medir el tamaño de las aplicaciones software. En el tercer paso, los resultados proveídos por el método de medición son presentados y verificados. Por último, los resultados son utilizados en diferentes tipos de modelos, tales como modelos de costo, esfuerzo, productividad, etc.

Jacquet y Abran identifican tres tipos de validación a lo largo de este modelo de proceso de medición [JA98]: *Validación del diseño* que consiste en comprobar que el procedimiento de medición realmente mida lo que supuestamente debe medir. *Validación de la aplicación* del procedimiento de medición que comprende los dos siguientes pasos del modelo (aplicación y análisis). Este tipo de validación apunta a responder dos preguntas principales: ¿Cómo se puede saber si la aplicación de un procedimiento de medición específico se ha realizado correctamente? y ¿Qué grado de confianza se puede tener en el resultado obtenido al aplicar un procedimiento de medición específico? Finalmente, para el cuarto paso se tiene una *validación de los sistemas predictivos,* la cual ha sido ampliamente discutida en la ingeniería del software ya que las variables externas a validar tales como el costo, tiempo, productividad, etc. son más conocidas y fáciles de entender que las variables internas tales como tamaño, complejidad, etc.

La validación del diseño de un procedimiento de medición es también conocida como validación teórica de una medida del software, ya que su propósito es demostrar que la medida definida por el método de medición mida realmente el concepto que se está pretendiendo medir, en este caso el tamaño funcional.

Este tipo de validación es descrito en el presente trabajo, cuyo objetivo principal es validar el diseño de un *procedimiento de medición de tamaño funcional*[1] para sistemas orientado a objetos a partir de especificaciones de requisitos OO-Method [IPW02] conforme con el método de medición de tamaño funcional COSMIC-FFP (Common Software Measurement International Consortium-Full Function Point) [COSMIC03].

Para llevar a cabo esta validación, un marco formal llamado DISTANCE fue utilizado [PD00]. Este marco ofrece un procedimiento de la construcción de la medida para modelar propiedades de artefactos de software y para definir las correspondientes métricas. Además utiliza un tipo de *estructura de proximidad* llamada estructura de proximidad aditiva segmentada [Suppes et al. 89], la cual permite representar el tamaño funcional en un nivel de escala ratio.

Este artículo es organizado de la siguiente manera: en la sección 2 se describe los trabajos relacionados a nuestra propuesta. La sección 3 introduce el marco formal DISTANCE como una de las aproximaciones más representativas de la teoría de la medición. La sección 4 introduce brevemente los principales conceptos de COSMIC-FFP. La sección 5 describe de manera general el procedimiento de medición diseñado. En la sección 6 se presenta la validación teórica de dicho procedimiento de medición aplicando el marco formal DISTANCE. Finalmente, en la sección 7 presentamos nuestras conclusiones y trabajos futuros.

2. Trabajos Relacionados

Pocos trabajos han sido encontrados con respecto a la validación teórica de medidas de tamaño funcional; tales como Fetcke [FAD01], Zuse [Zuse98], Poels [Poels03] y Abrahao [APP04]. Estas propuestas pueden ser clasificadas como:

- Validaciones basadas en *propiedades,* las cuales apuntan a formalizar propiedades empíricas de un atributo genérico de un sistema software. La propuesta de Fetcke sigue esta orientación.
- Validaciones basadas en la *teoría de la medición,* las cuales son usadas para comprobar en una medida específica si las relaciones empíricas entre los elementos del mundo real se corresponden con el valor del atributo medido. Los trabajos de Zuse, Poels y Abrahao siguen este tipo de validación.

A continuación describimos brevemente cada uno de estos trabajos.

Zuse [Zuse98] intenta validar la función de medición del método Function Point Analysis (FPA) a través de los teoremas de la *estructura extensiva modificada.* Para esto, el tamaño funcional, desde el punto de vista de la teoría de la medición, se reduce a considerar sólo la medida de puntos de función desajustados (CU). Esto es debido a que los factores de ajuste no cambian el sistema relacional empírico, este cambio sólo ocurre en el sistema relacional numérico. Considerando que en una medición extensiva, una medida asume una regla de combinación aditiva relacionada a cierta operación de concatenación, denotada como: " π". Se tiene la siguiente ecuación para el caso de concatenar dos proyectos (P1 y P2) medidos con FPA: CU (P1 πP2) = CU (P1) + CU (P2).

Donde: CU representa el tamaño funcional sin ajustar y "P1 π P2" es la concatenación de los proyectos P1 y P2.

Es decir, la operación de concatenación para dos proyectos, "CU (P1 π P2)", es igual a la suma de los tamaños funcionales de cada proyecto. En algunos casos esto puede ocurrir, pero en otros casos la misma función lógica puede aparecer en ambos proyectos. Frente a este hecho, Zuse sugirió la siguiente ecuación de combinación no

[1] Un "conjunto de operaciones descritas específicamente y usadas en la implementación de una medición particular de acuerdo a un método de medición dado" 0.

aditiva: CU (P1 π P2) = CU (P1) + CU (P2) – CU (intersección (P1, P2)). La última parte de la ecuación (CU (intersección (P1, P2))) viola la estructura extensiva, por ser idempotentes. Esto implica que el axioma de arquimedean es violado. Consecuentemente, la medida de puntos de función no ajustados (CU) no adopta una estructura extensiva. De este modo, el método FPA puede asumir una estructura extensiva y puede por ende representar escalas de tipo ratio bajo ciertas condiciones.

Fetcke [FAD01] propone una representación generalizada del modelo de abstracción del software para los métodos de medición IFPUG FPA (Internacional Function Point User Group) [IFPUG99], MARK II FPA [UKSMA98] y FFP (Full Function Point) [Pierre et al. 97], [COSMIC99]. Estos métodos son validados siguiendo una orientación basada en propiedades, mediante la aplicación de los axiomas de orden débil, dominancia y monotonicidad. Así, Fetcke demostró que IFPUG FPA viola el **axioma de dominancia,** mientras que MARK II FPA y FFP si cumplen con dicho axioma. Este axioma requiere que si se tiene una instancia X de una aplicación X', el tamaño funcional de esta instancia debe ser más pequeño que el de la aplicación X'. Además, Fetcke también observó que IFPUG FPA y FFP 1.0 [Pierre et al. 97] violan el **axioma de monotonicidad**. Es decir, que si tenemos el tamaño funcional de tres aplicaciones X, X', X''; si una aplicación X es más pequeña que X' de acuerdo al método IFPUG FPA o FFP 1.0, la extensión de ambas aplicaciones con los mismos tipos de funciones X'' origina que la aplicación extendida XΞ X''sea más grande que la aplicación X'Ξ X''. Sin embargo, los métodos MARK II FPA [UKSMA98] y FFP 2.0 [COSMIC99] si cumplen el axioma de monotonicidad. Estos axiomas en general no permiten la validación de las medidas para un tipo de escala ratio, Fetcke sólo las aborda bajo una escala de tipo ordinal.

Abrahao en [APP04] valida de manera parcial el diseño de un procedimiento de medición de tamaño funcional denominado OOmFP, el cual ha sido definido de acuerdo al método de medición IFPUG FPA. Para esto, Abrahao aplica DISTANCE [PD00] con la finalidad de validar un conjunto de métricas directas definidas como parte del procedimiento de medición de OOmFP. Esta propuesta mide las siguientes dimensiones de los sistemas orientado a objetos: datos, proceso, comportamiento, y presentación. A diferencia de las anteriores propuestas, Abrahao demuestra que utilizando los conceptos de disimilaridad y distancia es posible validar este conjunto de métricas para un tipo de escala ratio. Sin embargo, el tamaño funcional obtenido con OOmFP no resulta de agregar directamente las medidas obtenidas, si no que se necesita previamente clasificarlas de acuerdo a un nivel de complejidad (simple, medio o complejo) para asignarles posteriormente la cantidad de puntos de función correspondiente. Abrahao no considera esta parte para la validación teórica de OOmFP. Hasta el momento no se ha conseguido validar teóricamente el método de medición FPA. Uno de los problemas radica justamente en las diferentes escalas de medición que tiene dicho método. Por último, Poels [Poels03] aplica el marco formal DISTANCE para validar el método de tamaño funcional COSMIC-FFP en el contexto del método de desarrollo MERODE [DS94]. Poels concluye que la medida construida por medio del Modelo de Proceso de DISTANCE no es equivalente a la medida definida en el metamodelo del método de medición COSMIC-FFP, esto se debe a que Poels intenta precisar un mínimo de tamaño funcional mayor a cero. En la Tabla 1, se resume las propuestas descritas en esta sección.

Tabla 1. Resumen de Trabajos Relacionados

Características	Validación del método de medición FPA			Validación de COSMIC-FFP
	Propuesta de Zuse	**Propuesta de Fetcke**	**Propuesta de Abrahao**	**Propuesta de Poels**
Tipo de Validación	Basado en la T. de la medición	Basado en Propiedades	Basado en la T. de la medición	Basado en la T. de la medición
Conceptos en que se basa	Estructura extensiva modificada	Axiomas de Dominancia y Monotonicidad	Estructuras de Proximidad segmentada aditiva	Estructuras de Proximidad segmentada aditiva
Tipo de escala que aborda	Ratio	Ordinal	Ratio	Ratio
Validado?	No	No	No (parcialmente)	No

Entre estas propuestas, el marco formal de DISTANCE, utilizado por Poels y Abrahao, ofrece mejores ventajas debido a que los conceptos de similitud y disimilitud son fáciles de entender. Además, soporta el tipo de escala ratio para la caracterización de los atributos a ser medidos, mejorando de esta manera la propuesta de Zuse. En la siguiente sección introducimos con mayor detalle este marco ya que la validación del diseño de nuestro procedimiento de medición se basará en dicho marco.

3. DISTANCE: Un marco formal para la construcción de medidas de software

El marco DISTANCE [PD00], proporciona procedimientos constructivos para modelar los atributos de interés del software y definir las correspondientes medidas. Los atributos del software son modelados como *distancias conceptuales* entre las entidades del software que caracterizan y otras entidades del software que sirven como puntos de referencia. Estas distancias son medidas mediante funciones matemáticas que satisfacen el conjunto de axiomas del espacio de las métricas.

El proceso de construcción de medidas basadas en la distancia consiste de cinco pasos, los cuales deben ejecutarse en el orden establecido. Dicho proceso se inicia por la solicitud de una petición para encontrar o construir una función de medición para un atributo de software *attr* que caracteriza las entidades de software en un conjunto P. Para esto, primero se debe encontrar una abstracción de la medición para las entidades de software. Las entidades de software de interés deben ser modeladas de manera tal que enfaticen el atributo en cuestión. Esto significa que el modelo deberá permitir observar hasta que punto una entidad de software es caracterizada por el atributo. El resultado del primer paso es un conjunto de entidades de software M que puede ser usado como abstracciones de medición o modelos de las entidades de software del conjunto P para el atributo de interés *attr*. Además se debe definir una función de abstracción *abs*: P ? M que describa formalmente las reglas del mapeo.

Si el primer paso tiene éxito, podrán ejecutarse en paralelo dos caminos de actividades. Por un lado, definir el conjunto M como un espacio de métrica. Para esto, se modela las distancias entre los elementos de M como secuencias de transformaciones elementales (Te). Tales secuencias representan una serie de cambios atómicos aplicados a un elemento de M, para llegar a otro elemento de M. El número de cambios atómicos necesarios para transformar un elemento en otro determina la distancia entre estos elementos. La salida formal de este paso es un conjunto de tipos de transformaciones elementales sobre M, que deben usarse para construir las secuencias. A continuación se define una métrica: M × M ? R para cuantificar la distancia entre los elementos de M.

Por otro lado, se necesita determinar como se ve el modelo de la entidad de software en P. En el caso de que la entidad fuera caracterizada por el menor valor teórico de *attr*. Entonces, este hipotético modelo "nulo" o modelo de referencia puede ser utilizado como punto de referencia o norma para la medición. El resultado de este paso es la definición de una función *ref:* P ? M que devuelve para cada entidad de software en P una abstracción de referencia para *attr* en M. Después de haber ejecutado los dos caminos de actividades, existe un paso final en el proceso de medición basado en la distancia. Este último paso es el que expresa la idea básica de esta aproximación. El atributo de software *attr* se define y se mide como una distancia específica dentro del espacio de métrica M. El punto hasta el cual *attr* caracteriza una entidad de software p P P se define mediante la distancia entre el modelo actual de p para el atributo *attr* (i.e., abs(p)) y el modelo de referencia para *attr* (i.e., ref(p)). Cuanto mayor sea la distancia, más difiere la abstracción de la medición real del modelo de referencia que se ha establecido y así es mayor el grado con que *attr* caracteriza p. Por eso, el valor de *attr* para p es el valor obtenido a través de la métrica δ para el par (abs(p), ref(p)). La salida formal del último paso es la medida μ: P ? R definida tal que $\mathrm{J}\, p\ \mathrm{P}\ P : \mu(p) \copyright \delta(abs(p), ref(p))$. De esta manera se culmina el proceso del Modelo de DISTANCE.

En la siguiente sección se presenta los conceptos principales del método de medición COSMIC-FFP.

4. El Método de Medición COSMIC-FFP

COSMIC-FFP ha surgido como la segunda generación de métodos de tamaño funcional, ha sido aprobado por la ISO como un método estándar (ISO/IEC 19761) [ISO03] y es conforme con el estándar ISO/IEC 14143-1 [ISO98].

El contexto de la medición en COSMIC-FFP es definido a través de la identificación de tres conceptos: el alcance, el propósito y el punto de vista de la medición. El *alcance de la medición* es la funcionalidad ha ser incluida en una medición particular y es determinado por el *propósito de la medición.* Este *propósito* define porqué se está emprendiendo una medición y para qué será utilizado el resultado. El *punto de vista de la medición* determina el nivel de detalle que puede ser enfocado en un determinado objeto de interés. El proceso de medición de COSMIC-FFP comprende de dos fases [COSMIC03]:

La **Fase de Representación** tiene como entrada a la especificación de Requisitos Funcionales de Usuario (FUR), posiblemente a diferentes niveles de abstracción, lo que origina a la *identificación de capas de software* como resultado de una partición funcional del sistema. Una capa es un conjunto de procesos funcionales que se ejecutan en un mismo nivel de abstracción.

Luego, se *identifica la frontera* que es definida como una interfaz entre el software a ser medido y sus usuarios. De esta manera, se delimita el alcance de la medición. Un *usuario* es definido como una persona o cosa que comunica o interactúa con el software.

La colección de FURs con un mismo nivel de abstracción es descompuesta en *procesos funcionales.* El cual comprende de un conjunto único, cohesivo y ejecutable de movimientos de datos. Al conjunto de atributos distintos, no vacíos y no redundantes se denominan *grupos de datos.* Un *atributo de dato* se constituye en la información más pequeña de información y describen un determinado objeto de interés.

La **Fase de Medición** se inicia con la *identificación de movimientos de datos* (entrada, lectura, escritura y salida) de cada proceso funcional. Un movimiento de dato, mueve uno o más atributos de datos que pertenecen a un único grupo de dato. Se distingue principalmente cuatro tipos de movimiento de datos:

- Una entrada, es un movimiento de atributos de información, desde un usuario hacia el interior de la frontera del software.
- Una lectura, recupera un grupo de datos almacenados y los pone a disposición del proceso funcional que lo requiere.
- Una escritura, envía un grupo de datos desde el interior del proceso funcional hacia un almacenamiento de datos persistente.
- Una salida, mueve un grupo de datos a través de la frontera desde un proceso funcional hacia un usuario que lo requiere.

Sobre la base del principio de medición establecido en COSMIC FFP, "el tamaño funcional es directamente proporcional al número de sus movimientos de datos ", se aplica la *función de medición* que consiste en asignar una cantidad a cada instancia de un movimiento de dato. Siendo, 1 Cfsu (Cosmic Functional Size Unit) considerado como una unidad estándar de COSMIC-FFP equivalente a un único movimiento de dato. Finalmente, se procede con la aplicación de la *función de agregación* si los movimientos de datos de todos los procesos funcionales han sido medidos. De esta manera, el tamaño funcional de un proceso funcional es la suma de los tamaños funcionales de sus respectivos movimientos de datos, y el tamaño funcional de una capa del software es definido como la suma de los tamaños funcionales de sus respectivos procesos funcionales.

5. Un Procedimiento de medición COSMIC-FFP para especificaciones de requisitos

En esta sección describimos brevemente el procedimiento de medición [CPA04] que ha sido diseñado con el propósito de estimar el tamaño funcional de los sistemas orientados a objeto producidos con el método de desarrollo OO-Method [Pastor et al. 01]. Un conjunto de pasos fueron aplicados con la finalidad de diseñar sistemáticamente dicho procedimiento de medición. Este proceso se inicia con la *definición de objetivos,* la Figura 1 ilustra dicha definición.

Definir	*Procedimiento de Medición de Tamaño Funcional*
Para el propósito de	*Estimar el tamaño funcional de los sistemas OO*
Con respecto a la	*Especificación de requisitos de software*
Desde el punto de vista del	*Investigador*
En el contexto de	*OO-Method, un método de producción automático de software.*

Figura 1. Objetivo del diseño de procedimiento de medición

Luego, se procede con la *caracterización del concepto a ser medido,* en nuestro procedimiento el atributo o concepto para la medición de las especificaciones de requisitos es el **tamaño funcional.** Este atributo, de acuerdo al método de COSMIC-FFP, es definido como el número de movimientos de datos identificados. El siguiente paso, *selección del metamodelo,* tiene como fin identificar los elementos relevantes del modelo de requisitos de OO-Method [IPW02] para así construir el modelo de software acorde al metamodelo de COSMIC-FFP.

Este Modelo de Requisitos de OO-Method incluye un conjunto de técnicas tales como la Misión del Sistema, el Árbol de Refinamiento de Funciones y el Modelo de Casos de Uso. A través de la Misión del Sistema el propósito de la medición es identificado. Este propósito facilita la identificación tanto del alcance de la medición como del punto de vista de medición.

El árbol de Refinamiento de Funciones permite la identificación de los Casos de Uso a un mismo nivel de abstracción funcional, los cuales son identificados como procesos funcionales. En cuanto a los Diagramas de Secuencia, los diversos mensajes de interacción que lo componen se constituyen en la principal pieza para la identificación de los movimientos de datos.

Para establecer esta correspondencia entre las primitivas del modelo de requisitos de OO-Method y los conceptos del metamodelo de COSMIC-FFP se han definido un conjunto de reglas, las cuales son explicadas con mayor detalle en [CAP04]. La Tabla 2 resume esta correspondencia.

Tabla 2. Correspondencia entre OO-Method y COSMIC-FFP

Conceptos COSMIC-FFP		**Primitivas OO-Method**
Usuarios		(Regla 1) Actores.
Frontera		(Regla 2) Diagrama de casos de uso.
Procesos Funcionales		(Regla 3) Casos de Uso Primarios. (Regla 4) Casos de uso Secundarios.
Grupos de datos		(Regla 5) Clases. (Regla 6) Actores.
Atributos de datos		(Regla 7) Atributos de Clases.
Movimientos de Datos	Entrada	(Regla 8) Mensaje Signal con valor Input.
	Lectura	(Regla 9) Mensaje Query. (Regla 10) Condición de Mensaje. (Regla 11) Precondición de Caso de Uso. (Regla 12) Condición de relación EXTEND. (Regla 13)Restricción de Integridad.
	Escritura	(Regla 14) Mensaje Service con propiedad New o Destroy o Update. (Regla 15) Mensaje Connect.
	Salida	(Regla 16) Mensaje Signal con valor Output.

Por último paso, se tiene a la *definición de reglas de asignación numérica,* cuyo fin es producir un valor cuantitativo que represente el tamaño funcional de las especificaciones de requisitos de OO-Method. Para este fin, una función de medición es aplicada para cada uno de los movimientos de datos identificados en el anterior paso. Finalmente, las funciones de agregación son definidas mediante un conjunto de reglas, las cuales son resumidas por las ecuaciones 1 y 2.

$$Size\,(Base\_UseCase) = \sum_{i=1}^{n} Size(Secondary\_UseCase_i) + Size_p(Base\_UseCase) \qquad (1)$$

$$Size(Layer_i) = \sum_{i=1}^{n} Size(Primary\_UseCase_i) \qquad (2)$$

6. Validación Teórica del Procedimiento de Medición

En esta sección, se presenta la validación teórica del procedimiento de medición de tamaño funcional diseñado. Zuse [Zuse98], Kitchenham [Kitchenham95] y Fenton [Fenton91] afirman que una medida es válida teóricamente si la *condición de representación* es verificada. Una condición de representación consiste en: "si una estructura relacional empírica cumple con una serie de axiomas o condiciones, esta estructura puede ser utilizada para construir una representación dentro de los números reales" [Whitmire97]. Analizando esta afirmación de representación en el modelo de proceso de medición [JA97], se tiene que a través del paso: *caracterización del concepto a ser medido* definimos una estructura relacional empírica y con el paso: *definición de reglas de asignación numérica* definimos una estructura relacional numérica. La correspondencia (mapping) entre ambas estructuras (relación entre ambos pasos) debe cumplir con dicha condición de representación. Es decir, que las reglas de asignación numérica definidas representen apropiadamente la caracterización empírica del atributo a ser medido.

Por lo tanto, la validación teórica del procedimiento de medición es demostrada por medio de la correspondencia existente entre la *caracterización del concepto a ser medido y la definición de las reglas de asignación numérica.*

Para validar esta correspondencia, tal como se observa en la Figura 2, utilizamos el modelo de proceso del marco formal DISTANCE [PD00]. Los tres primeros pasos de DISTANCE permiten la *caracterización del concepto a ser medido*. Es decir que la ejecución de estos pasos formaliza la comprensión empírica del atributo de interés a ser medido por medio de la definición de una estructura de proximidad aditiva segmentada. Así mismo, los dos últimos pasos del proceso de DISTANCE permiten establecer una correspondencia entre el conjunto relacional empírico y el conjunto relacional numérico mediante la definición de un espacio de métricas con segmentos aditivos, el mismo que se corresponde con la d*efinición de las reglas de asignación numérica.*

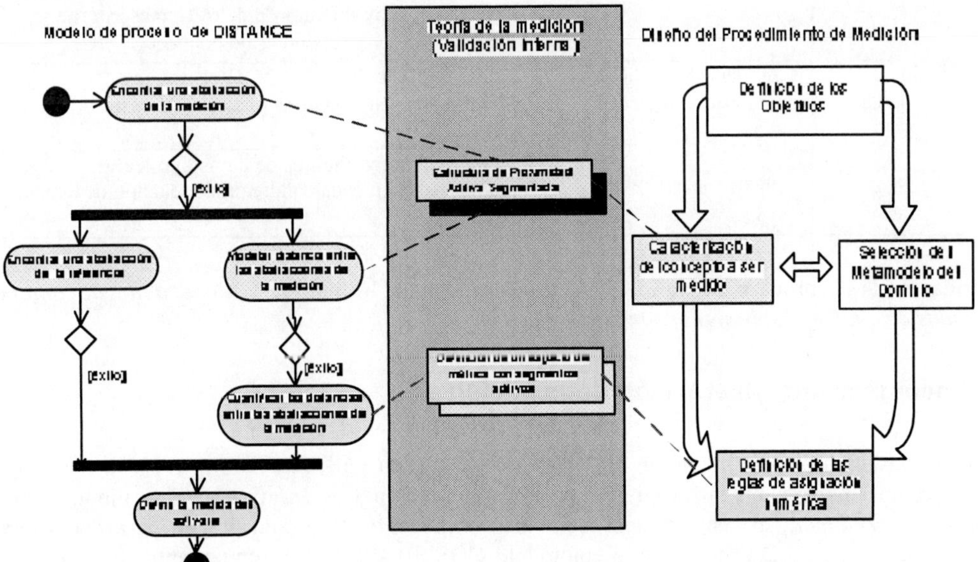

Figura 2. Validación Teórica del Procedimiento de Medición

Consecuentemente una medida es construida válidamente si todos los pasos del modelo de proceso de DISTANCE es llevada a cabo exitosamente.

En el procedimiento de medición COSMIC-FFP diseñado, el atributo a ser medido es la cantidad de movimientos de datos, los cuales pueden ser de cuatro tipos (entrada, lectura, escritura y salida). En la Tabla 3, se presenta el conjunto de métricas para cada tipo de movimiento de datos identificados en las respectivas primitivas del modelo de requisitos de OO-Method (Diagramas de Secuencia y Modelo de Casos de Uso).

Tabla 3. Métricas directas del procedimiento de medición diseñado

Entidad	Atributo	Métrica Directa
Diagrama de Secuencia	Cantidad de movimientos de datos tipo entrada	Número de movimientos de datos tipo entrada identificados en cada mensaje signal con el valor input (NMSI).
	Cantidad de movimientos de datos tipo salida	Número de movimientos de datos tipo salida identificados en cada mensaje signal con valor output (NMSO).
	Cantidad de movimientos de datos tipo lectura	Número de movimientos de datos tipo lectura identificados en cada mensaje query (NMQ).
		Número de movimientos de datos tipo lectura identificados en cada condición de mensaje (NCM).
		Número de movimientos de datos tipo lectura identificados en cada restricción de integridad (NRI).
	Cantidad de movimientos de datos tipo escritura	Número de movimientos de datos tipo escritura identificados en cada mensaje service/new (NMSN).
		Número de movimientos de datos tipo escritura identificados en cada mensaje service/destroy (NMSD).
		Número de movimientos de datos tipo escritura identificados en cada mensaje service/update (NMSU).
		Número de movimientos de datos tipo escritura identificados en cada mensaje connect (NMC).
Modelo de Casos de Uso	Cantidad de movimientos de datos tipo lectura	Número de movimientos de datos tipo lectura identificados en cada precondición de casos de uso (NPCU).
		Número de movimientos de datos tipo lectura identificados en cada condición de relación de extend (NCRE).

A continuación, este proceso de validación es ilustrado para la métrica *"número de movimientos de datos identificados en cada mensaje signal con el valor input"*.

6.1 Encontrar una abstracción de medición

La primera condición para la medición del software basado en DISTANCE es que una pieza de software es modelada en una manera que su propiedad de tamaño funcional es enfatizada. Este modelo, es denominado *abstracción de medición*, el cual contiene sólo los componentes que contribuyen para determinar el tamaño funcional de dicha pieza. De acuerdo al metamodelo COSMIC-FFP, los componentes funcionales base de una pieza de software son los *movimientos de datos* que se llevan a cabo en los respectivos procesos funcionales. Por lo tanto una abstracción de medición adecuada para el Modelo de Requisitos OO-Method es el conjunto de movimientos de datos identificados en cada una de las primitivas de dicho modelo de requisitos. A continuación describimos la notación utilizada en la definición de la función de abstracción de medición encontrada para el atributo "*Cantidad de movimientos de datos tipo entrada*".

- Sea UMROO, el Universo de Modelos de Requisitos OO-Method.
- Sea UMDE el Universo de Movimientos de Datos tipo entrada, por ejemplo la colección de todos los sub-procesos funcionales que representa un movimiento de dato tipo entrada según el modelo de COSMIC-FFP para los mensajes signal con el valor input especificados en UMROO.
- La notación $] \ (UMDE)$ es utilizado para denotarlo como un conjunto de conjuntos de movimientos de datos tipo entrada UMDE.
- La operación de proyección de MDE retorna para un MROO que pertenece a UMROO el conjunto de movimientos de datos tipo entrada, el cual es un elemento de $] \ (UMDE)$.

La abstracción de medición es definida por: $abs_{NMSI} : UMROO \ \rho \ ] \ (UMDE) : MROO \ \rho \ MDE(MROO)$

6.2 Modelar distancias entre abstracciones de medición

El objetivo de este paso es modelar distancias entre los elementos del conjunto de $] \ (UMDE)$. La condición en este paso es que un conjunto de funciones homogéneas[2] sobre $] \ (UMDE)$ puede ser definido aplicando repetidamente estas funciones para que algún conjunto de movimiento de datos tipo entrada pueda ser transformado dentro de otro conjunto de movimiento de datos tipo entrada. Como $] \ (UMDE)$ es un conjunto de conjuntos, solamente dos funciones homogéneas son requeridas: una que añade un movimiento de dato tipo entrada a un conjunto y uno que disminuye un movimiento de dato tipo entrada de un conjunto. En base a estas dos funciones homogéneas una estructura de proximidad aditiva segmentada puede ser construida para definir una noción de distancia entre conjuntos de movimientos de datos tipo entrada.

Sea $] \ (UMDE)$ un conjunto y T_e un conjunto de funciones homogéneas sobre $] \ (UMDE)$.

$T_{e\text{-NMSI}}=\{t_{0\text{-NMSI}}, t_{1\text{-NMSI}}\}$ donde $t_{0\text{-NMSI}}$ y $t_{1\text{-NMSI}}$ son definidas:

$t_{0\text{-COSMIC-FFP}} =] \ (UMDE) \ \rho \ ] \ (UMDE) : s \ \rho \ \ s \ \Xi \ \{e\}$ con $e \ P \ UMDE$

$t_{1\text{-COSMIC-FFP}} =] \ (UMDE) \ \rho \ ] \ (UMDE) : s \ \rho \ \ s \ \lceil \{e\}$ con $e \ P \ UMDE$

s es un conjunto que pertenece a $] \ (UMDE)$ y que puede ser transformado en otro por medio de las funciones homogéneas que pertenecen a T_e.

Entonces se tiene que ($] \ (UMDE), \iota \ \mu_{MDE}$) es una estructura de proximidad aditiva segmentada puesto que cumple con los axiomas definidos en el capítulo 2.

6.3 Encontrar una abstracción de referencia

La condición de este paso es identificar la abstracción de medición para el modelo de requisitos OO-Method con el *tamaño funcional* teóricamente más bajo. Como la abstracción de medición es dado por el conjunto de movimiento de datos tipo entrada, el valor teórico más bajo sería el conjunto sin ningún movimiento de dato tipo entrada. Por lo tanto, la abstracción de referencia es dado por:

$$ref_{NMSI} : UMROO \ \rho \ ] \ (UMDE) : MROO \ \rho \ \phi$$

---

[2] Estas funciones homogéneas son un tipo de transformaciones elementales (Te), las cuales deben ser constructivamente completas e inversa constructivamente completos [PD00].

Teniendo en cuenta el metamodelo de COSMIC-FFP, el proceso funcional más pequeño es constituido por dos movimientos de datos, los cuales pueden ser una entrada y una salida o escritura. Sin embargo, *n*osotros hemos considerado el conjunto vacío y no el conjunto formado por dos tipos de movimientos de datos porque el marco de DISTANCE toma en cuenta el valor *teórico más bajo*.

Bueno, hasta el momento lo que se ha hecho es caracterizar formalmente el concepto a medir usando una estructura relacional que satisface los axiomas de la estructura de proximidad aditiva segmental. Es decir que el tamaño funcional puede ser ahora expresado como la distancia entre la abstracción de medición: abs_{NMSI} y la abstracción de referencia ref_{NMSI} ya definidos. Esto significa que los movimientos de datos tipo entrada deben ser añadidos a ref_{NMSI} para llegar a ser abs_{NMSI}.

6.4 Cuantificar las distancias entre abstracciones de medición

De acuerdo a la teoría de la medición, la noción de distancia definida por una estructura de proximidad aditiva segmentada puede ser representada por una métrica con segmentos aditivos. Es decir, el mínimo número de movimientos de datos tipo entrada que deben ser añadidos o removidos de un conjunto de movimientos de datos para transformarlo en otro conjunto, se califica como una métrica con segmentos aditivos para la estructura de proximidad definida sobre $] \ (UMDE)$. La longitud de la secuencia mas corta de transformaciones elementales tomado por ejemplo desde *s a s'* es igual a la cardinalidad de la diferencia simétrica entre *s y s'*. De esta manera la métrica δ_{NMSI} para cuantificar distancias entre elementos de $] \ (UMDE)$ es definida de la siguiente manera:

$$\delta_{NMSI} :] \ (UMDE) x] \ (UMDE) \ \rho \ R : (s, s') \ \rho \ |s \ ʃ \ s'| \ J \ |s' \ ʃ \ s|$$

6.5 Definir la medida de software

Este último paso es trivial, de acuerdo al marco de DISTANCE el tamaño funcional del modelo de requisitos OO-Method: $MROO \ P \ UMROO$ puede ser medido como sigue:

$$\mu_{NMSI} \ © \ \delta (abs_{NMSI} (MROO), ref_{NMSI} (MROO))$$
$$\mu_{NMSI} \ © \ |abs_{NMSI} (MROO) \ ʃ \ ref_{NMSI} (MROO)| \ J \ |ref_{NMSI} (MROO) \ ʃ \ abs_{NMSI} (MROO)|$$
$$\mu_{NMSI} \ © \ |MDE(MROO) \ ʃ \ \phi| \ J \ |\phi \ ʃ \ MDE (MROO)|$$
$$\mu_{NMSI} \ © \ MDE(MROO)$$

Consecuentemente la métrica NMSI es correctamente definida como el número de movimientos de datos tipo entrada identificados en cada mensaje signal con el valor input. Usando el mismo procedimiento las demás métricas han sido validadas, las cuales son detalladas en [CAP04a].

7. Conclusiones y trabajos futuros

En el presente artículo se ha presentado la validación del procedimiento de medición de tamaño funcional por medio de la aplicación del marco formal DISTANCE. El concepto de tamaño funcional según el método de medición COSMIC-FFP ha sido caracterizado por medio de un tipo de estructura denominada estructura de proximidad aditiva segmentada. Este es un concepto de la teoría de la medición en el que se basa DISTANCE para definir el concepto de distancia o disimilaridad. Este tipo de estructura permitió modelar la entidad del software a medir al nivel de escala ratio. En cuanto a la *definición de reglas de asignación numérica,* ha sido posible establecer una correspondencia entre el conjunto relacional empírico (definición del concepto a ser medido) y el conjunto relacional numérico por medio de la definición de un espacio de métrica con segmentos aditivos.

A pesar de definir formalmente cada una de las métricas propuestas, la abstracción de referencia propuesta por DISTANCE no nos ha permitido representar con exactitud la semántica de un proceso funcional (casos de uso). Ya que una de las suposiciones de este marco es que la entidad a ser medida debe ser caracterizada por un valor hipotético mínimo. Aplicando DISTANCE, el valor mínimo de una aplicación software sería el conjunto vacío (no existen movimientos de datos). Sin embargo, teniendo en cuenta el metamodelo del método de medición COSMIC-FFP [COSMIC03], un proceso funcional estaría comprendido como mínimo por dos tipos de movimientos de datos: entrada y salida o escritura. Consecuentemente, la presente validación teórica de dicho procedimiento de medición ha sido llevada a cabo de manera sintáctica.

Aún no existe en la literatura todavía una aproximación rigurosa y sistemática que sea lo suficientemente amplia para validar métricas en distintas escalas. Por ello, resulta esencial avanzar en el establecimiento de propiedades formales para cada atributo así como el estudio de otros atributos que pueden ser de interés para posibilitar en el futuro el establecimiento de métricas válidas. En este sentido se pretender estudiar y analizar algunas estructuras matemáticas (representaciones extensivas, representaciones de proximidad espacial multidimencional, etc.) [Whitmire97] y [Zuse98]. Entre los trabajos futuros para validar el diseño del procedimiento de medición, también se incluye la validación de la unidad de medida Cfsu y de la calidad del metamodelo COSMIC-FFP.

8. Referencias

[Kitchenham95] Kitchenham B., "Towards a Framework for Software Measurement Validation", IEEE Transactions of Software Engineering, Vol. 21, No. 12, (1995) 929-944.

[COSMIC99] Common Software Measurement International Consortium. FFP Measurement Manual, Version 2.0, Field Trials Version, October 1999.

[COSMIC03] Common Software Measurement International Consortium, COSMIC-FFP Measurement Manual version 2.2, January 2003.

[PMADB97] D. Pierre, M. Maya, A. Abran, J. Desharnais, P. Bourque. "Full Function Points : Counting Practices Manual", University of Quebec, Montreal, 1997.

[IPW02] E. Insfrán, O. Pastor and R. Wieringa. "Requirements Engineering-Based Conceptual Modelling". Journal Requirements Engineering (RE), Springer-Verlag, ISSN: 0947-3602 March 2002, pp. 61-72.

[DS94] G. Dedene and M. Snoeck, 1994. "M.E.R.O.DE.: A Model-driven Entity-Relationship Object-oriented Development Method", ACM SIGSOFT Software Engineering Notes, Vol. 19, No. 3, pp. 51-61.

[PD00] G. Poels, G. Dedene. "Distance-based software measurement: necessary and sufficient properties for software measures", Information and Software Technology, Vol. 42, No. 1, (2000) 35-46.

[Poels03] G. Poels. "Definition and Validation of a COSMIC-FFP Functional Size Measure for Object-Oriented Systems", 7th ECOOP Workshop on Quantitative Approaches in Object-Oriented Software Engineering (QAOOSE 2003), Darmstadt, Germany, 2003.

[IFPUG99] IFPUG, 1999. Function Point Counting Practices Manual, Release 4.1, International Function Points Users Group, Mequon, Wisconsin, USA.

[ISO93] ISO, 1993. International Vocabulary of Basic and General Terms in Metrology, International Organization for Standardization, Switzerland.

[ISO98] ISO, 1998. ISO/IEC 14143-1- Information Technology - Software measurement Functional Size Measurement. Part 1: Definition of Concepts.

[ISO03] ISO, 2003. ISO/IEC 19761 Software Engineering-COSMIC-FFP- A Functional Size

Measurement Method.

[JA97] J. P. Jacquet and A. Abran. "From Software Metrics to Software Measurement Methods: A Process Model", 3rd Int. Standard Symposium and Forum on Software Engineering Standards (ISESS'97), Walnut Creek, USA, 1997.

[JA98] J. P. Jacquet and A. Abran. "Metrics Validation Proposals: A Structured Analysis", 8th International Workshop on Software Measurement, Magdeburg, Germany, 1998.

[CAP04] N. Condori-Fernández, S. Abrahao, O. Pastor. "Towards a Functional Size Measure for Object-Oriented Systems from Requirements Specifications Abstract Functional Size Measurement". IEEE Quality Software International Conference 2004, Alemania.

[CPA04] N. Condori-Fernández, O. Pastor, S. Abrahao. "Procedimiento de medición de tamaño funcional a partir de especificaciones de requisitos: Diseño y Aplicación". V Congreso Nacional de Procesos y Métricas de Sistemas de Información CNPMSI-AEMES 2004, Madrid-España.

[CAP04a] N. Condori-Fernández, S. Abrahao, O. Pastor. Reporte Técnico: "Validación Teórica de Métodos de Medición de Tamaño Funcional, Departamento de Sistemas Informáticos y Computación", Universidad Politécnica de Valencia, 2004.

[Fenton91] N. Fenton. Software Metrics: A Rigorous Approach, Chapman & Hall, 1991.

[PGIP01] O. Pastor, J. Gomez, E. Insfran, V. Pelechano. "The OO-Method approach for information systems modelling: from object-oriented conceptual modelling to automated programming". Information Systems 26 (2001), pp. 507-534.

[SKLT89] P. Suppes, D. M. Krantz, R. D. Luce, and A. Tversky. "Foundations of Measurement: Geometrical, Threshold, and Probabilistic Representations", Vol. 2, Academic Press, San Diego, California, 1989, 493 pp.

[APP04] S. Abrahao, G. Poels, O. Pastor. "Validation Issues in Functional Size Measurement of Object-Oriented Conceptual Schemas: The Case of OomFP", 8th ECOOP Workshop on Quantitative Approaches in Object-Oriented Software Engineering, June 2004.

[FAD01] T. Fetcke, A. Abran, and R. Dumke. "A Generalized Representation for Selected Functional Size Measurement Methods", 11th International Workshop on Software Measurement, Montréal, Canada, 2001.

[UKSMA98] UKSMA, 1998. MKII Function Point Analysis Counting Practices Manual. Version 1.3.1, United Kingdom Software Metrics Association.

[Whitmire97] Whitmire, S.: "Object Oriented Design Measurement". Wiley Computer Publishing. ISBN 0-471-13417-1, New York (1997).

[Zuse98] Zuse, H.: "A Framework for Software Measurement", Walter de Gruyter, Berlin, (1998).

Gerenciamento de Risco de Software: um Modelo de Processo e uma Ferramenta

Tereza G. Kirner – Lourdes E. Gonçalves
Programa de Pós-Graduação em Ciência da Computação
Universidade Metodista de Piracicaba – São Paulo – Brasil
e-mail:tgkirner@unimep.br; ta rala@horizon.com.br

Resumo

Este artigo trata dos riscos associados ao processo de desenvolvimento de software. É proposto um modelo *(GRisk-Model) para o gerenciamento desses riscos e apresentada uma ferramenta de software (GRisk-Tool), desenvolvida para apoiar o modelo. Tanto o modelo como a ferramenta foram criados com a participação de gerentes seniores e analistas de sistemas que atuam em fábricas de software brasileiras. Estes profissionais participaram extensivamente da definição e teste do modelo e da ferramenta. O modelo e a ferramenta são instrumentos eficientes para se atingir a melhoria contínua de processos e produtos de software.*

Abstract

This paper is concerned with the risks associated with the software development process. A model (GRisk-Model) is proposed for the management of such risks, and a software tool, developed to support the model, is described. Both the method and the tool were created with the participation of senior managers and analysts of software factories, which participated extensively in the definition of the model and testing of the tool. The model and the tool are effective instruments for achieving the continuous improvement of software processes and products.

1. Introdução

Várias abordagens de gerenciamento de risco de software têm sido propostas e utilizadas, desde que Boehm [1988, 1989] e Charette [1989, 1990] introduziram o tema e sua importância no contexto da engenharia de software. No entanto, apesar dos vários relatos divulgados acerca do uso de modelos de gerenciamento de risco, com várias experiências bem sucedidas, a indústria de software, de maneira geral, não parece utilizar um modelo para analisar e gerenciar o risco no desenvolvimento dos produtos. Particularmente no Brasil, as evidências indicam que a maioria das fábricas de software, mesmo admitindo a importância de se identificar, analisar e prevenir riscos ao longo do ciclo de vida de seus produtos, ainda não faz uso de um processo sistemático de gerenciamento de risco.

Kontio e Basili [Kontio, 1997] destacam três razões principais, que levam à baixa taxa de uso de modelos de gerenciamento de risco: (a) apesar das informações disseminadas em conferências e periódicos, os métodos e técnicas de gerenciamento de risco não atingem os profissionais que atuam efetivamente na área; (b) os métodos e técnicas existentes possuem limitações, de ordem prática e teórica, que dificultam a sua utilização no dia-a-dia dos profissionais. As principais limitações são: alto grau de quantificação dos riscos; uso de formalismos que comprometem a usabilidade do modelo; uso de um número muito reduzido de métricas e regras, relacionadas principalmente a cronograma e custo alocado às etapas e atividades do desenvolvimento de software, o que desestimula os profissionais a adotarem o modelo; e falta de definições claras dos tipos de riscos possíveis de ocorrer em cada etapa do processo de desenvolvimento; (c) há poucos estudos empíricos sobre o emprego de gerenciamento de risco no ambiente das empresas produtoras de software, destacando-se, entre eles, um estudo pioneiro realizado por Basili e Tori [Kontio, 1995], que identificou o baixo índice de emprego de abordagens sistemáticas de gerenciamento de risco nas empresas desenvolvedoras de software.

A necessidade de se investir em estratégias de gerenciamento de risco, aplicáveis ao processo de desenvolvimento de software, é plenamente justificada [Padayachee, 2002; Tiwana, 2004; Wallace, 2004]. Conforme Klein e Jiang [Klein, 2001], estudos continuam a indicar que cerca de 85% de todos os projetos culminam em falhas. Além disso, foi identificado que 31.1% dos projetos são cancelados antes de serem finalizados [Boehm, 2000]. Tais problemas poderiam ser minimizados com a adoção, pelas empresas desenvolvedoras de software, de um processo sistemático de gerenciamento de risco. Se, adicionalmente, as empresas dispuserem de uma ferramenta de software que apóie o processo de gerenciamento de risco, a prevenção e tratamento adequado dos riscos inerentes às diferentes etapas do ciclo de vida de software deverão ser viabilizados.

Este artigo abrange dois objetivos. O primeiro objetivo é apresentar um modelo de processo de gerenciamento de risco (*GRisk-Model*), que cobre todas as etapas do processo de desenvolvimento de software. O segundo objetivo é apresentar uma ferramenta (*GRisk-Tool*), que dá suporte à utilização do modelo. O *GRisk-Model* foi proposto com base na literatura da área e a partir da experiência de diretores, gerentes e analistas de sistemas seniores de fábricas de software brasileiras. *A GRisk-Tool* implementa o modelo de gerenciamento de risco proposto e também foi avaliada por profissionais da área, quanto aos seus aspectos funcionais, de usabilidade e de benefícios proporcionados.

A seção 2 do artigo apresenta os principais fundamentos teóricos que embasaram a proposta do modelo e a construção da ferramenta. A seção 3 detalha o *GRisk-Model*, destacando os riscos nas fases e atividades ao longo do desenvolvimento de software A seção 4 apresenta a *GRisk-Tool*, enfatizando suas funcionalidades em criar e manter uma base de conhecimento para auxiliar no gerenciamento de riscos durante o processo de desenvolvimento de software. A seção 5 apresenta as conclusões, destacando as potencialidades, limitações e direções futuras do trabalho.

2. Conceitos e Trabalhos Relacionados

2.1. Risco no Processo de Desenvolvimento de Software

Risco refere-se a qualquer variável que pode levar à falha de um projeto. De forma geral, risco pode incluir problemas relacionados a prazos, requisitos, orçamento e pessoal [Padayachee, 2002]. De acordo com Pressman [1997], apesar de existir um debate considerável a respeito da definição exata de risco de software, há um consenso de que risco sempre envolve duas características: (a) incerteza, que significa que o evento que caracteriza o risco pode ou não acontecer, ou seja, não há 100% de probabilidade do risco ocorrer; (b) perda, que significa que se o risco se tornar realidade, ocorrerão consequências indesejáveis envolvendo prejuízos ao produto em questão.

Em uma pesquisa realizada por Tiwana e Keil [Tiwana, 2004], envolvendo diretores e gerentes seniores de informática de sessenta companhias, foram identificados seis fatores que são disparadores de riscos latentes, resultando em problemas no processo de desenvolvimento de software e, conseqüentemente, nos produtos gerados. Os seis fatores são: (a) ausência de uma metodologia apropriada de desenvolvimento de sistemas de software; (b) falta de envolvimento dos usuários; (c) falta de práticas formais eficientes de gerenciamento de projetos de software; (d) ausência de similaridade com projetos anteriores; (e) complexidade do projeto; e (f) volatilidade dos requisitos de sistemas e de software.

2.2. Modelos de Gerenciamento de Risco

O gerenciamento de risco compreende uma maneira sistemática de avaliação dos riscos relacionados ao processo de desenvolvimento de software. Um modelo típico de gerenciamento de risco envolve a identificação e análise dos riscos potenciais de um projeto e, além disso, a adoção de medidas de monitoramento que levem à redução destes riscos.

Um dos precursores da área de gerenciamento de risco é Barry Boehm que, em 1988, propôs o Modelo Espiral, que incorpora sucessivas análises de riscos ao longo das etapas do desenvolvimento de software [Boehm, 1988]. Posteriormente, este mesmo autor definiu o gerenciamento de risco como um processo composto de duas etapas: (a) avaliação de risco, que compreende a identificação, análise e priorização do risco; (b) controle do risco, que compreende um plano de gerenciamento de risco, a resolução e o monitoramento dos riscos [Boehm, 1991].

Um outro modelo de gerenciamento de risco bem divulgado é o RISKIT [Kontio, 1998], que incorpora um processo similar ao proposto por Boehm [1991], incluindo as seguintes etapas: (a) definição do programa de gerenciamento de risco; (b) revisão dos objetivos do projeto; (c) identificação dos riscos; (d) análise do risco; planejamento do controle de riscos; (e) controle dos riscos; (f) monitoramento dos riscos.

Quanto aos tipos de riscos relacionados ao desenvolvimento de software, Sherer [1995] propõe as seguintes dimensões: (a) dimensão técnica, que envolve a administração dos procedimentos específicos para planejar e levar a cabo os diferentes processos de geração do software; (b) dimensão organizacional, que compreende a administração dos riscos ligados aos relacionamentos interpessoais que ocorrem ao longo da criação, utilização e manutenção do software; (c) dimensão ambiental, que afeta todos os componentes ligados ao desenvolvimento, uso e manutenção de software.

Williams [1999] define um paradigma de gerenciamento de risco, composto de atividades inter-relacionadas, que devem ser executadas continuamente e concorrentemente, cujos elementos principais são: (a) identificação dos riscos do projeto; (b) análise dos riscos; (c) planejamento das ações para solução e minimização dos riscos; (d) acompanhamento dos riscos e das ações corretivas; (e) controle; (f) comunicação e compartilhamento de todas as informações referentes aos riscos do projeto.

Peters e Pedrycs [Peters, 2001] propõem uma taxonomia para a engenharia de risco, na qual destacam: (a) análise de risco, incluindo a identificação, estimativa e avaliação dos riscos; (b) gerenciamento de riscos, incluindo o planejamento, controle, monitoramento e direcionamento de riscos.

Os conceitos e classificações estudados propiciaram uma base inicial para a definição do modelo de risco ora proposto.

2.3. Ferramentas de Gerenciamento de Risco

Os benefícios propiciados por ferramentas que auxiliam no desenvolvimento de software (como ferramentas CASE, de prototipação, etc.) são inquestionáveis. O objetivo das ferramentas que auxiliam no gerenciamento de risco é fornecer informações acerca dos principais riscos e de como identificá-los e controlá-los.

Entre as ferramentas destinadas a apoiar o gerenciamento de risco, apresentadas na literatura, destacam-se as ferramentas ARMOR [Lyu, 1995] e SERIM [Karolak, 2002].

A ferramenta ARMOR (*Analizer for Reducing Module Operacional Risk*) propõe-se a detectar e avaliar riscos de software, utilizando recursos baseados, principalmente, em modelos estatísticos. A execução da ferramenta inclui as seguintes funções, disponíveis a partir de seu menu principal: (a) operações de arquivo; (b) seleção de escopo; (c) seleção de métricas (d) definição e execução de modelos; (e) avaliação de riscos; (f) validação de modelos; (g) *help*. Estas funções viabilizam: acesso a dados que forem pertinentes às características do software; uso de métricas aplicadas ao produto; avaliação sistemática das métricas, fornecendo informação para o estabelecimento de modelos de risco; avaliação de riscos de performance; identificação, validação, cálculo e apresentação de riscos relacionados a cada módulo do software, com indicação de diretrizes para a redução dos riscos.

A ferramenta SERIM (*Software Engineering Risk Management*) auxilia a identificação de um caminho mais seguro para desenvolvimento do software considerado, com base na identificação dos riscos potenciais e das etapas ou atividades do projeto que necessitam maior atenção. Após a identificação dos riscos, a ferramenta auxilia a elaboração de planos no sentido de mitigar os riscos latentes. SERIM baseia-se em um modelo de gerenciamento de risco que engloba a identificação de riscos relativos ao desenvolvimento do sistema, aos custos envolvidos e aos prazos estipulados.

A análise das ferramentas destacadas forneceram subsídios importantes para o desenvolvimento *da GRisk-Tool*, apresentada neste trabalho.

3. Modelo de Gerenciamento de Risco

Apesar dos estudos realizados sobre gerenciamento de risco, existem lacunas entre as pesquisas e as atividades profissionais, relacionadas, principalmente, à forma de aplicação, identificação dos benefícios, etc.

Com o intuito de unir o mundo da pesquisa e as opiniões e expectativas de profissionais experientes que atuam no desenvolvimento de software, idealizou-se a criação de um modelo (*GRisk-Model*) que utiliza conceitos e metodologias de desenvolvimento de sistemas de software, associados a informações oriundas de pesquisas e da experiência de profissionais da área.

A definição do *GRisk-Model* contou com a participação de uma equipe de profissionais formada por um gerente comercial, um gerente de fábrica de software, três coordenadores de fábrica de software e três analistas de sistemas seniores. Inicialmente, foram elaboradas descrições do processo de desenvolvimento e indicadas as classes e os riscos associados. Em seguida, realizaram-se reuniões, nas quais a equipe avaliou as classes e riscos indicados para cada etapa, fase e atividade. Como resultado, foram criados formulários de avaliação do modelo proposto, através dos quais os profissionais da equipe de trabalho informaram sua avaliação e contribuições ao modelo.

Cosnsequentemente, o *GRisk-Model* é capaz de fornecer à equipe de desenvolvimento de software uma base de conhecimento sólida, para as diversas etapas, fases e atividades do processo de desenvolvimento, através de informações sobre conceitos e riscos associados a cada uma destas etapas.

3.1. Etapas do Modelo de Gerenciamento de Risco

A Figura 1 apresenta as etapas do ciclo de vida de desenvolvimento de software. No modelo, as fases são subdivididas em atividades e ambas definidas. Para cada conjunto etapa/fase/atividade são relacionados os riscos, divididos em suas respectivas classes.

PROCESSO DE DESENVOLVIMENTO DE SOFTWARE **_G-RISK_ MODEL**

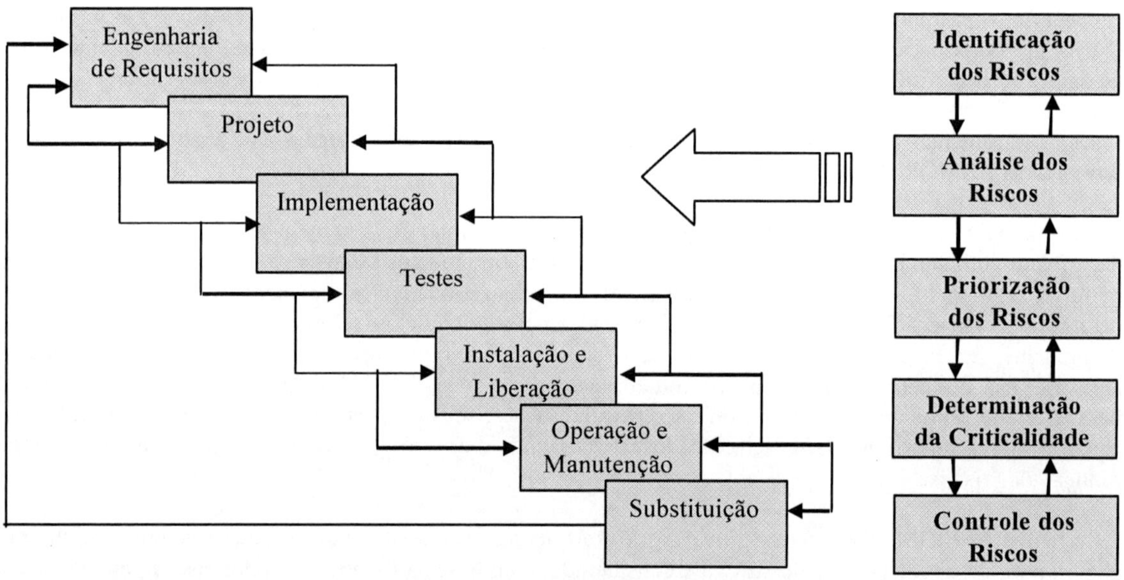

Figura 1. *GRisk-Model* Aplicado ao Processo de Desenvolvimento de Software

3.2. Classes de Riscos

As classes de riscos adotadas pelo *GRisk-Model* são caracterizadas a seguir.

- Riscos de Relacionamento (RR). Envolvem os relacionamentos entre desenvolvedores e usuários, ou entre diferentes usuários, ocorridos principalmente durante a análise e especificação do sistema. Podem incluir também riscos de relacionamento entre as áreas comercial e técnica, na definição de escopos e valores das propostas.

- Riscos Organizacionais (RO). Envolvem a empresa solicitante do sistema e/ou a empresa responsável pelo desenvolvimento do sistema, compreendendo mudanças organizacionais que afetam o sistema em questão, como, por exemplo, organogramas, mudanças na área usuária, substituição de profissionais da equipe de desenvolvimento, etc.
- Riscos Gerenciais (RG). Envolvem o gerenciamento do desenvolvimento dos sistemas, incluindo questões como: determinação de metodologias, critérios e métricas; definição de profissionais que comporão a equipe de trabalho; e ambiente de desenvolvimento e os recursos necessários para o desenvolvimento.
- Riscos Financeiros (RF). Levam a gastos financeiros além do que foi planejado e podem ocorrer em todas as etapas do desenvolvimento do sistema, incluindo desde valores de propostas mal elaborados até custos de equipamentos não planejados para a operacionalização do sistema.
- Riscos Técnicos (RT). Abrangem um conjunto de riscos referentes a aspectos técnicos do processo de software, incluindo, por exemplo, aqueles riscos causados por falta de conhecimento e experiência dos profissionais, uso de métodos e linguagens inadequados, etc.
- Riscos Legais (RL). Compreendem impactos provenientes da legislação vigente, como, por exemplo, exigências fiscais, licenças de cópias de software, exigências de padrões, mudanças de leis tributárias durante ou após o desenvolvimento do sistema, etc.

A Tabela 1 apresenta uma lista de riscos, conforme considerados pelo *GRisk-Model*, para a etapa de Engenharia de Requisitos. Os tipos de riscos apresentados nesta, assim como em outras tabelas relacionadas às demais etapas do desenvolvimento de software [Gonçalves, 2004], foram definidos a partir de teorias e conceitos obtidos na literatura, validados e complementados pelas opiniões dos profissionais envolvidos na definição do *GRisk-Model.* As definições incorporadas ao modelo embasaram-se fortemente na experiência profissional dos participantes. Os riscos relativos às demais etapas do ciclo de vida do software são detalhados em Gonçalves [2004].

Tabela 1. Riscos na Engenharia de Requisitos

Atividade	Risco Associado	Classe do Risco
Análise do Domínio	Falta de disponibilidade de tempo para o entendimento do domínio	RO
	Profissionais sem experiência em relacionamentos interpessoais	RR
	Usuários com pouca ou nenhuma objetividade	RR
	Profissionais sem experiência no tipo de desenvolvimento requerido	RT
	Pouca ou nenhuma documentação das atividades e objetivos	RO
Elicitação	Tempo insuficiente para o entendimento do domínio	RO
	Profissionais sem experiência em relacionamentos interpessoais	RT
Especificação	Profissionais com experiência insuficiente em documentação	RT
	Profissionais com experiência insuficiente em técnicas de modelagem	RT
Validação	Indisponibilidade do usuário	RP
	Falta de definição dessa fase dentro das etapas	RP
	Falta de conhecimento do usuário das funcionalidades requeridas ou do que o software pode oferecer	RO
	Falta de conhecimento pelo desenvolvedor do domínio do problema e do processo de extração de requisitos	RT
	Comunicação inadequada entre desenvolvedores e usuário	RR
	Dificuldade na tomada de decisão por parte do usuário	RP
	Funcionalidades não definidas ou definidas inadequadamente pelos usuários	RR

Classes de Risco: RO: Risco Organizacional; **RR:** Risco de Relacionamento; **RT:** Risco Técnico; **RG:** Risco de Gerenciamento; **RP:** Risco de Planejamento; **RF:** Risco Financeiro; **RL:** Risco Legal

3.3. Níveis de Impacto do Risco

Para gerenciar dos riscos, é importante determinar qual a influência ou impacto que estes poderão causar no processo de desenvolvimento e no produto almejado. O nível de impacto do risco (alto, médio ou baixo) deverá ser analisado caso a caso, considerando-se a probabilidade de ocorrência do risco. Quanto mais alta for a probabilidade e o nível de impacto do risco, maior esforço de gerenciamento risco deverá receber.

O conceito aqui empregado para tratamento de níveis de impacto de riscos é definido por Boehm [1991], que apresenta a fórmula $RE = P * L$, onde RE refere-se à ocorrência do risco, P é a probabilidade da ocorrência do risco e L é o impacto do risco considerado.

Não se tem uma determinação fixa de nível de impacto para um determinado risco. Para os projetos em desenvolvimento, é necessário se efetuar uma análise dos riscos, determinar o nível de impacto de cada risco e identificar a probabilidade de ocorrência dos mesmos.

4. Ferramenta de Gerenciamento de Risco

A ferramenta *GRisk-Tool* tem dois objetivos. O primeiro objetivo é a criação de uma base de conhecimento, com informações obtidas no *GRisk-Model*, que será utilizada como roteiro nos projetos futuros. O segundo objetivo é o registro, acompanhamento e controle de ocorrências de riscos, identificadas ao longo do desenvolvimento de novos projetos. Com este registro, objetiva-se manter a base de conhecimento atualizada e gerar informações para se definir métricas de impactos significativos para os principais riscos relatados.

4.1. Visão Geral da Ferramenta

A ferramenta compreende os seguintes módulos: Criação da Base de Conhecimento, Controle de Gerenciamento de Riscos, Acompanhamento e Controle dos Riscos, Manutenção da Base de Conhecimento, Relatórios e Consultas. A Figura 2 apresenta os módulos com seus relacionamentos.

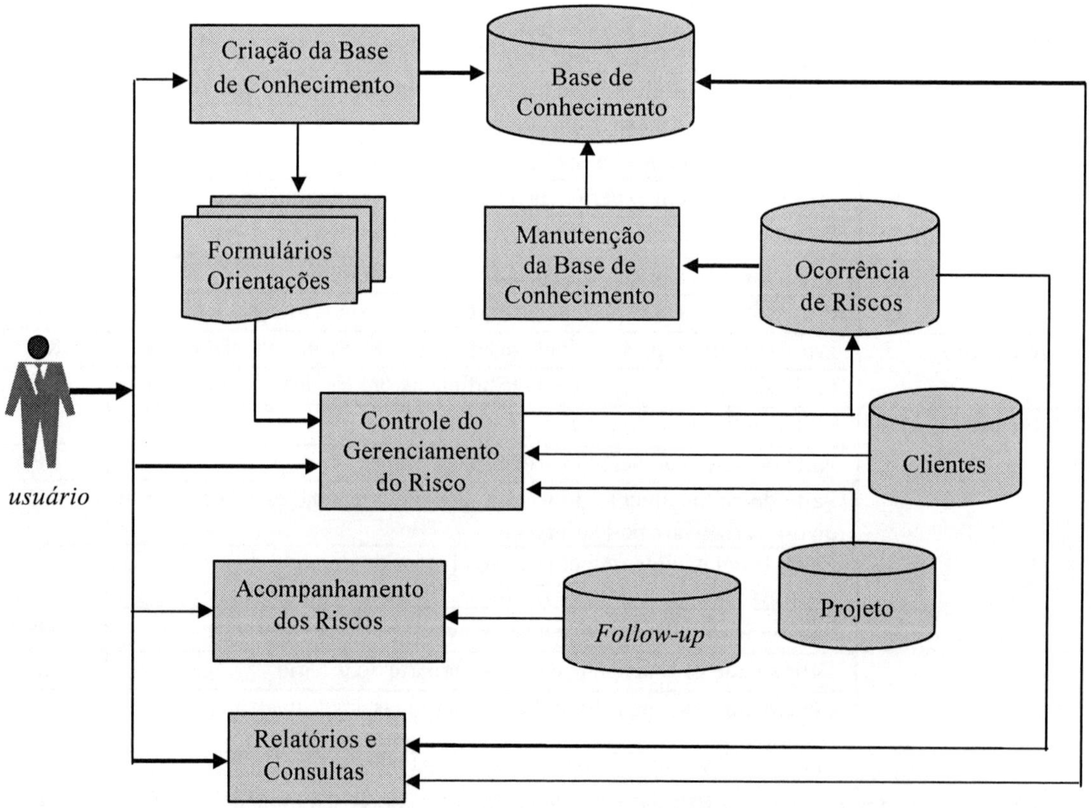

Figura 2. Visão Geral da Ferramenta *GRisk-Tool*

Os módulos da ferramenta são explanados a seguir.

- **Criação da Base de Conhecimento.** Neste módulo, são cadastradas as informações geradas a partir do *GRisk-Model*, divididas em etapas, fases e atividades do processo de desenvolvimento de software. O módulo é composto pelos seguintes sub-módulos:
  - Cadastros. Este sub-módulo disponibiliza o cadastramento das informações das etapas, fases e atividades do processo de software, assim como das classes de riscos e riscos individuais.
  - Criação da Base de Conhecimento de Riscos. Neste sub-módulo, o usuário efetua a criação da base de conhecimento, relacionando os cadastros básicos, ou seja, efetua-se o relacionamento entre etapa, fase, atividade, classe de risco, risco e controle do risco. Tais informações permitem a geração de roteiros, que darão suporte aos novos processos de gerenciamento de riscos.
  - Consulta ao Modelo de Risco. Este sub-módulo viabiliza a realização de consultas à base de conhecimento.

- **Controle do Gerenciamento de Risco.** Neste módulo, são registradas as informações de ocorrências de risco detectadas nos processos de desenvolvimento de software. O módulo é composto pelos seguintes sub-módulos:
  - Cadastros. Este sub-módulo disponibiliza o cadastramento das informações de clientes, projetos e equipe do projeto, assim como da probabilidade, freqüência e impacto do risco.
  - Registro de Ocorrência de Risco. Neste sub-módulo, o usuário registra a ocorrência de risco, por cliente, projeto, etapa, fase, atividade, classe de risco e risco. Tais informações permitem realizar o controle do risco identificado, com indicação do nível de impacto do risco dentro do sistema.
  - Consulta à Ocorrência de Risco. Este sub-módulo disponibiliza consultas aos registros, sobre as ocorrências de riscos identificadas, através de seleções por cliente, projeto e etapa ou fase.

- **Manutenção da Base de Conhecimento.** Neste módulo, a base de conhecimento é atualizada, através do registro das ocorrências de riscos que vão sendo detectadas. Se o risco registrado não existir na base de conhecimento, ele é agrupado com as informações da base de conhecimento.

- **Acompanhamento dos Riscos.** Este módulo disponibiliza ao usuário o registro dos acompanhamentos realizados para uma determinada ocorrência de risco. Para cada acompanhamento de ocorrência de risco realizado, pode-se efetuar o registro com indicação da data, formulário e responsável pelo acompanhamento.

- **Relatórios e Consultas.** Este módulo disponibiliza ao usuário diversos relatórios e consultas, relacionados à base de conhecimento, ao gerenciamento de risco e ao acompanhamento de ocorrências de risco.

4.2. Usuários da Ferramenta

A *GRisk-Tool* dirige-se aos seguintes profissionais que atuam no desenvolvimento de software:

- Gerentes Comerciais. Incluem usuários que necessitam efetuar análise de risco durante as fases de pré-venda e contrato de projetos, para novos clientes ou para clientes já conhecidos.

- Líderes de Projetos. Compreendem usuários que necessitam de orientações sobre os possíveis riscos nas diversas etapas do desenvolvimento de software, para que possam conduzir o gerenciamento de risco subsidiado pela base de conhecimento pré-existente e também registrar os riscos detectados no atual projeto.

- Analistas de Sistemas. São usuários que necessitam de orientações, *checklists* e formulários padrões referentes aos possíveis riscos, nas diversas etapas de desenvolvimento do software, a fim de poderem registrar os riscos e os controles adotados para a mitigação de tais riscos.

- Gerentes de Projetos. Incluem usuários que necessitam realizar o gerenciamento de risco de projetos, podendo valer-se da ferramenta, que disponibiliza a base de conhecimento e orientações sobre as ações pertinentes aos diversos riscos e sobre como controlar os riscos registrados nos projetos em andamento.

4.3. Aspectos de Implementação

A ferramenta foi desenvolvida com base na metodologia de análise estruturada, em conjunção com o modelo de ciclo de vida em cascata e com técnicas de engenharia de requisitos, tais como entrevistas e prototipação A linguagem empregada na implementação foi JAVA– J2EE 1.4, com um servidor *Web* Apache Tomcat 5.0 e o banco de dados ORACLE 9. Tais recursos foram adotados pelo fato de já existirem na empresa que abrigou o desenvolvimento da ferramenta e os desenvolvedores da ferramenta já estarem familiarizados com eles.

A elicitação de requisitos foi realizada com base em entrevistas e a especificação dos requisitos foi elaborada através de descrições textuais, representações simbólicas e diagramas gráficos. A avaliação dos requisitos foi conduzida por meio de confirmação com usuário das informações obtidas e apresentadas na documentação elaborada.

A Figura 3 esquematiza a execução da *GRisk-Tool.*

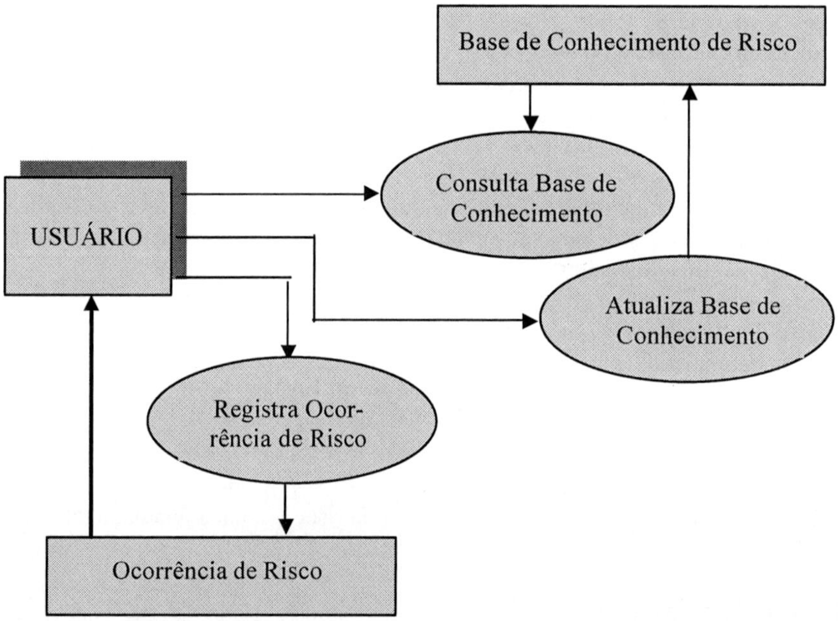

Figura 3. Execução da Ferramenta *GRisk-Tool*

4.4. Funcionalidade da Ferramenta

A partir de uma tela inicial, com controle de níveis de acesso aos usuários, a ferramenta *GRisk-Tool* disponibiliza telas que permitem a realização de cadastros e o gerenciamento dos riscos.

A preparação dos cadastros básicos deve ser efetuada como primeiro passo, para que a base de conhecimento, gerada a partir do *GRisk-Model*, seja disponibilizada aos usuários. A base de conhecimento contém informações das etapas, fases e atividades do desenvolvimento de software, assim como dos riscos associados a elas (ver Figura 4).

Error!

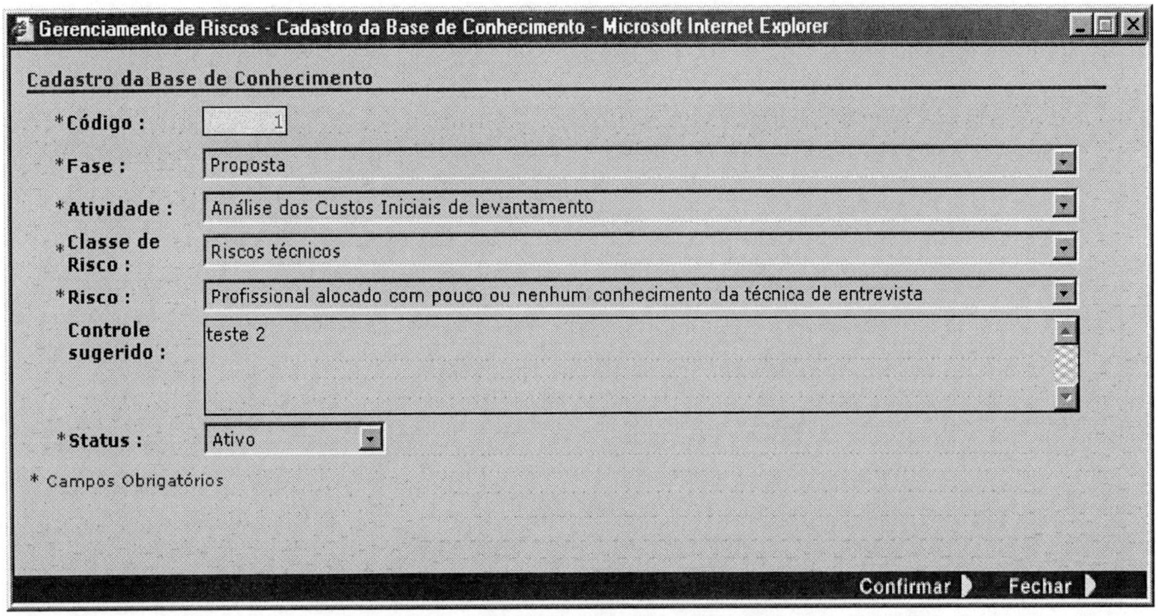

Figura 4. Cadastro da Base de Conhecimento

Após a base de conhecimento ser cadastrada na ferramenta, o controle dos riscos dos novos projetos poderão ser efetuados. Para o gerenciamento de riscos, alguns cadastros básicos também deverão ser preparados, tais como cadastros de projetos, de profissionais e de clientes (ver Figura 5).

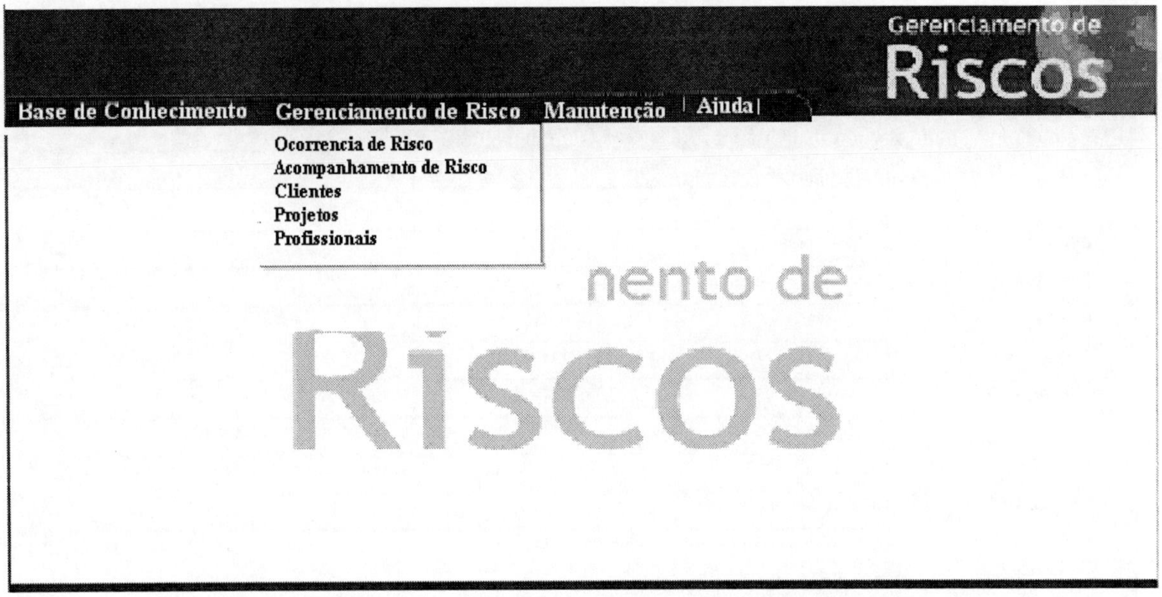

Figura 5. Menu com Cadastro para Gerenciamento de Riscos

Com os dados do projeto, o gerenciamento de risco poderá ser conduzido utilizando-se da base de conhecimento como roteiro e de informações de outros gerenciamentos de risco já realizados. A Figura 6 apresenta a tela para o registro de uma ocorrência de risco de um determinado projeto em andamento.

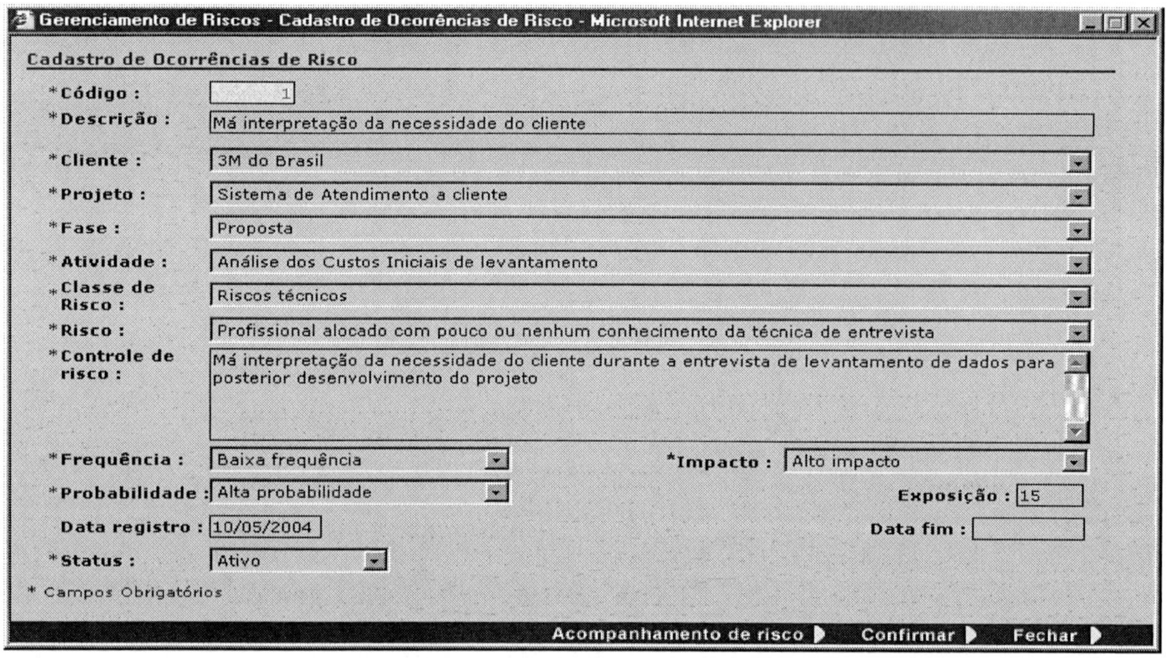

Figura 6. Cadastro de Ocorrência de Risco

Consultas e relatórios são disponibilizados para apoiar o gerenciamento de riscos. A Figura 7 apresenta uma tela com opções de filtros para pesquisas, que ajudarão no acompanhamento e controle dos riscos.

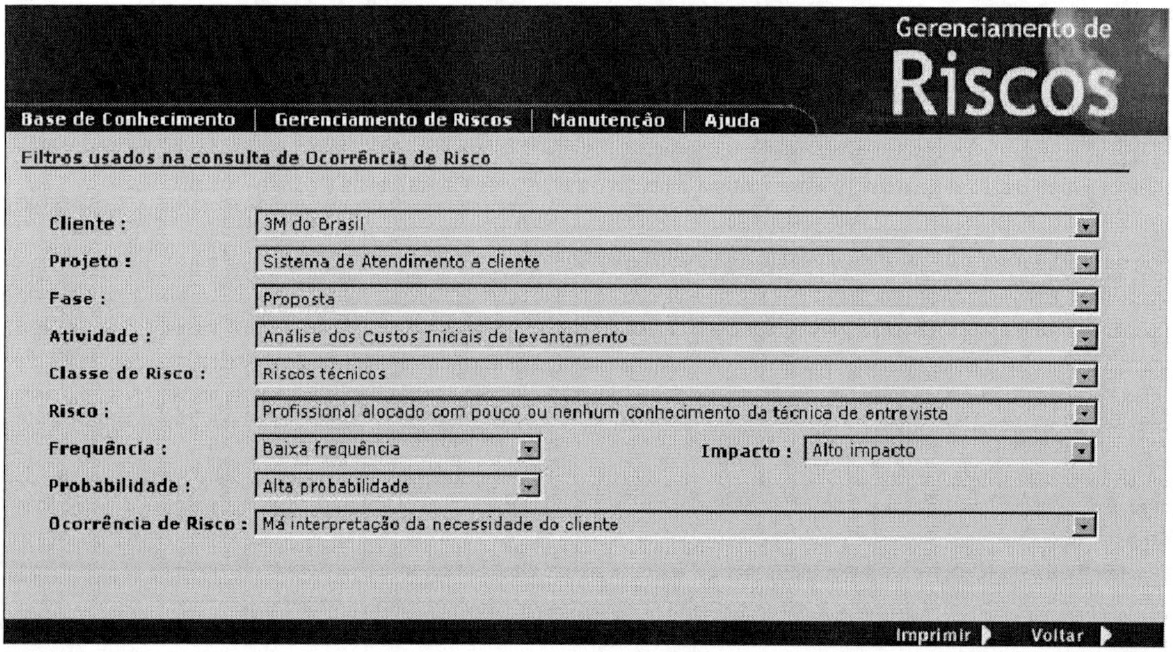

Figura 7. Consultas e Relatórios

A ferramenta *GRisk-Tool* foi liberada para utilização pela equipe de desenvolvimento da fábrica de software envolvida. Atualmente, a ferramenta vem sendo utilizada, juntamente com a metodologia de desenvolvimento de software da empresa, visando otimizar a produção de software, em termos de prazos, custos, nível de qualidade e busca da melhoria contínua dos processos e produtos.

5. Conclusão

Este artigo apresentou um modelo de processo de gerenciamento de risco (*GRisk-Model*) e uma ferramenta (*GRisk-Tool*). O *GRisk-Model* foi proposto com base na literatura da área e a partir da experiência de diretores, gerentes e analistas de sistemas seniores de fábricas de software brasileiras. *A GRisk-Tool* implementa o modelo de gerenciamento de risco proposto e também foi avaliada pela equipe de profissionais envolvidos na definição do modelo.

O *GRisk-Model* caracteriza-se por incorporar uma base de conhecimento acerca do processo de desenvolvimento de software, construída gradativamente a partir dos produtos desenvolvidos no dia-a-dia de uma empresa de desenvolvimento de software. A *GRisk-Tool* suporta este modelo, bem como oferece condições para que a base de conhecimento produzida possa ser atualizada e expandida com informações de novos gerenciamentos de riscos em projetos monitorados pela ferramenta.

De acordo com as premissas do modelo *GRisk-Model*, os impactos dos riscos são determinados para cada projeto. Sendo assim, espera-se que, com os históricos registrados na ferramenta, obtenha-se métricas para determinação de padrões relacionados aos impactos ocasionados por riscos, o que agregará valor à ferramenta. Tais métricas e padrões serão incorporados gradativamente ao modelo e à ferramenta, à medida que forem sendo definidos, com a participação dos profissionais da área.

Como resultado esperado com o uso da ferramenta *GRisk-Tool*, espera-se ter, antecipadamente mapeados, os riscos que poderão advir ao longo das etapas de desenvolvimento do software, seus impactos perante o projeto e seus custos. O mapeamento destes riscos pode ser obtido a partir de um roteiro de ações a serem tomadas, contendo um conjunto de informações sobre diferentes classes de riscos, concernentes a todas as etapas, fases e atividades do ciclo de desenvolvimento de software, conforme mostrado no *GRisk-Model*.

Espera-se também que a ferramenta *GRisk-Tool* seja mais um instrumento para auxiliar o desenvolvimento de software no âmbito da empresa. Por utilizar uma base de conhecimento, cujo conteúdo foi previamente definido por profissionais experientes da área, a ferramenta tem condições de apoiar o gerenciamento de risco através de roteiros e informações de ações a serem tomadas em todas as etapas de desenvolvimento do software. Isso evita que os profissionais responsáveis por esta atividade necessitem de conhecimento mais aprofundado sobre o assunto. Dadas as suas peculiaridades, a ferramenta constitui-se também em um recurso poderoso para o treinamento de profissionais que compõem a equipe de desenvolvimento.

Entre as perspectivas futuras, destaca-se a possibilidade de se estender o modelo de gerenciamento de riscos e a ferramenta, de forma a permitir o emprego de novos modelos de processo de desenvolvimento de software, além do modelo cascata já contemplado. Desta forma, a ferramenta ganhará flexibilidade e poderá atender a uma gama maior de empresas e equipes de desenvolvimento.

Finalmente, é importante enfatizar que, para a empresa que abrigou o desenvolvimento do modelo e da ferramenta, o *GRisk-Model* e a *GRisk-Tool* representam um avanço significativo na busca pela qualidade e produtividade de software, em termos de prazos, custos e busca da melhoria contínua dos processos e produtos.

Referências

[BOEHM 1988] Boehm, Barry W. A Spiral Model of Software Development and Enhancement. *IEEE Computer*, Volume 21, Number 5, p. 61-72, May 1988.

[BOEHM 1989] Boehm, Barry W. *Tutorial: Software Risk Management*, IEEE Computer Society Press, 1989.

[BOEHM 1991] Boehm, Barry W. Software Risk Management: Principles and Practices. *IEEE Software*, Volume 8, Number 1, January 1991, p. 32-41.

[BOEHM 2000] Boehm, B.W. Project Termination doesn't equal project Failure. *IEEE Computer,* Volume 33, Number 9, September 2000, p. 94-96.

[CARR 1993] Carr, Marvin J; Konda, Suresh; Monark, Ira; Ulrich, Carol F.; Walter, Clay F. *Taxonomy-Based Risk Identification*. Pittsburgh, Pa: Software Engineering Institute, Carnegie Mellon University, Technical Report CMU/SEI-93-TR-6, 1993.

[CHARETTE 1989] Charette, R.N. *Software Engineering Risk Analysis and Management*, New York: McGraw-Hill, 1989.

[CHARETTE 1996] Charette, Robert N. Large-Scale Project Management is Risk Management. *IEEE Software*, Volume 13, Number 4, July 1996, p. 110-117.

[GARVEY 1997] Garvey, Paul R; Phair, Douglas J; Wilson, John A. An Information Architecture for Risk Assessment and Management. *IEEE Software*, Volume 14, Number 3, May/June 1997, p. 25-34.

[GONÇALVES 2004] Gonçalves, Lourdes E. *Gerenciamento de Risco no Processo de Desenvolvimento de Sotfware*. Universidade Metodista de Piracicaba, 2004. Tese de mestrado (em andamento).

[KAROLAK 2002] Karolak, Dale Walter. *Software Engineering Risk Manag*ement, Wiley-IEEE Computer Society Press, 2002.

[KLEIN 2001] Klein, G. ; Jiang, J.J. Seeking Consonance in Information Systems. *Journal of Systems and Software, Volume* 56, Number 2, March 2001, p. 195-202.

[KONTIO 1995] Kontio, J. IWSED-95 Web pages, vol. 1995. University of Maryland. http://www.cs.umd.edu/projects/SoftEng/ESEG/iwsed/iwsed95/. Acessado em maio/2004.

[KONTIO 1997] Kontio, J., Basili, V. *Empirical Evaluation of a Risk Management Method*. SEI Conference on Risk Management, 1997, Atlantic City, NJ.

[KONTIO 1998] Kontio, Jyrki, Getto, Gerhard, Landes, Dieter. *Experiences in Improving Risk Management Processes using the Concepts of the RISKIT Method.* ACM International Symposium on Software Engineering - SIGSOFT 98, Florida, USA, November 1998, p. 163-174.

[LYU 1995] LYU, Michael R, YU, Jinsong S, Keromidas, Elaine, Dalai, Siddhartha. *ARMOR: Analyser for Reducing Module Operational Risk.* 25th Symposium on Fault-Tolerant Computing, IEEE Computer Society Press, 1995, p. 137-142.

[MOYNIHAN 1997] Moynihan, Toni. How Experienced Project Manages Assess Risk. *IEEE Software*, Volume 14, Number 3, May/June 1997, p. 35-41.

[PADAYACHEE] Padayachee, Keshnee *An Interpretative Study of Software* Risk Management Perspectives. SAICSIT 2002, South Africa, 2002, p. 118-127.

[PETERS 2000] Peters, James F, Pedrycs, Witold. *Software Engineering: An Engineering Approach*. John Wiley and Sons, 2000.

[PRESSMAN 1997] Pressman, R.S. *Software Engineering – A Practitioner's Approach.* 4 th ed., McGraw-Hill, New York, 1997.

[TIWANA 2004] Tiwana, Amrit, Keil, Mark.The One-Minute Risk Assessment Tool. *Communications of the ACM*, Volume 47, Number 11, November 2004, p. 73-77.

[SHERER 1995] Sherer, Susan A. *Three Dimensions of Software Risk: Technical, Organizacional, and Environmental*. 28th IEEE Hawaii International Conference on System Sciences -HICSS 95, 1995, p. 369-378.

[WALLACE 2004] Wallace, Linda, Keil, Mark. Software Project Risks and their Effect on Outcomes. *Communications of the ACM*, Volume 47, Number 4, April 2004, p. 68-73.

[WILLIAMS 1999] Williams, Ray C., Pandellos, George J., Behrens, Sandra G. *Software Risk Evaluation (SER) Method Description*. Pittsburgh, Technical Report, version 2.0. CMU/SEI-99-TR-029, 1999.

Marco Conceptual para el Soporte de Proyectos de Medición y Evaluación en Aseguramiento de Calidad

Hernán Molina, Fernanda Papa, Luis Olsina
GIDIS&Web, Facultad de Ingeniería, UNLPam
Calle 9 y 110, (6360) General Pico, La Pampa, Argentina
E-mail [hmolina, pmfer, olsinal]@ing.unlpam.edu.ar

Resumen

En este trabajo se discute un marco conceptual para el soporte de proyectos de medición y evaluación. Este marco permite la especificación, medición y evaluación de necesidades de información en el contexto de una organización o proyecto, basándose en una ontología de métricas e indicadores; como así también permite el diseño e implementación de un sistema de software que de soporte a las actividades cubiertas. Sin claras especificaciones de los metadatos de métricas e indicadores, y sin el robusto establecimiento de marcos y programas de medición y evaluación como soporte al aseguramiento de calidad, los proyectos de las organizaciones son menos repetibles y controlables y, en consecuencia, más propensos a fracasar.

1. Introducción

En Ingeniería de Software e Ingeniería Web, el aseguramiento de la calidad y particularmente la medición y evaluación, son procesos de soporte claves para el desarrollo y mantenimiento de aplicaciones. En estas disciplinas, se han publicado importantes resultados de investigaciones teóricas y aplicadas, como procesos de evaluación y medición [2, 4], paradigmas de soporte a planes y programas de medición ([1], entre otros), y modelado de datos de medición [3, 5]. Pero a menudo estos resultados, aunque fuentes de conocimiento valiosas, son difíciles de aplicar por provenir de marcos conceptuales heterogéneos y por una falta de concenso en los conceptos involucrados.

A raíz de esta problemática, se ha desarrollado una ontología de métricas e indicadores [6, 7, 11], es decir, una especificación explícita y formal de una conceptualización que define de forma clara y consensuada los conceptos involucrados en las actividades de medición y evaluación (por ej. *Necesidad de Información*, *Concepto Calculable*, *Atributo*, *Métrica* e *Indicador*, entre otros). Adicionalmente, los metadatos definidos en dicha ontología, así como instancias particulares de ellos, han sido catalogados y almacenados en un repositorio común que ofrece un mecanismo de estructuración, reuso y consulta –con potencia de Web Semántica, para ser utilizados en diferentes proyectos de aseguramiento de calidad [7, 8]. Este repositorio intenta proveer un ambiente que permita a evaluadores, herramientas y otros agentes disponer de mecanismos y servicios de consulta basados en una especificación formal y explícita de los conceptos involucrados en actividades de medición y evaluación.

Sin embargo, para hacer posible la utilización de dicha ontología en la especificación de un marco que de soporte a proyectos en actividades de medición y evaluación particulares de una organización, fue necesario agregar conceptos nuevos, y diseñar los componentes del marco. Es decir, la ontología de métricas e indicadores se utiliza como base para la definición del marco INCAMI (**I**nformation **N**eed, **C**oncept Model, **A**ttributes, **M**etrics and **I**ndicators), para el soporte de proyectos de medición y evaluación concretos. INCAMI es un marco de definición y especificación de requerimientos no funcionales, de medición y de evaluación orientado a la necesidad de información, en el cual queda claramente establecido el propósito, el punto de vista, el contexto, el foco a evaluar, y el objeto o ente sobre el cual se realizará la medición y evaluación. INCAMI es un marco bien establecido en el sentido en que se centra en modelos de conceptos (por. ej., calidad, calidad en uso, costo, etc.) y, además, las métricas seleccionadas para cuantificar los atributos que forman parte del modelo son, por lo tanto, aquellas útiles, orientadas al propósito específico conforme a la necesidad de información a nivel organizacional o de proyecto. En definitiva, este marco permitirá a los evaluadores gestionar proyectos de medición y evaluación, analizar los datos de un modo consistente y brindar recomendaciones, en el contexto de una organización.

El trabajo se organiza como sigue. En la sección 2 se describe el marco de medición y evaluación propuesto, denominado INCAMI, utilizando un ejemplo para su mejor comprensión. En la sección 3, se introduce una discusión y trabajos relacionados. Finalmente, se presentan las conclusiones y trabajos futuros.

2. INCAMI como Soporte a Proyectos de Medición y Evaluación

Dado que es importante conocer y manipular en una organización los diferentes resultados obtenidos en actividades de medición y evaluación de calidad, costo, etc.; y dado que la ontología de métricas e indicadores mencionada en la sección anterior, no permite la especificación de instancias de medición y evaluación, surge la necesidad de definir un marco que de soporte a estas actividades en el contexto de una organización. Además, este marco debe estar preparado para guiar la implementación de estas actividades en un sistema de software basado en la Web.

Para definir el marco de medición y evaluación fue necesario especializar el modelo conceptual del dominio de métricas e indicadores para que soportara los datos específicos de un proyecto. Los aspectos principales cubiertos por este marco son los siguientes:

- Soporte del concepto de *Proyecto*: Ya que el marco debe permitir manipular información relativa a un proyecto de medición y evaluación particular, es necesario incluir este concepto como punto de partida para las actividades a documentar (por ej. definir requerimientos, diseñar la evaluación, etc.).
- Soporte para diferentes usuarios: El marco de medición y evaluación está pensado para ser utilizado por diferentes evaluadores, por lo que se necesita identificar a quién corresponde un determinado proyecto. En el modelo, al propietario de un proyecto se le denomina Usuario Registrado (*RegisteredUser*).
- Flexibilidad en la creación de modelos: Permite la coexistencia de más de un modelo de concepto (por ej. modelos de calidad, modelos de costo, etc.) que compartan los mismos conceptos, subconceptos y atributos. Esto se logra incluyendo el término *Nodo*, que hace referencia al concepto o atributo respectivo.
- Medición y evaluación de entidades concretas: El proceso se realiza sobre entidades concretas, por lo tanto se debe considerar la especificación tanto de dichas *entidades* como también de la *categoría* a la cual pertenecen. De esta forma, todas las instancias de entidades pueden ser medidas y evaluadas de forma consistente dados los atributos asociados a su categoría.

2.1 Modelo Conceptual del Marco de Medición y Evaluación

El marco esta organizado siguiendo las actividades a realizar en el proceso de medición y evaluación empleado en la metodología WebQEM (Web Quality Evaluation Method [10]). En estas actividades están involucrados los conceptos principales del marco INCAMI que son ***Information Need, Concept Model, Attributes, Metrics*** e ***Indicators***. A continuación describimos cada actividad:

1. *Definición y Especificación de Requerimientos:* Se define la **necesidad de información** que debe ser satisfecha por el proyecto de evaluación. Para ello, se debe especificar el o los **conceptos calculables** que serán evaluados o estimados. Además, es necesario identificar la **categoría de entidad** a ser evaluada, para la cual se deberán seleccionar los **atributos** relevantes a ser medidos. Por otro lado, se deben organizar los atributos en un **modelo** agrupándolos en conceptos y potencialmente en subconceptos.
2. *Diseño y Ejecución de la Medición:* Se seleccionan las **métricas** útiles, orientadas a la necesidad, para cada uno de los atributos definidos en la actividad anterior y se realiza la medición según la definición de dichas métricas.
3. *Diseño y Ejecución de la Evaluación:* Se definen los **indicadores** elementales, parciales y globales, que establecen los criterios de evaluación. Los indicadores permitirán interpretar los valores medidos ya que realizan un mapeo de los valores obtenidos, normalmente heterogéneos en cuanto a su unidad, a un conjunto de valores normalizados para poder interpretar finalmente el concepto que describe la necesidad de información. Luego, se realiza el cálculo correspondiente a la evaluación.

Por último, en base a los resultados obtenidos y a toda la información del proyecto, se pueden efectuar análisis matemáticos y estadísticos (aún entre proyectos), y se puede brindar las recomendaciones apropiadas.

2.2 Componentes Principales del Marco INCAMI

El diseño del marco de medición y evaluación fue realizado utilizando UML (Lenguaje Unificado de Modelado [12]) y se estructuró en tres paquetes en función de las actividades a las cuales da soporte. Cabe acotar, que el marco posee un cuarto paquete el cual incluye los conceptos generales encargados de administrar proyectos y usuarios. Para un proyecto dado interesa conocer básicamente su nombre, descripción, fecha de inicio y fin, e información del director del mismo. A continuación se describirán cada uno de los tres paquetes de INCAMI introduciendo un ejemplo (como prueba de conceptos) de una empresa que se dedica al desarrollo de software y está interesada en evaluar la eficiencia en desarrollo de su grupo de trabajo. Muchos de los términos de cada paquete son tomados de la ontología de métricas e indicadores [6, 7, 11] –cabe acotar que durante 2003 se realizó un trabajo conjunto de grupos iberoamericanos con el fin de consensuar una ontología de la medición de software, arribando a un consenso parcial de términos; el resultado fue publicado como informe técnico en 2004 [13].

2.2.1 Modelo para la Definición y Especificación de Requerimientos

El modelo contiene los conceptos necesarios para la actividad de definición y especificación de requerimientos para un proyecto de medición y evaluación (ver figura 1). Este componente constituye el punto de partida del proceso. Se comienza con la definición de los requerimientos, para lo cual se necesitará crear un *Proyecto INCA* (**INCAProject**).

INCAProject: Proyecto que permite especificar los requerimientos en actividades de medición y evaluación.

Para el ejemplo se define el proyecto *"Requerimientos para evaluación de Eficiencia en Desarrollo"*, el cual *"define los requerimientos para la evaluación de la eficiencia en desarrollo del grupo de desarrollo de la empresa XXX."* cuya realización es entre las fechas *"01/11/2004"* y *"05/11/2004"* y está dirigido por la *"Mg. Mª de los Ángeles Martín"*. A continuación se define la *Necesidad de Información* (***InformationNeed***) para el proyecto creado.

InformationNeed: Información necesaria para gestionar objetivos, metas, riesgos y problemas.

La Necesidad de Información tiene como propósito *"Evaluar"* la *"Eficiencia"* del *"Grupo de desarrollo"* en el contexto del *"Desarrollo de software para el cliente NN en el proyecto YY"* desde el punto de vista del *"Líder del proyecto"*. Partiendo de la definición de la necesidad de información se debe especificar la Categoría de Entidad (***EntityCategory***) que establece el objeto bajo análisis.

EntityCategory: Una categoría o tipo de objeto que posee atributos relevantes que pueden ser medidos para una entidad particular que pertenece a dicha categoría.

La Categoría de Entidad definida es *"Grupo de desarrollo"* descripta como *"Conjunto de personas con diferentes roles que llevan a cabo un proyecto de software"*, perteneciente a la super-categoría *"Recurso"*. Para poder realizar la medición y la evaluación se necesitan identificar entidades concretas pertenecientes a la categoría de entidad antes definida.

Entity: Un objeto concreto y particular de interés para un proyecto de medición y evaluación.

A continuación, es necesario definir el *Concepto Calculable* (***CalculableConcept***) que establece el *foco* de la *Necesidad de Información*.

CalculableConcept: Relación abstracta entre atributos de categorías de entidades (**EntityCategory**) y necesidades de información (**InformationNeed**).

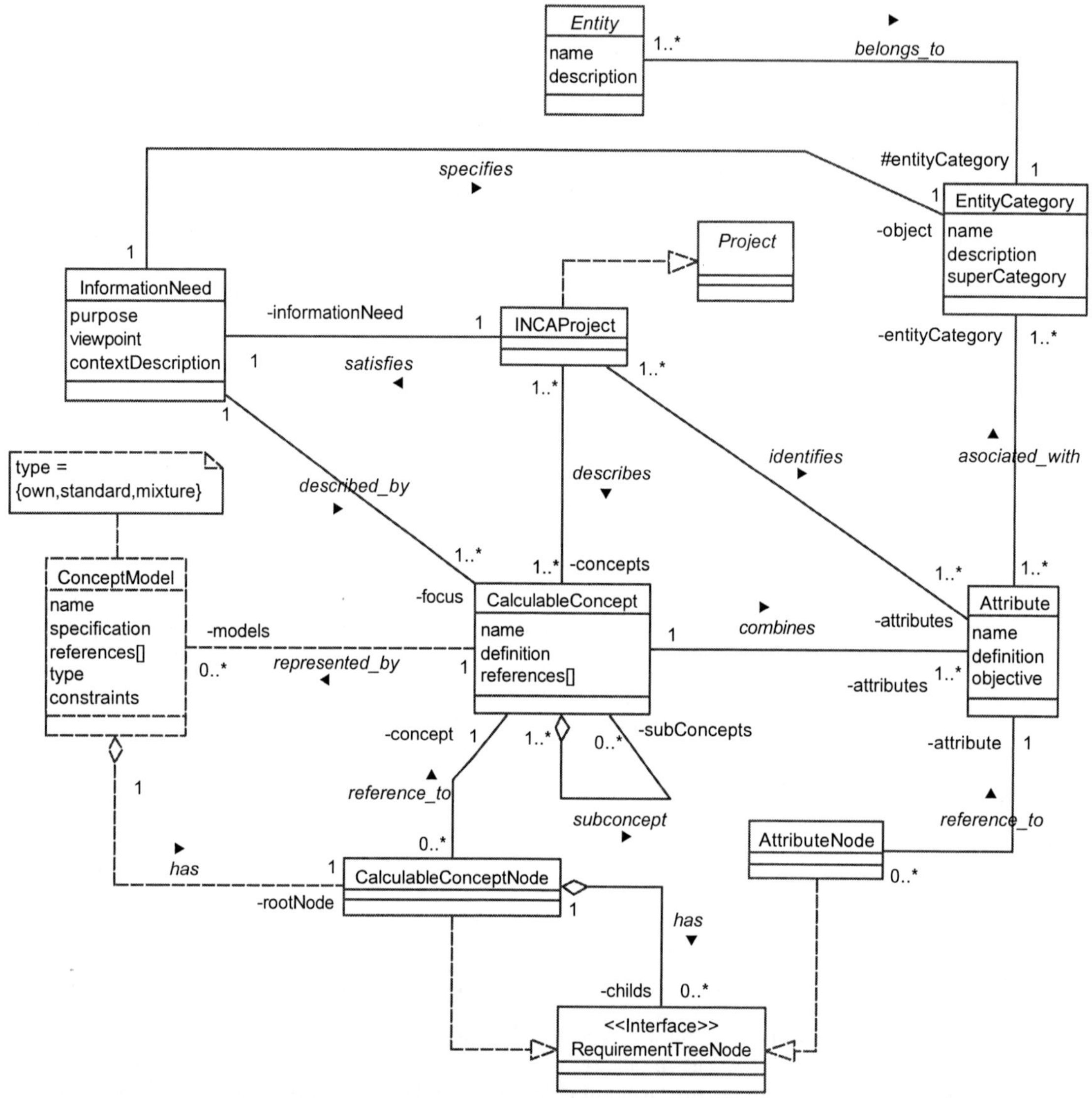

Figura 1: *Modelo conceptual para la Definición y Especificación de Requerimientos*

El Concepto Calculable identificado es *"Eficiencia"* descripto como *"Relación entre el nivel de desempeño y la cantidad de recursos usados bajo condiciones establecidas"*.

Una vez definido el concepto calculable a ser evaluado, se debe definir un *Modelo de Concepto* (***ConceptModel***) que refleje la relación entre los conceptos y los subconceptos.

ConceptModel: El conjunto de subconceptos y las relaciones entre ellos, que proveen la base para especificar el requerimiento de concepto y su evaluación o estimación como un todo.

El Modelo de Concepto definido para el ejemplo es *"Modelo de Eficiencia"* cuya especificación indica que *"El modelo está conformado por dos atributos que se cuantifican de manera indirecta"* y el modelo es de tipo *"Propietario"*. El modelo también incluye las relaciones entre los Conceptos Calculables y los Atributos definidos, como se muestra en el siguiente ejemplo básico.

1. Eficiencia

1.1 Productividad en Desarrollo

1.2 Completitud de Desarrollo

Para confeccionarlo se recurre al concepto de *nodos* para cada uno de sus elementos que hacen referencia a los conceptos y atributos correspondientes. Además, el modelo identifica los atributos (***Attribute***) de la categoría de entidad, relevantes para la necesidad de información definida.

Attribute: Una propiedad mensurable, física o abstracta de una categoría de entidad (**EntityCategory**).

A continuación se muestra uno de los atributos involucrados en el proyecto:

El atributo es denominado *"Productividad en desarrollo"* y es definido como la *"Relación entre la cantidad de módulos desarrollados y el esfuerzo total requerido para desarrollarlos"* y será utilizado con el objetivo de *"Conocer la productividad del grupo de desarrollo considerando los módulos solicitados y el tiempo necesario para desarrollarlos"*.

2.2.2 Modelo para el Diseño e Implementación de la Medición

Contiene todas las clases necesarias para administrar las tareas de especificar y registrar las mediciones (ver figura 2).

Una vez especificados los requerimientos, como se vio en la sección previa, se debe continuar con la creación de un proyecto de medición (***MeasurementProject***) para llevar a cabo la fase de definición y ejecución de la medición. Se debe tener en cuenta que este nuevo proyecto estará basado en el proyecto que especifica los requerimientos de la evaluación (***IncaProyect***).

MeasurementProject: Proyecto que permite seleccionar las métricas e ingresar los valores medidos en actividades de medición.

Para el ejemplo anterior se define el proyecto *"Definición y ejecución de la medición para Eficiencia en Desarrollo"*, el cual *"define la actividad de medición y permite registrar los resultados de la misma, necesarios para la ulterior evaluación de la eficiencia en desarrollo del grupo de desarrollo de la empresa XXX"*, cuya realización es entre las fechas *"05/11/2004"* y *"20/11/2004"* y es dirigido por la *"Mg. Mª de los Ángeles Martín"*, *basado en el proyecto de requerimientos "Requerimientos para evaluación de Eficiencia en Desarrollo"*.

En base a la *Categoría de Entidad* definida anteriormente, se deben identificar a las entidades concretas a medir. En este caso sólo se identifica una entidad (***MeasuredEntity***).

MeasuredEntity: Es una entidad que será caracterizada mediante la medición de sus atributos, definidos por la categoría o tipo al cual pertenece.

La entidad definida es *"Grupo de desarrollo de la Empresa XXX"*, cuya descripción es *"Grupo de personas asignadas temporalmente para el desarrollo del proyecto YY"*.

Recordando la definición de *Necesidad de Información*, el concepto a medir para la entidad definida es "*Eficiencia*", por lo que es necesario partir del modelo definido para este concepto y definir las métricas (directas e indirectas) que cuantificarán los atributos incluidos en el mismo. Los atributos incluidos en el modelo son cuantificados de manera indirecta, por lo que es necesario utilizar atributos relacionados a ellos y definir métricas directas que los cuantifiquen, y permitan implementar el cálculo para los atributos del modelo.

Para el ejemplo se mostrará la definición de una métrica directa (***DirectMetric***) y una métrica indirecta (***IndirectMetric***), para los atributos involucrados.

Metric: El método de cálculo o medición y la escala definidos. **DirectMetric**: Una métrica de un atributo que no depende de la métrica de otro atributo. **IndirectMetric**: Una métrica de un atributo que se deriva de una o más métricas de otros atributos.

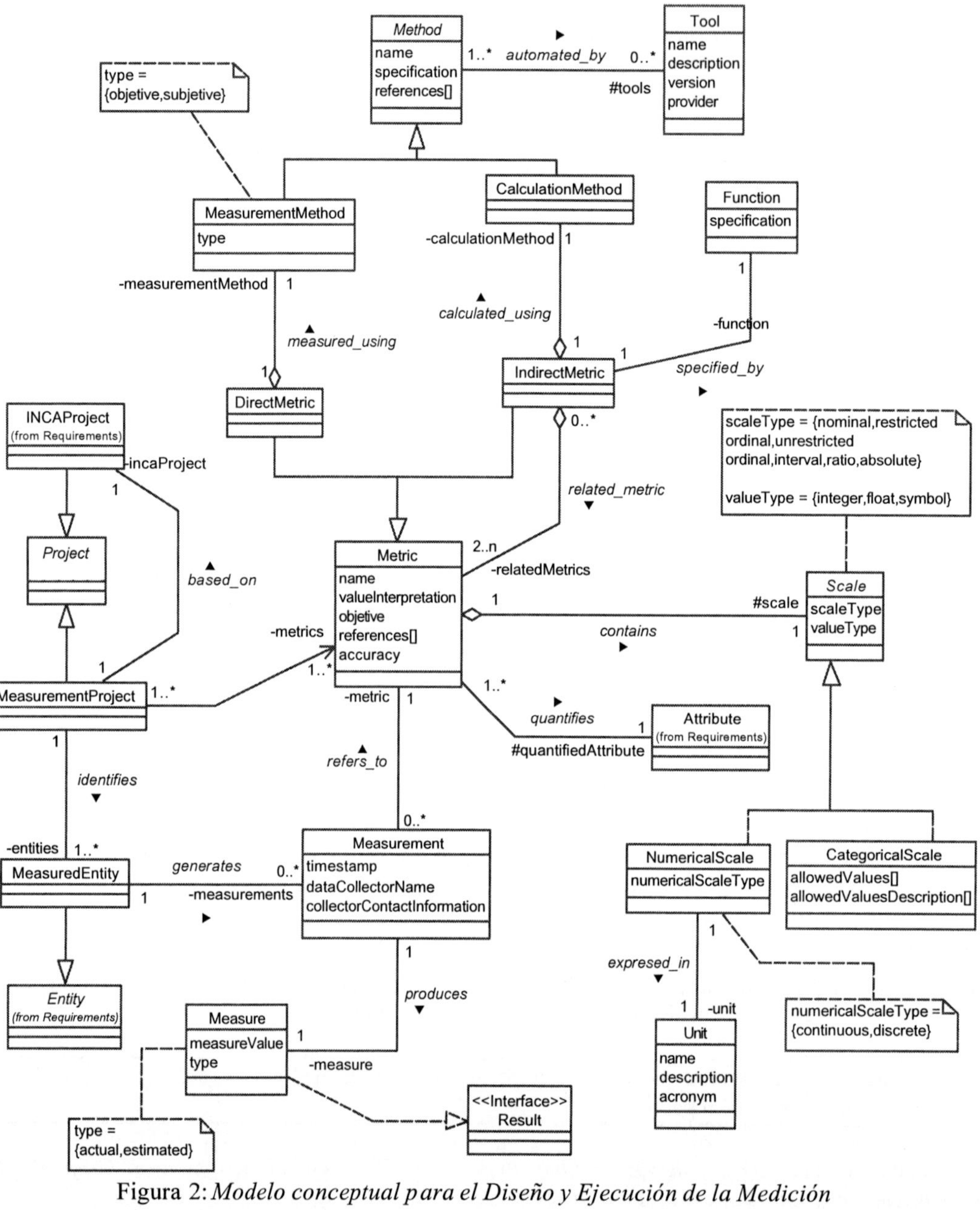

Figura 2: *Modelo conceptual para el Diseño y Ejecución de la Medición*

La métrica directa que cuantifica el atributo *"Duración del desarrollo"* (que permitirá cuantificar al atributo *Productividad en Desarrollo*) es *"Cantidad de horas de desarrollo (#HD)"* cuya interpretación del valor medido es *"El valor obtenido reflejará la cantidad de horas efectivas que el grupo ha dedicado al desarrollo"*, definida con el objetivo de *"Conocer el tiempo incurrido por el grupo de desarrollo en completar la tarea"*. Más adelante se explica porqué consideramos directa a esta métrica.

Para una métrica se debe identificar la escala (***Scale***) en la cual se expresan los valores medidos. Esta escala puede ser numérica (***NumericalScale***) o categórica (***CategoricalScale***).

Scale: Conjunto de valores con propiedades definidas.
NumericalScale: Una escala donde los valores medidos o calculados son números que pueden ser expresados en unidades en un sentido estricto.

CategoricalScale: Una escala donde los valores medidos o calculados son categorías y no se pueden expresar en unidades en un sentido estricto.

Esta métrica posee una escala numérica cuyo tipo es *"Absoluta"*, con un tipo de valor *"Entero"*, cuyo tipo de escala numérica es *"Discreta"* y es expresada en la unidad *"Horas"*.

Es preciso definir, para una escala numérica, la unidad (***Unit***) en la cual se expresan sus valores.

Unit: Una cantidad particular, definida y adoptada por convención, contra la cual son comparadas otras cantidades de la misma clase, para expresar sus magnitudes en relación a esa cantidad.

La Unidad *"Horas"* se describe como *"Unidad de tiempo en la que se divide un día"* y es representada por el acrónimo *"hs."*. Adicionalmente, una Métrica Directa especifica un método de medición bajo el cual se llevará a cabo.

Method: Una secuencia lógica de operaciones y posibles heurísticas, especificadas en forma genérica, para permitir la realización de una descripción de actividad
MeasurementMethod: Una secuencia particular de operaciones lógicas y posibles heurísticas, especificadas para permit ir la realización de una descripción de métrica por parte de una actividad de medición.

Para la métrica ejemplificada el Método de Medición utilizado es *"Fichado electrónico de personal"* cuya especificación indica que *"Se registrará el horario de entrada y salida de cada desarrollador durante la semana de trabajo mientras dure la actividad de medición. Al final se suman los tiempos de todos los días, por cada desarrollador (cada desarrollador trabaja individualmente de forma coordinada)"*, es de tipo *"Objetivo"* y es automatizado por la herramienta (***Tool***) *"Software de Reloj Fichador"*, que se describe a continuación.

Tool: Instrumento que automatiza total o parcialmente un método de medición o de cálculo.

La herramienta es un *"Software administrador de horarios de trabajo"* cuya versión es *"1.1"* y es provista por la empresa *"Opcom"*. (Nota: dado que la herramienta arroja el total de las horas, se ha considerado la anterior métrica como directa).

A continuación, se está en condiciones de especificar las Métricas Indirectas (***IndirectMetric***):

El nombre de la Métrica Indirecta es *"Cantidad de líneas de código producidas por hora (#LCPH)"* que se interpreta como *"La cantidad de líneas de código fuente producidas por hora, considerando todos los módulos desarrollados"* y fue diseñada para *"Conocer la productividad en desarrollo en base a la cantidad de líneas de código fuente producidas por hora"* para cuantificar el Atributo *"Productividad de desarrollo"* relacionando dos métricas, *"Cantidad de líneas de código fuente del módulo (#LDCF)"* y *"Cantidad de horas de desarrollo (#HD)"*, a partir de las cuales se calcula.

Posee una Escala Numérica de tipo *"Proporción"* con un tipo de valor *"Float"* y una escala numérica de tipo *"Continua"* expresada en la unidad *"Líneas de código Fuente por Hora"*. Esta unidad corresponde a *"Líneas de código fuente producidas en una hora"* y su acrónimo es *"LDCF/H"*.

Toda Métrica Indirecta es especificada mediante una función (***Function***).

Function: Algoritmo o fórmula que especifica cómo combinar dos o más métricas.

Para esta Métrica la función se especifica de la siguiente forma:

$$\underset{i=1}{\overset{n}{?}} (\#LDCF_i) / (\#HD)$$ donde *i* es el número de módulo.

A diferencia de una Métrica Directa, una Métrica Indirecta especifica un Método de Cálculo (***CalculationMethod***) con el cual se obtiene el valor medido.

CalculationMethod: Una secuencia particular de operaciones lógicas especificadas, para permitir la ejecución de una fórmula o descripción a través de un cálculo.

Por lo tanto, el Método de Cálculo de la métrica anterior es *"Cálculo de cantidad de líneas de código producidas por hora"* cuya especificación indica *"Calcular la sumatoria de líneas de código y luego dividir por la cantidad de horas de desarrollo"* y puede ser automatizado por una *"Planilla de Cálculo"*.

Una vez definidas todas las métricas se continúa con la implementación de la medición en el cual se indicarán los valores medidos de los atributos. Los valores mostrados en los ejemplos son meramente ilustrativos.

El concepto utilizado en este caso es el de Medición (***Measurement***), que está asociado a la entidad que está siendo evaluada.

Measurement: Es una actividad que utiliza la definición de una métrica para producir un valor medido.

Las mediciones de las métricas ejemplificadas anteriormente son las siguientes:

Para la Métrica Directa *"Cantidad de horas de desarrollo (#HD)"* se obtuvo un valor medido de *"160 (hs.)"*, la medida fue obtenida en la fecha y hora *"03-12-2004_17:12"* por *"Hernán Molina"*.

Para la Métrica Indirecta *"Cantidad de líneas de código producidas por hora (#LCPH)"* se obtuvo un valor medido de *"22,325 (LDCF/H)"*, la medida fue obtenida en la fecha y hora *"03-12-2004_20:15"* por *"Hernán Molina"*.

2.2.3 Modelo para el Diseño y Ejecución de la Evaluación

Contiene un conjunto de clases necesarias para administrar la evaluación de entidades para un proyecto (ver figura 3).

Luego de especificados los requerimientos e implementada la medición, se debe realizar la definición e implementación de la evaluación. Para ello se necesita de un proyecto de evaluación (***EvaluationProject***) que estará basado en el proyecto de medición, el cual posee los datos base para implementar la evaluación.

EvaluationProject: Proyecto que permite definir indicadores y realizar la actividad de evaluación.

El Proyecto de Evaluación es denominado *"Definición y ejecución de la evaluación de Eficiencia en Desarrollo"*, el cual *"Define y lleva a cabo la evaluación de la eficiencia en desarrollo del grupo de desarrollo de la empresa XXX"*, cuya realización es entre las fechas *"20/11/2004"* y *"30/11/2004"* y es dirigido por la *"Mg. Mª de los Ángeles Martín", basado en el proyecto de medición "Definición y ejecución de la medición para evaluación de Eficiencia en Desarrollo"*.

A continuación, se deben identificar las entidades concretas que fueron medidas y que serán evaluadas (***EvaluatedEntity***).

EvaluatedEntity: Entidad evaluada por medio de los valores medidos de sus atributos, aplicando un modelo de cálculo.

En este caso sólo se identifica la entidad "Grupo de desarrollo de la Empresa XXX" –cuya definición coincide con la especificada en el *Proyecto de Medición*.

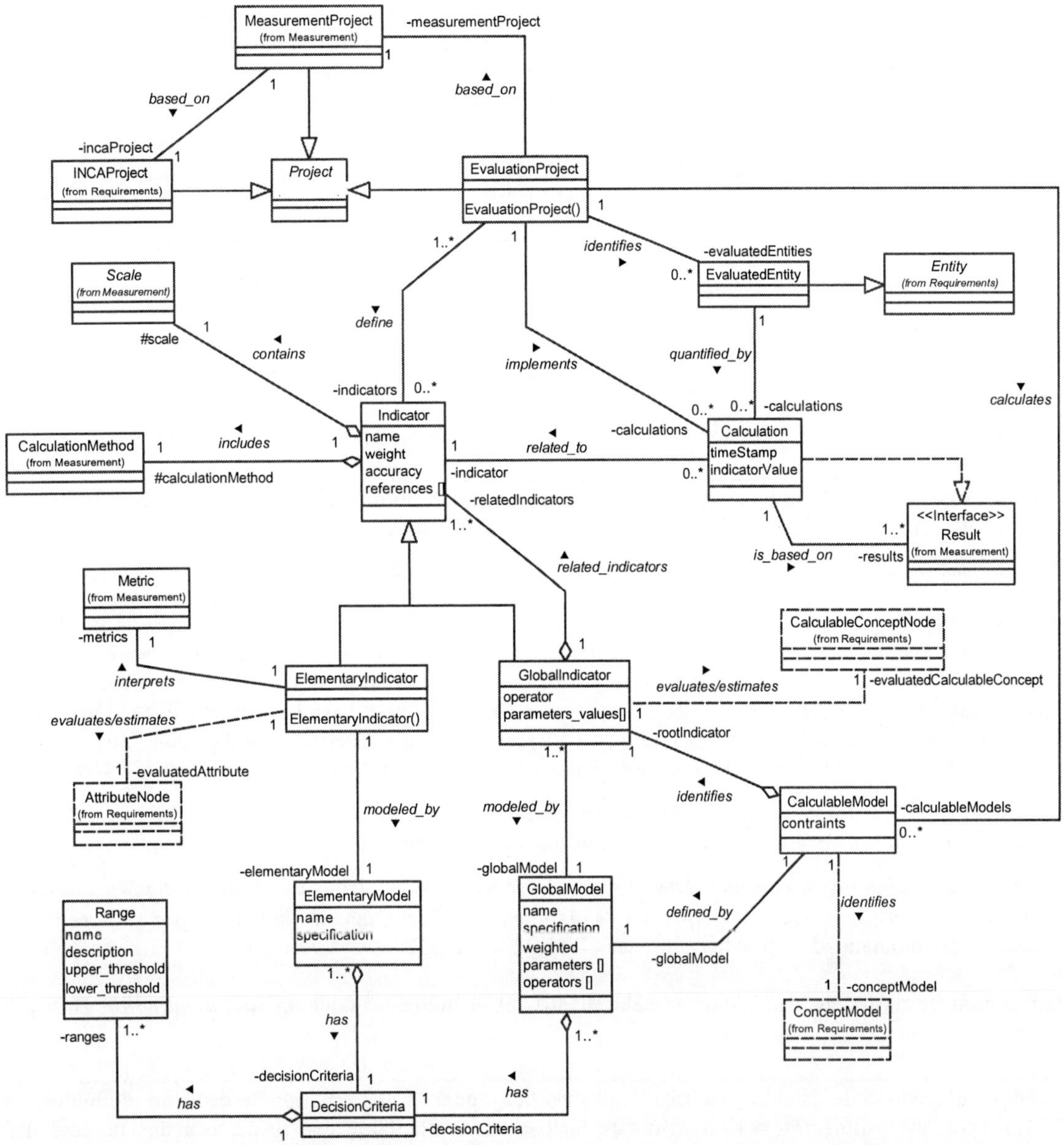

Figura 3: *Modelo conceptual para el Diseño y Ejecución de la Evaluación*

Lo próximo a realizar es la definición de los indicadores, para lo cual se debe elegir el modelo de conceptos que se quiere evaluar. A partir de este, se genera un *Modelo de Cálculo* que incluye los *Indicadores Elementales* y *Globales* correspondientes a los atributos y conceptos involucrados en el modelo de concepto elegido, respectivamente.

El *Modelo de Cálculo* (***CalculableModel***) establece los parámetros generales de la evaluación, por lo tanto, esta caracterizado por el *Modelo de Concepto* a evaluar; un *Modelo Global* y un *Método de Cálculo*, únicos para los indicadores globales; una *Escala*, única para todos los indicadores; y los indicadores, globales y elementales, que estiman los conceptos y atributos del modelo de conceptos, respectivamente.

CalculableModel: Define el árbol de indicadores, el modelo global a utilizar, el método de cálculo y la escala. Es utilizado para evaluar una entidad para un modelo de concepto dado.

A continuación se describe el Modelo de Cálculo y los elementos que lo caracterizan:

El Modelo de Cálculo del ejemplo especifica una Escala Numérica de tipo *"Proporción"* con un tipo de valor *"Float"* y una escala numérica de tipo *"Continua"* expresada en la unidad "Porcentaje". Esta es una unidad normalizada y su acrónimo es "%". El Modelo de Cálculo esta definido por el Modelo Global (***GlobalModel***) *"Meramente Aditivo"*, define el Método de Cálculo *"Sumatoria de las Preferencias Ponderadas"* e identifica al Indicador Raíz como *"Preferencia de Eficiencia en Desarrollo (P_ED)"*.

GlobalModel: Algoritmo o función con criterios de decisión asociados que modelan un indicador parcial o global.

El Modelo Global *"Meramente Aditivo"* que modela los indicadores globales se especifica de la siguiente manera:

$$?_{i=0}^{n} (P_i * I_i)$$

Este Modelo utiliza "pesos" para ponderar sus elementos y su único operador es "*A* o +" de adición.

DecisionCriteria: Patrones usados para determinar la necesidad de una acción o investigación posterior, o para describir el nivel de confianza o preferencia de un resultado dado.
Range: Valores umbrales que definen un nivel de aceptabilidad.

El *Criterio de Decisión* definido incluye 3 *Rangos* (***Range***), uno *"No satisfactorio"* cuya descripción indica que *"No se cumplen los requisitos mínimos de aceptabilidad. Se requieren cambios urgentes"* cuyos umbrales van desde *"0"* a *"40"*; otro rango *"Marginal"* cuya descripción indica que *"Se cumplen los requisitos mínimos de aceptabilidad. Se requiere una planificación de cambios a cierto plazo"* cuyos umbrales van desde *"40"* a *"60"*; y por último, *"Satisfactorio"* cuya descripción indica que *"Se cumplen los requisitos de forma satisfactoria. No se requieren cambios"* cuyos umbrales van desde *"60"* a *"100"*.

Obsérvese que los valores de los umbrales deben mantener coherencia con la escala definida en el Modelo de Cálculo, que será la utilizada para todos los indicadores del modelo.

El *Método de Cálculo* (***CalculationMethod***) para los indicadores globales es *"Cálculo del Modelo Global Meramente Aditivo"*, su especificación indica *"Calcular el producto de cada indicador por su peso y luego sumarlos"* y es automatizado por la herramienta *"WebQEM_Tool"*.

Para completar el Modelo de Cálculo se debe identificar el Indicador Global (***GlobalIndicator***) que evalúa el concepto "Eficiencia".

Indicador: El método de cálculo y la escala, además del modelo y los criterios de decisión, definidos para proveer una estimación o evaluación de un concepto calculable con respecto a una necesidad de información establecida.
GlobalIndicator: Es un indicador que se deriva de otros indicadores para evaluar o estimar un concepto calculable.

El Indicador Global se denomina *"Preferencia de Eficiencia en Desarrollo (P_ED)"* su peso es de *"1.0"*, con una precisión de *"100%"* y su operador es *"A"*. Este indicador evalúa o estima el Concepto Calculable *"Eficiencia"*. La escala, el método de cálculo y modelo global son los definidos anteriormente.

A continuación hay que definir los *Indicadores Elementales* y *Globales*, que interpretarán los atributos y conceptos, respectivamente, que componen el Modelo de Concepto. Para este ejemplo, se deben definir dos Indicadores Elementales (***ElementaryIndicator***), más el indicar global ya definido.

ElementaryIndicator: Es un indicador que no depende de otros indicadores para evaluar o estimar un atributo.

Uno de los Indicadores Elementales se denomina *"Preferencia de Productividad en Desarrollo (P_PD)"*, tiene un peso de *"0.50"* con una precisión de *"100%"*, utiliza el método de cálculo *"Cálculo del Modelo de*

P_PD", interpreta la métrica *"Cantidad de líneas de código producidas por hora (#LCPH)"* para evaluar o estimar el atributo *"Productividad en desarrollo (PD)"*, y utiliza el modelo elemental *"Modelo de P_PD"*.

Para completar la especificación del indicador se debe definir el *Modelo Elemental* (***ElementaryModel***) y el *Método de Cálculo* (***CalculationMethod***) utilizado.

ElementaryModel: Algoritmo o función con criterios de decisión asociados que modelan un indicador elemental.

El Modelo Elemental *"Modelo de P_PD"* se especifica de la siguiente forma:

P_PD = 100% si #LCPH > 20
P_PD = 0% si #LCPH < 5
P_PD = ((#LCPH-5)/(20-5))*100 si 5 <= #LCPH <= 20

Cabe aclarar que la *Escala* para los *Indicadores Elementales* y los *Criterios de Decisión* de los modelos elementales son los mismos que se definieron en el *Modelo de Cálculo*. Una vez especificada la actividad de evaluación se deben efectuar y almacenar los cálculos (***Calculation***) para los indicadores definidos, que serán asociados a la entidad evaluada.

Calculation: Actividad que usa una definición de indicador para producir el valor del mismo.

El valor resultante para el Indicador Elemental *"Preferencia de Productividad en Desarrollo (P_PD)"* fue *"100 %"* calculado en fecha y hora *"06-12-2004_16:15"* a partir de los datos de la medida de la Métrica *"Cantidad de líneas de código producidas por hora (#LCPH)"*. El valor resultante para el Indicador Global *"Preferencia de Eficiencia en Desarrollo (P_ED)"* fue *"40%"* calculado en fecha y hora *"06-12-2004_16:16"* a partir de los valores calculados de los indicadores *"Preferencia de Completitud de Desarrollo (P_CD)"* y *"Preferencia de Productividad en Desarrollo (P_PD)"*.

3. Discusión y Trabajos Relacionados

Sin claras especificaciones de los metadatos de métricas e indicadores, y sin el robusto establecimiento de marcos y programas de medición y evaluación como soporte al aseguramiento de calidad, los proyectos de las organizaciones son menos repetibles y controlables y, en consecuencia, más propensos a fracasar. En la práctica, en proyectos específicos, no sólo es necesario registrar los valores finales obtenidos de las mediciones y evaluaciones, sino que además, de un modo consistente, es necesario registrar los metadatos asociados. Sin este recaudo, el análisis y la comparación de los datos podría no realizarse consistentemente en un proyecto o entre proyectos de una organización.

INCAMI es un marco de definición y especificación de requerimientos no funcionales, de medición y de evaluación orientado a la necesidad de información, en el cual queda claramente establecido el propósito, el punto de vista, el contexto, el foco a evaluar, y el objeto sobre el cual se realizará la medición y evaluación. INCAMI es un marco bien establecido en el sentido en que se centra en modelos de conceptos (por. ej., calidad, calidad en uso, costo, etc.) y, además, las métricas seleccionadas para cuantificar los atributos que forman parte del modelo son, por lo tanto, aquellas útiles, orientadas al propósito específico conforme a la necesidad de información a nivel organizacional o de proyecto.

Un enfoque relacionado es el de GQM (Goal-Question-Metric). Este enfoque es simple, orientado a la meta de la medición, y ha sido utilizado en varios proyectos y organizaciones [1]. Sin embargo, a diferencia de nuestro marco conceptual que está basado en una clara conceptualización de métricas e indicadores por medio de una ontología [6, 11], GQM adolece de esta base conceptual de modo que asegure que los datos (y los metadatos asociados a los datos como escala, unidad, método, etc.) sean confiables, consistentes y repetibles para ulteriores análisis entre proyectos. Por otra parte, GQM carece de conceptos específicos para evaluación con el fin de interpretar las mediciones (tal como nuestro marco realiza con la definición de indicadores elementales y globales). La interpretación de las mediciones es un punto débil en GQM.

El trabajo de Kitchenham et al [5] es el más cercano a nuestra investigación. Sin embargo, INCAMI está modelado con tecnologías de Orientación a Objetos (a diferencia del modelo Entidad-Relación empleado por los autores), y como otras características distintivas está basado en una conceptualización explícita y formal, y contempla aspectos de evaluación.

4. Consideraciones Finales

A partir de investigaciones previas, se ha definido un marco para el soporte de proyectos de medición y evaluación de utilidad en procesos de aseguramiento de calidad. Este marco está basado en la ontología de métricas e indicadores [6, 11] y en un sistema de catalogación [7, 8] que facilitan un mecanismo de estructuración, reuso y consulta permitiendo llevar a cabo las actividades mencionadas de forma eficiente.

Este marco podrá ser utilizado en el contexto de una organización para registrar los resultados de sus proyectos de medición y evaluación brindando una importante herramienta para el análisis y, en definitiva, la toma de decisiones que involucran el mejoramiento tanto de sus productos, procesos y servicios, como de sus proyectos en general.

Los trabajos actuales se centran en el desarrollo de una herramienta basada en la Web, denominada INCAMI_Tool, que permita la inclusión de todos estos componentes discutidos, facilitándole a las organizaciones de software y Web la definición, ejecución, análisis y documentación de proyectos de medición y evaluación.

Reconocimiento. Este trabajo y línea de investigación están soportados por el proyecto UNLPam-09/F022

Referencias

1. Basili, V., Rombach, H.D., 1989, "The TAME Project: Towards Improvement-Oriented Software Environments", *IEEE Trans. on Software Engineering*, 14(6), pp. 758-773.
2. ISO/IEC 14598-1:1999 "International Standard, Information technology - Software product evaluation - Part 1: General Overview".
3. ISO/IEC 9126-1: 2001 "International Standard, Software Engineering - Product Quality - Part 1: Quality Model".
4. ISO/IEC 15939: 2002 "Software Engineering - Software Measurement Process".
5. Kitchenham B.A.; Hughes R.T.; Linkman S.G.; 2001. "Modeling Software Measurement Data". IEEE Transaction on Software Engineering, 27 (9), pp.788 – 804.
6. Martín, M. de los A.; Olsina, L., 2003, "Towards an Ontology for Software Metrics and Indicators as the Foundation for a Cataloging Web System", *In proceed. of IEEE Computer Society (1st Latin American Web Congress),* Santiago de Chile, pp 103-113, ISBN 0-7695-2058-8
7. Martin, M., 2004, "Sistema de Catalogación de Métricas e Indicadores con Potencia de Web Semántica", Tesis de Magister, Facultad de Informática, UNLP, La Plata, Argentina, Dic. 2004.
8. Molina, H.; Papa, F.; Martín, M. de los A.; Olsina, L.; 2004, "Semantic Capabilities for the Metrics and Indicators Cataloging Web System". In Proc. of 4th International Workshop on Web Oriented Software Technology, IWWOST '04 (Workshop held in the framework of ICWE '04), Munich, Germany; pp. 1-14
9. Olsina L., 2000, "Metodología Cuantitativa para Evaluación y Comparación de Calidad de Sitios Web", Tesis Doctoral, Ciencias exactas, UNLP, La Plata, Argentina, Abril 2000.
10. Olsina L., Rossi G., 2002, "Measuring Web Application Quality with WebQEM", *IEEE Multimedia*, 9(4), pp. 20-29.
11. Olsina, L; Martín, M de los A.; 2004, Ontology for Software Metrics and Indicators, *Journal of Web Engineering, Rinton Press*, US, Vol 2 N° 4, pp. 262-281, ISSN 1540-9589.
12. OMG Unified Modeling Language Specification – Version 1.4 – September 2001.
13. Ruiz, F; García, F; Bertoa, M; Calero, C; Genero, M; Olsina, L; Martin, M, Abrahao, S.; Quer, C; Condory, N; Vallecillo, A; Piattini, M; 2004, "Una Ontología de la Medición del Software", Informe Técnico, UCLM, ISBN 84-688-5427-1

Una extensión de UML para modelar refinamientos

Roxana S. Giandini **Claudia F. Pons**

Universidad Nacional de La Plata, Facultad de Informática
LIFIA - Laboratorio de Investigación y Formación en Informática Avanzada
La Plata, Argentina, 1900
[giandini, cpons]@sol.info.unlp.edu.ar

Resumen

La técnica de refinamiento permite capturar la relación entre especificación e implementación en desarrollos de software. La documentación precisa de la relación de refinamiento facilita el rastreo de los requerimientos a través de los pasos de refinamiento. Cuanto más detalladamente se formula esta documentación, los requerimientos podrán ser rastreados más precisamente. La especificación detallada de la documentación para refinamientos no puede ser representada ni formalizada en UML, ya que este lenguaje carece de notación para ello. En este artículo presentamos una extensión del metamodelo de UML para modelar refinamientos, basada en la definición de nuevos estereotipos.

1. Introducción

El concepto de Abstracción [Dijkstra, 76] es la clave para manejar complejidad. La abstracción hace posible entender sistemas complejos y manejar las cuestiones principales antes de tomar en cuenta los detalles. Un modelo abstracto muestra información con no más detalle que el necesario, para luego poder ser refinado. Un refinamiento es una descripción más detallada que conforma a otra (su abstracción). Cada propiedad especificada en el modelo abstracto sigue siendo válida en el refinamiento, pero aquí posiblemente sean válidas nuevas propiedades.

Además de permitir manejar complejidad, la técnica de refinamiento captura la relación esencial entre especificación e implementación. El desarrollo por pasos de refinamiento, y en particular su documentación, permiten a los desarrolladores verificar si el código cumple con su especificación, controlar el impacto de cambios en los objetivos del negocio y ejecutar aserciones escritas en términos del vocabulario del modelo abstracto, traduciéndolas al vocabulario del modelo concreto.

La relación de refinamiento ha sido estudiada en varias notaciones formales tales como Z [Derrick - Boiten, 2001] y [Lano, 1996] y en diferentes contextos pero todavía, en lenguajes semi-formales como UML, existe una carencia de definiciones formales para este concepto. En este sentido, el artículo [Davies and Crichton, 2002] define una semántica formal para refinamiento y otro subconjunto de elementos de UML.

El lenguaje de modelado standard UML [OMG, 2004(b)] provee un artefacto llamado *Abstraction* (un tipo de *Dependency*) para especificar explícitamente relaciones entre elementos de modelado de UML. En el metamodelo de UML una *Abstraction* es una relación dirigida desde un cliente (*client*) a un proveedor (*supplier*) estableciendo que el cliente (el refinamiento) es dependiente del proveedor (la abstracción). El artefacto Abstraction tiene un meta-atributo llamado *mapping* para registrar los mapeos abstracción/ refinamiento, que es una documentación explícita de cómo las propiedades de un elemento abstracto son mapeados a sus versiones refinadas y, en la dirección opuesta, cómo elementos concretos pueden ser simplificados para ajustarse a una definición abstracta. Cuanto más formalmente se formula el mapping, los requerimientos serán rastreados más detalladamente a través de los pasos de refinamiento.

Existen trabajos recientemente publicados que analizan nociones básicas de las relaciones de dependencia en UML. Los artículos [Hnatkowska et al., Liu et al., 2004] presentan dos enfoques diferentes para la definición y uso de la relación de refinamiento, mientras que en [Kostrzewa, 2004] se describen algunos métodos formales de exploración automática de los conceptos de dependencias en el contexto de especificación de UML.

Aunque el artefacto *Abstraction* permite la documentación explicita de la relación de abstracción / refinamiento en modelos UML, resta especificar una importante cantidad de variaciones de esta relación por distintas causas; por ejemplo:

- por estar ocultas bajo otras notaciones
- por ser refinamientos compuestos de otros más elementales que no pueden ser representados ni formalizados en UML, ya que este lenguaje carece de notación para ello.

El primer caso fue tratado en el artículo [Pons and Kutsche, 2004], donde se estudian y analizan por ejemplo, artefactos UML tales como generalización, asociación compuesta, inclusión de casos de uso, entre otros, que implícitamente definen relaciones ocultas de abstracción/implementación. Con el fin de experimentar, fue creada una herramienta integrada en el ambiente Eclipse [IBM, 2003], llamada *PAMPERO* [Pons et al, 2003-4], basada en la definición formal de refinamiento. La herramienta soporta la documentación de refinamientos explícitos y el descubrimiento semi-automático y documentación de refinamientos ocultos. Además fue publicado un trabajo [Pons et al, 2004] con los últimos avances del proyecto *PAMPERO.*
En este artículo, nos centramos en el estudio del segundo caso, refinamientos que por estar compuestos por otros más elementales, carecen de precisión a la hora de definir sus *mappings*, ya que estos se expresan en términos de los refinamientos elementales. Aún en el caso más simple de refinamiento, por ejemplo el de clase, se presentan refinamientos compuestos, ya que al refinar una clase lo que se refina son sus componentes, por ejemplo sus atributos o sus operaciones.
La organización del artículo es la siguiente: en la sección 2 discutimos relaciones de refinamiento entre Clases y sus variantes, mientras que en la sección 3 expresamos estas variantes como composición de refinamientos más elementales; en la 4 presentamos una extensión del metamodelo de UML basada en la definición de nuevos estereotipos, formalizando la propuesta presentada en la sección 3. Por último presentamos conclusiones y líneas de trabajo futuro.

2. Refinamientos de clase

El método Catalysis [D´Souza and Wills, 98] menciona que los refinamientos entre clases (o Tipos) pueden ser realizados en dos formas diferentes: Refinamiento de atributos (o de modelo) y refinamiento de Operación. Estos refinamientos especifican que se pueden agregar nuevos atributos/operaciones a una clase o bien reemplazar atributos/operaciones existentes por otros, obteniendo así una clase nueva, refinamiento de la original.
En este trabajo, consideramos estos refinamientos y proponemos otras posibles variantes:

- **Refinamiento de atributos**

Una clase se obtiene de otra reemplazando uno de sus atributos por su refinamiento, el cual puede consistir de uno o más nuevos atributos. Por ejemplo, la figura 1 a) muestra que el atributo *currentPosition* de la clase *Player* es refinado por los atributos *previousPosition* y *stepsToMove* a través del *mapping* <currentPosition = previousPosition + stepsToMove>. Los *mappings* están expresados en OCL [OMG, 2004(a)], lenguaje para especificar restricciones para objetos.

- **Refinamiento de Operación**

Consideramos dos variantes de este refinamiento:
- Refinamiento de Operación *atómico:* expresa que una operación refina su postcondición.
Una clase se obtiene de otra reemplazando la postcondición de una de sus operaciones por su refinamiento. La signatura de la operación no cambia, solamente cambia su postcondición. La postcondición refinada debe implicar la original. Por ejemplo, la figura 1 b) muestra que la operación *move* en la clase *Player* es refinada atómicamente, modificando su postcondición. Podemos observar en el diagrama que cuando no aparece el *mapping*, la operación se mapea a sí misma, por lo que correspondería la función identidad como *mapping.*

- Refinamiento de Operación *no-atómico*: Una clase se obtiene de otra reemplazando una de sus operaciones por su refinamiento, el cual puede consistir de una o más nuevas operaciones. Por ejemplo, la figura 1c) muestra que la operación *move* en la clase *Player* es refinada no-atómicamente por las operaciones *moveForwards* y *moveBackwards* a través del *mapping* <move= moveForwards; moveBackwards >.

- **Refinamiento de Invariante:** Una clase es obtenida de otra reemplazando su invariante (aserción que debe mantenerse verdadera para toda instancia de la clase) por su refinamiento. La clase refinada tendrá una nueva invariante que implique la original. Por ejemplo, la figura 1d) muestra a la clase *Player* donde su invariante es refinado por otro, obteniendo la clase *Player'*, cuyo invariante implica al original.

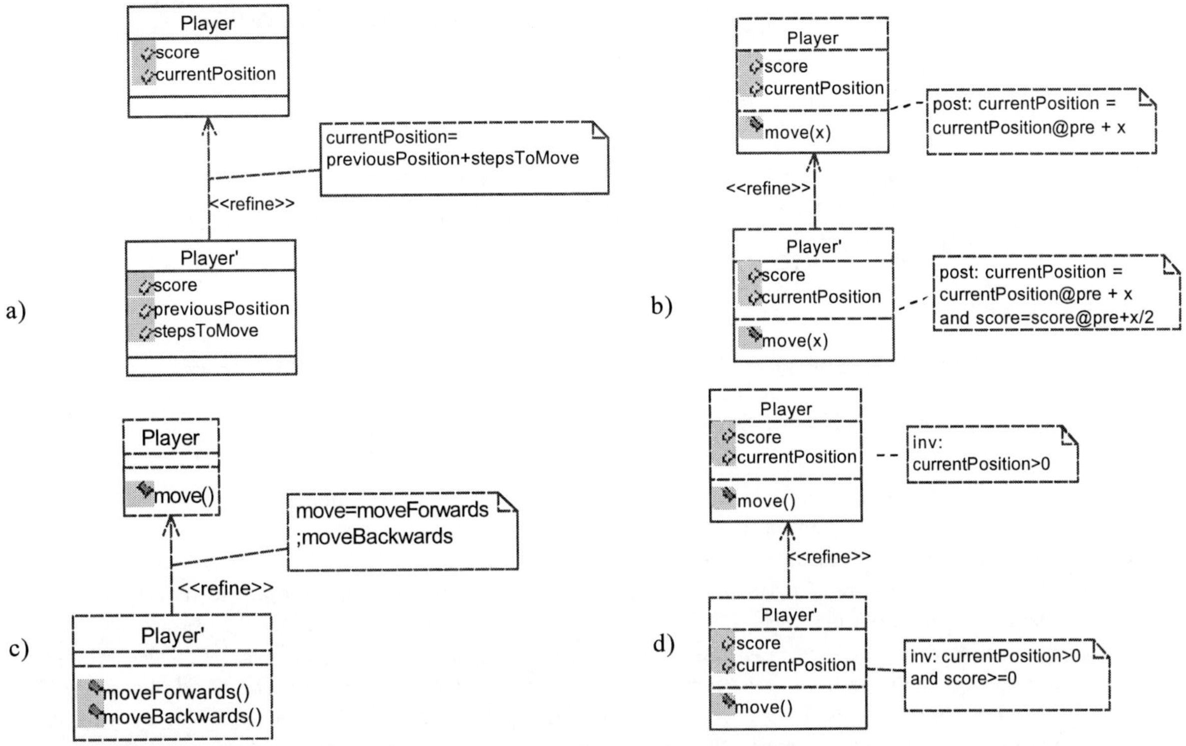

Figura 1. Distintos Refinamientos de clase: a) de atributo, b) de operación atómico, c) de operación no-atómico d) de Invariante

3. Refinamientos de clase expresados como composición de refinamientos más elementales

La dependencia *Abstraction* es imprecisa. Aún al ser estereotipada con el estereotipo <<refine>>, en el caso de refinamiento de clases no permite expresar si lo que se está refinando son los atributos, las operaciones de la clase, su invariante o bien una composición de ellos.

La figura 2 muestra la instancia del metamodelo de UML correspondiente al diagrama de la figura 1 a), donde el refinamiento está establecido entre clases, pero lo que específicamente se está refinando, es el atributo currentPosition. El *mapping* del refinamiento se expresa en función de atributos, aunque no queda claro que es un atributo lo que se está refinando. El metamodelo de UML es muy abstracto en este sentido, no permite instanciar con precisión refinamientos elementales.

Específicamente, es necesario poder expresar con más detalle los *mappings* del refinamiento de clases, para poder realizar el proceso de *traceability* en forma concreta y precisa.

Los *mappings* varían según que elemento se está refinando (atributos, operaciones o invariantes) por lo tanto *suppliers* y *clients* de la relación de dependencia también varían (son atributos, operaciones o invariantes de clase respectivamente). Podemos concluir que un refinamiento de clase se compone de cero o más refinamientos de atributos, cero o más refinamientos de operaciones y cero o más refinamientos de invariante. En las siguientes subsecciones discutiremos cada uno de los refinamientos elementales que pueden componer un refinamiento de clase.

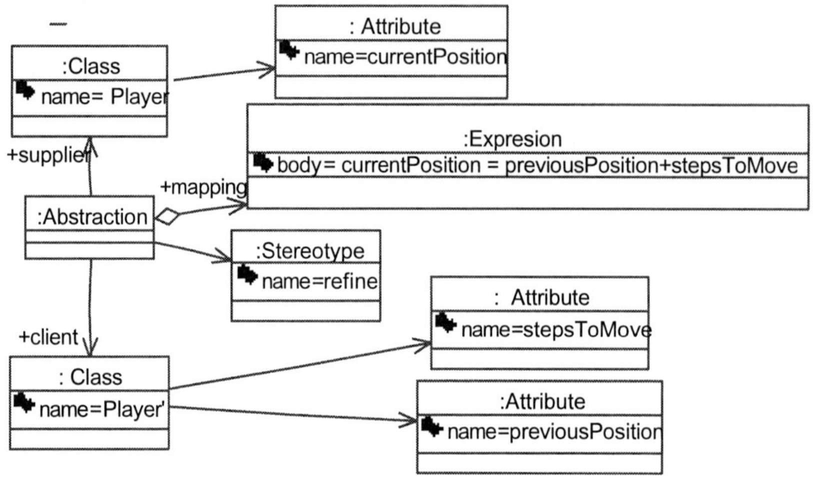

Figura 2. Diagrama de la figura 1 a) expresado como instancia del metamodelo

3.1 Refinamiento de Atributo

La figura 3 muestra el refinamiento de clase correspondiente a la figura 1a), donde se muestra explícitamente que está compuesto por un refinamiento de atributos.

Aparecen algunas cuestiones relacionadas al diagrama propuesto:

- UML no provee notación para mostrar un atributo en forma aislada, siempre lo muestra dentro del elemento (clase, por ejemplo) donde está definido.
- El metamodelo UML no permite expresar asociaciones entre dependencias. Es necesario poder denotar que un refinamiento se *compone* (la composición es una forma particular de la *asociación*) de otras abstracciones. Esto no es posible en las versiones de UML 1.x ni en UML 2.0 ya que las relaciones de dependencia (la abstracción es una de ellas) son *Relationship* (tienen una navegabilidad preestablecida, dirigida, tienen *client* y *supplier*) pero no son *Classifiers*, mientras que las asociaciones se establecen únicamente entre *Classifiers*.

Como vemos en el diagrama de la figura 3, una solución para esta situación de falta de expresividad es, por un lado, definir un nuevo estereotipo <<refinementComposition>>, para la metaclase *DirectedRelationship* (elegimos esta metaclase ya que, por lo que se explica previamente, en UML no sería válido extender la metaclase *Association*) para poder expresar composición entre refinamientos. Por otro lado, definir nuevos estereotipos para la metaclase *Abstraction*: <<classRefine>> que representa un refinamiento de clase compuesto, en este caso de uno más elemental: <<attributeRefine>>. Al extender el metamodelo de UML con estos nuevos estereotipos, estamos en condiciones de poder metamodelar este refinamiento de clase en forma más precisa, indicando qué elementos son los que realmente se están refinando (en este caso un atributo) y asociando el *mapping* a la abstracción correspondiente (entre atributos).

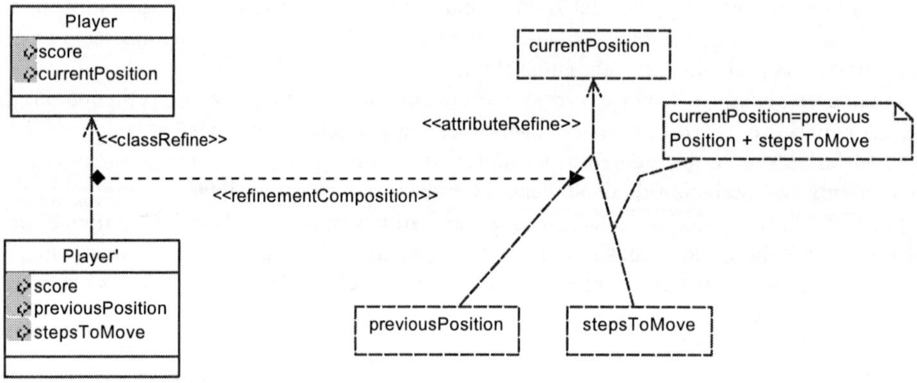

Figura 3. Refinamiento de clase compuesto por refinamiento de atributo.

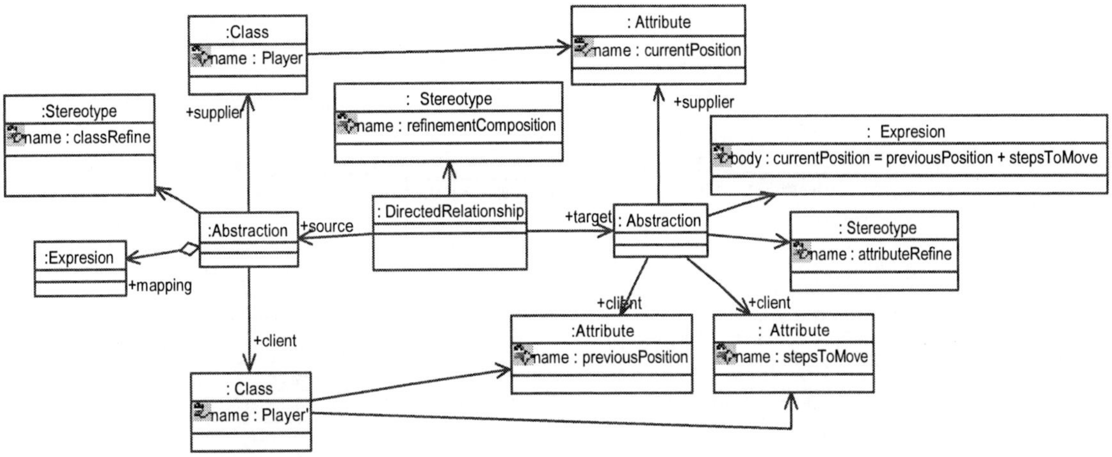

Figura 4. Diagrama de la figura 3 expresado como instancia del metamodelo propuesto

La figura 4 muestra la instanciación del metamodelo propuesto, para el diagrama de la figura 3. En este diagrama puede verse explícitamente la instanciación de la relación de refinamiento entre atributos. Una instancia de *DirectedRelationship* tiene un extremo *source* y un extremo *target*. En este caso, tiene el estereotipo refinementComposition (para representar la composición de refinamientos). El *source* es el refinamiento de clase y el *target* el refinamiento de atributo.

3.2 Refinamiento de Operación

En el caso de refinamiento de operación, sucede algo similar que al refinar atributos.
Cuando el refinamiento de operación es **atómico**, el *mapping* es la identidad. La figura 5 muestra el refinamiento de clase correspondiente a la figura 1b), donde se muestra explícitamente que está compuesto por un refinamiento de operación atómico. La operación sólo refina su postcondición. Aparece un nuevo estereotipo para *Abstraction*, <<atomicOpRefine>>. La figura 6 muestra la instanciación del metamodelo para este ejemplo. La relación de composición es instancia de la metaclase *DirectedRelationship*. El *source* es el refinamiento de clase y el *target*, el refinamiento de operación atómico. El *supplier* y el *client* del refinamiento atómico son conjuntos unitarios que representan la operación en cuestión con su postcondición (instancia de la metaclase *Constraint* con estereotipo *postCondition*) cambiada.

Cuando el refinamiento de operación es **no atómico**, el *mapping* relaciona a la operación refinada con las operaciones más concretas. La figura 7 muestra el refinamiento de clase correspondiente a la figura 1c), donde se muestra explícitamente que está compuesto por un refinamiento de operación no atómico. Los problemas son similares a los planteados anteriormente. Aparece por lo tanto un nuevo estereotipo para *Abstraction*: <<non-atomicOpRefine>>. Por la semejanza estructural de este refinamiento de operación con el de atributos, la instanciación del metamodelo es semejante también, por lo que no la incluimos.

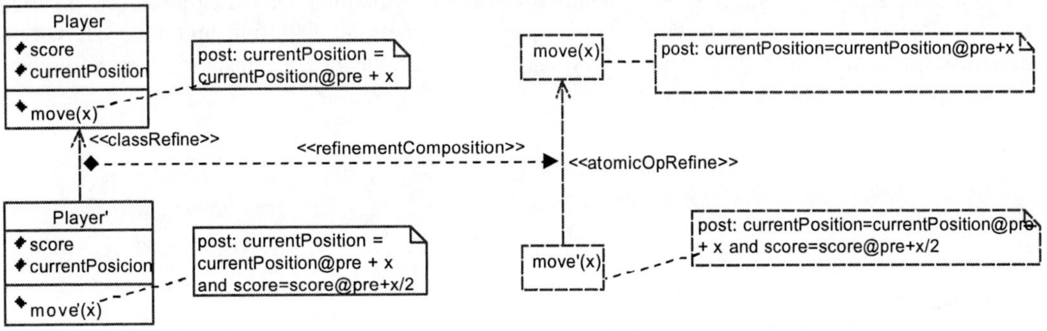

Figura 5.Refinamiento de clase compuesto por refinamiento de operación atómico.

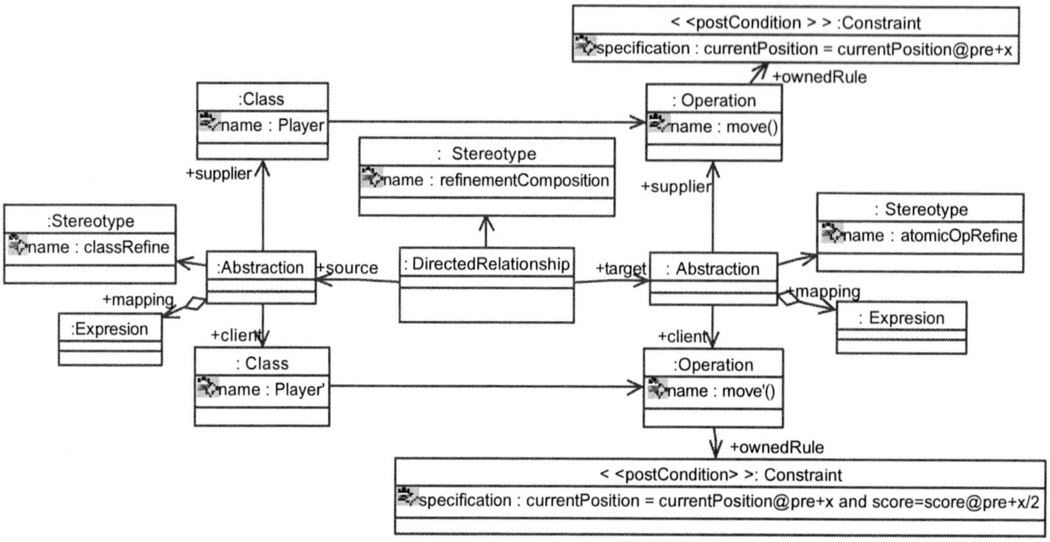

Figura 6. Diagrama de la figura 5 expresado como instancia del metamodelo propuesto

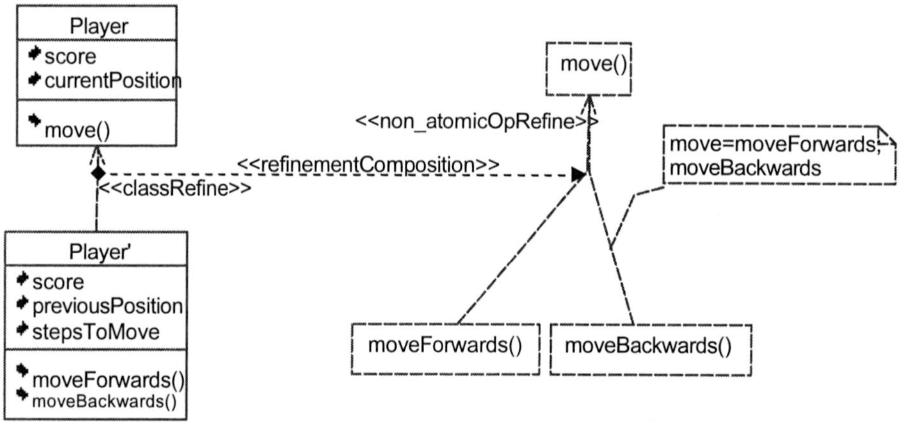

Figura 7. Refinamiento de clase compuesto por refinamiento de operación no-atómico

3.3 Refinamiento de Invariante

En el caso de refinamiento de invariante, el *mapping* es la identidad, ya que el refinamiento se realiza sobre la misma invariante de clase. La figura 8 presenta el refinamiento de clase correspondiente a la figura 1d), donde se muestra explícitamente que está compuesto por un refinamiento de invariante (un invariante es instancia de la metaclase *Constraint*). Por lo tanto, aparece la necesidad de definir un nuevo estereotipo para *Abstraction*, <<invariantRefine>>, donde *client* y *supplier* son *constraints*. La instanciación del metamodelo para este diagrama es similar a las anteriores.

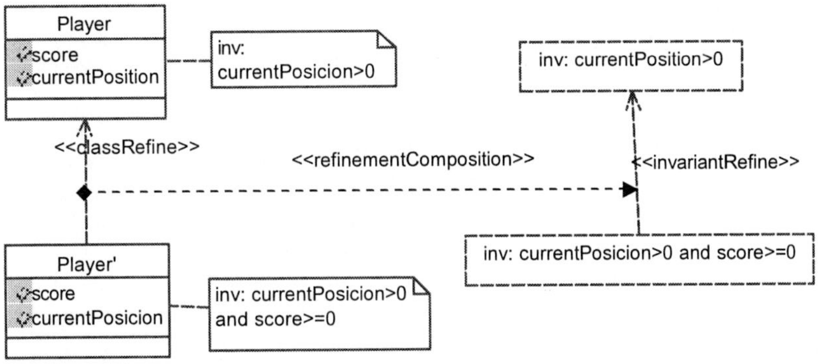

Figura 8. Refinamiento de clase compuesto por refinamiento de invariante.

4. Una extensión de UML para expresar refinamientos de clase

Para poder modelar refinamientos de clase más elementales en UML, como discutimos en la sección anterior, es necesario extender el metamodelo de UML. En las siguientes subsecciones presentamos una definición formal de los nuevos estereotipos mencionados previamente, indicando a que metaclase (cual es su base) estereotipan y las restricciones, expresadas en OCL [OMG, 2004(a)], que deben cumplirse al utilizarlos.

4.1 La composición entre refinamientos

En esta sección introducimos la extensión para metamodelar composición de refinamientos. Como dijimos previamente, expresamos esta composición específica definiendo un estereotipo para la metaclase *DirectedRelationship* (Figura 9).
Basándonos en el metamodelo de UML 2.0 [OMG, 2004(b)] definimos formalmente al estereotipo refinementComposition.

Figura 9. El estereotipo <<refinementComposition>> con base en DirectedRelationship.

ι STEREOTYPE **refinementComposition**
Base: DirectedRelationship
Constraints:
1. Una relación << refinementComposition>> se debe establecer entre refinamientos (los extremos deben estar estereotipados con estereotipos de la jerarquía de *refine*)

```
self.source.type.oclIsKindOf(Abstraction) and
self.target.type.oclIsKindOf(Abstraction) and
self.source.type.stereotype.allParents -> includes (<<refine>>) and
self.target.type.stereotype.allParents -> includes (<<refine>>)
```

2. El extremo *source* de la relación debe ser un refinamiento compuesto (por ejemplo, no puede ser un refinamiento elemental de atributo, ni de operación, ni de invariante)

```
self.source.type.stereotype <> <<attributeRefine>> and
self.source.type.stereotype <> <<operationRefine>> and
self.source.type.stereotype <> <<invariantRefine>>
```

3. El extremo *target* de la relación debe pertenecer a la jerarquía de refinamientos elementales y no debe pertenecer a otra relación de composición entre refinamientos (composición fuerte).

```
self.target.type.stereotype.parent -> includes (<<elementalRefine>>) and
(self.owningPackage.ownedMember -> select (r: DirectedRelationship |
r.stereotype= << refinementComposition >> and r <> self ))-> forAll (r |
r.target <> self.target)
```

4.2 Estereotipos para modelar refinamientos de clase elementales

En la figura 10 presentamos un metamodelo para poder expresar refinamientos de clase. La subclase ClassRefine de la metaclase *Abstraction* modela refinamientos de clase y se compone de refinamientos elementales (subclases de ElementalRefine) que también son subclases de *Abstraction*. Consideramos los refinamientos elementales concretos de atributo, de operación y de invariante pero, por supuesto, la jerarquía queda abierta para análisis futuro.

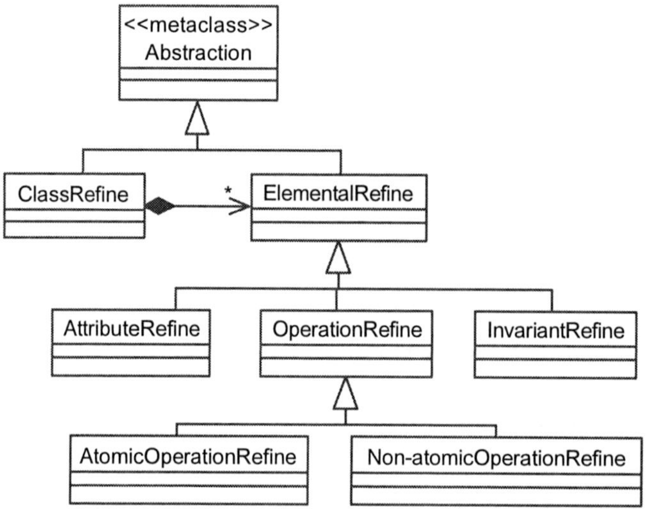

Figura 10. Metamodelo para expresar refinamientos de clase.

Para implementar esta idea en UML respetando la forma estándar de extensión al metamodelo (el documento de especificación de UML define como mecanismos de extensión la creación de nuevos estereotipos, valores etiquetados y restricciones sobre elementos ya existentes), decidimos basarnos en el estereotipo <<refine>> de *Abstraction* ya existente en el metamodelo de UML.

Concretamente, la extensión al metamodelo de UML que proponemos para expresar el diagrama de la Figura 10, consiste en definir una jerarquía de estereotipos con raíz en <<refine>> (Figura 11).
En el diagrama presentamos a igual nivel los estereotipos <<classRefine>> y <<elementalRefine>>. Más adelante, incluimos reglas de buena formación (*Constraints*) para expresar que un refinamiento con estereotipo <<classRefine>> se compone de refinamientos elementales, o sea refinamientos con estereotipo <<attributeRefine>>,<<operationRefine>> o <<invariantRefine>>, subestereotipos de <<elementalRefine>>. A su vez, el refinamiento de operación se subclasifica con estereotipos más específicos: <<atomicOperationRefine>> y <<non_atomicOperationRefine>>, permitiendo así el modelado de los refinamientos de operación que introdujimos en la sección 2.

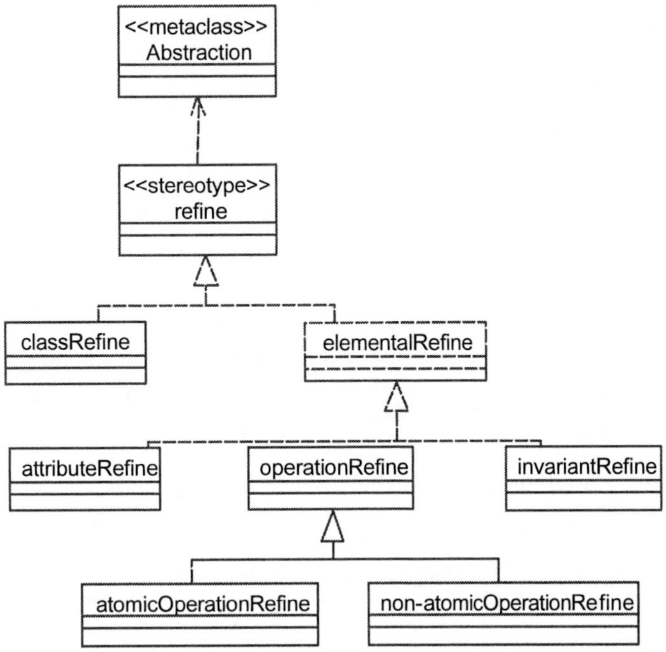

Figura 11. Estereotipos propuestos como extensión del metamodelo de UML.

4.2.1 Definición de los estereotipos

En este apartado definimos los estereotipos que forman la jerarquía descrita en la figura 11 cuya raíz es el estereotipo *refine*, con base en la metaclase *Abstraction*.

ι STEREOTYPE **classRefine** , subclase del estereotipo *refine*
Base: Abstraction
Constraints:
1. Una Abstraction <<*classRefine*>> se debe establecer entre clases.
```
self.supplier.oclIsKindOf(Class) and self.client.oclIsKindOf(Class)
```

2. El *mapping* entre clases es una relación de correspondencia entre las propiedades *(features)* de la clase *supplier* y las propiedades de la clase *client*.
```
self.mapping.body = [σ (<p1, p2, ..,pn>) = < ζ(p1), ζ(p2), .. ζ(pn)>]
```

La especificación de una clase puede definirse por la lista de propiedades (sus atributos, operaciones, etc.) que describen a los objetos de la clase [Pons and Kutsche, 2004].
En este caso la lista de propiedades <p1, p2,..,pn> especifica a la clase *supplier* (`self.supplier`); σ es la función que aplicada a la clase supplier (a su especificación), retorna su refinamiento (`self.client`); y ζ es la función que describe el *mapping* para cada propiedad.

σ : Class -> Class

ζ: Feature -> Feature

Nota: Utilizamos una representación abstracta para expresar las funciones asociadas al *mapping*. Algunos de los *mappings* entre *features* no pueden ser expresados en OCL (por ejemplo composición de operaciones), por lo que es necesario definir un lenguaje simple, como trabajo futuro, para poder precisar esta representación.

ι STEREOTYPE **elementalRefine** , subclase del estereotipo *refine.* Es un estereotipo abstracto. Se subclasifica en estereotipos para refinamientos elementales concretos.
Base: Abstraction

Constraints:
1. Una Abstraction <<*elementalRefine*>> no puede existir aislada, debe ser "parte de" sólo un refinamiento compuesto (de clase), o sea:

debe ser el extremo *target* de una relación <<refinementComposition>> entre abstracciones, donde el extremo *source* es una única abstracción <<classRefine>>

```
self.composite -> size = 1 and self.composite->stereotype= << classRefine >>
```

donde la operación *composite* retorna el conjunto de refinamientos compuestos de los cuales el refinamiento elemental (*self*), es parte:

composite: Abstraction -> Set(Abstraction)

```
composite = (self.owningPackage.ownedMember -> select (r: DirectedRelationship
| r.stereotype= << refinementComposition >> and
r.target = self )) -> collect (r: DirectedRelationship | r.source )
```

- STEREOTYPE **attributeRefine,** subclase del estereotipo *elementalRefine*

Base: Abstraction
Constraints:
1.Una Abstraction <<*attributeRefine*>> se debe establecer entre atributos.

```
self.supplier.oclIsKindOf(Attribute) and self.client.oclIsKindOf(Attribute)
```

2. Los atributos que forman el refinamiento deben estar definidos en las clases del refinamiento que se está componiendo. Más precisamente:

2.1 los atributos *clients* deben pertenecer a la clase *client* de la abstracción <<classRefine>> (refinamiento compuesto, obtenido aplicando la operación *composite).*

```
self.client-> forAll(c |self.composite.client.ownedAttribute -> includes(c))
```

2.2 el atributo *supplier* debe pertenecer a la clase *supplier* de la abstraccion <<classRefine>> (refinamiento compuesto, obtenido aplicando la operación *composite)*

```
self.composite.supplier.ownedAttribute -> includes (self.supplier)
```

- STEREOTYPE **operationRefine,** subclase del estereotipo *elementalRefine*

Este estereotipo es abstracto, ya que como vimos en la sección 2, un refinamiento de operación puede establecerse sobre la operación misma, que se refina con nuevas operaciones o sobre la postcondición de la operación y en este caso, la operación se mantiene pero con su postcondición refinada. Por lo tanto, este refinamiento se subclasifica en refinamiento de operación atómico y refinamiento de operación no atómico.
Base: Abstraction
Constraints:
1. Una Abstraction <<*operationRefine*>> se debe establecer entre operaciones.

```
self.supplier.oclIsKindOf(Operation) and self.client.oclIsKindOf(Operation)
```

2. Las operaciones que forman el refinamiento deben estar definidas en las clases del refinamiento que se está componiendo. Más precisamente:

2.1 las operaciones *clients* deben pertenecer a la clase *client* de la abstraccion <<classRefine>> (refinamiento compuesto, obtenido aplicando la operación *composite)*

```
self.client-> forAll(c |self.composite.client.ownedOperation -> includes(c))
```

2.2 la operación *supplier* deben pertenecer a la clase *supplier* de la abstracción <<classRefine>> (refinamiento compuesto, obtenido aplicando la operación *composite)*

```
self.composite.supplier.ownedOperation -> includes (self.supplier)
```

- STEREOTYPE **atomicOperationRefine** subclase del estereotipo *operationRefine*

Base: Abstraction
Constraints:
1. Una operación se refina con una sola operación.

```
self.client -> size = 1
```

2. La postCondición de la operación *client* implica la postCondición de la operación *supplier*

```
(self.client.ownedRule->detect (r| r.stereotype=<<postCondition>>)) implies
(self.supplier.ownedRule->detect (r| r.stereotype=<<postCondition>>))
```

ι STEREOTYPE **non-atomicOperationRefine,** subclase del estereotipo *operationRefine*
Base: Abstraction
Constraints:
1. Una operación se refina con más de una operación.

```
self.client -> size > 1
```

ι **STEREOTYPE invariantRefine** subclase del estereotipo *elementalRefine*
Base: Abstraction
Constraints:
1. Se debe establecer entre invariantes de clase, es decir *client* y *supplier* son *constraints* con estereotipo <<invariant>>

```
self.supplier.oclIsKindOf(Constraint) and self.client.oclIsKindOf(Constraint) and
self.supplier.stereotype=<<invariant>> and self.client.stereotype = <<invariant>>
```

2. Los invariantes que forman el refinamiento deben ser los invariantes de las clases de la relación que se está componiendo. Más precisamente:

2.1 el invariante *client* debe ser invariante de la clase *client* de la abstraccion <<classRefine>>, (refinamiento compuesto, obtenido aplicando la operación *composite)*

```
self.composite.client.ownedRule -> includes (self.client)
```

2.2 el invariante *supplier* debe ser el invariante de la clase *supplier* de la abstraccion <<classRefine>>, (refinamiento compuesto, obtenido aplicando la operación *composite)*

```
self.composite.supplier.ownedRule -> includes (self.supplier)
```

3. Un invariante se refina con un solo invariante.

```
self.client -> size = 1
```

4. El invariante *client* debe implicar al invariante *supplier.*

```
self.client implies self.supplier
```

5. Conclusiones y Trabajo Futuro

Cuanto más detalladamente se formula la documentación de refinamientos (*mapping*) en el desarrollo de software, los requerimientos podrán ser rastreados más precisamente a través de los pasos de refinamiento.

En este artículo, nos centramos en el estudio de refinamientos que por estar compuestos por otros más elementales, carecen de precisión a la hora de definir sus *mappings*, ya que estos se expresan en términos de los refinamientos elementales. Aún en el caso más simple de refinamiento, por ejemplo el de clase, se presentan refinamientos compuestos, ya que al refinar una clase lo que se refina son sus componentes, por ejemplo sus atributos o sus operaciones. La composición de refinamientos no puede ser representada ni formalizada en UML, ya que este lenguaje carece de notación para ello. Como una solución para esta falta de expresividad, hemos presentado una extensión del metamodelo de UML para modelar refinamientos, basada en la definición de nuevos estereotipos.

La relación de refinamiento puede establecerse entre elementos del mismo tipo (por ejemplo entre clases) o de tipos diferentes (por ejemplo un modelo de casos de uso y un modelo de colaboración que lo realiza) [Pons et al. 2000; Giandini and Pons, 2002; Pons et al., 2003].
En este trabajo hemos estudiado una forma de refinamiento entre elementos del mismo tipo (el refinamiento de clases). Como línea de trabajo futuro, incluiremos el tratamiento de otros refinamientos entre elementos del mismo tipo. La idea es discriminar al subclasificar el estereotipo <<refine>> para Abstraction. Una de las ramas será bajo el discriminante sameTypeElement al que pertenecen el refinamiento de clases, de casos de uso, de colaboraciones, etc., y otra bajo el discriminante differentTypeElement, donde *Client* y *Supplier* de la relación de refinamiento son de distinto tipo. Por ejemplo: un caso de uso *realizado por* una colaboración; una colaboración *con base en* diagramas de clase, etc.

En cada caso, ya sea aplicados a elementos del mismo o diferente tipo, estos estereotipos agregarán nuevas restricciones y nuevas definiciones para *mappings* más detallados con el fin de poder realizar con mayor precisión el proceso de *traceability* entre dichos elementos.

Referencias

Davies, J., Crichton, C. Concurrency and refinement in the UML. Electronic Notes in Theoretical Computer Science, Volume 70, July 2002

Derrick, J. and Boiten,E. Refinement in Z and Object-Z. Foundation and Advanced Applications. FACIT, Springer, 2001

D´ Souza, Desmond and Wills, Alan. Objects, Components and Frameworks with UML.Addison-Wesley. 1998.

Dijkstra, E.W., A Discipline of Programming. Prentice-Hall, 1976.

Giandini, R., Pons, C., Pérez,G. Use Case Refinements in the Object Oriented Software Development Process. Proceedings of CLEI 2002, ISBN 9974-7704-1-6, Uruguay. 2002.

Hnatkowska B., Huzar Z., Tuzinkiewicz L On Understanding of Refinement Relationship. Workshop in Consistency Problems in UML-based Software Development III – Understanding and Usage of Dependency Relationships at the 7th International Conference on the UML. Lisbon, Portugal, October 11, 2004

IBM, The Eclipse Project. Home Page. Copyright IBM Corp. and others, 2000-2003. http://www.eclipse.org/.

Kostrzewa M. Exploration and Refinement of the UML Dependency Concepts. Workshop in Consistency Problems in UML-based Software Development III at the 7th International Conference on the UML. Lisbon, Portugal, Oct 11, 2004

Lano,K. The B Language and Method. FACIT. Springer, 1996.

Liu Z., Jifeng H., Li X., Chen Y. Consistency and Refinement of UML Models. Workshop in Consistency Problems in UML-based Software Development III at the 7th International Conference on the UML. Lisbon, Portugal, Oct 11, 2004

OMG(a). The Object Constrain Lenguaje Specification – Version 2.0, for UML 2.0, revised by the OMG, http://www.omg.org, April 2004.

OMG (b). The Unified Modeling Language Specification – Version 2.0, UML Specification, revised by the OMG, http://www.omg.org, April 2004.

Pons, C., Giandini R. and Baum G. Specifying Relationships between models through the software development process, Tenth International Workshop on Software specification and Design, San Diego., IEEE Computer Society Press. November 2000.

Pons, C., Pérez,G., Giandini, R., Kutsche, R. Understanding Refinement and Specialization in the UML. and. 2nd International Workshop on MAnaging SPEcialization/Generalization Hierarchies (MASPEGHI). In IEEE ASE 2003, Canada.

Pons, C., Giandini, R, Pérez., G., Pesce, P., Becker, V., Longinotti,J., Cengia,J., Kutsche, R-D., The PAMPERO Project: “Formal Tool for the Evolutionary Software Development Process”. Home page: http://sol.info.unlp.edu.ar/eclipse., 2003-4

Pons C., Giandini R., Pérez G., Pesce P., Becker V., Longinotti J., Cengia J., Correa N. and Labaronnie P. PAMPERO: Precise Assistant for the Modeling Process in an Environment with Refinement Orientation. In "UML Modeling Languages and Applications: UML 2004 Satellite Activities, Revised Selected Papers". Lecture Notes in Computer Science number 3297. Springer, Oct., 2004

Pons, C., Kutsche, R. Traceability Across Refinement Steps in UML Modeling. 3rd Workshop in Software Model Engineering WiSME at the 7th International Conference on the UML. October 11th 2004. Lisbon, Portugal .

A Framework for Experimental Studies Planning in Object-Oriented Software Decay

Marco Antônio Pereira Araújo, Guilherme Horta Travassos
Federal University of Rio de Janeiro - Brazil
COPPE - Systems Engineering and Computer Science Department
e-mail: {maraujo, ght}@cos.ufrj.br

Abstract

Software systems are growing quickly in needs of functionality, complexity, size and structure. Therefore, it becomes necessary to advance the ways where the software suffers changes, so it can be modified more easily to accommodate these needs. However, anticipating to the changes is not an easy task, once there are a lot of reasons why systems change. The Laws of Software Evolution describe how a system behaves throughout their successive versions regarding its decaying. Most of the experimental studies supporting these Laws are concerned with legacy systems' source code. However, we believe the Laws can also be observed and applied when dealing with other software development process phases, including evolutive maintenance. Therefore, we present a set of hypotheses to experimentally verify whether the Laws of Software Evolution can also be observed in the object-oriented software. A case study demonstrating the framework's use is also described.

1. Introduction

In the past decade software engineers observed a great progress in the software development techniques. New software processes, programming languages and CASE tools were proposed, built and adopted aiming at the improvement of the development of software. Software maintenance, however, seems to have fallen behind. Systematic maintenance is fundamentally a reactive activity, even more chaotic than the regular software development, but as necessary as it because the constant changing environments highlights the need of creating new successive software system versions adapted to the changed environment. Consequently, software maintenance happens to be in a way that is relatively disorganized thus leading to a natural software system's structure deterioration [27].

The Laws of Software Evolution (LSE) describe how a system behaves along its successive versions regarding its decaying [2]. Research works found in the Software Engineering technical literature make reference to software evolution experimental studies considering only legacy systems' source code [5, 6]. However, as pointed by Lehman, it is necessary to evolve the studies regarding the object-oriented systems [3] and other software development process abstraction levels [4]. Therefore, decay causes' studies throughout object-oriented development processes become relevant. They can provide to software maintainers better understanding of how OO software can evolve. Although this work describes the software evolution process considering the development process, we could always generalize it into a software maintenance process, once the greatest difference between development and maintenance is that one is guided by the software requirements and the other by the requirements changing events, respectively. Changing events represent the stimuli that start off the maintenance activity as a random event [28].

Considering this software evolution scenario, this paper aims at introducing the research that is being accomplished at COPPE/UFRJ to define a framework, based on the Laws of Software Evolution [2, 14] (Table 1), for experimental studies on object-oriented software decay. It's not the purpose of this work to prove or refuse any of the Laws of Software Evolution but use them into elaborating a conceptual framework to support the definition of experimental studies concerned with the different object-oriented software development process phases, focusing on the evolutive maintenance. A set of hypotheses to experimentally verify whether the Laws of Software Evolution can also be observed in the object-oriented software together with a case study demonstrating the framework's use are discussed in this paper.

Table 1 – The Laws of Software Evolution [2]

LSE	Description
Continuing Change	An *E*-type[1] system must be continually adapted else it becomes progressively less satisfactory in use
Increasing Complexity	As an *E*-type system evolves its complexity increases unless work is done to maintain or reduces it
Self Regulation	Global *E*-type system evolution processes are self-regulating
Conservation of Organizational Stability	Average activity rate in an *E*-type process tends to remain constant over system lifetime or segments of that lifetime
Conservation of Familiarity	In general, the average incremental growth (growth rate trend) of *E*-type systems tends to decline
Continuing Growth	The functional capability of *E*-type systems must be continually increased to maintain user satisfaction over the system lifetime
Declining Quality	Unless rigorously adapted to take into account changes in the operational environment, the quality of an *E*-type system will appear to decline as it is evolved
Feedback System	*E*-type evolution processes are multi-level, multi-loop, multi-agent feedback systems

This paper has been organized in six sections. The first section comprises this introduction. In Section 2, we present our hypotheses for the Laws of Software Evolution in the context of object-oriented development process decay. In Section 3, we present the linkage among the Laws of Software Evolution and how they could be explored to observe OO software decay. Section 4 presents the basic structure for planning the experimental studies in object-oriented software decay using this framework. In Section 5, a case study describing the use of such framework is described. Finally, some final considerations and future works are described in section 6.

2. Observing the Laws of Software Evolution

To observe the LSE some software systems' features can be explored. In this way, this work got started from the identification of a set of software characteristics that, when grouped, would affect OO software decay. Some of them (*Reliability, Efficiency and Maintainability*) were adapted from the ISO 9126-1 [7]. Other ones (*Size, Periodicity, Complexity and Modularity*) have been added in order to observe the features not included in ISO 9126-1, but important in our opinion to observe some software evolution issues. These characteristics are explained below.

Size is characterized as the amount of artifacts produced in each phase of the proposed software development process. As *Periodicity* we are representing the interval of time elapsed between each produced version of each artifact. *Complexity* is identified through elements that can measure the structural complexity of the artifact. We describe *Modularity* through the coupling and cohesion characteristics between artifacts. As *Reliability* we represent the amount of identified defects by artifact in each version of the software. *Efficiency* is identified by the amount of people and allocated resources, spent time and average productivity of the team, by each artifact version. Finally, *Maintainability* is characterized by the efficiency in the identification of defects and also for the efficiency in their removal.

These characteristics have been grouped and interpreted according to the perspectives given by the Laws of Software Evolution and elementary OO development phases, such as Requirements Specification, High and Low Level Design and Coding [1, 12, 23, 24]. Thus, leading to capture the expected trends for each characteristic when evaluating the software system regarding its decay. We have used truth tables to describe each one of the possible combinations of these trends, which allow software maintainers to observe the behavior of the software system considering such laws. Besides, it also allows the definition of hypotheses associated with the Laws of Software Evolution (Table 2).

[1] An *E*-type system represents software solving a problem or addressing an application in the real word.

Table 2 – Expected OO Software Characteristics' behavior regarding LSE

LSE	Hypotheses
Continuing Change	(Size doesn't decrease **AND** Periodicity doesn't increase)
Increasing Complexity	(Size increases **OR** Complexity increases **OR** Modularity decreases **OR** Maintainability decreases)
Self Regulation	(Size doesn't increase **AND** Reliability doesn't decrease **AND** Efficiency doesn't decrease)
Conservation of Organizational Stability	(Size doesn't change **AND** Efficiency doesn't change)
Conservation of Familiarity	(Size doesn't change **AND** Complexity doesn't change)
Continuing Growth	(Size increases **AND** Periodicity doesn't increase)
Declining Quality	(Complexity increases **OR** Modularity decreases **OR** Reliability decreases **OR** Maintainability decreases)
Feedback System	(Collection of relative measures to Size, Periodicity, Complexity, Modularity, Reliability, Efficiency, Maintainability)

Considering the established hypotheses, a set of applicable OO metrics concerned with each OO software development phase and regarding the software characteristics has been established [13, 17]. This metrics set includes process and product oriented metrics that should be collected for each produced OO software artifact version. The criteria to choose the metrics are based on [12, 18, 19, 20]. This metrics set includes process and product metrics that should be collected for each produced OO software artifact version throughout the software life cycle. The initial metrics' values extracted from the first OO software system version will allow the definition of a OO software's baseline in order to observe the characteristics' influence on OO software decay. The set of metrics, as well as its mapping over the presented hypotheses, is fully described in [1].

For instance considering the Law of Declining Quality, the characteristics and associated metrics for each software development phase are described in Table 3.

Table 3 – Law of Declining Quality's Metrics

	Complexity	Modularity	Reliability	Maintainability
Requirements Specification	• # Requirements • # Use Case	• Coupling between Use Cases (# Uses and Extensions)	• # Detected Defects • # Corrected Defects	• Efficiency in the Diagnostic of Defects • Efficiency in the Removal of Defects
High Level Design	• # Class Diagrams • # Sequence Diagrams • # State Diagrams • # Package Diagrams • # Activity Diagrams • Depth of Inheritance per Class	• Coupling between Classes	• # Detected Defects • # Corrected Defects	• Efficiency in the Diagnostic of Defects • Efficiency in the Removal of Defects
Low Level Design	• # Class Diagrams • # Sequence Diagrams • # Key Classes • Depth of Inheritance per Class • Coupling between Objects • Response for a Class • Lack of Cohesion in Methods	• Cohesion in Methods • Coupling between Classes	• # Detected Defects • # Corrected Defects	• Efficiency in the Diagnostic of Defects • Efficiency in the Removal of Defects
Coding	• Coupling between Objects • Response for a Class • Lack of Cohesion in Methods • Cyclomatic Complexity per Method	• Cohesion in Methods • Coupling between Classes	• # Detected Defects • # Corrected Defects • System Availability	• Efficiency in the Diagnostic of Defects • Efficiency in the Removal of Defects

3. Linkages among the Laws of Software Evolution

The Laws of Software Evolution are not independent [25, 26]. Thus, the presented hypotheses, defined based on the software characteristics trends (increase, decrease, no change) [1, 23, 24] (Table 2), were discussed in order to identify the linkages among the Laws of Software Evolution (Figure 1). This discussion is particularly relevant because this work is concerned with identifying the software decay process and not to study the individual behavior of the Laws of Software Evolution. The linkages among the LSE are properly described in [1].

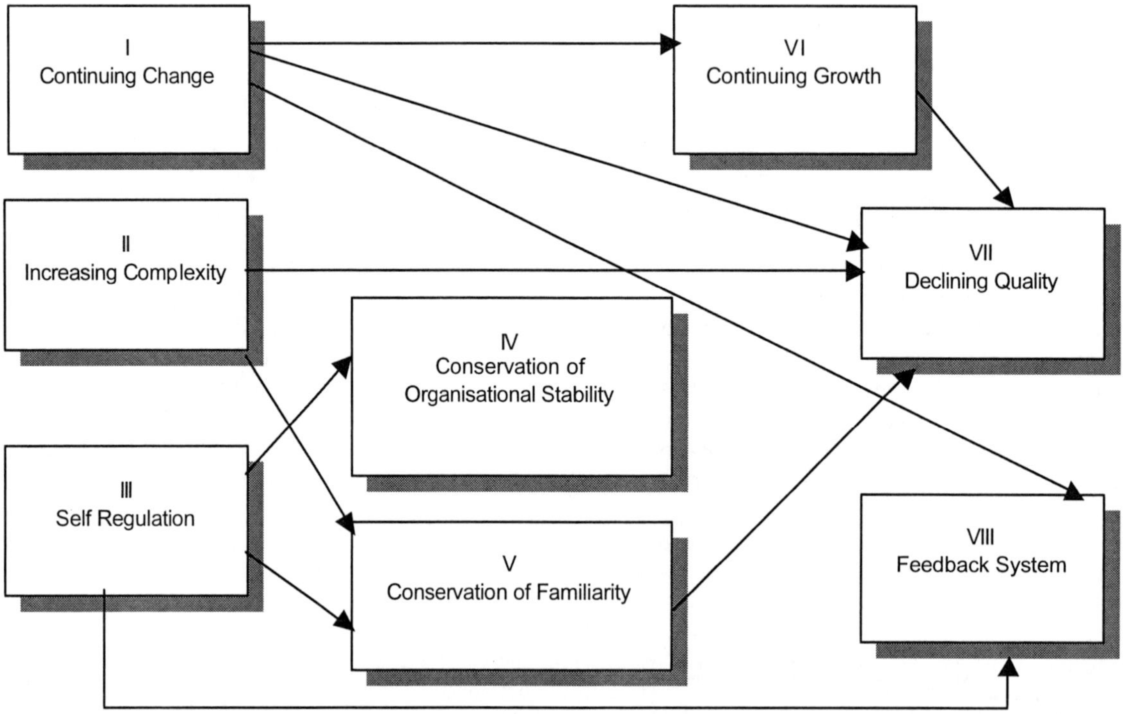

Figure 1 – Linkages among the Laws of Software Evolution

Based on Figure 1, we believe that these linkages are applicable not only inside each software development phase, like Requirements Specifications, High and Low Level Design and Coding, but also throughout these phases into an OO software development process (Figure 2). Therefore, based on the fact that the software characteristics previously defined logically determine the LSE behaviors, the laws should be investigated throughout the OO software development process in order to identify the software decay causes. For example, an Increasing of Complexity in the Requirements Specification should be investigated into the High Level Design and thus, successively, in the next development phases. This thought should also be valid for the other Laws of Software Evolution. This is a hypothesis inside the scope of this research needing further experimental investigation in the nearest future.

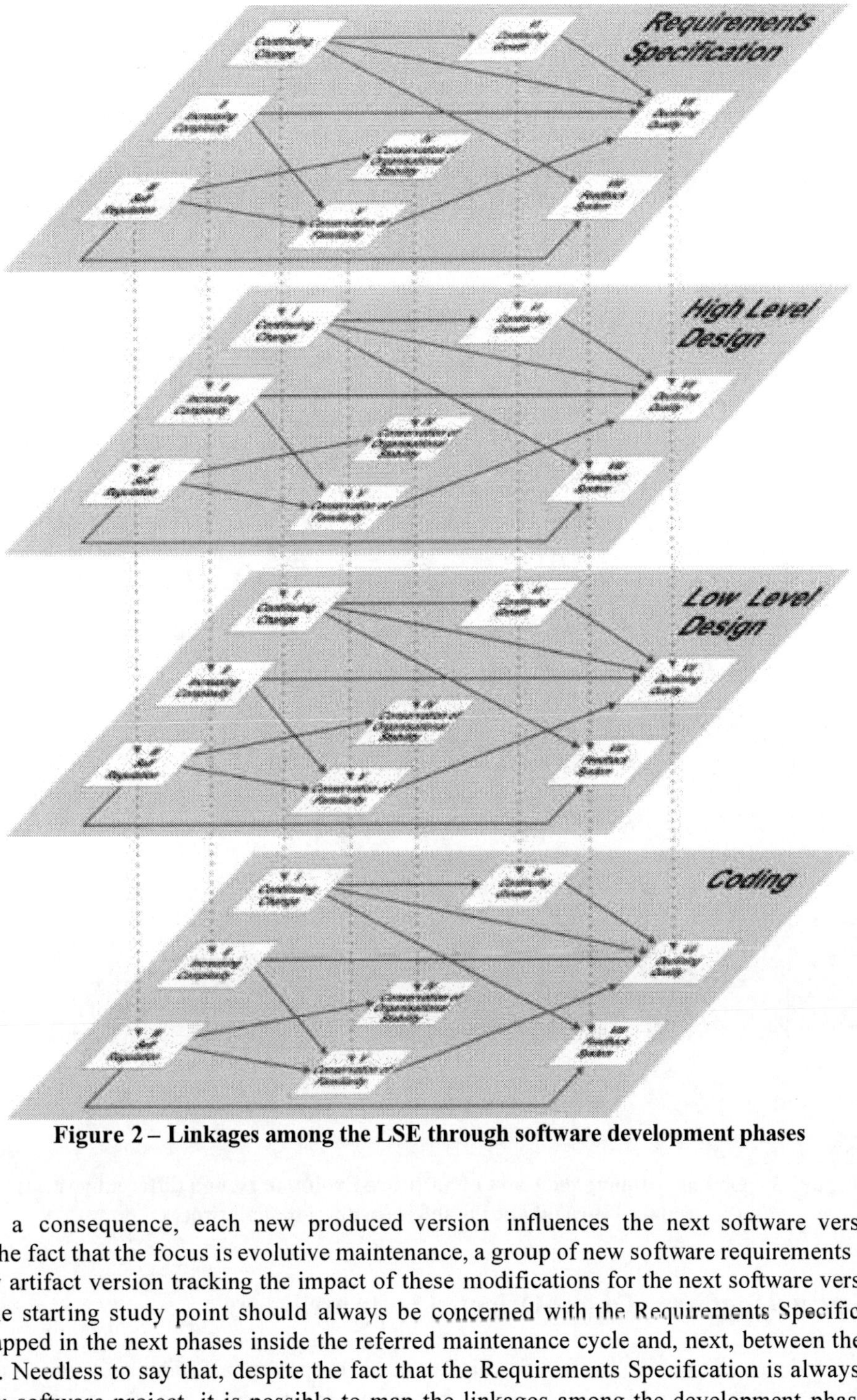

Figure 2 – Linkages among the LSE through software development phases

As a consequence, each new produced version influences the next software versions decay. Regarding the fact that the focus is evolutive maintenance, a group of new software requirements is associated to each new artifact version tracking the impact of these modifications for the next software versions (Figure 3). Thus, the starting study point should always be concerned with the Requirements Specification phase, which is mapped in the next phases inside the referred maintenance cycle and, next, between the versions of that artifact. Needless to say that, despite the fact that the Requirements Specification is always the starting point of any software project, it is possible to map the linkages among the development phases up to the abstraction level desired for the experimental studies, that is, researchers could study the software evolution process just up to High Level Design phase, for example. This brings out the discussion of software evolution for higher abstraction levels rather than mainly considering just the Coding phase. This hypothesis also need experimental investigation and must be object of future studies in the context of this research.

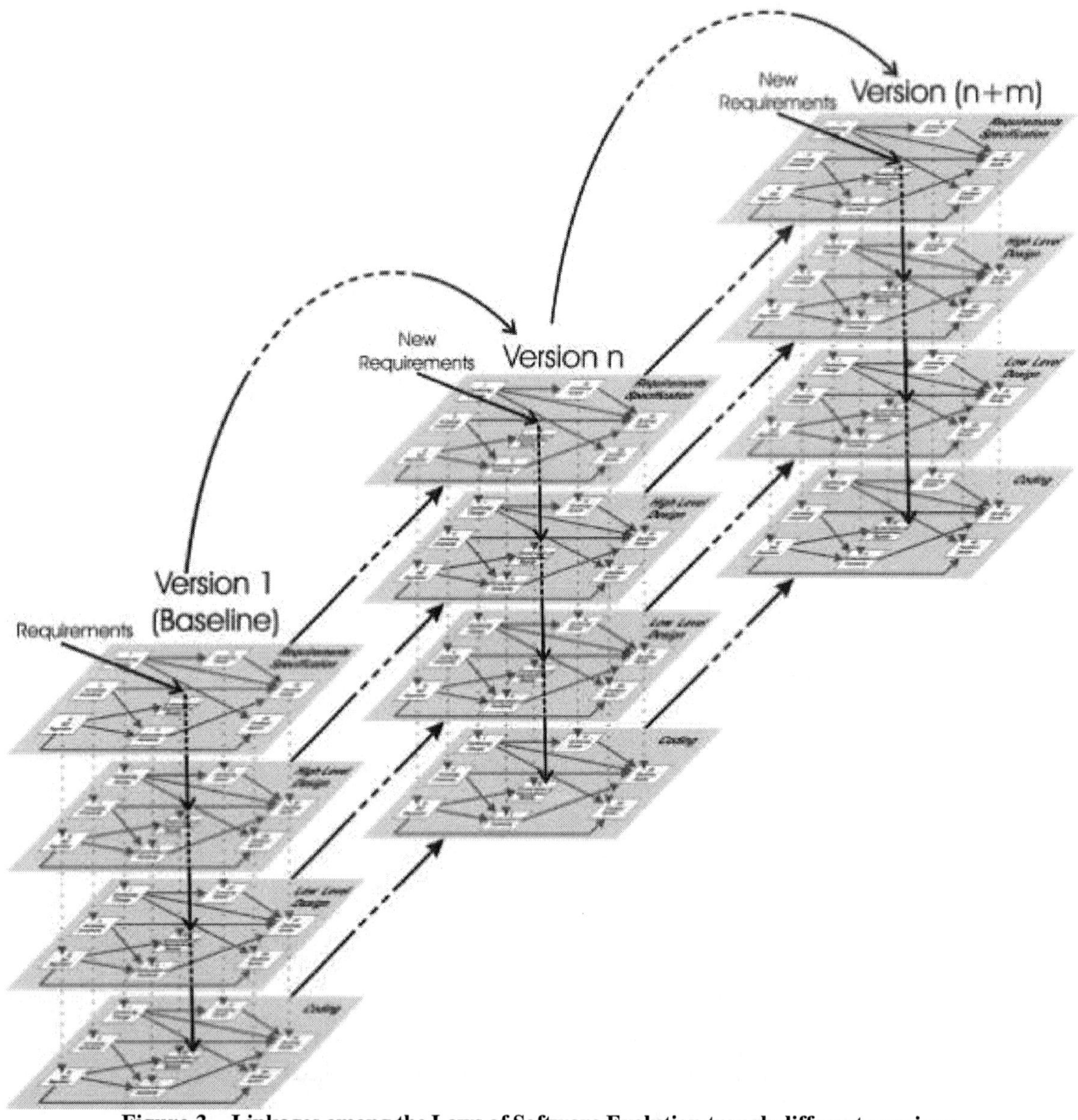

Figure 3 – Linkages among the Laws of Software Evolution trough different versions produced throughout the software development process

4. Experimental Studies in Object-Oriented Software Decay

The previously described framework enables us in proposing a family of experimental studies in order to evaluate the formulated hypotheses. In the beginning, experimental studies should be undertaken in respect to the hypotheses defined in Table 2.

The GQM method (Goal/Question/Metric) [8, 9] has been used to describe the experimental studies' structure and the hypotheses to be verified, based on the characteristics and metrics presented for each LSE in the different OO software development phases.

Main hypothesis:

The Laws of Software Evolution can also support the observation of object-oriented software decay.

Main Goal:

Analyze the OO software decay
For the purpose of characterizing
With respect to the Laws of Software Evolution and software characteristics
From the viewpoint of the Software Engineer
In the context of Requirements Specification, High Level Design, Low Level Design and Coding phases existing in software development processes based on object-oriented paradigm.

Due the main goal's broad view, we consider the application of the Laws of Software Evolution in the context of each one of the software development phases, establishing, this way, a set of four different goals, with their respective questions and associated metrics, regarding Requirements Specification, High Level Design, Low Level Design and Coding phases. The complete GQM set can be found in [1].

5. Exemplifying the applicability of the framework

To illustrate the use of such framework to observe LSE and software decay, a case study has been accomplished. Our object of study is represented by an OO software system built and maintained by the Software Engineering group at COPPE/UFRJ. This system represents an example regarding the software engineering environments domain, integrated with some CASE tools, and that has been used by some Brazilian software companies. The whole system is composed by more than 1.000.000 lines of C++ code distributed by its 350 domain classes. In this case study, just a small portion of such software system has been used, whose evolution has produced six versions within a period of twelve months. The development team was composed of five professionals in the meanwhile.

For the sake of understanding, we will consider only the Law of Declining Quality, where one the most determinant characteristics is Reliability, which can be measured through the number of defects of each system version. Table 4 shows the number of defects by each version of this system.

Table 4 – Number of Defects by Version

Version	# Defects
1	40
2	77
3	99
4	51
5	44
6	65

In order to analyze these data, we have used a Control Chart, a statistic tool which allows us to get to know the true status of the production process by means of the presence of fluctuations on the product quality characteristics [29, 30]. A Control Chart consists of only three parallel lines: a medium line, which reflects the level of process operation, and two external lines denominated Upper Control Limit (UCL) and Lower Control Limit (LCL). To build this chart up, the product quality indicators are plotted, as number of defects in that respect . If the process is under control, the values of this function will oscillate around the central line (the average number of defects per version, denoted by $\bar{c}$), within the determined range by LCL (= $\bar{c} - 3\sqrt{\bar{c}}$) and UCL (= $\bar{c} + 3\sqrt{\bar{c}}$) [29, 30]. It happens to be like this because these limits are established in a way that, once the process is under control, is small the likelihood in obtaining a statistic value out of the limits. Among all the possible types of Control Charts, we will use the Total Number of Defects per Unit Chart (C Chart), compatible with the type of analysis we have been working with. Figure 4 shows the C Chart for the system under analysis, exhibiting the number of defects per version.

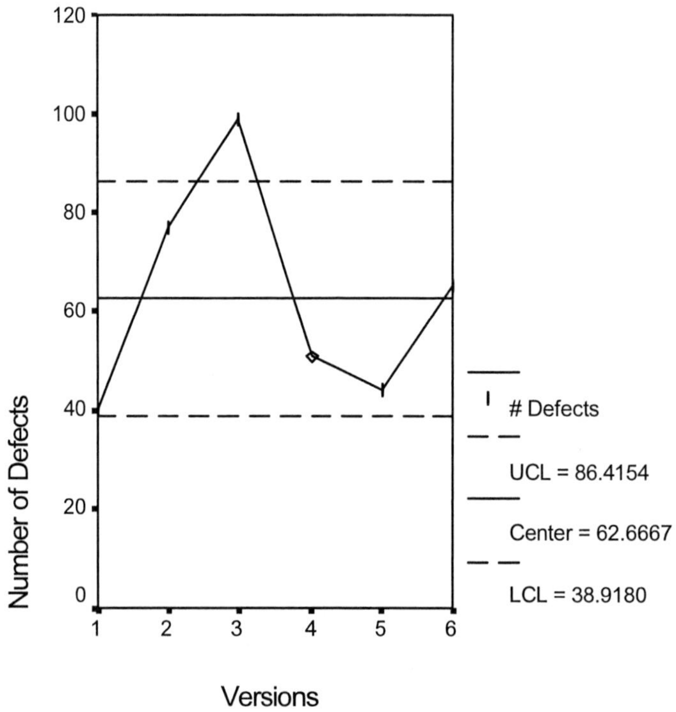

Figure 4 – C Chart: Number of Defects per Version

The Control Chart gives us elements to analyze the subject status process. Abnormalities can be readily spotted through a careful check, allowing us to make the right decisions. The process is under control when there is no variation in its average nor in its variability [29, 30].

By means of chart on Figure 4 it's noticeable that version 3 has produced more defects than expected by the Upper Control Limit, which demonstrates a lack of control in the considered process. In addition, it's clear that version 1 has produced a number of defects close to the Lower Control Limit, representing then a development process problem. In this respect, although a low number of defects be considered a positive factor, a wide variability on this characteristic also denotes a lack of process control.

Thus, we have come to terms that the system clearly shows a development process problem, especially up until the launching of version 4, where apparently quality improvement measures cleared this up. The sixth and last version, in spite of showing a increase in number of defects, is close to the average line, not being yet a lack of control problem. Consequently, we can observe that, only considering the analysis of number of defects per version, the system presented a behavior that lead to the indication of the Law of Declining Quality, as described in Table 1 and logically formulated in Table 2. The next versions will indicate whether the increase in number of defects denotes or not a rising trend. If so, some maintenance management actions should be accomplished. For instance, the maintainer could decide to modify the maintenance process by introducing or improving some sort of software review to anticipate the identification of the software defects prior the delivery of the new software system version.

6. Final Considerations and Future Works

We hope to experimentally evaluate the applicability of the Laws of Software Evolution in the context of object-oriented software development processes through a framework that allows us to study the decay causes and their consequences for the software development process. Having the ability of accomplishing some experimental studies can give us the insights regarding the feasibility of building a software decay model. This model is intended to use simulation techniques based on system dynamics models [11]. It will allow to simulate the behavior of the established hypotheses and compare our results with those ones described in [22].

The next activities include the performing of some experimental studies, for available information systems, to evaluate the established hypotheses, according to the experimentation process defined in [10]. For these studies, a computerized environment that offers tool support for experimentation studies is being defined and built [21].

As future works, we need to consider the features of software rejuvenation (redocumentation, restructuring, reverse engineering, reengineering) [13].

This work has been developed into the context of a doctorate thesis, associated to the Experimental Software Engineering Team, from the Systems Engineering and Computer Science Department - COPPE/UFRJ (http://www.cos.ufrj.br/~ese).

Acknowledgments

We would like to thank Prof. Barbara Kitchenham for her valuable comments, insights and technical material provided.

We also thank the ESE Team and TABA Project Team for the comments throughout this work.

Dr. Travassos has been supported by the CNPq to develop this research.

References

1. Araújo, M.A.P., Travassos, G.H., Kitchenham, B., 2005, "Evolutive Maintenance: Observing Object-Oriented Software Decay", *Technical Report ES-672/05 -COPPE/UFRJ.*
2. Lehman, M.M., 1980, "Programs, Life Cycle and the Laws of Software Evolution", *Proc IEEE Spec. Iss. on S.E.*, vol. 68, no. 9, pp. 1060 -1076. Sept 1980. CCD Res. Rep. 80/7.
3. Lehman, M.M., Ramil, J.F., 2002, "An Overview of Some Lessons Learnt in FEAST", *WESS'02 Eighth IEEE Workshop on Empirical Studies of Software Maintenance*, Montreal.
4. Lehman, M.M., Ramil, J.F., 2003, "Software Evolution – Background, Theory, Practice", *Information Processing Letters*, vol. 88, pp. 33 – 44.
5. Kemerer, C.F., Slaughter, S., 1999, "An Empirical Approach to Studying Software Evolution", *IEEE Transactions on Software Engineering*, v.25 n.4, p.493-509, July 1999.
6. Scacchi, W., 2003, "Understanding Open Source Software Evolution: Applying, Breaking, and Rethinking the Laws of Software Evolution", http://www.ics.uci.edu/~wscacchi/Papers/New/Understanding-OSS-Evolution.pdf.
7. ISO 9126-1, 1997, "International Standard. Information Technology – Software Quality Characteristics and Metrics – Part 1: Quality Characteristics and Sub-Characteristics".
8. Basili, V.R., Weiss, D.M., 1984, "A methodology for collecting valid software engineering data", *IEEE Transactions on Software Engineering,* Vol. SE-10, No. 6.
9. Soligen, R.V., Berghout, E., 1999, *The Goal/Question/Metric Method: a practical guide for quality improvement of software development*. McGraw-Hill Publishing Co.
10. Amaral, E.A.G.G., Travassos, G.H., 2003, "A Package Model for Software Engineering Experiments", *IEEE International Symposium on Empirical Software Engineering*. Proceedings of the ISESE 2003. IEEE Computer, 2003. v.II. p.21 – 22.
11. Barros, M.O., Werner, C.M.L., Travassos, G.H., 2002, "A System Dynamics Metamodel for Software Process Modeling", *Journal of Software Process: Improvement and Practice, Special Issue on Software Process Simulation Modeling*, (vol.7, no.3-4, 2002), pp. 161-172, ISSN 1077-4866.
12. Travassos, G.H., Shull, F., Carver, J., 2001. "Working with UML: A Software Design Process Based on Inspections for the Unified Modeling Language". *Advances in Computers*. San Diego: , v.54, n.1, p. 35 - 97.
13. Pfleeger, S.L., 2001. *Software Engineering: Theory and Practice*, 2th ed., Prentice Hall.
14. Lehman, M.M., Perry, D.E., Ramil, J.F., 1998. "Implications of Evolution Metrics on Software Maintenance". *Proceedings of the International Conference on Software Maintenance - 1998*, p. 208-217. IEEE Computer Soc.
15. Lehman, M.M., 1998. "Software's Future: Managing Evolution". *IEEE Software*, pages 40–44, Jan-Feb.

16. Pfleeger, S.L., 1998. "The Nature of System Change". *IEEE Software*. May/June 1998 (Vol. 15, No. 3), p. 87-90.
17. Pressman, R. S., 2001. *Software Engineering: A Practitioner's Approach*, 5th ed., Mc-Graw Hill.
18. Chidamber, S.R., Kemerer, C.F., 1994. "A Metrics Suite for Object Oriented Design". *IEEE Transactions on Software Engineering*, vol. 20, No. 6, p. 476 – 493, ISSN: 0098-5589.
19. Lorenz, M., Kidd, J., 1994. *Object-Oriented Software Metrics*. Prentice-Hall.
20. Travassos, G.H., 2003. Class notes of the discipline Special Topics in Software Engineering - Revisions, Inspection and Test of Object-Oriented Software. Systems Engineering and Computer Science Department – COPPE/UFRJ.
21. Mian, P. G., Travassos, G. H., Rocha, A. R. C., 2004. "Towards a Computerized Infrastructure for Experimental Software Engineering". *Workshop of Thesis on Software Engineering - WTES'04 / Brazilian Symposium on Software Engineering - SBES'04.*
22. Kahen, G., Lehman, M. M., Ramil, J.F., Wernick, P., 2001. "System dynamics modelling of software evolution processes for policy investigation: Approach and example". *Journal of Systems and Software,* 2001; 59 (3):271-281.
23. Araújo, M.A.P., Travassos, G.H., 2004, "Towards a Framework for Experimental Studies on Object-Oriented Software Decay", ACM/IEEE *ISESE'04.*
24. Araújo, M.A.P., Travassos, G.H., 2004, "Towards a Framework for Object-Oriented Software Decay Experimental Studies", *WTES/SBES'04.*
25. Kitchenham, B., 1982. "System evolution dynamics of VME/B". *ICL Tech. J.*, 42-57.
26. Lehman, M.M., Ramil, J.F., 2001. "Rules and Tools for Software Evolution Planning and Management". *Annals of Software Engineering*, November, vol. 11, no. 1, pp. 15-44 (30).
27. Dias, M.G.B, Anquetil, N., Oliveira, K.M., 2003. "Organizing the Knowledge Used in Software Maintenance". *Journal of Universal Computer Science,* vol. 9, no. 7 (2003), 641-658.
28. Kitchenham, B.A., Travassos, G.H., von Mayrhauser, A., Niessink, F., Schneidewind, N.F., Singer, J., Takada, S., Vehvilainen, R., Yang, H., 1999. "Towards an Ontology of Software Maintenance". *Journal of Software Maintenance: Research and Practice*, vol. 11, no. 6 (1999), 365-389.
29. Farias, A. A., Soares, J F., César, C. C, 2003. *Introdução à Estatística*. LTC – Livros Técnicos e Científicos Editora Ltda.
30. Montgomery, D. C, 2000. *Introduction to Statistical Quality Control*. IE-Wiley.

Metodología de diseño de esquemas multidimensionales basada en la transformación de modelos y requisitos de usuario

Leopoldo Zepeda[1], Matilde Celma[2]

[1] Departamento de sistemas y computación
Instituto Tecnológico de Culiacán
Juan de dios Bátiz s/n, col. Guadalupe, 80220
Culiacán Sin. México

[2]Departamento de Sistemas Informáticos y Computación
Universidad Politécnica de Valencia
Camino de Vera s/n, 46022
Valencia, España

lezepeda@dsic.upv.es

Resumen

Un almacén de datos, es una base de datos diseñada con el objetivo de dar soporte al proceso de toma de decisiones en una organización. Esta intención de uso hace que los sistemas de almacenes de datos tengan particularidades que los distinguen de los sistemas operacionales y que abren nuevos retos en el área de las bases de datos, entre ellos: la definición de modelos y metodologías de diseño adecuadas para este tipo de sistemas. Los trabajos en el área proponen metodologías basadas en el uso de extensiones de modelos clásicos (ER, UML, Relacional, etc.) o bien en el uso de nuevos modelos de datos con constructores adecuados para la definición de esquemas multidimensionales. Es en este contexto del modelado de almacenes de datos en el que se enmarca el trabajo que se presenta. La aportación más importante, reside en la propuesta de una metodología de diseño, que no se basa exclusivamente en los requisitos de los usuarios, sino que utiliza también el conocimiento del esquema del sistema operacional que va a nutrir el almacén. En este sentido se ofrece una estrategia de derivación (semiautomática) del esquema conceptual del almacén de datos a partir del esquema del sistema operacional empleando para ello un conjunto de reglas de transformación definidas en el marco del Model Driven Architecture (MDA).

1. Introducción

Un almacén de datos (AD) es una base de datos diseñada con el objetivo de dar soporte al proceso de toma de decisiones en una organización [RKM96]. Esta intención de uso hace que los sistemas de almacenes de datos tengan características que los distinguen de los sistemas operacionales clásicos y que abren nuevos retos en el área de las bases de datos, entre ellos: la definición de modelos y metodologías de diseño adecuadas a este tipo de sistemas.
En este artículo se presenta una metodología de diseño conceptual de almacenes de datos. El diseño conceptual de un AD consiste en la obtención de un esquema multidimensional que permita capturar los requisitos de los usuarios y que pueda ser mantenido por las bases de datos operacionales existentes. Así, el diseño de un AD debe basarse por un lado en los requisitos de los usuarios identificados durante el análisis y por otro lado en el conocimiento de los sistemas operacionales que van a mantenerlo.
El método propuesto en este artículo consta de tres fases: 1) Definición de los requisitos de usuario. 2) Obtención de un conjunto de esquemas multidimensionales a partir del esquema de las bases de datos operacionales. 3) Selección y refinamiento de un esquema multidimensional. A continuación se explica cada una de estas fases:

1.- Definición de los requisitos de usuario. Esta fase se centra en el análisis de los requisitos de usuario, con el fin de obtener un conjunto de métricas que permitan seleccionar (fase 3) entre el conjunto de esquemas multidimensionales generados (fase 2) aquél que mejor satisfaga las necesidades de los de usuarios.

2.- Obtención de un conjunto de esquemas multidimensionales a partir del esquema de las bases de datos operacionales. La segunda fase de esta metodología consiste en examinar el esquema conceptual de las bases de datos operacionales. La solución a esta etapa se ha abordado dentro del contexto de MDA, para lo cual se ha definido un conjunto de reglas de transformación entre el meta-modelo Relacional y el meta-modelo OLAP.

3.- Selección y refinamiento manual de un esquema multidimensional. Esta fase consiste en seleccionar, entre el conjunto de esquemas generados en la fase anterior, el esquema multidimensional que mejor pueda satisfacer los requisitos de los usuarios. Una vez identificado el esquema multidimensional se realiza un refinamiento manual para agregar o eliminar atributos de cubos así como para especificar condiciones especiales de aditividad.

Las principales contribuciones de este trabajo son: a) se propone un conjunto de reglas de transformación (en el marco de MDA) que capturan la relación semántica entre el meta-modelo Relacional y el meta-modelo OLAP y que pueden ser usadas para el diseño conceptual de almacenes de datos. b) basándose en estas reglas de transformación, se propone una metodología de diseño conceptual del AD que deriva (de forma semiautomática) posibles esquemas multidimensionales para el AD a partir de los esquemas de las fuentes operacionales, estos esquemas multidimensionales serán posteriormente refinados considerando los requisitos de los usuarios. El trabajo se organiza como sigue: en el apartado 2, se presentan los conceptos básicos sobre almacenes de datos y MDA que serán utilizados en este trabajo. En el apartado 3, se presenta la metodología de diseño propuesta. En la sección 4 se muestra un caso de estudio y por ultimo en la sección 5, se presentan las conclusiones y trabajos futuros previstos

2. Marco teórico

2.1 Modelo multidimensionalde datos

Las metodologías de diseño de almacenes de datos han asumido un modelo multidimensional de datos, que más que un modelo es una filosofía de modelado heredera del enfoque tradicional seguido en el análisis de datos (análisis multidimensional) que también han adoptado las herramientas OLAP. Los dos conceptos básicos del modelado multidimensional son el concepto de hecho y el concepto de dimensión. En un esquema multidimensional se modela una actividad de la organización que es objeto de análisis (hecho o cubo de datos). El esquema multidimensional representa en el centro la actividad con sus indicadores relevantes (medidas) y en las dimensiones los puntos de vista desde los cuales se desea analizar la actividad y que la caracterizan, estando cada dimensión descrita por un conjunto de atributos organizados jerárquicamente. Existen numerosas propuestas de metodologías de diseño de almacenes de datos([CLT98)],[GMR98]) así como diferentes propuestas de definición del modelo multidimensional de datos ([SBH99],[RAF03]).

2.2 Model Driven Architecture

MDA consiste en un conjunto de estándares que permiten la creación, implementación, evolución y desarrollo de sistemas dirigido por modelos. En la propuesta de MDA se separa las tareas de modelado de los detalles de implementación. Los lenguajes que constituyen MDA son: Lenguaje Unificado de Modelado (UML), Meta-Object-Facility(MOF), XML Meta-Data Interchange (XMI) y Common Warehouse Metamodel (CWM) [AJW03]. Juntos, unifican y simplifican el modelado, el diseño, la implementación y la integración del sistema.
Una de las ideas básicas de MDA es que todo modelo de datos tiene asociado un meta-modelo. Cada meta-modelo define un lenguaje específico, y todos los meta-modelos se basan en un meta-modelo único. En MDA este meta-modelo es MOF. MDA introduce algunos conceptos importantes: modelo independiente de la plataforma (PIM), modelo específico de la plataforma (PSM), lenguaje de transformación y reglas de transformación. Cada elemento de la Figura 1, desempeña un papel importante en MDA. MOF es el meta-modelo usado para definir modelos. PIM modela la funcionalidad, la estructura y la conducta del sistema. PSM está orientado a la implementación. Las reglas de transformación establecen las correspondencias entre un meta-modelo fuente y un meta-modelo destino y permiten la transformación de esquemas. El motor de transformación ejecuta las reglas de transformación y devuelve el esquema destino.

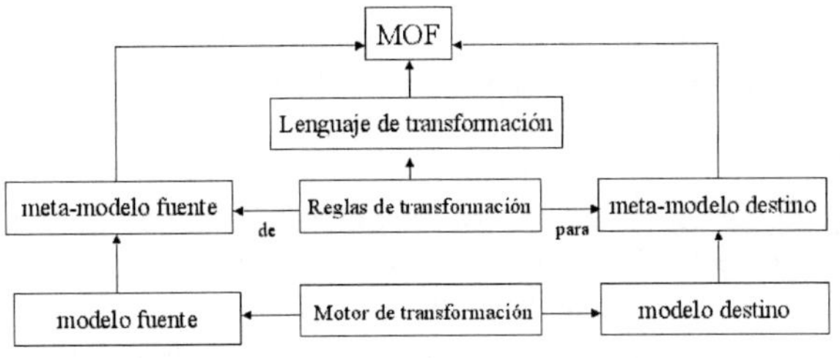

Figura 1. Elementos que componen a MDA

La especificación de las reglas de transformación se realiza por medio de un lenguaje de transformación que permite definir patrones sobre los meta-modelos y establece las relaciones entre el meta-modelo fuente y el meta-modelo destino. Un patrón de transformación captura las propiedades comunes para una familia de transformaciones a nivel modelo. Debido a la relevancia de los sistemas de bases de datos, OMG (Object Management Group), describe en los documentos: formal/2001-10-01 y formal/2001-10-207 a CWM como parte de MDA.

CWM es un lenguaje creado específicamente para modelar aplicaciones de bases de datos [JDT03]. Este meta-modelo tiene meta-clases específicas para el modelado de base de datos relacionales, OLAP, XML, etc. Todos los meta-modelos de CWM pueden usarse como fuente y destino en el proceso de transformación. A continuación se presenta el meta-modelo OLAP y el meta-modelo Relacional ya que van a utilizarse en este trabajo.

El meta-modelo OLAP Figura 2(a), consiste en un esquema de clases que representan los conceptos del modelo OLAP (modelo multidimensional): dimensión, cubo de datos, medida, jerarquía, etc. En el meta-modelo OLAP, un cubo de datos (hecho) se asocia a un conjunto de dimensiones y contiene un conjunto de medidas; una dimensión se compone de niveles relacionados entre si en jerarquías. En la Figura 2(b), se muestra el meta-modelo Relacional. Éste consiste en: tablas compuestas de un conjunto de columnas, donde cada columna debe ser de un tipo de datos. Una tabla puede tener una clave primaria y puede tener varias claves ajenas, que hacen referencia a la clave primaria de otra tabla.

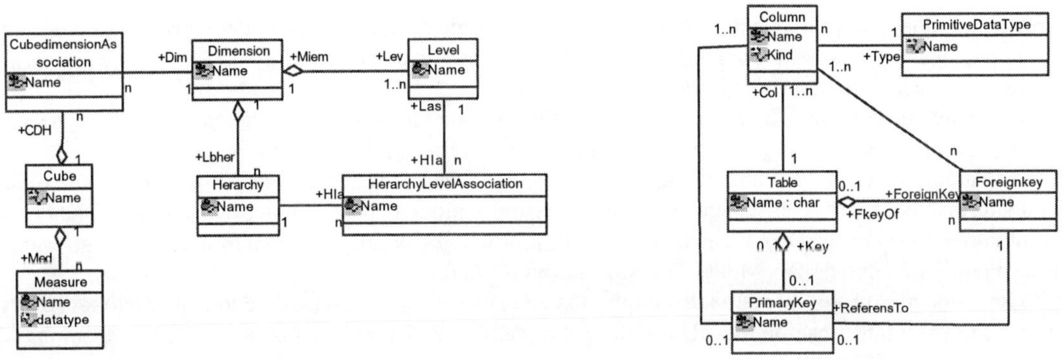

a) OLAP b) Relacional

Figura 2. Meta-modelos usados para la transformación

3. Una metodología de diseño conceptual de almacenes de datos

Como ya se ha comentado en la introducción la metodología de diseño de almacenes de datos que se propone consta de tres fases que se presentan a continuación.

3.1 Fase 1. Requisitos de usuario

La primera fase de la metodología consiste en capturar los requisitos de los usuarios del AD. A diferencia de otras metodologías de diseño de almacenes de datos existentes, este conjunto de requisitos no se considera el punto de partida para el diseño conceptual del almacén de datos. El modelo de requisitos será utilizado para seleccionar y refinar los esquemas que se generan automáticamente a partir del esquema de las bases de datos operacionales (fase 2). Esta fase se divide en dos etapas: obtención de los requisitos de usuario del AD, obtención del modelo de requisitos OO.

Requisitos de usuario del AD. Para obtener los requisitos de usuario, es necesario aplicar técnicas tradicionales de la ingeniería de software: entrevistas, grupos de trabajo, etc. De esta etapa se debe obtener una descripción no técnica del AD que refleje los objetivos que se persiguen con el desarrollo del proyecto. Estos requisitos, pueden ser mejorados con la participación de expertos en el dominio del problema o administradores y operadores de los sistemas operacionales. Una vez que los objetivos se han definido, es necesario realizar un análisis detallado de cada uno de ellos con el fin de identificar relaciones de conflicto o de inclusión, lo que permitirá reducir el número de objetivos. Este análisis puede efectuarse usando un Árbol de Refinamiento de Funciones (ARF)[EMI02]. El ARF permite realizar una descomposición jerárquica de los objetivos identificados en distintos niveles de abstracción (sin detallar los aspectos técnicos).

Modelo de requisitos OO. El modelo de requisitos OO transforma los requisitos no técnicos, obtenidos en la etapa anterior, en requisitos técnicos. Para obtener este modelo se utilizarán los conceptos y la notación de UML. Ya que en la definición de los objetivos que se ha realizado, no se describen los datos implicados en cada objetivo ni sus relaciones, será necesario recabar información adicional acerca de cada uno de ellos. De nuevo el modelo de requisitos OO, puede ser mejorado por medio de la intervención de los expertos en el dominio del problema, analistas de sistemas o usuarios de los sistemas transaccionales. Para auxiliar en la definición de la estructura interna de cada objetivo utilizaremos la forma de análisis que se muestra en la sección 4. Posteriormente, toda esta información será utilizada para seleccionar y refinar los esquemas multidimensionales que se obtendrán en la fase 2.

3.2 Fase 2. Obtención de un conjunto de esquemas multidimensionales a partir del esquema de las bases de datos operacionales

En esta fase, por simplicidad, se va a asumir que el esquema disponible de los sistemas operacionales es el esquema lógico (esquema relacional), ya que éste es el caso mas frecuente. Así mismo se asumirá que sólo existe una base de datos operacional como fuente del almacén de datos.
El proceso para obtener un conjunto de esquemas multidimensionales a partir del esquema de la base de datos operacional, consiste en realizar un análisis exhaustivo del esquema relacional con el fin de identificar las clases de tabla que son candidatas a ser clases de cubo de datos. Una vez identificadas las clases de cubo se aplica un conjunto de reglas de transformación sobre la instancia (esquema) del meta-modelo Relacional (meta-modelo fuente) para producir un conjunto de esquemas OLAP (meta-modelo destino). Para definir las transformaciones entre ambos meta-modelos se ha utilizado el lenguaje Model Transformation [QVT03].
La obtención de los esquemas multidimensionales implícitos en el esquema de la base de datos operacional se lleva a cabo en dos etapas: (a) identificación de clases de cubo de datos, (b) aplicación al esquema relacional las transformaciones definidas entre el meta-modelo Relacional y el meta-modelo OLAP. A continuación se explica cada una de estas etapas:

3.2.1 Identificar clases de cubo

Esta etapa consiste en analizar el esquema de la base de datos operacional, con el objetivo de descubrir las clases de tabla que son candidatas a ser cubos de datos (hechos) en el esquema multidimensional. En el contexto de un esquema relacional, una tabla se clasificará como cubo de datos si cumple con la siguiente propiedad: '*hace referencia a otras tablas y no es referenciada por otras tablas*'.
Debido a que no todas las tablas identificadas como cubo de datos son relevantes para los objetivos del AD, hasta que los requisitos de usuario sean definidos las clases identificadas en esta etapa son candidatas a ser cubos en los esquemas multidimensionales y se almacenarán en una lista de clases **F**, que será utilizada en etapas posteriores para automatizar el proceso de identificación de dimensiones y jerarquías. La selección de las clases de tabla de cubo se realiza de forma automática con la función ***REL_MD***.
Esta función, definida en OCL[1], recibe como entrada el esquema relacional y devuelve un conjunto de esquemas multidimensionales.

[1] Object Constraint Language

```
Function REL_MD (esquema relacional MR, esquema multidimensional MD)
{
(1)T = Select (MR.class).participant→ Forall(t|t.ocliskindof(table)
(2)F = Select (f) → Forall(f | f P T ™ (f. Self. oppositeAssociationEnd → NotEmpty()
implies Participant.Multiplicity.is(0)or Participant.Multiplicity.is(1)))
(3)MD = Forall(f´|f' P F) → TabXCub(f´)
}
```

En la línea (1) la función se encarga de seleccionar todas las clases de tabla del esquema relacional e insertarlas en **T**. En la línea (2), la expresión:

`f. Self. oppositeAssociationEnd → NotEmpty()`
`implies Participant.Multiplicity.is(0)or Participant.Multiplicity.is(1)`, identifica las tablas que hacen referencia a otras tablas y que no son referenciadas por ninguna.

Por ultimo, en la línea (3), por cada clase de cubo candidata en **F** se hace una llamada a la regla de transformación *TabXCub*, (se explica en la sección 3.1.2).

El resultado es un conjunto de esquemas multidimensionales almacenados en **MD**, (uno para cada clase de cubo identificada); que serán candidatos a formar parte del esquema final del AD.

3.2.2 Reglas de transformación

En esta sección, se describen las reglas de transformación. El proceso de transformación se inicia con la relación *TabXCub* entre la clase de tabla y la clase de cubo de datos. Una clase de tabla se transforma a una clase de cubo con el mismo nombre, pero con el prefijo "C". La representación textual de esta relación se muestra a continuación:

```
Relation TabXCub {
Domain(Table)[name=tn,Col=C,ForeignKey=F]
Domain(Cube)[name="C"+tn, Med=M,CDH=CDA]
When(conjunt( C→ForAll(c|ColXMed(c,M.tochoice())),
F→ForAll(f|FkeyXCDA(f,CDA.tochoice()))))}
```

Los atributos numéricos de la clase de tabla del esquema Relacional que se transformó en una clase de cubo, del esquema OLAP, se transforman directamente en medidas del cubo por medio de la regla de transformación *ColXMed*.

```
Relation ColXMed {
Domain (Column)[Name=attN,Type=(PrimitiveDataType)[Name=Ptype]]
Domain (Measure)[Name=attN,datatype=Ptype]
when (Ptype=Integer or Ptype=Float)}
```

La regla de transformación *FkeyXCDA*, transforma las claves ajenas de la clase de tabla del esquema Relacional a clases de asociación CubeDimensionAssociation en el esquema OLAP. Esta regla se compone de la regla de transformación *TabXDim*, que recibe el nombre de la clase de tabla que será considerada clase de dimensión.

```
Relation FkeyXCDA{
Domain(ForeignKey)
[Name=Nfkey,Fkeyof=(Table,src_tbl),ReferensTo=(PrimaryKey)[Key=(Table,des_tbl)]]
Domain(CubeDimensionAssociation)[Name="CD"+Nfkey,Dim=d]
when (TabXDim(des_tbl,d))}
```

La regla de transformación *TabXDim*, realiza la identificación de las clases de dimensión. Durante este proceso es necesario tener en cuenta lo siguiente: a) Todas las clases de tabla que no son clases de cubo candidatas son clases de dimensión. b) La clase de dimensión Tiempo siempre debe formar parte del esquema multidimensional, por lo que se debe añadir al esquema multidimensional final.

En la representación textual de la regla de transformación *TabXDim* se observa que el nombre de la clase de dimensión se compone del nombre de la clase de tabla más el prefijo "D". Esta regla se forma de la regla *FgkXHer* y la cláusula *Select* que se encarga de agregar las clases de nivel de dimensión.

```
Relation TabXDim {
Domain(Table)[Name=Tn,Col=C,Foreign Key=F]
Domain(Dimension)[Name="D"+Tn, Lbher=H,Lev=L]
When(F→ForAll(f|FgkXHer(f,H.tochoice())),
L=H→select(las|las.ocliskindof(Level)}
```

Cada clave ajena de la clase de dimensión se convierte a una clase de jerarquía, por medio de la regla de transformación *FgkXHer*, el nombre de la clase de jerarquía se forma a partir del nombre de la clave ajena mas el prefijo "Her".

```
Relation FgkXHer {
Domain(ForeignKey) [Name=Nfkey,Fkeyof =
(table,src_tbl),ReferensTo=(Primary
Key,Pk)
[Key=(Table,des_tbl)]]
Domain(Herarchy)[Name="Her"+Nfkey,Hla=La]
When(FgkXHLA(Foreign Key,La.tochoice())}
```

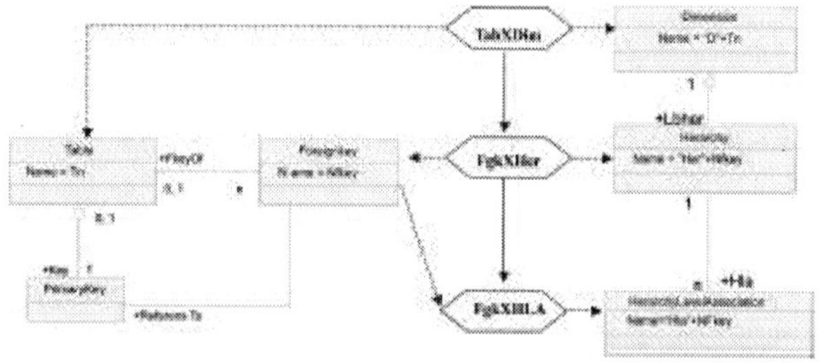

Figura 3. Regla de transformación TabXDim

La regla de transformación *FgkXHLA*, se encarga de establecer el orden jerárquico entre los niveles de la clase de dimensión, lo cual se logra al convertir cada clave ajena en una clase HerarchyLevelAssociation (Figura 3).

```
Relation FgkXHLA {
Domain (Foreign Key)[Name=Nfkey,Fkeyof=(Table,src_tbl),
                     ReferensTo=(Primary Key,Pk) [Key=(Table,des_tbl)]]
Domain (HerarchyLevelAssociation)[Name="HLA"+Nfkey,Las=L]
When (TblXLev(des_tbl,L))}
```

La regla *FgkXHLA*, se compone de la regla de transformación *TblXLev*, la cual se encarga de transformar una tabla en un nivel de dimensión, cada nivel se forma con el nombre de la clase de tabla más el prefijo "L". Esta regla realiza llamadas recursivas con el fin de agregar mas niveles a la clase de dimensión (Figura 4).
Relation TabXLev

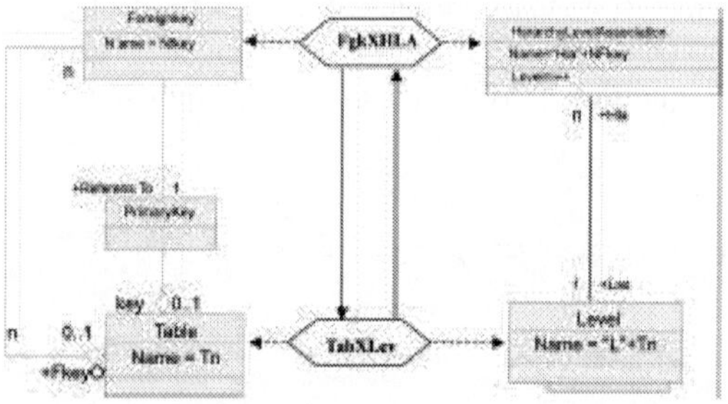


```
Relation    TabXLev    {Domain    (Table)
[Name=Tn, Col=C, Foreign Key=F]
Domain (Level)[Name="L"+Tn, Miem=M]
When conjunt(C→ForAll(c|ColXAtt
(c,M.tochoice()),F→ForAll(f|
FgkXHLA(F,__)))
```

Figura 4. Reglas de transformación FgkXHLA

3.3 Selección del esquema multidimensional

Para seleccionar un esquema multidimensional es necesario contrastar la estructura de los esquemas multidimensionales candidatos con la información recabada durante la etapa de adquisición de requisitos. Esta comparación se basa en el número de elementos que forman los esquemas multidimensionales con la información que aparece en la forma para el análisis de datos (Tabla 1). Las métricas utilizadas para decidir si un esquema multidimensional captura los requisitos de usuario son:

Correspondencia de atributos. Se debe contar los atributos de la clase de tabla de cubos candidata que tengan una correspondencia semántica directa con los datos de la columna medidas de la forma de análisis.
Correspondencia de dimensiones. Se debe contar las dimensiones del esquema multidimensional que tengan una correspondencia semántica con la columna dimensiones de la forma de análisis.

Estas métricas son las más importantes, por que indican como un esquema es capaz de proporcionar información requerida por el usuario. De esta fase se obtiene una tabla de correspondencias la cual permitirá seleccionar y modificar los esquemas multidimensionales candidatos. Algunos de los cambios más frecuentes son: borrar un nivel de dimensión, borrar un atributo de dimensión, pasar un atributo de un nivel de dimensión a una medida de hecho y viceversa, crear medidas derivadas, definir medidas semi-aditivas o no-aditivas, especificar propiedades de las dimensiones, asociar funciones de agregación a los atributos de las clases de cubos.

4. Caso de estudio

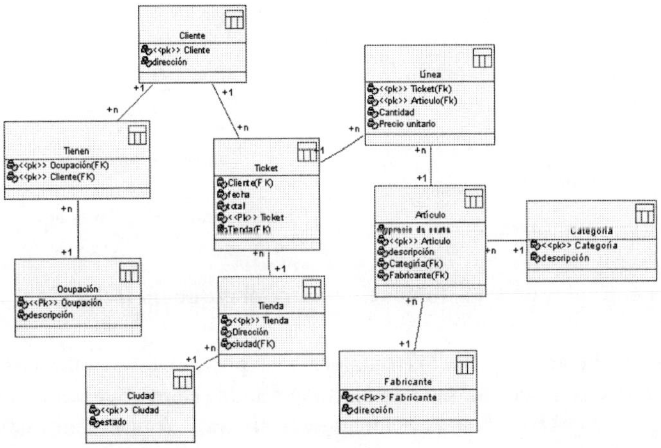

Figura 5. Esquema de punto de ventas

A continuación, mostraremos la metodología por medio de un ejemplo. El esquema de la Figura 5, corresponde a una instancia del meta-modelo relacional, para su representación se empleó el perfil para bases de datos relaciónales [RSC00]. Este esquema se refiere a las ventas de una cadena de tiendas. En el diagrama UML las ventas son representadas por la clase Ticket, en la cual se almacena el total de cada venta y la fecha en que se efectuó.
La clase Línea representa los Artículos de cada Venta, esta relación almacena la cantidad de artículos vendidos, el precio unitario de cada artículo y el total de la línea. La información que se almacena de cada Artículo es la descripción del artículo y el precio de coste, además se almacena la información relacionada con el Fabricante y la Categoría de cada artículo como se muestra en el diagrama. La clase Ocupación almacena las distintas ocupaciones que han tenido los clientes a través del tiempo.
Durante la etapa de requisitos se descubrió que los principales objetivos de análisis consisten en estudiar y analizar el comportamiento del mercado con la finalidad de mejorar la producción y comercialización de sus productos (ventas)

y en mejorar el servicio de abastecimiento a clientes (comercialización). El resumen sobre la estructura interna del proceso de ventas se muestra en la Tabla 1.

Tabla 1. Resumen de requisitos de usuarios

Objetivo: mejorar la comercialización de los productos.

Medidas	Dimensión
Cantidad_vendida	Clientes
Número de clientes	Tiempo
Total_ventas	Fabricante
	Artículo
	Tienda

Al aplicar la función *REL_MD*, al esquema conceptual de la Figura 5. Se identifican dos tablas candidatas a ser cubos de datos en el esquema OLAP: F={**Línea, Tienen**}. El proceso de transformación inicia al aplicar la regla de transformación *TabXCub* a la tabla **Línea** (por limitaciones de espacio se omite el proceso de derivación de la tabla **Tienen**). En la Figura 6(a), se muestra la transformación de la tabla Línea en cubo de datos y la de sus columnas numéricas en medidas por medio de la regla *ColXMed*.

Debido a que la tabla **Línea** tiene dos claves ajenas la regla de transformación *FgkXCDA* se efectúa dos veces y convierte cada clave ajena en clases de asociación (CubeDimensionAssociation). En la Figura 6(b) se muestra que las dos tablas asociadas a la tabla Línea (**Ticket** y **Artículo**), son transformadas en dimensiones por medio de la regla de transformación *TabXDim.*

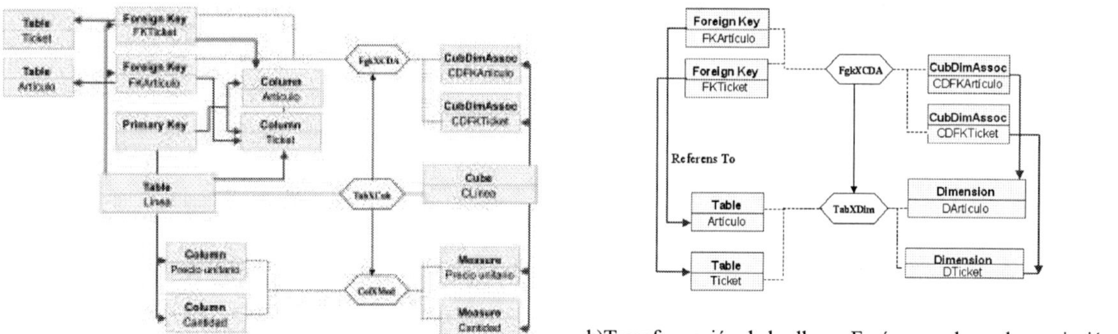

a) Transformación de la tabla Línea

b)Transformación de las llaves Foráneas a clases de asociación

Figura 6. Reglas de transformación entre el esquema Relacional y OLAP

Las claves ajenas de las tablas **Ticket** y **Artículo** (transformadas previamente en dimensiones) son transformadas en clases de jerarquía (Herarchy) y en clases de asociación de jerarquía (HerarchylevelAssociation) empleado las reglas de transformación *FgkXHer* y *FgkXHLA* respectivamente ver Figura 7, (por razones de espacio se omite el proceso de transformación de la tabla **Artículo**).

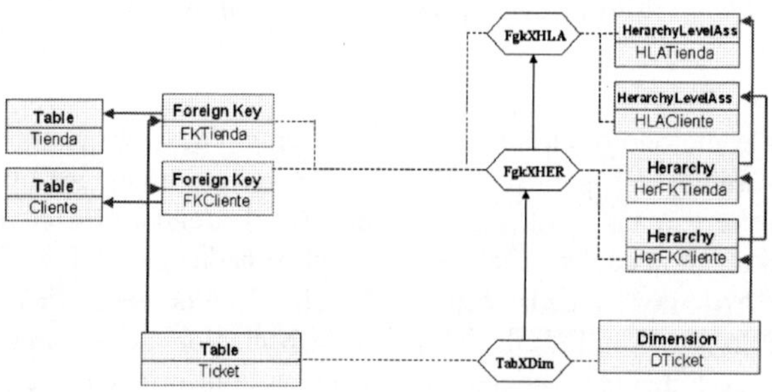

Figura 7. Transfor mación de claves ajenas

Las tablas **Tienda** y **Cliente** (asociadas a la tabla **Ticket**), son convertidas en niveles de dimensión por medio de la regla de transformación *TabXLev* (Figura 8).

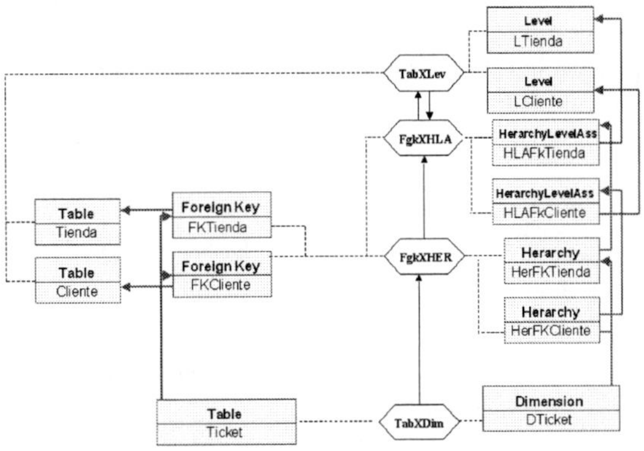

Figura 8. Reglas de transformación asociadas a dimensiones

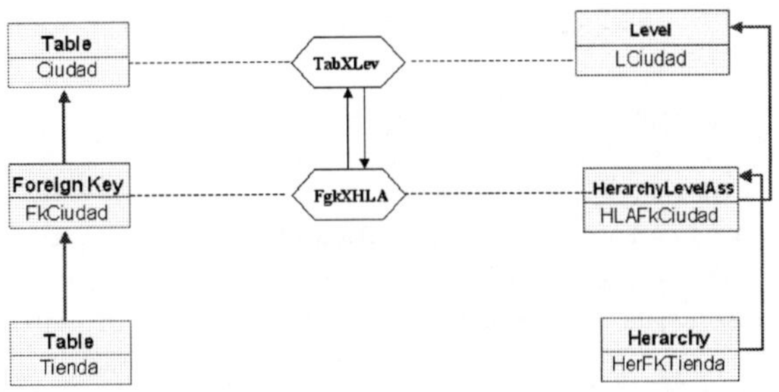

Figura 9. Llamado recursivo a la regla FgkXHLA

En la Figura 9, se muestra que por medio del llamado recursivo de la regla de transformación *TabXLev* se consigue que la tabla **Ciudad** (relacionada con la tabla **Tienda**) se agregue como un nivel más a la dimensión **Dticket.**

Del esquema de punto de venta es posible obtener dos esquemas multidimensionales candidatos:

MD={**CLínea**, **CTienen**}, (por razones de espacio no se muestra el esquema de **CTienen**). En la Figura 10, se muestra el modelo multidimensional de **CLínea**, el cual debe ser refinado basándose en los requisitos de usuario.

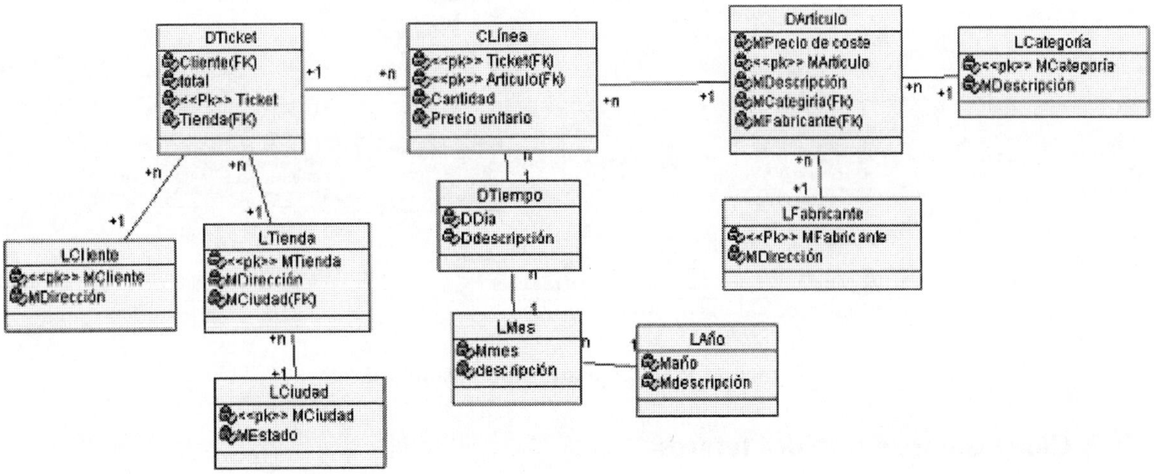

Figura 10. Esquema multidimensional CLínea

En la Tabla 2, se muestra un resumen de las propiedades de cada modelo multidimensional. Al comparar la información de la tabla de propiedades de los esquemas multidimensionales (Tabla 2), contra el número de dimensiones y medidas de la forma de análisis de datos (Tabla 1), se obtiene la tabla de correspondencias entre los requisitos de usuario y los esquemas multidimensionales (Tabla 3). De la cual se puede decidir que el esquema multidimensional que mejor cumple con los requisitos de usuario es: **CLínea**.
A partir del análisis semántico de los atributos de la clase de cubo del esquema multidimensional **CLínea** y la información en la Tabla 1, es posible realizar el refinamiento manual de **CLínea**.

Tabla 2: Propiedades de los esquemas multidimensionales

Esq. Multidimensional	Número de dimensiones	Número de atributos
Clínea	3	2
CTienen	2	0

Tabla 3: Correspondencia entre los elementos del esquemas multidimensionales y los requisitos de usuario

Propiedad\Esquema	CLínea	CTienen
Correspondencia de atributo	2	0
Correspondencia de dimensiones	2	1

El refinamiento para este diagrama consiste en: a) Asociar funciones de agregación para algunos de los atributos obtenidos de la base de datos operacional. En nuestro ejemplo las funciones de agregación que se asociaran a cada atributo son:

1) `Cant_vendida = SUM(cantidad)`
2) `Num_Clientes=COUNT(*)`
3) `Total_ventas=SUM(cantidad*precio_unitario)`

b) Eliminar el nodo raíz de la dimensión **Ticket**, ya que los datos que contienen pueden calcularse a partir de los atributos de la clase de cubo **CLínea**. Lo cual genera dos dimensiones mas: **DCliente** y **DTienda**.
c) Definir la restricción de aditividad sobre la medida *Num_clientes,* la cual es semiaditiva (*SA*) sobre la dimensión **DArtículo**.

El esquema multidimensional final, se muestra en el Figura 11.

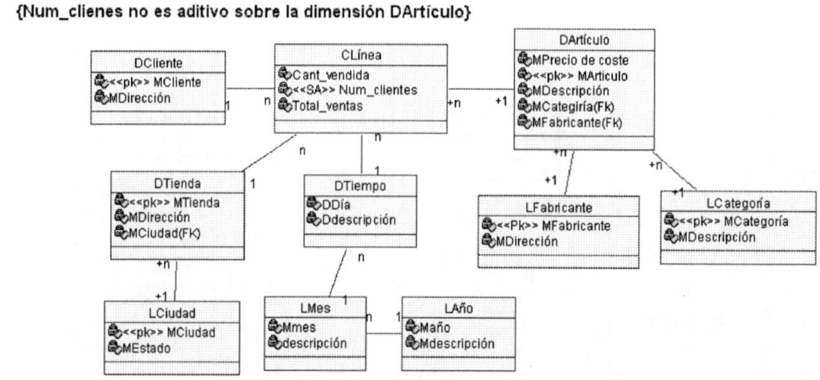

Figura 11. Esquema multidimensional final

5. Conclusiones y trabajos futuros

Este trabajo presenta una propuesta para derivar el esquema conceptual de un AD a partir del esquema operacional de la base de datos, para lo cual se definió un conjunto de reglas de transformación a nivel meta-modelo. El conjunto de reglas de transformación muestra una relación semántica entre el meta-modelo Relacional y el meta-modelo OLAP. Nosotros creemos que la descripción de los modelos de datos y sus transformaciones son un buen ejemplo de cómo las ideas de MDA pueden ser empleadas para el diseño de AD. Los trabajos futuros incluyen extender esta propuesta con la intención de incrementar el conjunto de reglas de transformación y aplicarlas a un marco metodológico para el diseño de almacenes de datos, el objetivo es proponer una nueva estrategia para la derivación completa del esquema conceptual del sistema operacional y los requisitos de usuario.

6. Referencias

[AJW03] Anneke K. Jos Warmer, Wim Bast. "MDA Explained the Model Driven Architecture: Practice and Promise", Addison-Wesley,Boston, 2003.

[CLT98] Cabibbo, L. and Torlone. A logical approach to multidimensional databases. In Proceedings of the International Conference on Extending Data Base Technology (EDBT '98,Valencia, Spain, Mar.). 183–197.

[EMI02] Emilio I. A Requirements Engineering Approach for Object-Oriented Conceptual Modeling. Tesis doctoral UPV,2002.

[ENR01] E.J. Naiburg and R.A. Maksimchuk. UML for Database Design. Object Technology Series. Addison-Wesley, 2001.

[GMR98] Golfarelli, M., Maio, D., and Rizzi, S. 1998. Conceptual design of data warehouses from E/R schemas. In Proceedings of the 31st Hawaii International Conference on System Sciences (HICSS '98, Kona, Hawai).

[JDT03] John P, Dan Chang, S. Tolbert and David M. "Common Warehouse Metamodel Developer´s Guide", Wiley publishing, Indiana, 2003.

[QVT03] QVT partners. Initial Submission for MOF 2.0 Query/View/Transformations RFP. QVT-partners, 2003. http://qvt.org/downloads/1.0/qvtpartners1.0.pdf.

[RAF03] Rafanelli, M. Multidimensional Databases: Problems and Solutions. Idea Group Publishing. (2003).

[RSC00] Rational Software Corporation. The UML and Data Modeling. Internet: http://www.rational.com/media/whitepapers/Tp180.pdf, 2000.

[RKM96] R. Kimball. "The data warehouse toolkit", John Wiley, 2 edition 1996.

[SBH99] Sapia, C., Blaschka, M., Hölfling G. An Overview of Multidimensional Data Models, FORWISS Technical Report FR-1999-001, Munich, Germany, (1999).

El Modelo Multidimensional de Datos Revisado.

David Domínguez, Matilde Celma
Universidad Politécnica de Valencia
Valencia, España
mcelma@dsic.upv.es

Resumen

El modelado multidimensional ha adquirido cierta relevancia con la irrupción y extensión del uso de los Sistemas de Almacenes de Datos. En general las metodologías de diseño existentes para este tipo de sistemas, siguen un modelo multidimensional de datos, que más que un modelo ha sido en la práctica una filosofía de modelado heredada del enfoque adoptado por las herramientas de explotación de este tipo de sistemas (herramientas OLAP); esta filosofía o disciplina de modelado, en muchas ocasiones, se aplica usando modelos de datos tradicionales (relacional, ER, UML, etc). Una característica que destaca en el trabajo realizado en este campo del modelado multidimensional, es la ausencia de un consenso respecto a lo que se entiende por "modelo multidimensional de datos", así, se pueden encontrar en la literatura distintas definiciones del modelo multidimensional con enunciados, en ocasiones contradictorios, de algunos de los conceptos utilizados usualmente en su definición. Como respuesta a esta falta de fundamentación teórica de los conceptos subyacentes al modelado multidimensional, han aparecido en la literatura trabajos en los que se trata de dar una definición formal del modelo multidimensional. El trabajo que se presenta, se enmarca en esta línea de investigación, siendo su objetivo principal, hacer una síntesis de los modelos multidimensionales existentes, con la intención de simplificar y clarificar las características esenciales o definitorias de lo que se entiende por "modelo multidimensional de datos". Para realizar este trabajo de síntesis y generalización se parte del marco de referencia propuesto por Pedersen y otros autores en [PJD01]. A partir de un análisis crítico de los requisitos de este marco de referencia, se hace una definición formal del modelo multidimensional que incorpora los requisitos que de forma justificada se consideran esenciales a un modelo multidimensional de datos.

1. Introducción

Un Almacén de Datos (*Datawarehouse*) es una base de datos diseñada con el objetivo de dar soporte al proceso de toma de decisiones en una organización [Kim98], [Raf03]. Esta intención de uso hace que los sistemas de almacenes de datos tengan unas características que los distinguen de los sistemas operacionales y que han abierto nuevos retos en el área de las bases de datos: estructuras de almacenamiento e indexación más eficientes, optimización de consultas, metodologías de modelado de este tipo de sistemas, herramientas de explotación orientadas a usuarios finales, etc; así mismo han impulsado la investigación en el campo del análisis de datos y la minería de datos.

Como se ha indicado, entre los nuevos retos se encuentra la definición de modelos y metodologías de diseño adecuadas para este tipo de sistemas. El trabajo realizado en esta dirección ya es abundante, existiendo buenas revisiones en la literatura [ASS], [SBH99].

En general, las metodologías existentes siguen un modelo multidimensional de datos, que más que un modelo ha sido en la práctica una filosofía de modelado heredera del enfoque clásico utilizado en el análisis de datos (análisis multidimensional), enfoque que también ha sido adoptado por las herramientas de explotación de este tipo de sistemas (herramientas OLAP). Esta filosofía o disciplina de modelado, en muchas ocasiones, se aplica usando modelos de datos tradicionales (relacional, ER, UML, OO, etc).

En un esquema multidimensional se modela una actividad de la organización que es objeto de análisis (*hecho*). El esquema multidimensional representa en el centro la actividad con sus indicadores relevantes (*medidas*) y en las *dimensiones* los puntos de vista desde los cuales se desea analizar la actividad y que la caracterizan, estando cada dimensión estructurada en niveles descritos por un conjunto de atributos. La representación gráfica de estos esquemas multidimensionales puede adoptar distintas formas: cubos n-dimensionales donde, cada eje representa una dimensión y las celdas del cubo representas los hechos registrados sobre la actividad; o esquemas en estrella, donde en el centro de la estrella se representa la actividad y cada punta de la estrella representa una dimensión del análisis.

En líneas generales, las propuestas de modelos conceptuales en los que se apoyan las metodologías de diseño de almacenes de datos, incorporan los conceptos o constructores, presentes hoy en día en la mayoría de los modelos conceptuales y universalmente aceptados. Las propuestas, presentadas como extensiones de modelos conceptuales (ER, UML, OO, etc.) o bien como nuevos modelos de datos, intentan acentuar la visión multidimensional de los datos que se va a utilizar durante el análisis, para ello, utilizando los conceptos o mecanismos de abstracción clásicos (objeto, asociación, agregación, especialización, etc.), intentan identificar lo que en la terminología multidimensional se conoce como *hecho* y *dimensión*. Lo que queda patente en los modelos propuestos es que los conceptos y constructores clásicos son adecuados para modelar el almacén de datos. Esto se debe a que el esquema conceptual del almacén de datos y el esquema conceptual del sistema operacional de una organización no son estructuralmente muy diferentes aunque tengan características de granularidad, explotación y consulta distintas. La aportación más valiosa de sólo algunas propuestas es la incorporación a los modelos de conceptos y notaciones que permiten expresar en el esquema, aspectos relacionados con la consulta del almacén por medio de operaciones de agregación/disgregación (Roll-Up y Drill-Down) de las medidas a través de las dimensiones, es decir propiedades de aditividad [LS97], [LNW02], conceptos que no se contemplan en los modelos conceptuales clásicos.

Una característica que destaca en el trabajo realizado en este campo del modelado multidimensional, es la ausencia de un consenso respecto a lo que se entiende por "modelo multidimensional de datos", así, se pueden encontrar en la literatura distintas definiciones del modelo multidimensional con enunciados, en ocasiones contradictorios, de algunos de los conceptos utilizados usualmente en su definición. Como respuesta a esta falta de fundamentación teórica de los conceptos subyacentes al modelado multidimensional, han aparecido en la literatura trabajos en los que se trata de dar una definición formal del modelo multidimensional. Los trabajos más significativos en esta dirección son los trabajos de Cabibbo y Torlone [CT97], [CT98]; Hurtado y Mendelzon [HMV99], [HM01], [HM02]; Pedersen y Jensen [PJD01], [PRP02]; y Franconi y Kamble [FK03].

El trabajo que se presenta, se enmarca en esta línea de investigación, siendo su objetivo principal, hacer una síntesis de los modelos multidimensionales existentes, con la intención de simplificar y clarificar las características esenciales o definitorias de lo que se entiende por "modelo multidimensional de datos". Para realizar este trabajo de síntesis y generalización se parte del marco de referencia propuesto por Pedersen y otros autores en [PJD01]. En él se proponen once requisitos (extraídos de su experiencia en el ámbito del análisis de sistemas sanitarios) que se consideran esenciales en un modelo de datos que pueda calificarse de multidimensional.

El trabajo se organiza como sigue: en el segundo apartado se recuerdan los conceptos básicos del modelado multidimensional, en el tercer apartado se presenta el marco de referencia propuesto por Pedersen; en el apartado cuarto se hace una análisis crítico de cada uno de los requisitos enunciados en este marco; en el quinto apartado se integran todos los requisitos considerados esenciales, en una definición formal y simple del "modelo multidimensional de datos"; por último en el apartado sexto se presentan las conclusiones y la continuación de este trabajo de investigación.

2. Conceptos básicos

Los dos conceptos centrales al modelado multidimensional son el concepto de *hecho* y el concepto de *dimensión*.

Un *hecho* es cualquier actividad de una organización que es objeto de análisis. El hecho, al nivel de detalle al que se observa, lleva asociado unos indicadores (*medidas*) y está determinado por un conjunto de *dimensiones* que lo caracterizan.

Ejemplo: En una cadena de puntos de ventas una actividad susceptible de ser analizada es "las ventas producidas en los distintos puntos de la cadena". Una venta se mide con unos indicadores (importe de la venta, unidades vendidas, etc.), pero la actividad no queda totalmente definida si no se especifica el nivel al que se mide dicha actividad, es decir el significado exacto de los indicadores. Las ventas podrían ser ventas diarias o ventas regionales, etc. Así, las dimensiones de un hecho lo caracterizan y dan significado a las medidas. El esquema multidimensional de este ejemplo consistiría en: Hecho = {Ventas}, Dimensiones = {Tiempo(día), Producto, Almacén}, Medidas = {importe, unidades}. Una ocurrencia de este esquema estaría formada por un conjunto de hechos observados consistentes cada hecho en un par (valor de las dimensiones, valor de las medidas); por ejemplo el hecho [(Tiempo:11-12-03, Almacén:almacén1, Producto:leche), (unidades:2, importe:12€)], debe interpretarse como "Las ventas de leche en el almacén nro. 1 el día 11-12-03 fueron de 2 unidades por un importe de 12€".

Esta presentación intuitiva de los conceptos básicos del modelado multidimensional, conduce de forma inmediata a la formalización de un esquema multidimensional como una función (parcial) del producto cartesiano de los dominios de las dimensiones en el producto cartesiano de los dominios de las medidas:

$$f: D_1 \lambda D_2 \lambda \ldots \lambda D_n \rho \; M_1 \lambda M_2 \lambda \ldots \lambda M_k$$

donde D_1, D_2, ... , D_n son los dominios de definición de las dimensiones y M_1, M_2, ..., M_k son los dominios de definición de las medidas. Un esquema multidimensional definido de esta forma es susceptible de ser representado gráficamente como un espacio n-dimensional donde cada punto del espacio representa un hecho sobre la actividad representada. Si el número de dimensiones es igual a tres se representa usualmente como un cubo de datos, en nuestro ejemplo:

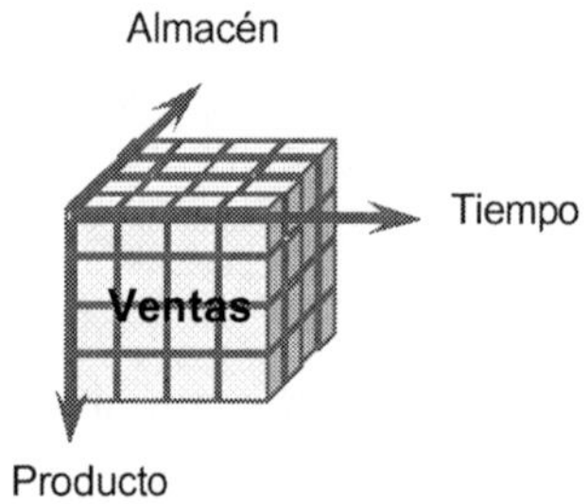

Cada celda del cubo contiene las medidas (unidades, importe) de las ventas diarias de un producto, en un almacén

Para flexibilizar y enriquecer el análisis, las dimensiones se completan con un conjunto de atributos descriptores. En el ejemplo anterior éstos podrían ser Tiempo = {día, mes, semana, año, trimestre}, Producto = {producto, categoría, departamento}, Almacén = {almacén, ciudad, región, país}.

Los atributos de una dimensión no son independientes entre sí, existen relaciones jerárquicas (dependencias funcionales) entre ellos[1]. En el ejemplo anterior:

Tiempo = {(día ρ mes ρ trimestre ρ año), (día ρ semana)},

Producto = {producto ρ categoría ρ departamento)}

Almacén = {almacén ρ ciudad ρ región ρ país)}

Este enriquecimiento de la dimensión conduce al concepto de dimensión como conjunto de *niveles de dimensión* relacionados entre sí a través de *jerarquías.* En toda dimensión existirá un *nivel raíz*, del que parten todas las

---

[1] Algunas propuestas de modelos multidimensionales no restringen las relaciones entre niveles a dependencias funcionales.

jerarquías dentro de la dimensión, este nivel raíz es el que caracteriza al hecho al nivel de detalle representado en el esquema. Con esta definición, una dimensión se puede formalizar como un grafo dirigido y acíclico con un nodo raíz (semiretículo inferior). En el ejemplo anterior los niveles raíz son: día en la dimensión Tiempo, almacén en la dimensión Almacén y producto en la dimensión Producto, es decir las ventas en este esquema son "ventas diarias, en los almacenes de la cadena para los productos ofertados".

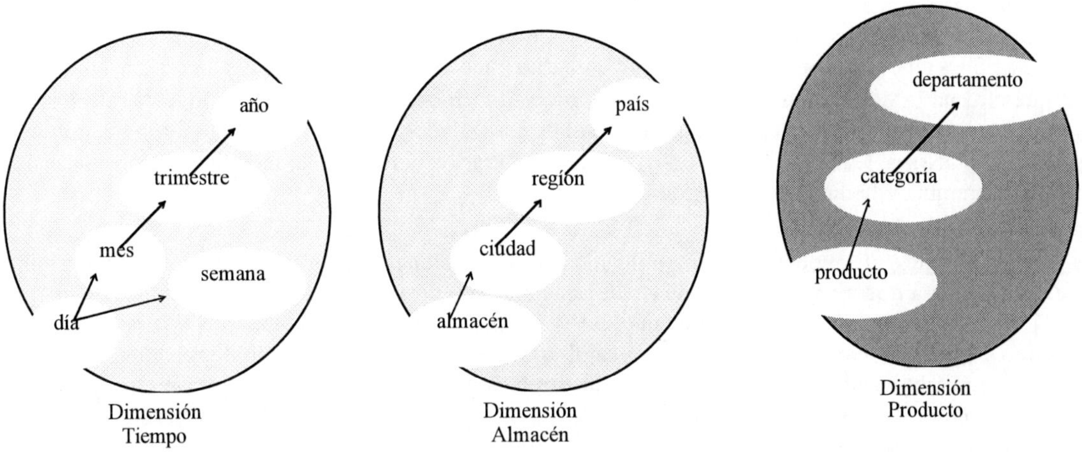

Las jerarquías dentro de las dimensiones serán utilizadas durante el análisis para consultar y agregar los hechos a distintos niveles en las dimensiones y poder navegar a través de las jerarquías con los operadores de Drill-down y Roll-up, característicos de las herramientas de OLAP.

3. Marco de referencia

Pedersen y otros autores [PJD01] proponen un marco de referencia consistente en los siguientes once requisitos que debería cumplir cualquier modelo multidimensional de datos. Su propuesta emana del análisis de las características de los distintos modelos multidimensionales que se pueden encontrar en la literatura.

(1) Jerarquías explícitas en las dimensiones. El modelo debe permitir representar explícitamente en el esquema las jerarquías de niveles dentro de las dimensiones.

(2) Múltiples jerarquías en cada dimensión. El modelo debe permitir la definición de varias jerarquías dentro de cada dimensión, a través de las cuales el usuario pueda realizar las operaciones de agregación (Roll-up) y disgregación (Drill-down).

(3) Soporte para agregaciones semánticas. El modelo debe permitir expresar en el esquema qué agregaciones y operaciones sobre las medidas tienen significado, para prevenir al usuario de la obtención de resultados incorrectos. El autor destaca dos tipos de problemas semánticos. El primero relacionado con el diseño del esquema; por ejemplo, si se permiten relaciones muchos a muchos entre niveles de una jerarquía de dimensión, puede producirse el caso de que un hecho sea considerado varias veces en el análisis. El segundo tipo de problemas está relacionado con la naturaleza de los datos (el significado de los datos), ya que ciertas operaciones de agregación (suma, media, contador, etc.) pueden no ser aplicables a algunas medidas sobre algunas dimensiones, al menos con el significado esperado por el usuario.

(4) Jerarquías "no estrictas". El modelo debe permitir modelar dimensiones "no estrictas", es decir permitir que en una dimensión puedan haber relaciones "muchos a muchos" entre niveles directamente relacionados en una jerarquía. En el mundo real este tipo de relaciones aparecen con frecuencia, y sin embargo pueden producir resultados

incorrectos durante el análisis, por lo que el usuario debe ser advertido de este tipo de situaciones. Sean $N_i \rho$ N_j dos niveles relacionados directamente en una jerarquía de una dimensión, la propiedad de ser *estricta* exige que la multiplicidad máxima de N_i en la relación $N_i \rho$ N_j sea 1, es decir (N_i (-, 1), N_j (- ,-))[2], en caso contrario se dice que la relación no es estricta y consecuentemente la jerarquía y la dimensión tampoco lo son.

(5) Jerarquías "no balanceadas". El modelo debe permitir modelar dimensiones "no balanceadas". Una jerarquía de una dimensión es "no balanceada" cuando para un par de niveles relacionados directamente en la jerarquía, puede suceder que para un valor del nivel superior no existan valores en el nivel inferior relacionados con él. En el mundo real este tipo de relaciones aparecen con frecuencia, y sin embargo pueden producir resultados incorrectos durante el análisis, por lo que el usuario debe ser advertido de este tipo de situaciones. Sean $N_i \rho$ N_j dos niveles relacionados directamente en una jerarquía de una dimensión, la propiedad de ser *balanceada* exige que la multiplicidad mínima de N_j en la relación $N_i \rho$ N_j sea 1, (N_i (-, -), N_j (1 ,-)), en caso contrario se dice que la relación no es balanceada y consecuentemente la jerarquía y la dimensión tampoco lo son.

(6) Jerarquías "no envolventes". El modelo debe permitir modelar dimensiones "no envolventes". Una dimensión es "no envolvente" cuando para dos niveles de la dimensión, relacionados entre sí a través de dos caminos de distinta longitud en dos jerarquías distintas, puede suceder que exista un par de valores de ambos niveles relacionados a través de un camino y no relacionados a través del otro camino. En el mundo real este tipo de relaciones aparecen con frecuencia, y sin embargo pueden producir resultados incorrectos durante el análisis, por lo que el usuario debe ser advertido de este tipo de situaciones. Sean las relaciones $N_i \rho$ $N_j \rho$ N_k y $N_i \rho$ N_k en dos jerarquías de una dimensión, la dimensión será *envolvente* si y solo si J e_1PN_i J e_3PN_k(($e_1\rho$ e_3) B] e_2PN_j ($e_1\rho$ e_2 Γ $e_2\rho$ e_3)), si no se cumple esta propiedad se dice que la dimensión no es envolvente.

(7) Tratamiento simétrico de dimensiones y medidas. El modelo debe ser flexible para permitir que una propiedad de la actividad pueda ser usada como medida o como dimensión o ambas cosas.

(8) Relaciones muchos a muchos entre el hecho y las dimensiones. El modelo debe permitir la existencia de relaciones "muchos a muchos" entre el hecho y las dimensiones. En la presentación de los conceptos básicos en el apartado 2, implícitamente se ha asumido que un hecho esta asociado a un valor y sólo uno de cada dimensión del esquema. Sin embargo, existen ejemplos en la vida real en los que esta propiedad no se cumple, es decir un hecho va asociado a varios valores de una dimensión; por otra parte, si este tipo de relaciones aparecen en un esquema pueden producirse errores en el análisis de los datos.

(9) Manejo de cambios en el tiempo. Aunque las propiedades de las dimensiones cambien con el tiempo, debería ser posible realizar análisis coherentes en el tiempo cuando se han producido estos cambios.

(10) Hechos de un esquema con diferentes niveles de granularidad. En la presentación de los conceptos básicos en el apartado 2, se ha asumido implícitamente que los hechos van asociados a un valor del nivel raíz en cada dimensión. Los autores de este marco de referencia contemplan la posibilidad de que hechos de un mismo esquema mutidimensional puedan estar registrados a diferentes niveles de granularidad; es decir, un hecho podría estar caracterizado por un valor de un nivel N_i de una dimensión, mientras que otro podría estar caracterizado por un valor de otro nivel N_j de la misma dimensión.

(11) Manejo de la imprecisión. El esquema debe capturar los casos en los que los datos no estén almacenados todos con la misma precisión, cuando esto ocurra, el usuario debe de ser advertido de la situación.

---

[2] Si con la notación $N_i \rho$ N_j se representa la relación entre dos niveles N_i y N_j de una jerarquía de dimensión, la notación (N_i (min_i, max_i), N_j (min_j,max_j)), expresa que la multiplicidad mínima de N_i (resp. N_j) en la relación binaria es min_i (resp. min_j) y que la multiciplidad máxima de N_i en la relación es max_i (resp. max_j).

4. Análisis crítico del marco de referencia

De los once requisitos propuestos por Pedersen, los requisitos (1), (2), (7) y (9) parecen obvios y son completamente asumidos en todos los modelos multidimensionales que se encuentran en la literatura, por lo que serán considerados como esenciales al modelo multidimensional.

El requisito (3) tiene dos aspectos, prevenir al usuario de agregaciones sin significado debido a características estructurales del esquema, y por otro lado advertir al usuario de las funciones de agregación que son válidas para cada tipo de medida del esquema. El primer aspecto está relacionado con las propiedades de multiplicidad de las jerarquías en las dimensiones contempladas en los requisitos (4), (5) y (6) así como con la posibilidad contemplada en el requisito (8), casos que serán considerados posteriormente. El segundo aspecto debe ser contemplado en cualquier modelo multidimensional, ya que trata exclusivamente de permitir sólo los cálculos que son válidos para cada medida; el modelo debe permitir especificar estas funciones válidas para cada medida en el esquema y la herramienta OLAP debería advertir al usuario del posible error en caso de usar otras funciones no permitidas. Este último comentario es aplicable también al requisito (11).

Los requisitos (4), (5) y (6) que tienen que ver con las multiplicidades de las relaciones en las jerarquías deberían ser contemplados en el modelo, ya que responden a situaciones frecuentes en el mundo real. El modelo debería permitir expresar estas propiedades en el esquema y la herramienta OLAP debería advertir de la posible obtención de resultados incorrectos.

El requisito (8) que propone contemplar la posibilidad de que un hecho se asocie a varios valores de una dimensión, rompe el carácter multidimensional del modelo. La dimensión con valor múltiple no es simétrica a las dimensiones univaluadas, no realiza la función de caracterización o identificación del hecho. Las situaciones en las que se presenta esta situación suelen enmascarar dos o más esquemas multidimensionales de diferente granularidad que comparten dimensiones. Las soluciones propuestas en [SRM01] respaldan este análisis.

El requisito (10) en el que se contempla la posibilidad de que hechos del mismo esquema se registren a distintos niveles de granularidad, es una forma frecuente de almacenar información agregada [Kim98]. Esta solución, exige tomar ciertas precauciones que eviten el problema del "doble conteo" en el análisis de los datos.

De este análisis se puede concluir que los requisitos (1), (2), (3), (7), (9) y (11) deben ser contemplados por cualquier modelo multidimensional, pudiéndose considerar que son esenciales al modelo. Sobre los requisitos (4), (5) y (6), es conveniente que se incluyan en el modelo ya que permiten modelar mejor situaciones reales, aunque no son esenciales al modelo. El requisito (8) rompe el carácter multidimensional del modelo, por lo que para las situaciones a las que hace referencia este requisito, deberían buscarse otras soluciones. El requisito (10) no es realmente un requisito del modelo sino una posible forma de representar información agregada en un almacén de datos.

5. Definición formal del modelo multidimensional

En este apartado se va a presentar una definición formal del modelo multidimensional, coherente con el análisis crítico del marco de referencia de Pedersen que se ha realizado en el apartado anterior. Este modelo incluirá los requisitos (1), (2), (3), (7), (9) y (11) que se han considerado esenciales al modelo, así como los requisitos (4), (5) y (6) que se han considerado convenientes.

Sean:

Oid: conjunto numerable de valores. (identificadores de objetos).

Nom: conjunto numerable de nombres. (nombres de atributos y de medidas).

Dom: conjunto numerable de dominios. (dominios de los atributos y de las medidas).

Esquema de dimensión.

Un *esquema de dimensión* D es un par (G, Atr), D=(G, A), donde:

G = (N, A) es un grafo dirigido y acíclico definido sobre el conjunto N de niveles de la dimensión, y con un nivel raíz que será denotado como ℜ, y

Atr: N ρ $2^{(\text{Nom x Dom})}$ es una función que asocia a cada nivel del conjunto N un conjunto de pares (atributo, dominio) que constituyen los atributos descriptivos del nivel[3].

Es decir, un esquema de dimensión es un grafo dirigido y acíclico (N, A) con nodo raíz ℜ. A cada nodo de N se le denomina *nivel de la dimensión*. Cada nivel de la dimensión lleva asociado un conjunto de *atributos de nivel* que son atributos descriptores definidos sobre dominios de valores, según la función Atr. La dimensión tiene un nivel raíz, es decir un nivel ℜPN, tal que H] nPN/ (n, ℜ) PA.

Jerarquía de dimensión

Una *jerarquía de dimensión* es un camino en el grafo G=(N, A) que parte del nodo raíz.

J = ((n_1, n_2, ..., n_k): k µ 2, n_1 = ℜ, J i<k: (n_i, n_{i+1}) P A)

Extensión de una dimensión

La *extensión*[4] *de una dimensión* D que se denotará como 9D 9se define como un triplete, 9D 9 = (f, V, H), donde:

f: N ρ $2^{(\text{Oid})}$, es una función que asigna a cada nivel de la dimensión un conjunto de objetos (valores del nivel),

V = {A_{ij}: f(n_i) ρ D_{ij} 9 J n_i P N, J (A_{ij}, D_{ij}) P Atr(n_i) }, es un conjunto de funciones que hacen una asignación de valor a los atributos de cada objeto en cada nivel), y

H = {h_{ij}: h_{ij} Σ f(n_i) λ f(n_j) 9 J (n_i,n_j) P A}, es un conjunto de correspondencias que definen las relaciones existentes entre los objetos de dos niveles de dimensión relacionados directamente en el grafo.

Es decir, en la extensión de una dimensión, la función f asigna un conjunto de objetos del mundo real a cada nivel de la dimensión. V es un conjunto de funciones, donde cada función A_{ij} asigna a cada objeto del nivel n_i un valor para el atributo A_{ij} de dicho nivel. H es un conjunto de relaciones donde cada relación h_{ij} define la correspondencia existente entre los objetos de los niveles n_i e n_j relacionados en entre si en el grafo que representa la dimensión. Las relaciones h_{ij} no son estrictamente funciones, son subconjuntos del producto cartesiano de los conjuntos f(n_i) y f(n_j) para poder contemplar de esta forma el requisito (4).

---

[3] Estos atributos de nivel, no son atributos analíticos, es decir atributos que sean utilizados para las consultas o las operaciones de agregación, son atributos descriptores utilizados para documentar los informes. Por ejemplo, en la dimensión Producto, el atributo *descripción* podría ser un atributo del nivel *producto* que permitiría incluir en los informes una descripción completa del producto.

[4] Términos alternativos para hacer referencia a la *extensión* son *instancia* u *ocurrencia*.

Esquema multidimensional

Un esquema multidimensional F es una par (D, M), F=(D, M), donde:

$D = \{D_1, D_2, \ldots, D_n\}$, es un conjunto finito de esquemas de dimensión, y

$M \Sigma$ Nom x Dom, es un conjunto finito, $\{M_1\ D_1, M_2\ D_2, \ldots, M_m\ D_m\}$, es un conjunto de medidas con sus dominios asociados.

Es decir, un esquema multidimensional consta de un conjunto de dimensiones y un conjunto de medidas. El esquema multidimensional moldea una actividad de la organización descrita por el conjunto de medidas que representan la observación de la actividad, al nivel de detalle representado por los niveles raíz de cada una de las dimensiones del esquema.

Extensión de un esquema multidimensional

La extensión de un esquema multidimensional F, que se denotará 9F9, consta de un conjunto de funciones parciales M_i de la forma:

$$9F9 = \{M_i: f_1(\Re_1) \times f_2(\Re_2) \times \ldots \times f_n(\Re_n)\ \rho\ D_i\ 9\ \rfloor\ (M_i, D_i)\ P\ M\}$$

donde cada función M_i define el valor de la medida M_i para cada hecho observado sobre la actividad representada por el esquema multidimensional. Las funciones M_i aplican los valores del nivel raíz de cada dimensión del esquema, es decir un hecho observado, al dominio de definición de la medida.

El modelo multidimensional que se ha propuesto contempla los requisitos (1), (2), (3), (7), (9) y (11), (4), (5) y (6) del marco de referencia de Pedersen, es decir los requisitos que en el análisis crítico se han considerado esenciales o convenientes:

Los requisitos (1), (2) son contemplados en la definición de esquema de dimensión. Los requisitos (4), (5) y (6) son contemplados en la definición de extensión de una dimensión, concretamente en la definición del conjunto H como un conjunto de relaciones (correspondencias) entre los valores de los niveles relacionados directamente en una dimensión; el modelo puede ser extendido[5] permitiendo sintácticamente anotar las relaciones entre niveles (arcos del grafo) con las propiedades de la relación: no-estricta, no-balanceada, no-envolvente; la herramienta OLAP deberá advertir o prevenir al usuario de consultas incorrectas debido a la presencia de este tipo de propiedades en las dimensiones. El requisito (7) está contemplado en la definición del modelo ya que nada impide que los cambios referidos en el requisito se puedan hacer en el esquema. El requisito (9) puede ser contemplado en el modelo adoptando alguna de las soluciones propuestas en la literatura [Kim98] para el manejo de cambios en las dimensiones. El requisito (11) puede ser contemplado en el modelo extendiéndolo con alguna notación sintáctica que permita definir distintos grados de imprecisión en las medidas[6]. Por último el requisito (3) que tenía dos aspectos: el primer aspecto está considerado en los requisitos (4), (5) y (6); el segundo aspecto sobre propiedades de aditividad de las medidas a través de las dimensiones, puede contemplarse extendiendo el modelo con alguna notación sintáctica

[5] No se ha optado por ninguna notación particular en la definición del modelo ya que no tiene relevancia cómo se expresan estas propiedades, lo importante es que el modelo contemple este tipo de propiedades y que permita expresarlas.

[6] Como en el caso de las propiedades de las jerarquías no resulta relevante la notación utilizada para expresar los grados de imprecisión de una medida, por este motivo no se ha optado por ninguna notación particular.

que asocie a cada medida el tipo de operadores (suma, media, etc) permitidos y las dimensiones sobre las que pueden aplicarse estos operadores[7].

6. Conclusiones y trabajos futuros

En este trabajo se han cubierto los siguientes objetivos:

- Se ha realizado un análisis de los requisitos que deben ser exigidos a un modelo de datos multidimensional, basándose en el marco de referencia propuesto por Pedersen y otros autores en [PJD01]. En este sentido se han identificado un conjunto de propiedades esenciales al modelo y un conjunto de propiedades recomendables (o convenientes).
- En base al análisis anterior se ha definido formalmente un modelo multidimensional que contempla todas las propiedades esenciales o recomendables identificadas.
- Este modelo formal puede ser implementado con modelos de datos clásicos (extensión sintáctica de ER, *profile* de UML, etc).

Un trabajo futuro, será caracterizar propiedades de los esquemas ER y los esquemas UML para asegurar que cumplen con la definición del modelo propuesta.

7. Bibliografía

[ASS] Abello, A.; Samos, J.; Saltor, F. *A Data Warehouse Multidimensional Data Models Classification.*

[CT97] Cabibbo, L.; Torlone, R. *Querying Multidimensional Databases.* Proceedings of the 6th. International Conference on Data Programming Languages. (1997).

[CT98] Cabibbo, L.; Torlone, R. *A Logical Approach to Multidimensional Databases.* Proceedings of the International Conference in Advances in Database Technology (EDBT98). LNCS, Nro. 1377. (1998).

[FK03] Franconi, E.; Kamble, A. *The GMD Data Model for Multidimensional Information: a Brief Introduction.* Proceedings of the International Conference of Data Warehousing and Knowledge Discovery (DaWaK03). (2003).

[HMV99] Hurtado, C.; Mendelzon, A.; Vaisman, A. *Maintaining Data Cubes under Dimension Updates.* Proceedings of the 15th International Conference on Data Engineering (ICDE99). (1999).

[HM01] Hurtado, C.; Mendelzon, A. *Reasoning about Summarizability in Heterogeneous Multidimensional Schemas.* Proceedings of the 8th. International Conference on Database Theory (ICDT01). LNCS, Nro. 1973. (2001).

[HM02] Hurtado, C.; Mendelzon, A. *OLAP Dimension Constraints.* Proceedings of ACM PODS (2002).

[Kim98] Kimball, R. *The Datawarehouse Lifecycle Toolkit.* Wiley. (1998).

[LNW02] Lakshmanan, L.; Ng, R.; Wang, C.; Zhou, X.; Jhonson, T. *The Generalized MDL Approach for Summarization.* Proceedings of the 28th International Conference on Very Large Databases (VLDB02). (2002).

---

[7] Hay que recordar que las medidas pueden ser aditivas, semi-aditivas o no-aditivas para unas dimensiones y no serlo para otras dimensiones del esquema. Con el término aditividad se hace referencia a cualquier función de agregación (suma, conteo, media, máximo, mínimo, etc).

[LS97]_Lenz, H.; Shoshani, A. *Summarizability in OLAP and Statistical Databases*. Proceedings of the 9th. International Conference on Scientific and Statistical Databases .(1997).

[PJD01] Pedersen, T.B; Jensen, C.S; Dyreson, C. *A Foundation for Capturing and Querying Complex Multidimensional Data*. Information Systems Nro. 26.(2001).

[PRP02] Pedersen, D.; Riis, K.; Pedersen, T.B. *A Powerful and SQL-compatible Data Model and Query Language for OLAP*. Proceedings of the 13th Australasian Database Conference (ADC02).(2002).

[Raf03] Rafanelli, M. *Multidimensional Databases: Problems and Solutions.* Idea Group Publishing. (2003).

[SBH99] Sapia, C., Blaschka, M., Hölfling G. *An Overview of Multidimensional Data Models*, FORWISS Technical Report FR-1999-001, Munich, Germany, (1999).

[SRM01] Song, I.; Rowen, W.; Medsker, C.; Ewen, E *An Analyis of Many-to-many Relationship Between Fact and Dimensional Tables in Dimensional Modelling*. Proceedings of the International Workshop on Design and Management of Data Warehouses (DMDDW'01). (2001).

Mantenimiento de Almacenes de Datos en Línea y Tiempo Real

Clemente García[1], Matilde Celma[2]
(1) Departamento de Sistemas y Computación.
Instituto Tecnológico de Culiacán. Culiacán (Sinaloa). México.
gclement@uas.uasnet.mx
(2) Departamento de Sistemas Informáticos y Computación.
Universidad Politécnica de Valencia. Valencia. España.
mcelma@dsic.upv.es

Resumen

En el presente trabajo se propone una estrategia de mantenimiento de almacenes de datos con las siguientes caracterísiticas: automantenible (débil), incremental, sin bloqueos (las transacciones de los analistas y la transacción de mantenimiento se ejecutan concurrentemente) y en tiempo real. Como es sabido, en un almacén de datos, una actualización (inserción, borrado[1]) ejecutada en los sistemas operacionales puede provocar que el almacén de datos deje de estar sincronizado con los sistemas operacionales que lo nutren. Con esta propuesta se garantiza que el desajuste temporal (tiempo de desincronización) sea lo mas breve posible, ya que en las actualizaciones realizadas en las fuentes se transmiten al almacén inmediatamente. La estrategia se basa en el mantenimiento de un número ilimitado de versiones del almacén de datos (datos actualizados). El trabajo es el resultado de las mejoras realizadas en los trabajos que lo anteceden en los que se desarrollaron los algoritmos 2VNL, NVNL [QW97] y ∝VNL [GVC03]. El algoritmo propuesto mejora otros algoritmos de mantenimiento en tiempo real que se encuentran en la literatura ya que éstos sólo muestran los pasos para enviar actualizaciones al almacén de datos, obviando cómo se manejan los atributos que contienen información agregada. En la propuesta, el algoritmo contempla estas situaciones para las funciones sum, avg y count, incluyendo el cálculo de estos atributos y su incorporación al almacén de datos. El algoritmo propuesto se denomina ∝VNLTR (∝V(versiones ilimitadas), NL (sin bloqueo), TR (en tiempo real)).

1. Introducción

En un sistema de almacén de datos, se almacenan datos derivados (obtenidos de forma directa o a través de un proceso de transformación) de los sistemas operacionales de una organización. Para que el contenido del almacén esté sincronizado en todo momento con el contenido de las fuentes (sistemas operacionales), cualquier actualización en una fuente, que sea relevante para el almacén, debe ser transmitida al almacén para que éste sea actualizado. El desajuste temporal entre estos dos procesos de actualización, puede provocar que en un instante de tiempo, el almacén no esté sincronizado con las fuentes, es decir, en el almacén no aparezcan datos que pueden ser derivados de la información disponible en los sistemas operacionales en ese instante [JLV99].

Si se asume un contexto en el que se trabaja con sistemas relacionales, un almacén de datos puede ser visto como un conjunto de vistas materializadas definidas a partir de las relaciones de las bases de datos de los sistemas operacionales; desde este punto de vista, el problema de sincronización entre fuentes operacionales y almacén de datos coincide con el problema de mantenimiento de vistas materializadas de los sistemas clásicos. Siguiendo este enfoque, considérense las relaciones básicas r1(W,X), r2(X,Y) y la vista $V= ?_{W,Y} (r1 \bowtie r2)$ que se muestran en la Figura no.1. Supóngase que ocurren dos actualizaciones: insert(r1,[4,5]) e insert(r2,[4,5]). La Figura no. 2 muestra el estado de las relaciones básicas y de la vista después de realizar las

[1] Una operación de modificación será considerada como un borrado seguido de una inserción.

actualizaciones en la fuente. Obsérvese que el estado de la vista que se ilustra en la Figura no.1 y en la Figura no.2 es el mismo, lo que representa la existencia de una desincronización entre las relaciones básicas y la vista, ya que las actualizaciones que se realizaron en las relaciones básicas no se han reflejado en la vista. El estado de la vista sincronizada con sus relaciones básicas sería el que se muestra en la Figura no.3.

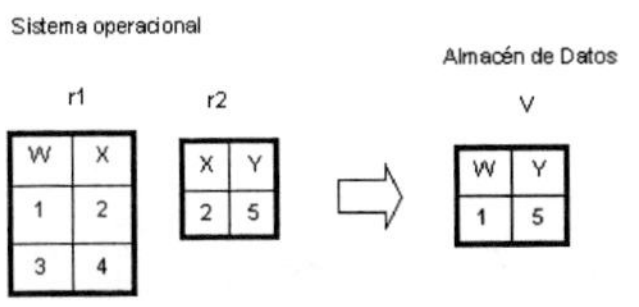

Figura no.1 Vista sincronizada

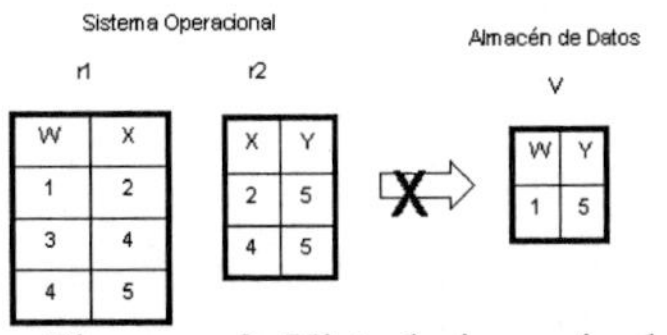

Figura no.2 Vista desincronizada

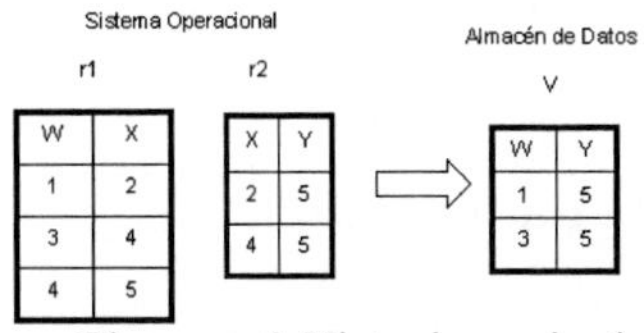

Figura no.3 Vista sincronizada

En los sistemas relacionales, se siguen distintas estrategias para el mantenimiento de vistas materializadas. Una vista materializada puede actualizarse evaluando de nuevo la consulta que define la vista (esta solución se rechaza debido a que su coste puede ser elevado) o puede actualizarse incrementalmente (calculando sólo los nuevos datos que se derivan de las actualizaciones realizadas en las relaciones básicas). La actualización incremental puede realizarse en batch (en periodos de tiempo previamente establecido tales como día, mes, etc.) o en tiempo real (las actualizaciones en las relaciones básicas se transmiten al instante a las vistas). En la literatura se pueden encontrar numerosas propuestas para el mantenimiento incremental de vistas materializadas [BLT86], [MQM], [LYY99], [ChGW96]. Algunas de las propuestas se basan en el automantenimiento de las vistas: auto-mantenimiento riguroso[2] o auto-mantenimiento débil[3] [SKM99]. El algoritmo κVNLTR de mantenimiento de almacenes de datos que se propone en este trabajo sigue la estrategia de mantenimiento incremental y tiene las siguientes características: es auto-mantenible (débil), realiza el proceso de actualización en tiempo real, permitiendo la ejecución concurrente de las consultas de los usuarios y la actualización del almacén, y garantiza a los usuarios la realización de consultas consistentes ya que puede mantener una serie ilimitada de versiones de datos del almacén de datos.

El resto del artículo se organiza como sigue. En la sección 2, se describe nuestra propuesta, el algoritmo $\propto$**VNLTR** que permite realizar mantenimiento de almacenes de datos de forma incremental, automantenible (débil), en línea y en tiempo real, presentándose un ejemplo que permite ver la evolución del almacén de datos a medida que los sistemas operacionales se actualizan. En la sección 3, se muestran las conclusiones de este trabajo, y por último en la sección 4 se expone la bibliografía utilizada.

2. Algoritmo $\propto$ VNLTR para el mantenimiento de almacenes de datos.

El algoritmo $\propto$**VNL** para el mantenimiento de almacenes de datos es un trabajo previo de los autores, en el que realizaba mantenimiento incremental en batch (transacción de mantenimiento). La transacción de mantenimiento y los procesos de lectura de los analistas podían ejecutarse concurrentemente sin hacer uso de bloqueos ya que el algoritmo mantenía un número ilimitado de versiones de datos del almacén, asegurando de esta forma consultas consistentes a los usuarios. En la definición del algoritmo se hacía uso de una tabla de control y de una representación de las vistas en el almacén que serán utilizadas en la nueva versión del algoritmo que ahora se propone. En la Figura no.4 se presentan brevemente estas ideas (información más detallada en [GVM03]).

[2] Si las actualizaciones de las vistas materializadas pueden ser calculadas usando sólo la extensión de la vista y la operación de actualización en las fuentes.

[3] Si las actualizaciones de las vistas materializadas pueden ser calculadas usando las vistas, la operación de actualización en las fuentes y alguna información adicional mantenida en el almacén de datos.

Tabla de control.

CurrentVN	MaintenanceActive
1	False

Cada versión del almacén de datos (versiones de datos actualizados) está identificada con un número de versión. La variable global **CurrentVN** contiene en cada instante el número de versión actual, esta variable se inicializa con el valor 1, y se va incrementando cada vez que una transacción de mantenimiento finaliza. Adicionalmente se requiere una variable global **MaintenanceActive**, que indica si una transacción de mantenimiento está activa actualmente.

Vista materializada.

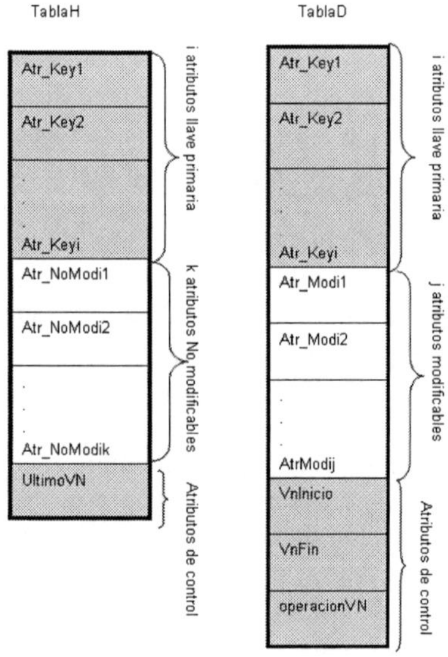

Una vista materializada se representa en el almacén por medio de dos tablas.

1. Una tabla H formada por los atributos de la clave primaria de la vista, los atributos de la vista que no son actualizables y el atributo UltimoVN que indica el número de la última transacción que modificó la tupla.

2.Una tabla D formada por los atributos de la clave primaria de H, los atributos de control VnInicio,VnFin, operaciónVN y los atributos de la vista que son actualizables. VnInicio y VnFin son atributos de control que indican para qué sesiones de usuario es visible la tupla, operacionVN representa la operación que provocó las última modificación de la tupla.

Figura no.4 Esquemas de la tabla de control y de la vista materializada

En este trabajo se propone el algoritmo $\propto$ **VNLTR** que realiza el mantenimiento del almacén de datos en línea, en tiempo real y es automantenible. Para lograr la característica de automantenimiento es necesario, que para cada relación básica que interviene en la definición de una vista materializada se cree una tabla auxiliar con la estructura que se ilustra en la Figura no.5.

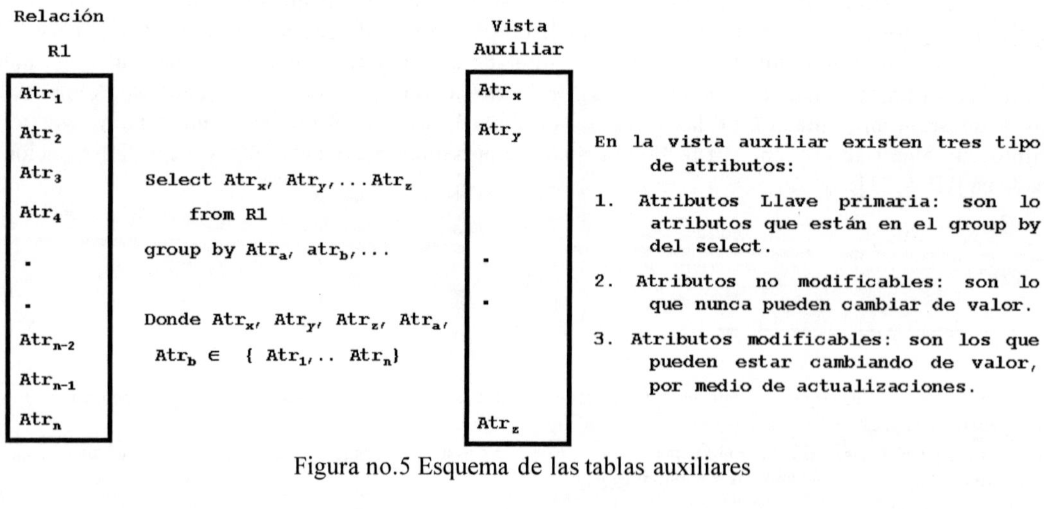

Figura no.5 Esquema de las tablas auxiliares

Las tablas auxiliares serán utilizadas para almacenar los atributos actualizables, definidos por operaciones de agregación (sum, count, avg, min, max), los valores parciales del atributo que está siendo actualizado debido a actualizaciones en las fuentes. Estos atributos tendrán un nombre especial que estará formado con el prefijo **DW<NombreFunciónAgregación>**. En este trabajo se están considerando las funciones de agregación Sum, Count, y Avg, de tal forma que los nombres de los atributos de estas tablas auxiliares se forman a partir del nombre de atributo de la vista de la forma: **DWSum<nombre_atributo>, DWCount<nombre_atributo>, DWAvg <nombre_atributo>**. Los datos almacenados en estas tablas auxiliares serán posteriormente, en el momento oportuno, almacenados en la vista materializada.

Para ilustrar el uso de las tablas auxiliares, considérese el siguiente ejemplo. Sean las relaciones básicas Docencia(Esc, CveEmp, Horas), Asesoria(Esc,CveEmp,Horas), Inv(Esc,CveEmp,Horas), correspondientes a un sistema universitario, donde las tres relaciones representan los servicios en horas (Horas) de docencia, de asesoría (gestión) y de investigación que los profesores (CvEmp) prestan en las distintas escuelas de la Universidad (Esc). La sentencia Select que se muestra en la Figura no.6 define una vista del almacén de datos que contiene información con el número total de horas de docencia, asesoría ye investigación prestadas por un profesor que se dedica a las tres actividades.

```
select D.CveEmp, sum(D.Horas), sum(A.Horas), sum(I.Horas) From Docencia D, Asesoria A, Inv I
where D.CveEmp=A.CveEmp and D.CveEmp=I.CveEmp group by CveEmp
```

Figura no.6 vista del almacén de datos

Para el mantenimiento de la vista con el algoritmo se requiere que en el almacén de datos existan las tablas auxiliares y la representación de la vista materializada que se muestran en la Figura no.7. Existen tres tablas auxiliares, una para cada relación básica, y dos tablas para representar la vista materializada.

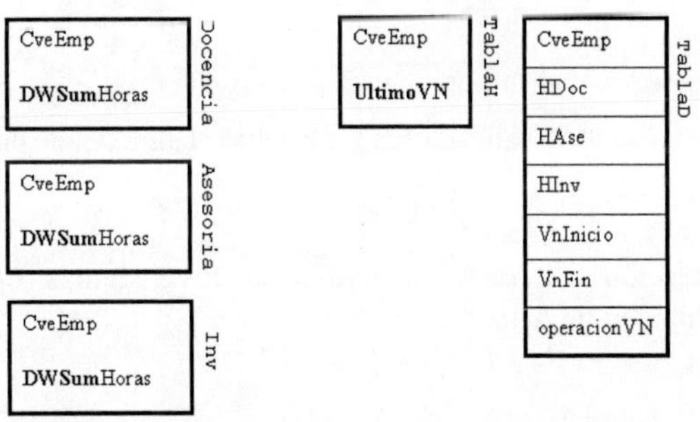

Figura no. 7 Esquemas de las tablas auxiliares y de la vista materializada

Adicionalmente el algoritmo ∝**VNLTR** usa la tabla de Control de Analistas que se muestra en la Figura no.8.

Tabla: Analistas

Cuando un analista realiza una consulta al almacén de datos lo hace con un número de sesión que toma del atributo sesión de la tabla de control de transacciones, si el analista quiere mantener vigente esa consulta se registra en la tabla de analistas (id y sesión que consultó) de tal forma que cuando desee podrá tener la misma consulta.

Figura no.8. Esquema de la Tabla de Analistas

En esta propuesta no existe una transacción de mantenimiento como tal ya que las actualizaciones de los sistemas operacionales se reflejan al instante en las tablas auxiliares, sin embargo para mantener las características del algoritmo $\propto$**VNL,** se considerará que una transacción de mantenimiento finaliza cuando se cumplen dos condiciones:

- Un analista realiza una consulta y,
- Previamente a la consulta se ha generado desde las tablas auxiliares al menos una actualización del almacén de datos (se ilustra en la Figura no.9).

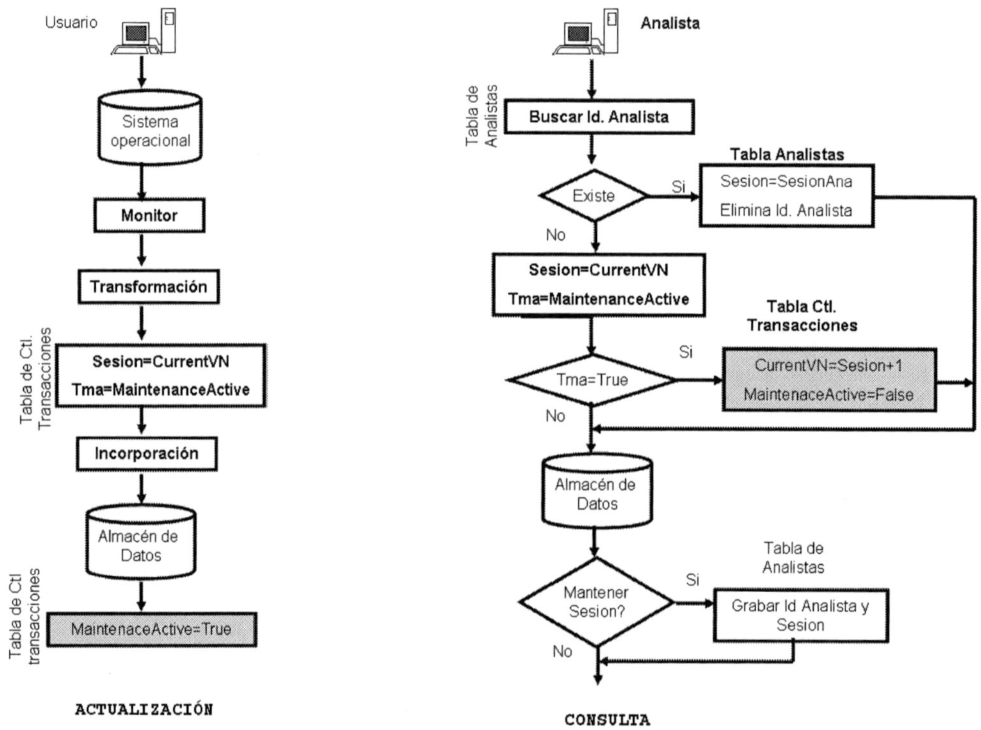

Figura no.9 Actualizaciones y consultas al almacén de datos

Cuando una operación de inserción o borrado se realiza en los sistemas operacionales dos procesos son necesarios para actualizar el almacén de datos:

I. Actualización de las vistas auxiliares

Tres acciones principales deben realizarse para saber si alguna operación de actualización debe realizarse en el almacén de datos para mantener las versiones actual y previa de la tupla:

1. Transformación de la tupla del sistema operacional. (limpieza de datos, cambio de formato y operaciones aritméticas).
2. La información de la tupla transformada se transfiere a la tabla auxiliar (VA) correspondiente:
    a. Si la operación en el sistema operacional es *insert*. Se realiza un *insert* en la tabla auxiliar VA correspondiente y:
        i. Si no hay conflicto con la llave primaria: se asignan los atributos de la tupla transformada a la tupla de VA, y se asigna el valor 1 a los atributos con prefijo **DWCount**.

ii. Si hay conflicto con la llave primaria:
   1. Se acumula el valor de los atributos correspondiente de la tupla transformada a los atributos modificables de la tupla en VA con el prefijo **DWSum**.
   2. Se incrementa en uno el valor de los atributos de la tupla en VA con el prefijo **DWCount**.
   3. A los atributos de la tupla VA que tienen el prefijo **DWAvg** se les acumula el valor de los atributos correspondientes de la tupla transformada (siempre llevarán un atributo DWCount para obtener el promedio).

b. Si la operación en el sistema operacional es *delete*:
   i. Se resta el valor de los atributos correspondientes de la tupla transformada a los atributos de la tupla de VA que tengan el prefijo **DWSum**. Si todos los atributos **DWSum** quedan a cero, se actualizan a cero todos los atributos actualizables de la vista materializada.
   ii. Se decrementa en uno el valor de los atributos de la tupla en VA con prefijo **DWCount.**
   iii. A los atributos de la tupla de VA que tiene el prefijo **DWAvg** se les resta el valor de los atributos correspondientes de la tupla transformada.

3. Se verifica si la información almacenada en las tablas auxiliares es suficiente para actualizar el almacén de datos (concatenación de las diferentes VA). Si la operación es *delete* y los atributos actualizables en VA tienen todos el valor cero, se realiza un borrado físico de la tupla de VA y se envía al almacén de datos una operación *delete*, en caso contrario se cambia la operación *delete* por la operación *insert* (el borrado físico realizado en el sistema operacional se convierte en una actualización en el almacén de datos).

II. Actualización del almacén de datos

En este proceso se recibe la operación que se realizó en el sistema operacional y una tupla (con los atributos: CvePrimaria, no actualizables y actualizables) que es producto de la concatenación de las vistas auxiliares. El algoritmo para este proceso esta formado por dos acciones:

1. Cuando se inserta una nueva tupla en H, se asigna a los atributos que no requieren actualización (según el esquema de la tabla H) los valores de los atributos correspondientes en la tupla de la transacción y se asigna al atributo UltimoVn el valor de la transacción de mantenimiento que está en proceso. En la tabla D se inserta una tupla y se asigna a los atributos que son modificables (según esquema de la tabla D) el valor de los atributos correspondiente en la tupla de la transacción, al atributo VnInicio se le asigna el valor de la transacción de mantenimiento, al atributo VnFin se le asigna un valor infinito y a operaciónVN se le asigna *insert*.
2. Si la inserción en H no se realizó debido a un conflicto en la llave primaria, se deben realizar las siguientes acciones :
   a. Acceder a la tupla en H y recuperar el atributo UltimoVn.
   b. Acceder la última tupla insertada en D y recuperar los atributos VnInicio y VnFin.
   c. Si VnInicio=Sesion y VnFin=infinito actualizar en D los atributos modificables con los atributos modificables de la nueva tupla y el atributo operaciónVN con la operación que se ha realizado. Pasar al paso (f).
   d. En la tabla D actualizar en la última tupla (de la clave que se esté actualizando) el atributo VnFin con el valor de UltimoVN-1.
   e. Insertar en la tabla D una nueva tupla con los valores que pueden ser modificados, asignarle a VnInicio el valor de la transacción de mantenimiento, el atributo VnFin asignarle un valor infinito y a operacionVn se le asigna *insert* o *delete* según la operación.
   f. En la tabla H actualizar el atributo UltimoVn con el valor de la transacción y el atributo MaintenaceActive con el valor TRUE.

Para ilustrar el funcionamiento del algoritmo supóngase que las siguientes operaciones han sido realizadas sobre las relaciones básicas definidas en el ejemplo.

1. Insert Docencia(20,5,10)

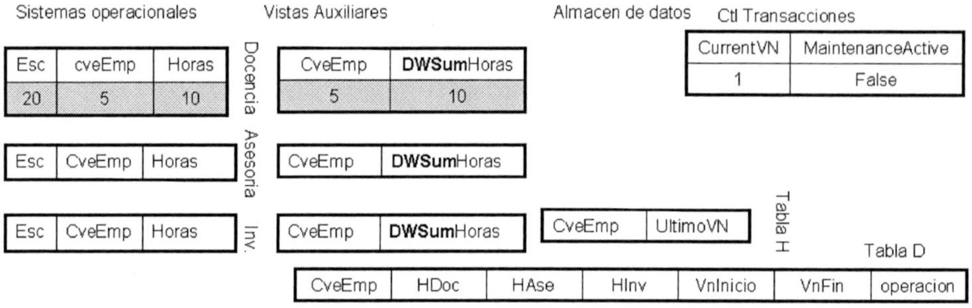

2. Insert Inv(20,5,5)

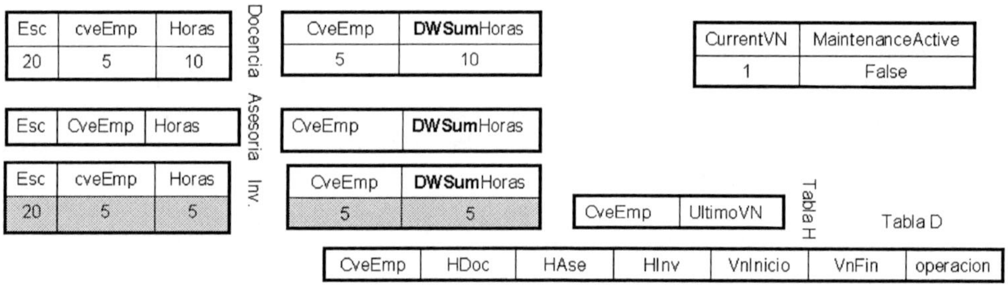

3. Insert Asesoria(20,5,3)

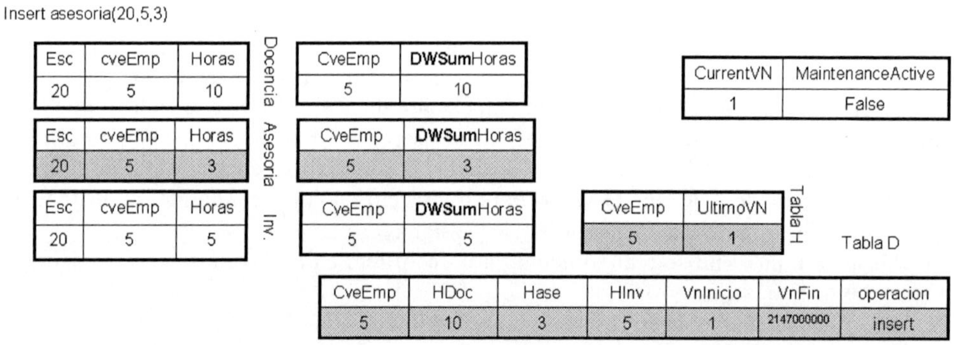

4. Insert Asesoria(30,5,4)

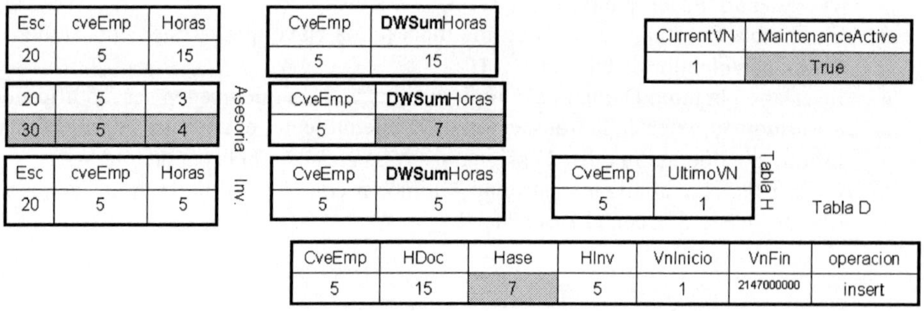

5. Delete Asesoria(20,5,3)

Esc	CveEmp	Horas
20	5	15

CveEmp	**DWSum**Horas
5	15

CurrentVN	MaintenanceActive
1	True

Asesoria

Esc	CveEmp	Horas
30	5	4

CveEmp	**DWSum**Horas
5	4

Inv.

Esc	CveEmp	Horas
20	5	5

CveEmp	**DWSum**Horas
5	5

Tabla H

CveEmp	UltimoVN
5	1

Tabla D

CveEmp	HDoc	Hase	HInv	VnInicio	VnFin	operacion
5	15	4	5	1	2147000000	insert

6. Delete Asesoria(30,5,4)

Docencia

Esc	cveEmp	Horas
20	5	15

CveEmp	**DWSum**Horas
5	15

CurrentVN	MaintenanceActive
1	True

Asesoria

Esc	CveEmp	Horas

CveEmp	**DWSum**Horas

Inv.

Esc	cveEmp	Horas
20	5	5

CveEmp	**DWSum**Horas
5	5

Tabla H

CveEmp	UltimoVN
5	1

Tabla D

CveEmp	HDoc	Hase	HInv	VnInicio	VnFin	operacion
5	15	0	5	1	2147000000	delete

7. Un analista realiza una consulta al almacén de datos.

Tabla control Transacciones

CurrentVN	MaintenanceActive
2	False

La consulta la realiza con sesion=1 y la siguinte incorporaciónes al almacén se realizará con sesión 2

8. Insert Asesoria(30,5,15)

Docencia

Esc	cveEmp	Horas
20	5	15

CveEmp	**DWSum**Horas
5	15

CurrentVN	MaintenanceActive
2	False

Aquí inicia una nueva transacción, el false indica que no se ha realizado ninguna operación en al AD después de la consulta.

Asesoria

30	5	15

5	**15**

Inv.

Esc	cveEmp	Horas
20	5	5

CveEmp	**DWSum**Horas
5	5

Tabla H

CveEmp	UltimoVN
5	2

Tabla D

5	15	0	5	1	1	delete
5	15	15	5	2	2147000000	insert

9. Después de la actualización queda la siguiente tabla de control de transacciones

Tabla control Transacciones

CurrentVN	MaintenanceActive
2	True

Se le asigna true ya que se acaba de realizar una operación en el almacén

3. Conclusiones

En este trabajo se ha presentado el algoritmo κNVNLTR, este algoritmo realiza el mantenimiento de almacenes de datos en tiempo real, es decir en el momento en que se actualizan los sistemas operacionales, consiguiendo que el almacén de datos y los sistemas operacionales estén siempre sincronizados; esto permite a los analistas tener disponible en cada momento la información mas actual de la organización. Nuestra propuesta al igual que los tres algoritmos que la preceden (2VNL, NVNL, κNVNL) permite la ejecución concurrente de la transacción de mantenimiento y las transacciones de los usuarios. Los algoritmos κNVNL y κNVNLTR permiten mantener una serie ilimitada de versiones del almacén de datos garantizando que los analistas siempre hacen consultas consistentes. El algoritmo κNVNLTR realiza la actualización de manera auto-mantenible (débil) para ello usa unas vistas auxiliares para detectar las modificaciones que se realizan en las fuentes. Esta propuesta mejora otros algoritmos de mantenimiento en tiempo real que se encuentran en la literatura ya que éstos sólo muestran los pasos para enviar actualizaciones al almacén de datos, obviando cómo se manejan los atributos que contienen información agregada. En nuestra propuesta, el algoritmo contempla estas situaciones para las funciones sum, avg y count, incluyendo el cálculo de estos atributos y su incorporación al almacén de datos.

4. Bibliografía

[QW97] Quass, D; Widom, J. *On-line warehouse view maintenance.* Proceedings of the 1997 ACM SIGMOD International Conference on Management of Data, p.393-404, May 11-15, (1997)

[GVC03] García, C.; Valenzuela, M.; Celma, M. *Una propuesta de Solución para Realizar Mantenimiento de Almacenes de Datos en Línea.* Congreso Internacional en Ciencias de la Computación (CENIDET), (2003). México

[JLV99] Jarke, M.; Lenzerini, M.; Vassiliou, Y.; Vassiliais, P. *Fundamentals of Data Warehouses.* Springer. (1999)

[SKM99] Samtani, S.; Kumar,V.; Mohania, M. *Self Maintenance of Multiple Views in Data Warehousing,* Proceedings of the ACM International Conference on Information and Knowledge Management. (1999).

[BLT86] Blakeley, J.A.; Larson, P.; Tompa, F.W. *Efficiently Updating Materialized Views.* Proccedings of the ACM SIGMOD International Conference on Management of Data. (1986).

[MQM] Mumick, I.S.; Quass, D.; Mumick, B.S. *Maintenance of Data Cubes and Summary Tables in Warehouse,* AT & T Laboratories, Stanford University, Lucent Technologies.

[LY99] Labio, W.; Yang, J. at el. *Performance Issues in Incremental Warehouse Maintenance.* Techincal Report, Stanford University. (1999).

[ChGW96] Chuge; García-Molina, H.; Wiener, J.L. *The Strobe Algorithms for Multi-Source Warehouse Consistency.* Proceedings of the 4th International Conference on Parallel and Distributed Information Systems, IEEE Computer Society, (1996).

Adaptación y Reutilización de Componentes Distribuidos

M. Katrib
Facultad de Matemática y Computación.
Universidad de la Habana
mkm@matcom.uh.cu

J.L. Pastrana
E.T.S.I. Informática.
Universidad de Málaga
pastrana@lcc.uma.es

E. Pimentel
E.T.S.I. Informática.
Universidad de Málaga
ernesto@lcc.uma.es

Resumen

En el desarrollo de sistemas distribuidos a partir de componentes existentes, los requisitos funcionales y no-funcionales están situados, tradicionalmente, en el servidor. Esto dificulta la reutilización de componentes y la posibilidad de componer o agregar componentes en tiempo de ejecución. Este trabajo muestra cómo partiendo de la metáfora de "Diseño por Contrato" se ha desarrollado una metodología y una herramienta, para la composición, coordinación y adaptación de componentes. La idea central es: "El Cliente sabe cómo quiere que se comporte el servidor" y establecerá sus propiedades no-funcionales. Los conectores, al ser componentes, podrán utilizar técnicas clásicas de reutilización (herencia, composición, delegación). Además, permitirán que se les suministre una ontología (en formato XML) del dominio del problema. Así, se puede realizar una adaptación dinámica de los servicios en tiempo de ejecución. La implementación de los conectores se basa en WebServices lo que propicia un acceso vía en protocolos estándar.

1. Introducción

La tecnología actual en ingeniería del software soporta el desarrollo de aplicaciones basadas en componentes. Sin embargo, este soporte se basa sólo en que son meras interfaces sintácticas que no expresan (salvo a veces textualmente o como comentarios) su comportamiento, salvo lo que puede inferirse de los tipos que se utilizan en estas interfaces.

Por otra parte, problemas habituales como el desarrollo en equipo de sistemas software, el reemplazo de partes de una aplicación e incluso la venta o alquiler de componentes software requieren de una definición semántica o del comportamiento de los componentes, la interacción y coordinación entre componentes, etc., y esta información no es posible de deducir sólo a partir de la definición sintáctica del componente.

Además, existen bastante problemas en el diseño e implementación de componentes para sistemas abiertos debido a sus características de evolución y dinamicidad, ya que la vida de un componente por lo general es menor que la vida del sistema. Estos problemas deberían ser resueltos si se aspira a la quimera de tener un mercado de venta y alquiler de componentes donde los desarrolladores sólo tengan que tomar los componentes e insertarlos en sus aplicaciones para ponerlas a trabajar.

Los diseñadores de componentes conocen la funcionalidad del componente (lo que hace) pero no tienen por qué tener información sobre el contexto en que van a ser usados o de los usuarios que los usarán. Por lo tanto, es muy deseable la existencia de una clara separación entre los aspectos funcionales del componente y otros requisitos no funcionales, tales como la sincronización, coordinación, persistencia, replicación, adaptación, distribución, tiempo real, etc.

1.1 Definiciones previas

Antes de comenzar, es conveniente fijar ciertos criterios y definiciones que serán usados a lo largo de este trabajo. Llamaremos "sistema" a un conjunto de herramientas y mecanismos que permiten crear e interconectar componentes software además de a un conjunto de servicios que ayudan a la ejecución de dichos componentes. Diremos que un sistema es "independientemente extensible" [SZY 96] cuando se puede extender (añadirle componentes o funcionalidad) dinámicamente, así como combinar las extensiones desarrolladas por diferentes entidades sin que haya conocimiento mutuo. El interfaz de un componente será una definición sintáctica de los servicios (operaciones, tipos y parámetros) que ofrece un determinado componente que actúa como servidor (y que a su vez puede ser cliente de cualquier otro componente).

Entenderemos por componente una unidad software binaria (ejecutable por una máquina) que puede ser insertada en un sistema y puesta a trabajar. Se pueden establecer siete criterios que caracterizan un compoente [SZY 00]:

1. Pueden ser usados por otros elementos Software (Clientes).
2. Pueden ser usados por clientes sin la intervención de sus desarrolladores.
3. Incluyen una especificación de todas las dependencias.
4. Incluyen una precisa especificación de la funcionalidad que ofrece.
5. Sólo pueden ser usados basándose en su especificación.
6. Es componible con otros componentes.
7. Pueden ser integrados rápida y suavemente en un sistema

1.2 Reutilización de componentes

A la hora de reutilizar componentes para diseñar nuevos sistemas se nos plantean diversas dudas: ¿cómo podemos asegurar el correcto funcionamiento de un componente? ¿Qué ocurre si un componente se comporta de una manera inesperada bien sea por un mal uso o por un malfuncionamiento? Por lo tanto, necesitamos ser capaces de determinar cuándo y cómo podemos usar un cierto componente en un determinado contexto. Sería deseable tener una especificación del componente que nos dijera qué hace el componente. Tal especificación debería ofrecer parámetros que nos permitieran validar y verificar el comportamiento del componente suministrándonos un contrato entre el componente y sus usuarios.

La metáfora de *Diseño por Contrato* [MEY 97], se basa en considerar un sistema como un conjunto de componentes que colaboran del mismo modo que se realizan los negocios en la vida real: a través de contratos que regulan explícitamente las obligaciones y beneficios de cada parte.

Un trabajo previo [KAT 03] demuestra que dicha metáfora es una metodología factible y elegante para el desarrollo de software. En esta línea, Beugnard [BEU 99] establece cuatro niveles de contratos entre componentes: El primer nivel, básico o contrato sintáctico, es imprescindible para que el sistema funcione y se corresponde con la interfaz del componente. El segundo nivel se corresponde a los contratos de comportamiento. Este tipo de contratos aumenta el nivel de confianza del componente en un contexto secuencial. El tercer nivel, o contratos de sincronización, aumenta el nivel de confianza del componente en un contexto distribuido. Y el cuarto nivel, o contratos de calidad del servicio, cuantifica la calidad de los servicios y habitualmente es negociable por las partes.

Los trabajos mencionados nos hacen pensar que las interfaces de los componentes deberían ser enriquecidas con contratos que modelen los requisitos externos del componente, su sincronización y su reacción o comportamiento en caso de fallo. Sin embargo, esta aproximación supone cambios en la implementación de los componentes, los cuales hemos considerado como cajas negras y cuyo código, seguramente, no tengamos disponible. Además, la respuesta a otros problemas, tales como escalabilidad y cambios de requisitos durante la vida del sistema, quedan resueltos con un diseño basado en la composición de componentes interconectados, de la misma manera que ocurre en la mayoría de los sistemas en otros campos como la electrónica.

Este trabajo propone la definición de conectores extendiendo la semántica de la metáfora de *Diseño por Contrato* con el fin de poder expresar el comportamiento adicional requerido por un cliente. Dichos conectores serán componentes activos (que tienen un estado persistente) que permitirán la definición de requisitos no funcionales del componente servidor, así como el comportamiento del mismo en caso de incumplimiento de dichos requisitos expresados vía contratos. Denominaremos a esta metodología "Desarrollo del Software Orientado al Cliente".

A lo largo de la sección 2 presentaremos la metodología de desarrollo de "Desarrollo de Software Orientado al Cliente", así como un análisis de su necesidad, ventajas, inconvenientes y posibilidades. En la sección 3 mostraremos un ejemplo ilustrativo del uso de los conectores en un problema como puede ser la coordinación de jugadores en el ajedrez. El apartado número 4 mostrará una de las bondades más significativas de este trabajo que es la capacidad de adaptación de servicios en tiempo de ejecución. El punto 5 nos dará detalles a cerca de la implementación de los conectores y por último, se hará una discusión sobre trabajos relacionados e ideas de futuro, para terminar con las referencias bibliográficas usadas.

2 Desarrollo de software orientado al cliente

La Ingeniería del Software basada en componentes se ocupa del desarrollo de sistemas compuestos de partes reutilizables (componentes), el desarrollo de dichos componentes, así como el mantenimiento y mejora de los sistemas mediante el reemplazo o adaptación de componentes.

El desarrollo de sistemas a partir de componentes, así como el desarrollo de componentes que puedan ser utilizados para componer sistemas, requiere el uso de una metodología establecida y unos procesos, no sólo relacionados con las fases de desarrollo y mantenimiento sino con el ciclo de vida completo, incluyendo aspectos organizacionales, legales, de marketing, etc.

Esta propuesta presenta una metodología, así como una herramienta asociada para el desarrollo de sistemas software basados en la composición de componentes ya existentes. Esta herramienta genera automáticamente todo el código del conector deseado a partir de la especificación del mismo mediante la extensión de la interfaz del componente servidor con los contratos que modelan sus requisitos y comportamientos ante fallos impuestos por el cliente.

La idea principal reside en la separación de roles. De tal forma que será el diseñador de componentes el encargado de la funcionalidad del componente que suministra. El diseñador del sistema, el cual se comporta como cliente de los componentes suministrados, será el encargado de seleccionar componentes ya desarrollados, y con una funcionalidad conocida, para conectarlos, sincronizarlos y adaptarlos definiendo los contratos que modelan su comportamiento con el fin de desarrollar el sistema final.

2.1 El porqué del uso de conectores

Los componentes software difieren de otras clases de componentes (por ejemplo los electrónicos). Aunque no todas las propiedades de un campo son extrapolables al resto, algunas propiedades de los componentes son aplicables a todos los campos. Parece imposible desarrollar cualquier sistema basado en componentes sin una especificación de cada componente. El componente es distinto de esa especificación (una componente es por su especificaciónlo que un edificio es por sus planos), sin embargo en el software esta obviedad pierde fuerza y se tiende a confundir la especificación de un componente con el componente en sí. Por ejemplo, si observamos la siguiente definición

```
void SendMovement(int who, string move);
```

podremos observar que el componente ofrece un servicio llamado `SendMovement` que espera un entero y una cadena de caracteres como argumentos y que no devuelve ningún valor. Sin embargo, eso no nos dice nada a cerca de la semántica ni del comportamiento del mismo.

Necesitamos poder especificar los requisitos globales de funcionamiento del componente (su invariante), las restricciones de cada invocación de un servicio (sus precondiciones) y los resultados esperados tras la invocación de un servicio (sus postcondiciones).

En el contexto de las aplicaciones web, una de las tecnologías que están siendo usados con bastante éxito a la hora de desarrollar e integrar componentes software son los Servicios Web (*Web Services*). Sin embargo, estos Servicios Web no permiten especificaciones como las que deseamos. Un Servicio Web [W3C 01] es un sistema software diseñado para soportar interoperatibilidad entre aplicaciones a través de Internet. Un Servicio Web dispone de una interfaz descrita en un lenguaje de descripción (WSDL de Web Service Description Language). Cualquier sistema puede interaccionar con un Servicio Web bien usando protocolos stándares (SOAP, HTTP, XML). El objetivo perseguido por los Servicios Web es facilitar y automatizar los procesos de colaboración internos entre componentes de una empresa o desarrollados por diferentes empresas, minimizando el proceso de integración de dichos componentes.

Debido a ser una tecnología en expansión y a estar basada en estándares, ha sido la elegida para la implementación de nuestros conectores. La cual se basa en la extensión de las interfaces (WSDL) de un componente con la incorporación de los contratos que expresan la semántica del componente y sus servicios (precondiciones, postcondiciones, invariantes y comportamientos ante la violación de los mismos).

2.2 Definición de los conectores

La razón de ser fundamental de los componentes es su reutilización. Una de las tareas fundamentales a la hora de realizar un diseño basado en componentes es localizar y seleccionar el componente adecuado para una funcionalidad que necesitamos. Una vez que dicho componente es identificado, debemos realizar un proceso de adaptación de dicho componente a nuestras necesidades. Nuestro objetivo es que los conectores sirvan de mecanismo para adaptar el comportamiento de un componente sin modificarlo y sin tener que acceder a su implementación. Un conector es un componente encargado manejar la conexión y adaptar a nuestras necesidades el comportamiento de otro componente (conceptualmente remoto) que deseamos utilizar. De esta manera, el usuario (cliente) de un componente remoto (servidor) es quién decide las restricciones y comportamientos que desea o necesita de dicho componente servidor para que su funcionalidad satisfaga nuestras necesidades.

Los conectores, tendrán entonces las siguientes características:

- Son definidos por los clientes.
- Son Servicios Web que se generan automáticamente a partir de su especificación.
- Permiten que un cliente trabaje a través de él con uno o más servidores diferentes.
- Son capaces de balancear la carga computacional y deben ser tolerantes a fallos.
- Usan contratos para establecer los requisitos no funcionales que desea el cliente.
- Permiten que un cliente solicite el uso en exclusión mutua de un servidor a través de los predicados predefinidos Available() o Available(name) dentro de una precondición.
- Permiten que sean enriquecidos tanto estática como dinámicamente con una ontología del dominio del problema (en formato XML) con el fin de resolver problemas de adaptación de servicios. Esta capacidad se verá con más detalle en la sección 4.
- Al estar implementados como servicios web y ser componetes, los conectores permiten el uso de técnicas clásicas de desarrollo de componentes tales como la herencia, composición y delegación.

2.3 Notación utilizada

Para la definición de conectores se ha utilizado una notación gráfica basada en la representación de clases de UML (Unified Modeling Language) sobre la cual se han añadido las siguientes características:

• Componentes externos (external at): Permiten expresar las dependencias con otro u otros componentes externos al componente conector (serán tratadas como referencias a dichos componentes y enlazadas en la creación del conector).

Sintaxis: external <remote type> <name > at <location> ;

Ejemplo: external COrganization org at "http://.../MyOrganization.asmx";

- Precondiciones (require): Establecen las condiciones que deben ser satisfechas para la realización de un servicio. Será válida cualquier expresión booleana válida en C#

  Sintaxis: require: <boolean expression>

  Ejemplo: require: (IsMyTurn(who)) && (ValidMovement(mov))

- Postcondiciones (ensure): Establecen las condiciones que deben ser satisfechas tras la realización de un servicio. Será admisible cualquier expresión booleana válida en C#. Se incluye el uso de la variable predefinida _result para poder referirse en la postcondición al valor devuelto por el servicio.

  Sintaxis: ensure: <boolean expression>

  Ejemplo: ensure: (_result==1)||(_result==-1)

- Invariante (invariant): Establecen las propiedades que deben ser satisfechas en cualquier momento para que el componente se encuentre en un estado consistente. Será válida cualquier expresión booleana válida en C#.

  Sintaxis: invariant: <boolean expression>

  Ejemplo: invariant: PlayersConnected<=2

- Sentencias de Comportamiento (on failure): Permiten establecer el comportamiento del componente ante el incumplimiento de cualquiera de los contratos anteriormente definidos. Se permite el uso de cualquier sentencia válida en C# junto con el uso de una serie de predicados predefinidos que se comentan a continuación.

  - Suspend interrumpe la ejecución del servicio invocado hasta que su precondición se cumpla, lo cual es especialmente útil para sincronización. Ejemplo:

    ```
    string GetMovement(int who)
    require:    !IsMyTurn(who)
    on failure: Suspend;
    ```

  - Retry reintenta el servicio. Es muy útil cuando tras el fallo de una postcondición y combinada con acciones orientadas a solventar el problema. Ejemplo:

```
int BeginGame()
ensure:      (_result==1)||(_result==-1)
on failure: Retry;
```

- `Fail` eleva una excepción al cliente, el cual deberá manejarla. Ejemplo:

```
int BeginGame()
require:     PlayersConnected() < 2
on failure: Fail;
```

2.4 Tiempo real

Actualmente, los sistemas con requisitos de tiempo real tienen muchas características y restricciones que dificultan su desarrollo mediante la composición de componentes software. Sin embargo, hay características típicas de los sistemas en tiempo real que pueden ser incorporadas a través de los conectores. Una de esas características es el uso de predicados de límite de tiempo. Para ello se incorpora un predicado especial llamado `timeout` que permite establecer requisitos temporales de un servicio (expresado en segundos). De este modo si un servicio excede su quantum de tiempo asignado, se interrumpe su ejecución y se pasa a ejecutar su bloque `on failure`. Caso de no existir se elevaría una excepción. Por ejemplo:

```
int BeginGame()
require:     (PlayersConnected() < 2 ) && (timeout(10.0))
on failure: Fail;
ensure:      (_result==1)||(_result==-1)
on failure: Fail;
```

3 Ejemplo de conectores: El ajedrez

Supongamos que tenemos un componente que permite a dos jugadores (humanos o virtuales) jugar al ajedrez. Dicho componente tiene implementadas las reglas del juego, hace de árbitro entre los jugadores y determina si la partida ha terminado y quién gana. Este componente nos ofrece el siguiente interfaz:

```
interface ChessMaster
{ int BeginGame();
  // Devuelve 1 si el jugador deberá jugar con blancas y -1 con negras
  int PlayersConnected();
  // Devuelve el número de jugadores conectados al arbitro
  bool ValidMovement(string mov);
  // Valida una jugada
  void SendMovement(int who, string move);
  // Envia el movimiento "mov" de las piezas "who"
  string GetMovement(int who);
  // Recibe el último movimiento realizado por las piezas "who"
  bool IsMyTurn(int who);
  // Nos dice si le toca jugar a "who"
  bool GameOver();
  // Nos dice si la partida ha finalizado
  int GameWinner();
  // Nos dice quién gano la partida. 1 = blancas, -1 = negras, 0 = tablas
  void ResignGame(int who);
  // El jugador abandona la partida
};
```

A partir de dicho interfaz podremos definir un conector para que un jugador acceda a este componente árbitro y pueda jugar contra otro y modelar los comportamientos deseados de sincronización entre jugadores y las acciones a tomar en caso de intentos "tramposos" o "maliciosos" en el juego. Es interesante fijarse cómo, por ejemplo, al enviar un movimiento, si el movimiento no es válido el jugador pierde la partida, mientras que si no es su turno, se espera a que le toque. También es interesante ver que si solicitamos el movimiento de un jugador que está en su turno, esperaremos a que éste termine el turno. Con todo esto, el conector quedaría así:

```
ConnectorChessMaster
connectTo: http://.../ChessMaster.asmx
external:
invariant:  (PlayersConnected<=2)
on failure: Fail;
int BeginGame()
require:    (PlayersConnected() < 2 )
on failure: Fail;
ensure:     (_result==1)||(_result==-1)
on failure: Fail;

void SendMovement(int who, string move)
require:    (IsMyTurn(who)) && (ValidMovement(mov))
on failure: if (!ValidMovement(mov))
            { ResignGame(who);
            }
            else
            { Suspend;
            }

string GetMovement(int who)
require:    (!IsMyTurn(who))
on failure: Suspend;

int GameWinner()
require:    (GameOver())
on failure: Suspend;
```

4 Adaptación dinámica de servicios

Un conector puede usarse para manejar una serie de componentes remotos diferentes. Incluso, se puede modificar el componente remoto en tiempo de ejecución mediante la primitiva `nowConnectTo` a la cual se le especifica la localización del nuevo componente que actuará como servidor (su URL).

```
void nowConnectTo(string url);
```

Si el nuevo componente servidor tiene la misma interfaz que el componente original no se plantea ningún problema (suponiendo que tienen el mismo comportamiento), ya que básicamente lo que se realiza es un cambio de la referencia del componente remoto. Sin embargo, cuando eso no ocurre y las interfaces no son iguales aunque de manera global los servicios sean equivalentes. Aquí se presenta un problema de adaptación dinámica. En esta propuesta abordaremos tres niveles de conflicto:

1. *Conflicto de Nombre.* Ocurre cuando dos servicios que tienen la misma funcionalidad y precisan de los mismos parámetros tienen nombres distintos (como suele ocurrir cuando los programadores hablan lenguas diferentes). Por ejemplo, el componente original tiene un servicio llamado `SendMovement` y el nuevo componente tiene uno equivalente llamado `EnviaMovimiento` y sin embargo ambos hacen la misma funcionalidad.
2. *Conflicto de Parametros.* Ocurre cuando los parámetros tienen tipos y/u orden diferente pero que pueden ser compatibles entre sí porque suministran la misma información al servicio. Por ejemplo, el componente original tiene un servicio `void SendMovement(int who, string move)` y el nuevo componente tiene uno equivalente `void SendMovement(char[] m, long me)`. En este caso los parámetros de ambos servicios indican la información de la jugada que se envía al árbitro.
3. *Conflicto de Composición.* El asunto es más complicado cuando un servicio del componente original no tiene una equivalencia directa en el nuevo componente, pero puede modelarse como la composición de dos o más servicios (o viceversa). Por ejemplo, el componente original tiene un servicio llamado `void SendMovement(int who, string move)` y el nuevo componente tiene dos servicios llamados `void ListenToMe(int who)` y `void NewMovement(string move)` que combinados podrían resolver el problema del envío de un movimiento.

En la implementación actual de la herramienta y como primera aproximación al problema hemos dado solución a los conflictos de nombre (aunque estamos trabajando en el resto de conflictos, así como nuevos conflictos que se puedan detectar). Para resolver estos conflictos usamos una ontología [KTW 04] del dominio del problema. Una ontología es una especificación formal y explícita de una conceptualización compartida. Entendiendo por conceptualización, un modelo abstracto de un fenómeno a través de la identificación de los conceptos relevantes de dicho fefnómeno. Por explícita, entendermos que el tipo de conceptos y restricciones usados serán declarados explícitamente. Por formal, entenderemos el hecho de que la ontología será procesable computacionalmente. Compartida quiere decir que captura un conocimiento consensuado y aceptado por una comunidad.

En ésta propuesta, se usa el concepto de ontología como una definición formal del conocimiento que se tiene sobre un determinado componente o sistema. El concepto de ontología se usa desde hace mucho tiempo en el campo de procesamiento y reconocimiento de lenguaje natural. En este trabajo se ha usado este concepto para adaptar los servicios. Para ello se combina una ontología de los servicios del componente con un algoritmo basado en lógica difusa que permite una tolerancia en la comparación de sinónimos y evita problemas de sufijos, plurales, etc., que incrementarían el tamaño de la ontología y disminuirían su eficacia. La ontología de un componente será almacenada en el conector en formato XML (eXtensible Markup Language) [BAR 04] y podrá ser enriquecida dinámicamente en tiempo de ejecución a través de la siguiente función predefinida:

```
void addOntology (string xml_ontology_definition)
```

El string debe ser una cadena XML válida según el siguiente DTD (Document Type Definition) :

```
<?xml version="1.0"?>
<!DOCTYPE ontology [
<!ELEMENT ontology (connector+, serviceName+,
                    alternativeServiceNames+, sign?)>
<!ELEMENT serviceName (#PCDATA)>
<!ELEMENT alternativeServiceName (#PCDATA)>
<!ELEMENT sign EMPTY> ]>
```

Por ejemplo:

```
<ontology>
<connector> ConnectorChessMaster </connector>
<serviceName>SendMovement</serviceName>
<alternativeServiceNames>EnviaMovimiento</alternativeServiceNames>
</ontology>
```

De esta manera, las llamadas hechas a `SendMovement` serán traducidas a `EnviaMovimiento`, en caso de necesidad por cambio de componente servidor.

5 Sobre la implementación

Como ya se ha comentado previamente, los conectores son implementados como servicios web, generados automáticamente a partir de su especificación mediante una herramienta desarrollada con esta propuesta e internamente implementados usando el lenguaje C# bajo la plataforma *Microsoft .NET.*

5.1 Servicios Web y Microsoft .NET

Microsoft .NET es un conjunto de tecnologías software desarrolladas para la conexión e intercambio de información entre personas, sistemas y dispositivos. Esto permite un nivel sin precedentes de integración de software a través del uso de Servicios Web XML, mediante el cual todo tipo de aplicaciones pueden relacionarse e interoperar a través de Internet.

Un Servicio Web no es muy diferente de una apliación tradicional cliente-servidor. Básicamente, un cliente necesita datos o un servicio y para ello realiza invocaciones al servidor. Bajo este punto de vista, los servicios web no ofrecen nada nuevo al mercado del software. Sin embargo, la mayor diferencia y lo que ha hecho que se convierta en una herramienta en auge viene dada del hecho de que los Servicios Web utilizan tecnologías, lenguajes y protocolos estándar como son HTTP, XML, SOAP, etc., lo que hace posible su interoperatibilidad con cualquier plataforma (propietaria o no) y con cualquier tecnología que respete los estandares antes mencionados. La plataforma *Microsoft .NET* facilita el trabajo de "fontanería" o bajo nivel a la hora de usar y desarrollar servicios web, pero no existe ningún problema ni limitación en su uso y accesos a través de cualquier otra plataforma, lenguaje o aplicación que siga los mismos estándares.

5.2 Vista interna de los conectores

Un conector, como ya se ha dicho no es más que un Servicio Web. En él, las dependencias externas se implementan como referencias a componentes remotos que son creadas al crearse el conector y se mantienen activas mientras el conector lo esté. Por ejemplo:

```
public class ConnectorChessMaster: CConnector
{   CCmpExt ext;
    public ConnectorChessMaster()
    {   //external:
        ext = new CCmpExt();
        ext.Url = "http:\\.."
         ......
```

El conector tendrá un método `bool` para cada precondición, postcondición e invariante definidos con un nombre construido automáticamente a partir del servicio, y con los mismos parámetros que dicho servicio, para que tenga accesso a la misma información. Además, también se genera un método `void` para cada sentencia `on failure`. Junto a estos métodos, se utiliza un objeto privado (`beh`) de tipo `CBehavior` que es el responsable de la implementación de los comportamientos predefinidos `Suspend`, `Retry` y `Fail` y del manejo de las llamadas suspendidas, etc. Por ejemplo:

```
public bool SendMovement_precondition(int who, string move)
{ bool _result;
   _result = (IsMyTurn(who)) && (ValidMovement(mov));
  return _result;
}
public void SendMovement_on_failure_precondition(int who, string move)
{ if (!ValidMovement(mov))
   { ResignGame(who);
   }
   else
   { beh.Suspend();
   }
}
```

Todas las invocaciones a servicios son manejadas por el método `doCall` de la clase `CConnector`. Este método comprueba los contratos y ejecuta los comportamientos asociados a cada servicio gracias a las capacidades de emisión y reflexión de código ofrecidas por la plataforma *.NET* , como puede verse en `*1`, a partir del nombre del servicio se genera un objeto de tipo `MethodInfo` que es utilizado para invocar dicho servicio sobre el servior en `*2`.

```
object doCall(string name , object[] parameters)
{ object _result;
  int server_i = getServer();
  Type remoteType = server[server_i].GetType();
  Type connectorType = this.GetType();
  string serviceName = lookForService(name);

  MethodInfo remoterService = remoteType.GetMethod(serviceName); // *1
  MethodInfo preService = connectorType.GetMethod(name+"_precondition");
  MethodInfo postService = connectorType.GetMethod(name+"_postcondition");
  MethodInfo on_failure_pre =     connectorType.GetMethod(name+
                                  "_on_failure_precondition");
  MethodInfo on_failure_post = connectorType.GetMethod(name +
                                  "_on_failure_postcondition");
  if (!invariant())
  {  on_failure_invariant();
  }
  if (!(bool)preService.Invoke(this,parameters))
  {  on_failure_pre.Invoke(this,parameters);
  }
```

```
    if (availableFlag)
    {  Monitor.Enter(server[server_i]);
    }
    _result = remoterService.Invoke(server[server_i], parameters); //*2
    if (availableFlag)
    {  Monitor.Exit(server[server_i]);
    }
    if (!(bool)postService.Invoke(this,parameters))
    {  on_failure_post.Invoke(this,parameters);
    }
    if (!invariant())
    {  on_failure_invariant();
    }
    beh.wake_up();
    return _result;
}
```

La invocación a `beh.wake_up()` es la encargada de buscar (si existe) el primer servicio que ha sido suspendido por incumplimiento de su precondición y que ya puede verficiarla, en cuyo caso lo despertará.

5.3 Estado y persistencia en un servicio web

Los Servicos Web, debido a la naturaleza desconectada de las aplicaciones web, son componentes sin estado. Sin embargo, en esta propuesta se necesitan variables de instancia que precisan conservar su valor durante la vida del conector (referencias remotas, cola de llamadas suspendidas, etc.). Por lo tanto, necesitamos algún mecanismo que nos permita mantener el estado de ciertas variables durante la vida del conector. Para ello se ha extendido la sintaxis de los servicios web añadiendo un nuevo modificador llamado `application` que indica que dicha variable deberá mantener su estado. Para ello, se traduce automáticamente cada variable con el modificador `application` (variables con estado persistente) a una propiedad que hace uso del diccionario `Application` de tipo `HttpApplication`.

Las aplicaciones basadas en el protocolo HTTP, es decir, las páginas web clásicas son aplicaciones sin estado. Esto quiere decir que el servidor de páginas web no distingue si dos peticiones provienen del mismo usuario o de usuarios diferentes. Esta situación imposibilita por ello que un dato introducido en una de las páginas pueda ser empleado en otra del mismo website y obligaría a solicitarlo repetidas veces, situación bastante desconcertante para el navegante. Por el contrario, ASP.NET sí permite almacenar esa información del usuario en una de las páginas o a través de las páginas que éste visita en el website. A esa capacidad se le denomina *administración del estado*, evita la solicitud repetida de información al usuario y permite crear aplicaciones cómodas y eficientes, tanto para dicho usuario como para el programador.

`Application` es un objeto intrínseco de ASP.NET, creado a partir de la clase `HttpApplication`, que es una referencia a la aplicación web que constituye el website. Supone el nivel más alto en una jerarquía de objetos intrínsecos útiles en las aplicaciones ASP.NET. Cuando se inicia una aplicación ASP.NET, se crea el objeto Application a partir del objeto Global definido en el fichero de configuración `global.asax`, pudiendo usarte éste fichero para configurar las propiedades de la aplicación y sus variables.

El objeto `Application` se caracteriza por su extensión global, es decir, es accesible a todos los usuarios del website en un momento dado, por lo que se emplea para almacenar datos que sean extensibles a todos ellos. Las variables de aplicación se crean *on the fly* sin declaración previa ni tipificación y pueden almacenar cualquiera de los tipos intrínsecos pero también se pueden almacenar objetos.

A continuación se muestra un ejemplo de la transformación realizada en la variable que maneja el comportamiento y mantiene las colas de llamadas suspendidas (`beh`).

```
CBehavior beh    // Application Variable translated to HttpApplication
{  get
   { return (CBehavior)Application["beh"];
   }
   set
   { Application["beh"] = value;
   }
}
```

6 Trabajos relacionados.

La propuesta que se ha presentado se basa en la conexión de componentes ya existentes, su coordinación, sincronización y adaptación a través de contratos, y en su comportamiento ante el incumplimiento de los mismos. Algunas propuestas como iContract [KRA 98] o jContract [PAR 99] incorporan el modelo de contrato (concretamente en estos casos para el lenguaje Java). Sin embargo, ambas propuestas (basadas en objetos y no en componentes) no están orientadas a componentes distribuidos sobre internet.

Por otra parte, la Programación Orientada a Aspectos (conocida por sus siglas en Inglés AOP) [SCH 02] utiliza lenguajes especializados en aspectos (o extensiones de lenguajes) para describir los diferentes aspectos no funcionales de una aplicación con el fin de mejorar la composición y reutilizacón de componentes. El código de los aspectos es tejido con el código del programa para formar una pieza software. Por lo tanto, el código de los aspectos es convertido en código funcional que es ejecutado según ha definido la semántica de los aspectos. Para los aspectos relativos a programas distribuidos, la única solución es que el tejedor de aspectos genere código que interactúe con la plataforma de comunicación (middleware) lo que hace que dicho tejedor sea muy dependiente de la plataforma (middleware) utilizada. En esa linea podemos encontrar propuestas como Dynamic Wrappers propuestas por [PAW 02] en el contexto de Java Aspect Compiler. Un método wrapping puede envolver cualquier método de un objeto base y ejecutar algún código antes o después del mismo (algo equivalente a los aspectos before, after, y around advices). Sin embargo, no permite que un componente remoto pueda tener, al mismo tiempo, diferente comportamiento.

Por otra parte, los trabajos realizados por Cristina Lopes [LOP 98] en el campo del lenguaje COOL podrían parecer similares a nuestro trabajo, ya que aparece un coordinador con funciones parecidas a los conectores. La diferencia reside en que éste coordinador está ligado al servidor, por lo que es el componente servidor quién impone las condiciones de uso y además el comportamiento del mismo es único e igual para todo tipo de cliente. El trabajo Coordinated Roles [MUR 99] realiza una mejora sobre el modelo de Lopes, ya que permite generar, cambiar y modificar el coordinador en tiempo de ejecución, pero sigue adoleciendo de estar ligado al servidor, por lo que aunque se pueda modificar el coordinador en tiempo de ejecución, sigue mostrándose con un comportamiento no ligado al cliente sino al servidor quien es quién dicta las normas de uso.

Nuestra propuesta ha sido implementada en C# y .NET , por lo que debemos mirar qué soluciones propone quien desarrolla esta plataforma. Un grupo de investigación de *Microsoft* ha desarrollado un lenguaje de coordinación basado en C# y llamado *Polyphonic C#* [BEN 03]. *Polyphonic C#* extiende el lenguaje de programación C# con un nuevo modelo asíncrono de abstracción de la concurrencia basado en el cálculo de uniones. El lenguaje presenta un modelo sencillo y potente de concurrencia que es aplicable tanto para aplicaciones multihebra sobre una máquina como sobre una "orquestación" de aplicaciones asíncronas que se comunican via eventos sobre una red. Sin embargo, *Polyphonic C#* para sistemas distribuidos está basado en eventos y no en servicios además que el cálculo de uniones se realiza en el componente servidor por lo que presenta los problemas ya comentados en el caso de COOL.

Finalmente, las técnicas de coreografías para WebServices [W3C 01], como BPEL4WS o WSCI, son modelos de intercambio de mensajes que nos especifican el orden en que deben intercambiarse los mensajes en un sistema para que funcione correctamente, pero no nos dice nada sobre qué ocurre o qué hacer cuando eso no se cumple. Hasta donde llega nuestro conocimiento, las propuestas existentes basadas en composición y coordinación de componentes sitúan, en el componente que ofrece los servicios, los requisitos de funcionamiento y las acciones a tomar (que por lo general es el rechazo del servicio). Nuestra propuesta propone una visión diferente del problema, siendo el cliente quién establezca sus necesidades, además de que se incluye algo novedoso como es la *adaptación dinámica de servicios*.

7 Conclusiones y trabajos futuros

La presente propuesta muestra una metodología (acompañada de una herramienta) útil y viable, basada en contratos, para la composición, coordinación, sincronización y adaptación de componentes remotos a través del uso de conectores implementados como servicios web. Este detalle es especialmente importante, ya que están basados en estándares y pueden ser usados por diferentes lenguajes y plataformas (no solo *Microsoft* .NET).

Como trabajo futuro se plantea la generación de código para componentes remotos que no se basen en servicios web sino en otras plataformas o sistemas de comunicación como podrían ser *CORBA*, TCP, etc.

Otra linea de trabajo futuro está en la adaptación dinámica. Mejorando la definición de la ontología y de los algoritmos para poder tratar más tipos de conflictos, así como, gestionar algo ya previsto que es la firma de las ontologías suministradas a un conector para poder establecer un grado de confianza sobre las mismas.

Referencias

[BAR 04] BARBERO A., Tutorial de XML, http://www.dat.etsit.upm.es, 2004, UPM.

[BEN 03] BENTON N., CARDELLI L.FOURNET C., Introduction to Polyphonic C#, http://research.microsoft.com, 2003, Microsoft Research, Cambridge.

[BEU 99] BEUGNARD A.JÉZÉQUEL J., Making Components Contract Aware, *IEEE Computer Society*, 1999.

[BEU 99] FIADEIRO J.L., ANDRADE L.F., Interconecting objects via Contracts, *UML'99. LNCS Springer Verlag, 1723*, 1999.

[KAT 03] KATRIB M.LEDESMA E., Including assertion attributes in .NET assemblies, *.NET Developer's Journal*, 0, 2003.

[KRA 98] KRAMER R., iContract: The JavaTM Design by ContractTM Tool, *Proceedings of Technology of Object-Oriented Languages and Systems 26th International Conference and Exhibition*, 1998.

[KTW 04] KTWEB C., Connecting Knowledge Technology Communities, http://www.ktweb.org/rgloss.cfm, 2004, Corporation KtWeb.

[LIE 86] LIEBERMAN H., Using prototypical objects to implement shared behavior in Object-Oriented Programming System, Languages and Application Conference, 1986.

[LOP 98] LOPES C., D: A Language Framework for Distributed Programming, 1998, Xerox Palo Alto.

[MEY 97] MEYER B., *Object-Oriented Software Construction*, Prentice Hall, 1997.

[MUR 99] MURILLO J., HERNÁNDEZ J., SÁNCHEZ F.ÁLVAREZ L., Coordinated Roles: Promoting Re-usability of Coordinated Active Objects Using Event Notification Protocols, *COORDINATION'99*, 1999.

[PAR 99] PARASOFT C., Using Design by Contract[TM] to Automate Java[TM] Software & Component Testing, http://www.parasoft.com/, 1999, Parasoft Corporation.

[PAW 02] PAWLAK R., SEINTURIER L.DUCHIEN L., Dynamic wrappers: handling the composition issue with JAC, *TOOLS*, Santa Bárbara, USA, 2002.

[SCH 02] SCHULT W.POLZE A., Aspect Oriented Programming with C# and .NET, *International Symposium on Object-oriented Real-time distributed Computing (ISORC)*, Crystal City, VA, USA, 2002.

[SZY 96] SZYPERSKI C., Independently Extensible Systems Software Engineering Potential and Challenges, *Proceedings of 19th Australasian Computer Science Conference*, Melbourne, 1996.

[SZY 00] SZYPERSKI C., Point, Counterpoint, *Software Development Magazine*, 2000.

[W3C 01] W3C C., Web Service Description Language (WSDL) and Choreography Interface (WSCI), http://www.w3.org/, 2001, WWW Consortium.

CÓMO HACER PROGRAMACIÓN ORIENTADA A ASPECTOS EN .NET. UNA PROPUESTA BASADA EN ATRIBUTOS

Miguel Katrib Mora mkm@matcom.uh.cu

Universidad de la Habana

Yamil Hernández Saá, yhsaa@uci.cu

Universidad de Ciencias Informáticas

Resumen

La Programación Orientada a Aspectos propone una estrategia de cómo complementar la funcionalidad de un código teniendo en cuenta aspectos que no forman parte de la funcionalidad principal del código. Este trabajo muestra cómo se puede hacer AOP en .NET basándose en uno de las potencialidades más novedosas de .NET que es la capacidad de colocar metainformación en el código mediante los llamados atributos. Se proponen distintos tipos de atributos para hacer de aspectos y se muestra un patrón de cómo se integra la funcionalidad expresada por estos con la funcionalidad del código decorado por los mismos.

Se presenta una herramienta que permite colocar aspectos dentro de un código ya existente sin exigir cambios en el código cliente. Por cada tipo al que se le han colocado aspectos la herramienta genera un intermediario que hará las veces, durante la ejecución, del entretejedor de la funcionalidad de los aspectos con la funcionalidad del código que estos decoran.

Abstract

Aspect Oriented Programming proposes an approach to increase code functionality with aspects that are not part of the functionality of the main code. The current work shows how can be done AOP in .NET thanks to one of the most important innovations of .NET: its capacity to put custom metadata inside a software component by means of .NET so called attributes. This work defines different kinds of such attributes to represent aspects and shows how the functionality embedded in the attributes can be integrated with the functionality of the code decorated by them.

The paper introduces WAW, a tool that inserts aspects into an existing .NET component without forcing reprogramming the client code of the component. The tool will generate a proxy acting as a runtime dynamic weaver of both functionalities.

1 Introducción

El sueño de muchos desarrolladores de software se manifiesta en tener un mundo en el que desarrollar aplicaciones se sustente en una forma simple de ensamblar componentes de software. Sin embargo, por lo general esto pasa por alto que ciertos *aspectos* de las aplicaciones suelen afectar todas las partes de un programa.

A la larga los programas tienden a contaminarse con "cachitos" de código que intentan lidiar con aquellos aspectos de las aplicaciones que no son el foco central del problema que éstas intentan solucionar. Con frecuencia estos aspectos suelen entrometerse en el código original afectando con ello la aspiración de obtener soluciones reutilizables. Esta es el área que aborda lo que se ha dado en llamar Programación Orientada a Aspectos (conocida por las siglas en inglés AOP) [1] que intenta proveer estrategias de reutilización para poder hacer estas modificaciones sin afectar las aplicaciones originales.

La tecnología .NET es de lo más avanzado actualmente para desarrollar software basado en componentes .NET tiene dos grandes capacidades que pueden servir de soporte para desarrollar las concepciones de la AOP. Estas son el mecanismo de *reflexión y emisión de código* que nos permite y facilita hacer introspección de una componente de software .NET (llamadas en .NET ensamblados) y generar dinámicamente código, y la capacidad de incrustar metainformación en un ensamblado a través de una novedad aportada por .NET (y lamentablemente no lo suficientemente reconocida aún) que son los *atributos* [2]. Sin embargo, .NET adolece aún de un mecanismo directo e integrado para de forma simple relacionar la semántica que puedan expresar los atributos con la funcionalidad principal (aquella del código al que se le han colocado estos atributos).

Por ser la capacidad de reflexión y emisión de código más conocida no será abordado en este trabajo salvo cuando sea utilizado en la explicación de alguna implementación (para más información ver [3] y [4]). En la sección 2 se propone cómo usar los atributos para expresar diferentes tipos de aspectos asociados a métodos y tipos. En la sección 3 se propone un patrón de cómo se integraría en ejecución la funcionalidad de los aspectos con la funcionalidad de los métodos y tipos a los que están asociados lo que sería un equivalente funcional a lo que sería un entretejido estático de código. Esto se basará en definir un manejador de aspectos que se apoya en la reflexión e información de los atributos. En la sección 4 se presenta WAW (Weboo AOP Weaver) la herramienta desarrollada para incorporar visualmente aspectos a un ensamblado ya existente y encargada a su vez de generar el intermediario (*proxy*) que desencadenará el entretejido de la funcionalidad de los aspectos.

2 Atributos .NET y Aspectos

Un *atributo* es *metainformación* que puede ser asociada a distintas partes del código de una aplicación en .NET. Decimos metainformación porque la información expresada por el atributo no tendrá funcionalidad en sí misma salvo que otra aplicación, o la misma en la que está incluido, decidan interpretarlo y darle un significado.

Un atributo se puede asociar (según se haya definido) a distintas componentes del código de la aplicación .NET: a un ensamblado, una clase, una interface, un método, el valor de retorno de un método, un parámetro.

Un atributo en términos lingüísticos expresa una instancia de un objeto subtipo (definido vía herencia) del tipo `System.Attribute`. Realmente en el ensamblado permanece el tal objeto "incrustado" y tal instancia se forma cuando alguna aplicación (puede ser la misma en la que se ha colocado el atributo) lo extrae mediante la reflexión.

El segmento de código del Listado 1 nos muestra la definición de un atributo `Currency` y cómo éste es utilizado para indicar el tipo de moneda en la que recibe su salario un empleado.

Listado 1

```
enum CurrencyType = {USD, yen, euro};

[AttributeUsage(AttributeTarget.Property | AttributeTarget.Field,
AllowMultiple = false)]
class Currency: System.Attribute
{
 public Currency(CurrencyType currency){
  this.currency = currency;
}
 public readonly currency;
  ...
}
...
class Employee
{
 [Currency(CurrencyTypes.Euro)]
 public float Salary
 { ...
 }
 ...
}
```

Hay atributos que vienen integrados a .NET con un significado especial y que por razones de espacio no vamos a tratar aquí (para mayor información ver por ejemplo [2]). De estos distinguiremos solamente el atributo `AttributeUsage` que se le asocia a su vez a la definición de un atributo y que es interpretado por los compiladores .NET para saber a cuales recursos se le puede asociar, y en qué forma se puede utilizar, el atributo que está siendo definido. En el ejemplo del Listado 1 se indica que el atributo `Currency` solo puede ser asociado a propiedades y a variables y que solo se puede asociar uno en cada caso (no tiene sentido en este ejemplo indicar que un salario se recibe en más de una moneda).

2.1 Usando atributos para definir aspectos

Al usar atributos para expresar aspectos debemos distinguir cuál es la semántica que el aspecto indica y la cual se pretende integrar a la funcionalidad de la aplicación decorada con dicho aspecto. Por otra parte hay que solucionar cómo y cuándo esta semántica queda integrada a la aplicación (lo que sería el análogo al término *weaving* o entretejer usado en la jerga de AOP). A su vez sería deseable poder poner los aspectos a un ensamblado ya existente y del que incluso no se dispone el fuente o en el que no se quiere que la modificación se haga en el fuente. Esta separación de los aspectos del resto del código de la aplicación (lo que la AOP llama *separation of concerns*) favorece la modificabilidad y la adaptabilididad.

La clase base para definir los atributos que harán de aspectos es `AspectAttribute` (Listado 2). Note como `AttributeUsage` indica a quienes se le puede asociar un `AspectAttribute`, es decir, que según esta definición le podremos poner un atributo-aspecto a una clase, a una interfaz, a un método o una propiedad. En el caso de clase o interfaz lo interpretaremos como si estuviese asociado a todos los métodos de la clase o la interfaz (y de sus tipos derivados).

Listado 2

```
[AttributeUsage(AttributeTargets.Method |
                 AttributeTargets.Property,
                 AttributeTargets.Interface
                 Inherited = true)
]
public abstract class AspectAttribute: Attribute
{
  public abstract object Action(object target,
                                MethodBase method,
                                object[] parameters,
                                object result);
}

public abstract class BeforeAttribute: AspectAttribute
{
}

public abstract class AfterAttribute: AspectAttribute
{
 }
```

El método abstracto `Action` (que deberá ser implementado por cada aspecto derivado de `AspectAttribute`) representa la semántica del aspecto que se aplicará asociada a la ejecución del método al que se le ha puesto el aspecto. En cierto modo este `Action` puede interpretarse como el código que quisiera entretejerse con el código principal que ha sido decorado con el aspecto. En la sección 3 se verá cómo se logra hacer este entretejido y se invoca a este `Action`; veremos ahora los diferentes tipos de aspectos según los patrones para aplicar `Action`.

2.2 Semántica de un aspecto

La aplicación de un aspecto estará asociada a la ejecución de un método cuando éste es llamado desde un objeto diferente al objeto poseedor del método o destinatario de la llamada. La interpretación de la signatura del método `Action` es la siguiente:

- El tipo `object` de retorno indica que como resultado de la aplicación de `Action` éste puede producir un valor (que podrá usarse en la semántica del entretejido).
- El parámetro `target` debe recibir el objeto receptor de la llamada al método que se ha decorado con el aspecto. Es decir, que si un método `F` ha sido decorado con un aspecto `A` entonces cuando se aplique el `Action` de `A` producto de una llamada `x.F` este `target` será el objeto valor de `x`.
- El parámetro `method` que es de tipo `MethodBase`, denota al objeto que describe (por reflexión) al método decorado por el aspecto y que ha sido llamado. Es decir, si la llamada es `x.F()` entonces `method` es el objeto de tipo `MethodBase` correspondiente (por reflexión) a `F`.

- El parámetro `parameters`, que es de tipo `object[]`, es un array con los parámetros que se han pasado en la llamada al método decorado por el aspecto. Se aprovecha aquí otra de las grandes ventajas de la infraestructura de .NET porque si hubiese parámetros que fuesen de algún tipo primitivo estos pueden ser recibidos transparentemente como de tipo `object` (es decir sin mediación del código cliente) gracias al mecanismo de *boxing*. Este parámetro será `null` en el caso en que el método no tenga parámetros.
- El cuarto parámetro, `result`, sirve para recibir el resultado de la aplicación anterior de otro aspecto, o de otra información que el mecanismo de entretejido necesite comunicar a la aplicación del aspecto. Se recibirá `null` en caso de no ser necesario.

2.3 Tipos de aspectos según el patrón de entretejido

Se considerarán diferentes tipos de atributos aspectos. Según el tipo de aspecto se realizará el entretejido para aplicar el aspecto en combinación con la ejecución de la llamada al método que ha sido decorado con el aspecto. Los tipos `BeforeAspect`, `AfterAspect`, `InsteadAspect`, `PreconditionAspect`, `PostconditionAspect` heredan de `AspectAttribute`

- `BeforeAspect` la acción se ejecuta *antes* de ejecutar el método llamado
- `AfterAspect` la acción se ejecuta *después* de ejecutar el método llamado
- `InsteadAspect` la acción se ejecuta *en lugar de* el método llamado
- `PreconditionAspect` la acción se ejecuta antes de ejecutar el método llamado como *precondición* para ejecutar a éste. Es decir, si el valor resultado de evaluar la acción no es de tipo `bool` o si es `bool` pero `false` entonces no se ejecutará el método llamado y se disparará excepción a quien llamó.
- `PostconditionAspect` la acción se ejecuta después de ejecutar el método llamado como *postcondición* que éste debe garantizar después de haber sido ejecutado. Es decir, si el valor resultado de evaluar la acción no es de tipo `bool`, o si es `bool` pero `false` entonces se disparará excepción a quien llamó.

Ejemplo de `BeforeAspect`

Supongamos una clase `A`

```
class A{
  ...
  public void F1(){...}
  public void F2(){...}
}
```

Y queremos llevar la cuenta de las llamadas que se hacen al método `F1`, para ello decoramos el método con el aspecto `CountingCalls` que será de tipo `BeforeAttribute`

```
class A{
  ...
  [CountingCalls]
  public void F1(){...}
  public void F2(){...}
}
```

O si se quieren contar las llamadas a todos los métodos de un tipo `B` entonces basta con decorar la definición del tipo sin tener que hacerlo para cada uno de sus métodos.

```
[CountingCalls]
class B{
```

```
  ...
  public void H1(){...}
  public void H2(){...}
}
```

El atributo `CountingCalls` tendría que definirse como se muestra en el Listado 3. Como se puede querer contar las llamadas a distintos métodos, hay que tener un contador de llamadas por cada método que se decore con este aspecto. Para ello se usa el diccionario global `AspectPool` con una entrada por cada método.

Listado 3

```
class CountingCalls: BeforeAttribute
{
  public override object Action(
                    object target,
                    MethodBase method,
                    object[] parameters,
                    object result);
  {
    string methodName = method.Name;
    if (AspectAttribute.AspectPool.ContainsKey(methodName) == null)
      AspectAttribute.AspectPool.Add(methodName, 1);
    else
      AspectAttribute.AspectPool[methodName]=
        ((int)AspectPool[methodName])+1;
    return null;
  }
}
```

El diccionario `AspectPool` servirá como reservorio para guardar información relacionada con los aspectos. Note que tanto este diccionario como el código del aspecto `CountingCall` no se entromete en el código principal, lo que facilita el mantenimiento y la adaptabilidad que es lo que la AOP pretende lograr.

Ejemplo de `InsteadAspect`

Consideremos un aspecto que permita indicar que la ejecución de un determinado método sea tolerante a fallas, es decir que si durante la ejecución del método ocurriese una excepción entonces se quiere volver a intentar (hasta una determinada cantidad de intentos) la ejecución del mismo.

De este modo si queremos indicar que el método `F1` de `A` se intente ejecutar hasta 3 veces y el método `F2` se intente ejecutar hasta 5 veces, se podrían decorar los métodos con el aspecto `FaultTolerant` como se indica a continuación

```
class A{
  ...
  [FaultTolerant(3)]
  public void F1(){...}
  [FaultTolerant(5)]
```

```
  public void F2(){...}
}
```

El aspecto FaulTolerant se define como de tipo InsteadAspect (Listado 4). En este caso el entretejido que se haga de un aspecto de tipo InsteadAspect (ver sección 3) con el código tiene que garantizar que cuando se haga una llamada como a.F1() el método F1 no se ejecute sino que en su lugar se ejecute el método Action del aspecto FaultTolerant. Note que es dentro del método Action donde se ejecuta realmente el método llamado (F1 en este caso) cuando se hace method.Invoke(target,parameters). Note como de no tener aislado este patrón de ejecución dentro del aspecto esto implicaría replicar un mismo tipo de código en cada uno de los métodos que se quisiesen hacer tolerantes a fallos.

Listado 4

```
class FaultTolerant: InsteadAspect
{
  int times;
  public FaulTolerant(int times){this.times=times;}
  public override object Action(
                    object target,
                    MethodBase method,
                    object[] parameters,
                    object result) //no se usa en este ejemplo
  {
   while(true)
    try{
      return method.Invoke(target,parameters);
    }
    catch (Exception e)
    {
     if (times == 0) throw e.InnerException;
     else times --;
    }
  }
}
```

Ejemplo de PreconditionAspect

La acción a evaluar en un PreconditionAspect debe devolver un resultado bool que servirá al AspectHandler para decidir si ejecutar o no el método llamado. Considere que en una clase Account se quiere decorar el método Withdraw con un aspecto HasCredit que garantice que para hacer una extracción de la cuenta hay que tener saldo suficiente. La clase Account quedaría

```
class Account
{
  ...
  public int Balance{...}
  [HasCredit]
```

```
  public void Withdraw(int amount)
  {Balance -= amount;}
}
```

La definición del aspecto `HasCredit` se muestra en el Listado 5.

Listado 5

```
class HasCredit: PreconditionAspect
{
  public override object Action(
                    object target,
                    MethodBase method,
                    object[] parameters,
                    object result) //no se usa en este ejemplo
  {
   Account account = (Account) target;
   int amount = (int)parameters[0];
   if (amount<0) return false;
   else return (account.Balance > amount);
  }
}
```

Note que al hacer `Account account = (Account) target;` se está presuponiendo que el parámetro `target` (receptor del método que se está llamando) es de tipo `Account`. Esto es cierto si el aspecto `HasCredit` está decorando algún método de la clase `Account` lo que es el caso de este ejemplo porque se le ha asociado al método `Withdraw`. Así mismo al hacer `int amount = (int)parameters[0];` se está suponiendo que la lista de parámetros que se le está pasando al método llamado (es decir lo que se pasa en el `parameters`) tiene un `int` como primer elemento (en este ejemplo `Withdraw` tiene un primer y único parámetro que es de tipo `int`).

Lo dicho anteriormente supone entonces que el aspecto `HasCredit` se le ha colocado a un método de la clase `Account`, de lo contrario las operaciones de *casting* `(Account) target` y `(int)parameters[0]` darían error en ejecución. Lo deseable es que este tipo de error fuese detectado más tempranamente, es decir cuando se hubiese intentado ponerle el aspecto a un método que no cumpliese con las características anteriores. Sin embargo, esta exigencia no puede ser descubierta porque está inmersa dentro del código del método `Action` y cuando se define el aspecto `HasCredit` no se sabe a cuál código realmente se le va a poner. Una propuesta de solución más declarativa (y más preventiva) se mencionará en la sección 4.

3 Entretejido de los Aspectos

3.1 Escenarios para colocar los aspectos

Nos interesa considerar dos escenarios para ponerle aspectos a un código. Un escenario es cuando colocamos los atributos aspectos directamente en el código fuente (C# en nuestro caso) como se muestra en el código de la clase `A` a continuación.

```
namespace Original{
class A
{
   public A(parameters){...}
```

```
    [SomeAspect]
    public void F(){...}
    ...
}
...
}
```

El otro escenario es cuando queremos ponerle aspectos a una clase `A` que en el momento de su implementación no le fueron colocados y por tanto ya existe, está compilada y su código forma parte de un ensamblado (dll) del cual no tenemos que disponer del código fuente. La herramienta WAW que se describe en la sección 4 nos ofrece una interfaz visual para hacer esto.

3.2 Punto de corte donde hacer el entretejido funcional de los aspectos

La funcionalidad de los aspectos debe "entretejerse" con el código que este decora. Como vimos en la sección 2 los aspectos decorarán a métodos, luego el punto en que este entretejido se hará es en la ejecución de un método.

Dado un ensamblado `Original` en el que se han decorado tipos con aspectos, la herramienta WAW genera un nuevo ensamblado `ProxyOfOriginal` colocando un tipo intermediario por cada tipo de `Original`. El nuevo ensamblado referirá al ensamblado original pero la aplicación cliente ahora debe usar al ensamblado que contiene los intermediarios en lugar del ensamblado original.

El nuevo tipo `A` en `ProxyOfOriginal` hace de intermediario del tipo `A` en `Original`. Este nuevo `A` es quien hará el entretejido funcional de los aspectos con el código de los métodos. De este modo las llamadas a un método `F` del tipo `A` de `Original` ahora se convierten en llamadas a un método `F` del tipo `A` del ensamblado `ProxyOfOriginal`.

El Listado 6 nos muestra un extracto de código de cómo quedaría este intermediario

Listado 6

```
class  A
  {
   Original.A realTarget;
   static AspectAttributes[] aspectsOfA;
   static AspectAttributes[] aspectsOfF;
   static MethodInfo FmethodInfo;
  public A(parameters){ realTarget = new Original.A(parameters);}
   public void F(){
      //tomar el methodInfo de F en A (el current) y de F en Original.A...
      // llamar a AspectHandler ...
   }
  }
```

De este modo el código cliente del ensamblado `Original` solo tiene que sustituir la referencia a éste por una referencia a `ProxyOfOriginal` y recompilar.

Por cada constructor del tipo original se genera un constructor con la misma signatura en el proxy. Este constructor del intermediario lo que hace es crear un objeto del tipo original (variable `realTarget` en el extracto de código anterior) usando el constructor correspondiente y pasándole los mismos parámetros que le han pasado a él.

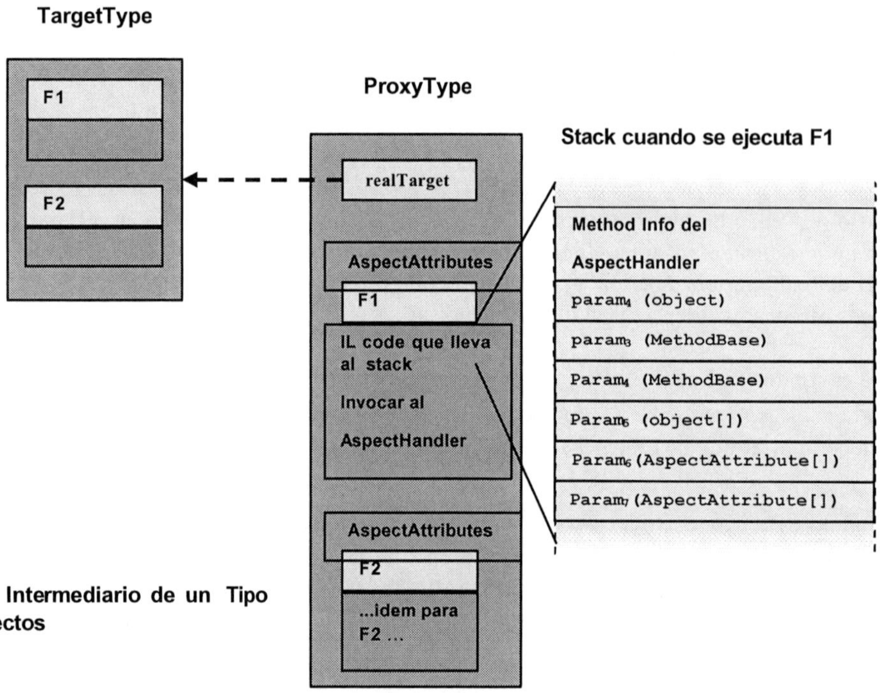

Figura 1 Intermediario de un Tipo con Aspectos

3.3 Cómo se hace el entretejido funcional

Cuando se llama a un método `F` del intermediario lo que hace el método es extraer, a partir de el objeto `realTarget`, el objeto reflexión de tipo `MethodInfo` correspondiente al método original. Dentro de cada método del intermediario se llama entonces al método `AspectHandler` (Listado 6). Es este `AspectHandler` quien aplica la semántica de los atributos aspectos asociados al método, evaluando los métodos `Action` según corresponda. De este modo se logra un equivalente dinámico a haber hecho un entretejido estático entre el código de la funcionalidad definida por el aspecto y el código principal.

Realmente `AspectHandler` es una propiedad estática del tipo delegate `CallHandler` incluida en la clase `AspectAttribute`. Esta propiedad es inicializada con el método `DefaultAspectHandler` (Listado 7). Para simplificar y por razones de espacio en este `DefaultAspectHandler` solamente se han tenido en cuenta los aspectos de tipo `BeforeAspect` y `AfterAspect` pero la implementación completa de este método contempla todos los tipos de aspectos enumerados anteriormente. Asignando otro método a esta propiedad entonces un código cliente podría modificar la acción descrita por defecto para el tratamiento de los aspectos, dando con ello flexibilidad y adaptabilidad a la filosofía de entretejido.

Listado 7

```
static object DefaultAspectHandler(
                    object targetObject,
                    Type proxyType,
                    MethodBase targetMethod,
                    MethodBase proxyMethod, object[] parameters,
                    ref AspectAttribute[] typeAttributes,
                    ref AspectAttribute[] methodAttributes)
{
  object returnValue;
  InsteadAttribute instead = null;

  if (typeAttributes == null)
       typeAttributes = (AspectAttribute[])proxyType.
                               GetCustomAttributes(typeof(AspectAttribute),true);
  if (methodAttributes == null)
      methodAttributes = (AspectAttribute[])proxyMethod.
                               GetCustomAttributes(typeof(AspectAttribute),true);
```

```
  foreach (AspectAttribute b in typeAttributes)
  {
    if (b is BeforeAttribute)
        b.Action(targetObject, targetMethod, parameters, null);
    else if (b is InsteadAttribute)
        instead = (InsteadAttribute)b;
  }
  foreach (AspectAttribute b in methodAttributes)
  {
   if (b is BeforeAttribute)
       b.Action(targetObject, targetMethod, parameters, null);
  else if (b is InsteadAttribute)
       instead = (InsteadAttribute)b;
  }
  if (instead != null)
     returnValue = instead.Action(targetObject,targetMethod,parameters,null);
  else
    returnValue = targetObject.GetType().
                GetMethod(targetMethod.Name,
                GetParameterTypes(targetMethod)).
                                 Invoke(targetObject,parameters);

//Una acción Before puede necesitar del resultado de haber evaluado el
//método por eso se le pasa returnValue
  foreach (AspectAttribute a in typeAttributes)
          if (a is AfterAttribute)
             a.Action(targetObject, targetMethod, parameters, returnValue);
  foreach (AspectAttribute a in methodAttributes)
          if (a is AfterAttribute)
             a.Action(targetObject, targetMethod, parameters, returnValue);

  return returnValue;
  }
}
```

4 Herramienta WAW

WAW (Weboo AOP Weaver) es una herramienta visual que permita colocar aspectos sobre tipos .NET definidos en un ensamblado (del cual no es necesario siquiera contar con su código fuente). Para colocar aspectos en un ensamblado se necesita contar con los atributos aspectos y los tipos a los que se les desea colocar el aspecto previamente definidos, y luego haciendo uso de esta herramienta es posible obtener un nuevo ensamblado con la misma funcionalidad del original pero ya con los aspectos incluidos.

4.1 ¿Cómo funciona WAW?

El usuario debe seleccionar el ensamblado al cual se le desea poner aspectos, y el (los) ensamblados donde se encuentren definidos los tipos de los atributos aspectos (Figura 2).

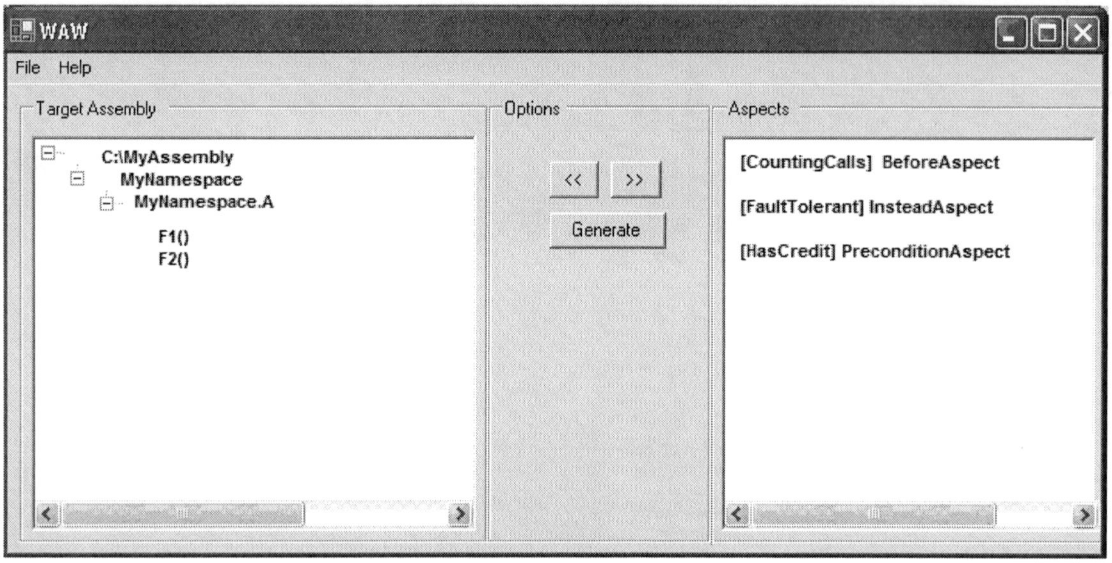

Figura 2 Interfaz visual en WAW

Una vez introducidos los aspectos mediante la interfaz visual de WAW, se puede entonces generar el ensamblado intermediario explicado en la sección anterior (Figura 3).

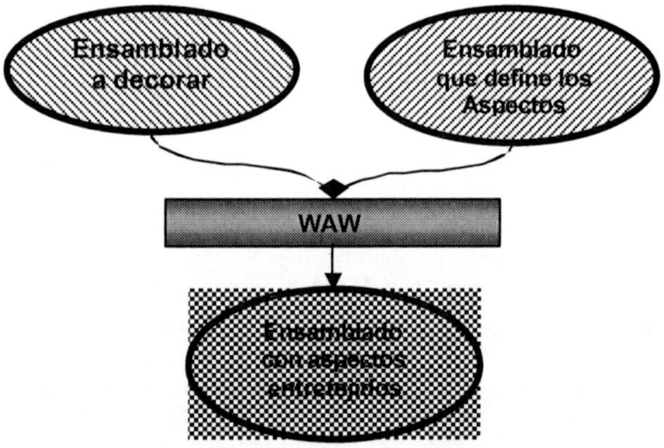

Figura 3 Ensamblado con aspectos

4.2 La Generación del Intermediario

Veamos que ocurre cuando se agrega el aspecto `[CountingCalls]` al método `F1` (Figura 4).

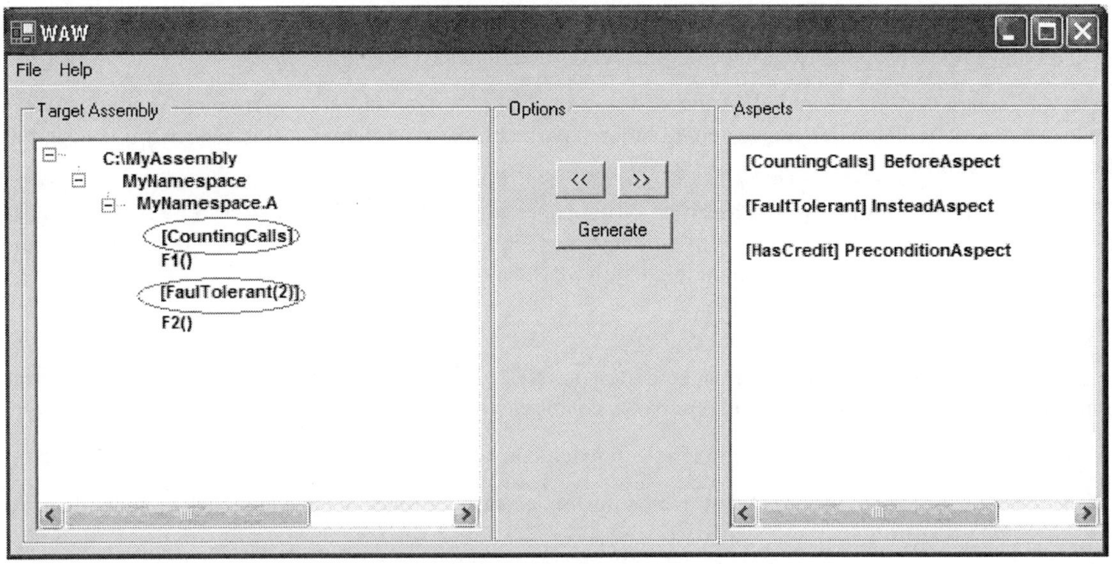

Figura 4 Poniendo aspectos con WAW

En el ensamblado generado WAW coloca un tipo intermediario `A`, correspondiente al tipo original `A`, y genera dentro de este nuevo `A` un método por cada método de `A` mediante

```
public static MethodBuilder EmitProxyMethod(TypeBuilder builder,
                                            MethodInfo m,
                                            AspectAttribute[] aspects)
```

Donde `builder` es el descriptor por reflexión del tipo intermediario `A` que se está generando, `m` es el `MethodInfo` asociado al método al que se le han colocado aspectos a través de WAW (o que ya tenía si fueron colocados textualmente en el código fuente del original) y `aspects` son los aspectos que se desean agregar. Si en la ejecución de la aplicación el código cliente, que ha sustituido el ensamblado original por el intermediario, se intenta recupera los atributos aspectos haciendo

```
typeof(A).GetMethod("F1").GetCustomAttributes(typeof(AspectAttribute),true);
```

entonces se obtendría el atributo `CountingCalls` agregado con WAW.

El código IL generado por WAW para el método `F` del intermediario es el que se encarga en ejecución de colocar en la pila la información necesaria para invocar al delegate `AspectHandler`. El código que emite cada método hace (la Figura 1 muestra cómo queda este código)

```
il.EmitCall(OpCodes.Callvirt,
            typeof(MethodCall).GetMethod("Invoke"),
            null);
```

Esto provocará en ejecución una llamada al método `Invoke` correspondiente al `AspectHandler`. El resultado que quedará en la pila luego de ejecutarse este `Invoke` es el que a su vez se retornará al código cliente. Note que este resultado del procesamiento del `AspectHandler` equivale al efecto de fusionar la ejecución del método original con la funcionalidad de los aspectos.

5 Trabajos relacionados

En [5] se describe una alternativa para incorporar aspectos en .NET basada en el uso de contextos e intercambio de mensajes. Esta alternativa exige que el código cliente conozca cómo funciona esta infraestructura de intercambio de mensajes. En dicho artículo cada uno de los atributos que se definan para usar con propósitos de aspecto, tiene que "repetir" un mismo patrón en su implementación, lo cual es, en cierto modo, una paradoja porque esto mismo es parte de lo que la AOP pretende evitar.

En [6] se propone una estrategia de “entretejido” de aspectos que se basa en intercepción de una llamada al método decorado por el aspecto usando la infraestructura de contextos y los conceptos de *real proxy* y *transparent proxy* de .NET (infraestructura lamentablemente no muy conocida y no muy documentada). Pero la solución que aquí se propone exige hacer algunas modificaciones en el código cliente.

Hay otros enfoques (ver por ejemplo [7]) que se basan en usar preprocesadores, o herramientas adicionales, o depender de que se implementen nuevos compiladores para colocar e implementar los aspectos que hagan el "entretejido" de código.

A diferencia de otros enfoques que se basan en definir nuevos lenguajes, como es el caso de AspectJ [8], la pretensión de este trabajo no es ofrecer otro lenguaje más sino dar herramientas y una metodología de cómo se puede lograr la filosofía de la AOP en un lenguaje ya existente en .NET (como es el caso de C#).

6 Conclusiones

Este trabajo ha ilustrado la utilidad de capacidades de .NET como la reflexión y los atributos para lograr algunos de los beneficios de la AOP en el desarrollo de aplicaciones basadas en .NET.

Otros tipos de aspectos además de los presentados pueden considerarse:

- aspectos que presenten funcionalidad a ejecutar en el caso de que la ejecución del método llamado *dispare una excepción*
- aspectos que indiquen que la ejecución de un método está limitada por un *timeout*
- aspectos que indican *transformar* el resultado devuelto por un método
- aspectos que indican que un método debe tener la capacidad de poderse *deshacer*

La implementación presentada se basa en la generación de intermediarios. Esto tiene dos inconvenientes: impone un costo adicional de tiempo de ejecución porque hay que hacer dinámicamente la extracción de la funcionalidad del aspecto (atributo) y porque hay una llamada más; por otra parte exige que en la aplicación final estén el ensamblado original y el nuevo ensamblado intermediario. Actualmente estamos desarrollando una infraestructura que permite obviar los dos inconvenientes anteriores al permitir hacer transformaciones sobre un ensamblado e inyectar código al mismo, obteniendo un nuevo ensamblado con la funcionalidad entretejida, permitiendo con ello a la aplicación cliente prescindir del ensamblado original.

7 Bibliografía

[1] Gregor Kiczales and others, *Aspect Oriented Programming*, Springer Verlag, Proceedings of ECOOP 1997

[2] Tom Barnaby, Jason Bock, *Applied .NET Attributes*, APress 2003

[3] Don Box, Chris Sells *Essential .NET: The Common Language Runtime*, Addison-Wesley 2003

[4] Mario del Valle, Miguel Katrib, *El poder de la reflexión en .NET*, dotNetManía No 3, Abril 2004

[5] Drama Shukla, Simon Fell, Chriss Sells *Aspect-Oriented Programming Enables Better Code Encapsulation and Reuse*, MSDN Mag, March 2003.

[6] Yamil Hernández, Miguel Katrib, *Aspectos e Intercepción de Métodos en .NET*, dotNetManía No 10, Diciembre 2004

[7] Vladimir Safonov, *Aspect.NET: Concepts and Architecture*, .NET Developer's Journal, October 2004.

[8]Kiczales G, Hilsdale E, Huguin J, Kersten M, Palm J, Griswold V, *An Overview of AspectJ*, Springer-Verlag proceedings of the ECOOP 2001.

Desarrollo de Sistemas Basados en Componentes Utilizando Diagramas de Secuencia.

Miguel A. Pérez Toledano[1], Amparo Navasa Martínez[1], Carlos Canal[2], Juan M. Murillo Rodríguez[1]
[1]Universidad de Extremadura
Departamento de Informática, Grupo Quercus de Ingeniería del Software
{toledano, amparonm, juanmamu}@unex.es
[2]Universidad de Málaga
Departamento de Lenguajes y Sistemas Informáticos, Grupo GISUM
canal@lcc.uma.es

Resumen

En el mundo actual cada vez se exigen soluciones software de mayor calidad y con menores costes y tiempos de desarrollo. En este contexto, la reutilización de componentes software es una línea de trabajo prioritaria. No obstante, la construcción de software utilizando componentes no puede limitarse a seleccionar componentes que sean acordes con las necesidades del sistema desde un punto de vista exclusivamente sintáctico –en cuanto a los nombres y parámetros de los servicios que ofrecen– y semántico –en cuanto a la función que realizan dichos servicios. Es necesario asegurar además la compatibilidad de los protocolos de interacción de cada componente con los del sistema en que va a ser integrado. Este trabajo propone el uso sistemático de los diagramas de secuencia de UML como herramienta para la descripción de los protocolos de interacción de los componentes de un sistema software. Los diagramas de secuencia se pueden utilizar a distintos niveles de abstracción, agrupando o separando componentes en función de las necesidades, obteniendo así protocolos para componentes individuales o para agrupaciones de componentes. Estos protocolos, especificados mediante grafos y álgebras de procesos, se pueden guardar en repositorios junto a la restante información sobre el componente, y permiten estudiar su compatibilidad con el entorno donde va a ser integrado.

Abstract

In the world we live, software solutions are more and more demanded. These solutions must be not only of excellent quality, but their development costs and time must be as minimal as possible. In this context, component reuse, is an essential research line. However, software development using components cannot be restricted to the selection of components syntactic and semantically compatible with system requirements. In addition, it is necessary to ensure the compatibility of the interaction protocols of each component with those of the system in which it will be integrated. In this paper we propose the use of UML sequence charts for describing the interaction protocols of software components. Sequence charts can be used at different abstraction levels, grouping or dividing components according to the requirements, and obtaining protocols for individual components or for groups of them. These protocols, specified by means of graphs and process algebras, can be stored into repositories, together with the rest of the information about the component. Thus, it will be possible to analyze the compatibility with the environment in which they are going to be placed.

1. Introducción

Los rápidos cambios producidos en los sistemas de información de las organizaciones han disminuido el tiempo y los recursos asignados para la realización de proyectos software. Para adaptarse a estos nuevos retos, la Ingeniería del Software ha evolucionado buscando la generación de sistemas software en los cuales la rapidez en el desarrollo no hipotecase la calidad de las soluciones creadas. En este contexto, la reutilización se ha perfilado como línea de trabajo prioritaria. No obstante, la creación de sistemas usando componentes previamente desarrollados y probados, no garantiza por sí sola la calidad de los sistemas resultantes, sino que existen diversos problemas de integración [GAO95, GB98] que hay que solucionar para integrar adecuadamente los componentes.

La composición de sistemas reutilizando software implica la búsqueda y selección de componentes que proporcionen los servicios requeridos dentro del sistema [MMM94, PB96, PP93]. Además, hay que establecer una verificación sintáctica que permita comprobar si la sintaxis de dichos servicios es congruente entre los diferentes componentes [ZW95]. Pero con eso no basta, existen problemas de integración, como los bloqueos, que son consecuencia de la incompatibilidad de los elementos integrados. Estudiar la compatibilidad de un componente dentro de un sistema, requiere comprobar si el comportamiento del componente es coherente con el comportamiento del entorno donde va a ser integrado. Nuestra propuesta se basa en documentar los protocolos de interacción entre los componentes que intervienen en un sistema, de manera que estos protocolos puedan ser utilizados para realizar operaciones de verificación durante el diseño del sistema.

Existen diferentes enfoques para modelar y verificar protocolos, que van desde el uso de lenguajes formales específicos [BHS91, T93], o de diversos tipos de formalismos, tales como máquinas de estados [BZ83, B78], redes de Petri [BT82, D82], álgebras de procesos [YS97, C01], lógica temporal [J00], o contratos de reuso [S96]. Sin embargo, la representación de las interacciones entre componentes usando estas técnicas no permite la comprensión intuitiva de las especificaciones obtenidas. Además muchas de ellas requieren al desarrollador el conocimiento de herramientas de especificación complejas. Este trabajo propone aprovechar los diagramas de secuencia de UML ([UML]) para diseñar los protocolos de interacción de los componentes que intervienen en el sistema. Los diagramas de secuencia son una herramienta gráfica fácil de usar, que genera especificaciones sencillas de comprender y que además están integrados dentro de un lenguaje de modelado ampliamente aceptado.

El objetivo de este trabajo no consiste únicamente en diseñar protocolos, se pretende con ellos completar la información de los interfaces [CPT01], obteniendo patrones de interacción adecuados a cada uno de los componentes del sistema. Estos patrones de interacción son utilizados metodológicamente para realizar operaciones de verificación durante la construcción y mantenimiento de sistemas basados en componentes.

Para obtener los protocolos, se describen todos los diagramas de secuencia necesarios para representar las interacciones entre los componentes que interviene en el sistema descrito. Una vez terminada esta tarea, se obtienen las proyecciones de cada componente (las interacciones en que interviene cada uno de ellos) y se organiza la información obtenida. Esta información se sintetiza mediante grafos etiquetados cíclicos orientados (máquinas de estados extendidas) y descripciones algebraicas. Cada una de estas descripciones proporciona una utilidad diferente. Por una parte, la construcción de grafos facilita la detección de inconsistencias en las especificaciones, a la vez que permite representar toda la metainformación aportada por los diagramas (invariantes, regiones críticas, variables...). No obstante, para realizar la verificación de la compatibilidad de protocolos, no es necesario utilizar toda la información sintetizada en los grafos y es más sencillo verificar usando un álgebra de procesos. Por esta razón, es conveniente realizar descripciones algebraicas para cada uno de los componentes que han sido descritos.

La estructura de este trabajo es la siguiente: en la Sección 2 se explican brevemente la propuesta presentada; en la Sección 3 se explica cómo usar los diagramas de secuencia para obtener los protocolos de interacción de los componentes; la Sección 4 presenta cómo usar estos protocolos para el análisis de diversas propiedades; en la Sección 5 se exponen las conclusiones; y por último se presenta la bibliografía utilizada.

2. Tratamiento metodológico de los diagramas de secuencia.

En este apartado vamos a explicar como usar los diagramas de secuencias para facilitar la construcción de sistemas software basados en componentes. Los pasos a realizar son los siguientes:

- La primera tarea consiste en modelar el sistema utilizando las herramientas proporcionadas por UML. En este apartado es interesante centrarse en los diagramas de secuencias, los cuales nos permitirán describir los componentes candidatos que intervienen en el sistema, así como en las interacciones existentes entre ellos.

Los diagramas de secuencia fueron inicialmente pensados para refinar los requisitos de usuario, y profundizar en el conocimiento del sistema a construir, pero dan una visión parcial del sistema centrándose, a menudo, en intentar comprender un caso de uso describiendo ejemplos. En este trabajo se plantea la idea de usarlos, para sintetizar a partir de ellos el comportamiento de cada componente del sistema. Para ello, una vez realizada la descripción de requisitos, utilizando diagramas de casos de uso, es necesario diseñar correctamente el conjunto de escenarios que describen el comportamiento de cada caso de uso. Una vez especificados los escenarios y completada la información con los diagramas de componentes de UML, estarán identificados todos los componentes que intervienen y las interacciones entre ellos.

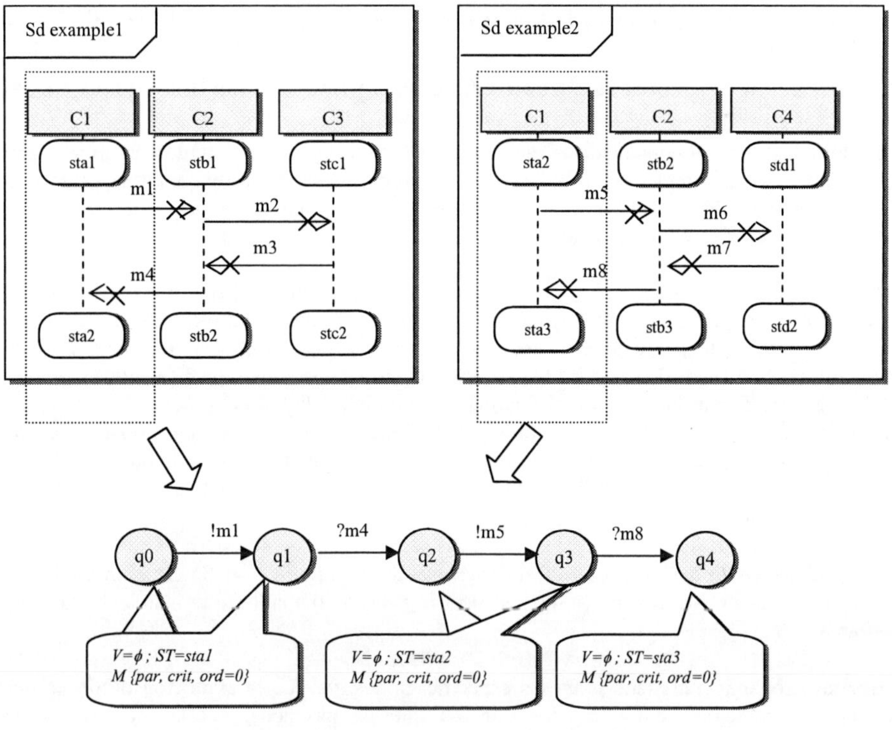

Figura 1: Diagramas de secuencia y grafo de interacción de C1.

- El segundo paso consiste en obtener el comportamiento individual esperado de cada componente. Para ello habrá que seleccionar los escenarios en los que participa y obtener el comportamiento expresado en cada uno de ellos. Para poder relacionar estos comportamientos parciales el trabajo propone la utilización de etiquetas de condición, las cuales serán usadas en los diagramas de secuencia, al principio y final de la línea de vida de cada componente. La síntesis de las informaciones proporcionadas permitirá obtener el comportamiento de cada componente dentro del sistema (protocolo de interacción). Para comprender mejor lo explicado supongamos que hemos especificado un sistema mediante dos diagramas de secuencias (figura 1). Para obtener el protocolo de interacción del componente C1, hay que obtener las proyecciones del componente y organizar la información obtenida. La síntesis de esta información permite conseguir grafos que expresan las interacciones del componente. El uso que podemos darle a estos grafos se describe en la sección 4 de este trabajo.

- Una vez especificados los comportamientos esperados de cada componente el siguiente paso consiste en construir el sistema. Para ello hay que obtener los componentes especificados, de repositorios o implementándolos, e integrarlos dentro del sistema. La especificación desarrollada durante el modelado, permite describir los servicios requeridos y la sintaxis precisa de cada componente, pero además añade la información sintetizada de los diagramas de secuencia. La especificación de cada componente será usada para realizar las operaciones de búsqueda y selección, la novedad consiste en utilizar los protocolos obtenidos de cada componente para verificar si los elementos seleccionados son compatibles con el entorno en el que han de integrarse. Para facilitar la tarea de selección, se propone la creación de agrupaciones de componentes para facilitar la búsqueda de candidatos. La especificación de estas agrupaciones de componentes se realizará utilizando las especificaciones individuales de los componentes que la forman. Para la creación del protocolo de la agrupación, los diagramas de secuencia descritos durante el modelado permiten construir un protocolo que elimine todas las interacciones entre los componentes agrupados centrándose en las interacciones de estos con el entorno que les rodea.

3. Obtención de protocolos de interacción a partir de los diagramas de secuencia.

En el apartado anterior se ha comentado la manera de desarrollar sistemas basados en componentes, centrando el estudio en documentar las interacciones de los componentes. En este punto expondremos que información incluir dentro de los diagramas de secuencia y como tratarlos para obtener los protocolos de interacciones de los componentes que intervienen en le sistema.

Como se ha comentado anteriormente, los diagramas de secuencias dan solamente una visión parcial del sistema que se construye, de manera que hay que relacionar varios de ellos para tener una idea global del comportamiento de un participante dentro del sistema. Para resolver este problema se pueden utilizar los diagramas de visión general (*Overview Diagrams*) de UML. Estos permiten describir como se relacionan los diferentes diagramas de interacción descritos, pero están enfocados a describir el funcionamiento global de todo el sistema. Sin embargo, nuestro interés se centra en describir el comportamiento individual de cada participante, y comprobar su evolución dentro del sistema software. Para conseguirlo, se propone la utilización de etiquetas de condición de UML. Estas etiquetas se incluirán, como mínimo, al principio y final de la línea de vida[1] de cada participante. Las ventajas del uso de estas etiquetas son las siguientes:

- Definen el estado en que se encuentra un participante al empezar y al finalizar un escenario. Esto permitirá construir fácilmente los Diagramas de Estados de cada participante, eliminando las discontinuidades entre diagramas.

- Permiten detectar inconsistencias en las especificaciones, ya que la evolución de un participante podrá ser estudiada en función de los estados por los que ha pasado. De esta manera, es posible descubrir incongruencias en los estados descritos así como estados inaccesibles.

    - No se necesita tener una visión global del sistema para conocer la evolución de cada participante.

De entre toda la colección de diagramas de secuencia utilizados para describir el sistema, es necesario seleccionar aquellos en los cuales interviene el participante que está siendo estudiado, y de cada uno de ellos se obtiene la traza que describe su flujo de mensajes. Por lo tanto, existirá para un mismo componente, toda una colección de trazas que hay que coordinar. Todos los componentes que intervienen en un sistema evolucionan desde un estado inicial, y van hilvanando una secuencia de eventos que van determinando su comportamiento. En estas condiciones, hay que construir el conjunto de interacciones de un participante en función de las secuencias parciales descritas, cuya unión servirá para comprender la evolución experimentada. Para ello, de entre todas las etiquetas iniciales hay que seleccionar una que represente el estado inicial del participante y a partir de ahí se irán concatenando la ejecución de las demás trazas. El problema se plantea cuando no se pueden unir todas las trazas. En este caso, se trata de un

---

[1] Se entiende por línea de vida de un participante la proyección de sus interacciones dentro de un diagrama de secuencias.

problema de especificación de requisitos, causado porque faltan escenarios por describir o porque existe un problema en la descripción del estado de inicio o final de alguna de las trazas. Por último, en la descripción de escenarios es frecuente, que se solapen descripciones de escenarios. Para arreglar estas redundancias, a la descripción final se le aplican unos sencillos algoritmos que las eliminan del diseño creado.

De la misma manera que los diagramas de secuencias se han organizado para expresar el comportamiento de un participante, también se pueden usar para expresar propiedades o comportamientos erróneos dentro del sistema. Los protocolos parciales obtenidos de estos diagramas se tratarán de manera diferente a los anteriores y únicamente servirán para realizar operaciones de verificación para chequear ese tipo de situaciones

3.1 Organización de trazas y síntesis de grafos

Para ilustrar lo explicado, vamos a realizar un sencillo ejemplo que permite entender mejor la propuesta. Supongamos que se han especificado los diagramas de secuencia de un sistema, en el cual interviene el componente llamado "I", de los diagramas se han extraído 5 trazas que explican la evolución positiva de un participante estudiado (Figura 2).

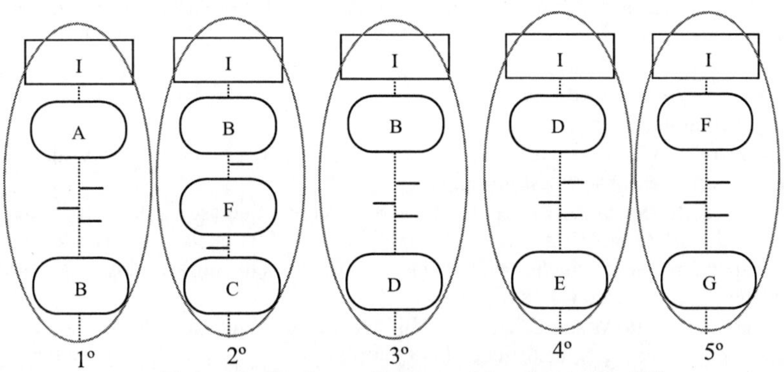

Figura 2: Conjunto de trazas del componente "I".

Una vez seleccionadas las trazas, la siguiente tarea será comprobar la congruencia de las especificaciones. Hay que elegir la etiqueta de inicio (en el ejemplo la etiqueta "A"). La información sobre la etiqueta que especifica el estado inicial se obtiene a partir del conocimiento que el desarrollador tiene sobre el comportamiento del componente. A partir de ella, hay que comprobar que el comportamiento expresado en los diagramas de secuencia es completo y describe la evolución total del participante. Para ello, se estudia la evolución del participante a partir de la concatenación de los comportamientos dispersos por los diferentes escenarios. Esta tarea que se realiza automáticamente, consiste en comprobar que todos los escenarios descritos están unidos describiendo un comportamiento continuo. La detección de discontinuidades o estados inaccesibles implica la existencia de errores en las especificaciones. En la figura 3 puede observarse que todas las etiquetas están unidas y pueden ser accesibles a partir de la etiqueta inicial "A", lo cual demuestra que existe coherencia en el comportamiento descrito, pero no garantiza la completitud de las especificaciones. Si se hubiesen detectado errores en las especificaciones, estos pueden ser debidos a errores en los escenarios descritos o a la falta de escenarios que completen a los existentes. Estos errores deben ser corregidos antes de crear los protocolos de cada componente.

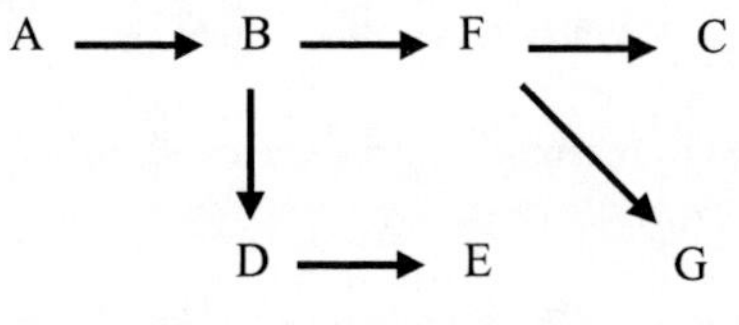

Figura 3. Relación entre las etiquetas de estado usadas en los diagramas de secuencia.

Los diagramas de secuencia proporcionados por UML constituyen una herramienta de modelado muy potente que no se limita a describir el paso de mensajes entre participantes en un sistema, sino que incluyen una abundante y variada información. Para sintetizar la información de las trazas, nuestra propuesta consiste en utilizar grafos etiquetados cíclicos y orientados (máquina de estados extendida). Estos grafos, permiten sintetizar toda la información de los diagramas de secuencias, dando una visión completa del comportamiento del elemento software que está siendo descrito.

3.2 Grafos de interacción.

En esta sección se define el grafo obtenidos en la síntesis de los diagramas, que como se ha comentado anteriormente, es una máquina de estados extendida. Consiste en un grafo cíclico orientado, con etiquetas en las aristas e información en los vértices. Las etiquetas permiten representar el envío o recepción de mensajes, restricciones de ejecución (obtenidas al sintetizar fragmentos tipo *alt, opt* y *loop*) y contadores (usados para representar iteraciones). Por otra parte, cada vértice es una tupla que contiene información acerca del estado de la transición que es descrita.

Definición 1. Un grafo de interacciones es un grafo de la forma (V, E, I, Condición, Etiqueta, Acción, Vert-Inicial, Conj_Vert_Finales) tal que:

- V es un conjunto de vértices.
- E es el conjunto de aristas.
- I es una relación, que asocia a cada arista e $\in$ E con dos vértices $<u,v> \in$ V, llamados los extremos, tal que u=origen(e) y v=destino (e).
- Condición: E $\rightarrow$ CondArista es una función inyectiva que asocia una condición a cada arista del grafo, donde CondArista es el conjunto finito de etiquetas de condiciones, las cuales se corresponden con las condiciones producidas en los fragmentos usados para describir el protocolo de interacción del elemento software.
- Etiqueta: E $\rightarrow$ EtiqAristas es una función inyectiva de etiquetado, donde EtiqAristas es el conjunto finito de etiquetas que identifican el conjunto de mensajes que pueden recibirse y enviarse, en el elemento software que está siendo descrito.
- Acción: E $\rightarrow$ AcciArista es una función inyectiva que asocia una acción a cada arista del grafo, donde AcciArista es el conjunto finito de etiquetas, que se corresponden con los contadores producidas en los fragmentos usados para describir el protocolo de interacción del elemento software.
- Vert-Inicial $\in$ V es el vértice inicial del grafo.
- Conj_Vert_Finales $\subset$ V el conjunto de vértices finales del grafo.

Definición 2. Sea GI un grafo de interacciones, cada condición cond $\in$ CondArista, debe cumplir la siguiente sintaxis:

- (x # c), (x OP y # c), (x OP y # z OP s), (x # y OP z) donde # denota $\geq, \leq, =, \neq, <$, o $>$; OP denota las operaciones de suma y resta; c es un valor numérico; x, y, z y s son variables que toman valores numéricos.
- (x □ c), donde □ denota = o $\neq$; c es un carácter y x es una variable que toma valores de tipo carácter.
- Las condiciones descritas en los apartados anteriores pueden ser compuestas mediante los operadores AND y OR.
- cond $\in$ CondArista, puede presentar valores vacíos si no hay ninguna condición asociada a una arista del grafo.

Definición 3. Sea GI un grafo de interacciones, cada etiqueta etiqa $\in$ EtiqAristas está formado por una tupla $<t, n>$, donde t describe el tipo del evento (envío ó recepción), n el nombre del mensaje (n $\in$ N, donde N es el conjunto finito de mensajes del sistema). Una etiqueta etiqa ∈ EtiqAristas, puede presentar valores vacíos si no existe ningún mensaje asociado a una arista. Esta situación se producirá al anidar diferentes fragmentos en un mismo diagrama de secuencias .

Definición 4. Sea GI un grafo de interacciones, cada acción a ∈ Acciones puede tomar la siguiente sintaxis:

- (x = c), donde x es una variable y c es un valor numérico.
- (x = y OP c), donde x e y son variables, OP denota las operaciones de suma y resta y c es un valor numérico.
- a ∈ Acciones puede presentar valores vacíos si no hay ninguna acción asociada a una arista del grafo.

Definición 5. Sea GI un grafo de interacciones, sea v∈ V, entonces cada vértice v es una tupla de la forma *<par, ord, crit, st, variables>* donde *par*, *ord* y *crit* son variables de tipo entero positivo usadas para representar paralelismo, secuenciamiento y regiones críticas; *st* es una variable tipo cadena de caracteres, usada para describir el estado en que se encuentra el componente y *variables* es un conjunto de cadenas de caracteres usadas para describir las variables usadas en las condiciones e iteraciones representadas en el grafo.

4. ¿Cómo utilizar los protocolos de interacción?

Una vez obtenidos los protocolos de los participantes, el siguiente paso consiste en explicar cómo podemos utilizarlos. En las plataformas y repositorios de componentes actuales la documentación sobre el uso de un componente se centra en la descripción de su interfaz incluyendo solamente información sintáctica y estructural, obviando información acerca de las restricciones de comportamiento. Nuestra propuesta completa esta información incorporando los protocolos de interacción que permiten verificar su integración en diferentes dominios de uso. No obstante, nuestra aportación no se reduce a ampliar la documentación de los componentes, sino que permite usar esa información para diseñar sistemas que sean más robustos, permitiendo verificar la compatibilidad de los protocolos de interacción de los componentes que los forman o determinar si es posible sustituir un componente por otro en un sistema existente.

Para llevar a cabo verificaciones de este tipo es necesario realizar agrupaciones de componentes. La agrupación permite obtener nuevos protocolos adecuados a un conjunto de componentes, evitando tener que comprobar la adecuación individual de cada uno de ellos. El objetivo es facilitar la reutilización, abstrayendo los detalles internos en los elementos individuales que están siendo agrupados, y centrándose en describir las interacciones con el entorno que les rodea. La agrupación lleva implícita el cumplimiento de las siguientes características:

- Los servicios ofrecidos por la nueva agrupación creada serán la unión de los servicios ofrecidos por los elementos que lo componen.

- Los servicios requeridos por la nueva agrupación, serán la unión de los servicios requeridos por los elementos que lo componen, abstrayendo los servicios que se prestaban entre ellos.

Es posible, aunque técnicamente muy engorroso, definir una operación de agrupación a partir de los grafos que describen los protocolo de interacción. Una vez hecho esto se podrían establecer definiciones de compatibilidad y de reemplazamiento entre grafos. No obstante, para lograr estos propósitos, resulta mucho más sencillo traducir la información de los grafos a descripciones algebraicas. La ventaja de las álgebras de procesos es que su semántica operacional nos permiten definir y comprobar los protocolos de los componentes de una forma más sencilla usando grafos. Resulta trivial obtener una descripción algebraica del protocolo de un componente a partir del grafo correspondiente. Para ello, basta con ir recorriendo dicho grafo: los nodos del mismo se corresponderán con estados en la descripción algebraica, y las etiquetas que figuran en las aristas del mismo determinan los mensajes que se pueden recibir o enviar en un momento dado. Así, para el componente C1 representado en la Figura 1, llegaríamos a la siguiente especificación:

```
C1 = !m1. ?m4. C1sta2
C1sta2 = !m5. ?m8. C1sta3
C1sta3 = 0
```

donde !m representa el envío de un mensaje m (y ?m la correspondiente recepción), el operador punto "." indica secuencia, y 0 representa un estado final (en el que no se envían ni reciben más mensajes).

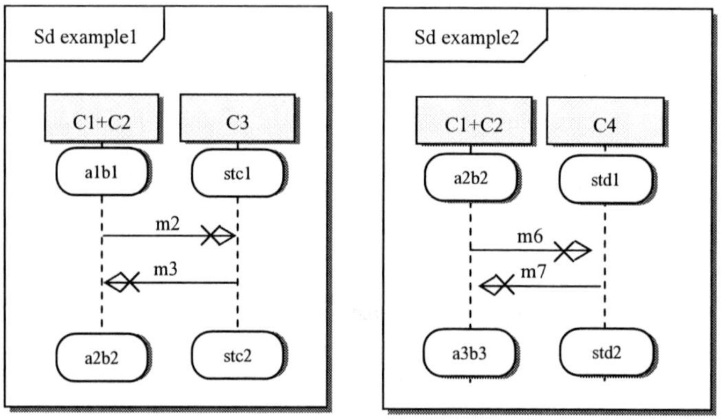

Figura 4. Agrupación de los componentes C1 y C2 de la figura 1.

A partir de estas descripciones algebraicas del protocolo de interacción de cada uno de los componentes del sistema, y de acuerdo con la semántica que define la composición en el álgebra de procesos, es posible obtener el protocolo de interacción correspondiente a la agrupación de varios componentes. Así la figura 4 describe un ejemplo en el cual se representa cómo quedan los diagramas de secuencias de la figura 1, después de agrupar los componentes C1 y C2. Esta agrupación da lugar a un nuevo componente (C1C2 en el ejemplo) que puede ser usado para obtener un protocolo conjunto más sencillo de manejar que los protocolos individuales de cada uno de ellos:

```
C1C2 = !m2. ?m3. C1C2a2b2
C1C2a2b2 = !m6. ?m7. C1C2a3b3
C1C2a3b3 = 0
```

4.1 Sustitución de componentes.

La evolución de los sistemas de información implica que el software que los soporta debe actualizarse continuamente para adaptarse a las nuevas necesidades. En este contexto, la sustitución de componentes software de un sistema es una tarea habitual. Para estudiar la sustitución de un componente de un sistema podemos plantear varias alternativas de trabajo:

1. Podemos analizar si un candidato se comporta exactamente igual que el componente a sustituir. Para ello, se estudia si los protocolos de ambos componentes son equivalentes. En el ámbito de las álgebras de procesos, esto se lleva a cabo mediante análisis de bisimilaridad. Sean P y Q dos protocolos de interacción; se dice que P y Q son bisimilares (y lo representaremos $P \equiv Q$), si y sólo si P es capaz de simular el comportamiento de Q, y Q el de P. Una definición formal de bisimilitud en álgebras de procesos está fuera del ámbito de este trabajo, pudiendo encontrase en la literatura al respecto (véase por ejemplo [MPW92]). Informalmente, podemos decir que para determinar la bisimilitud debemos establecer una relación de equivalencia entre los estados de ambos protocolos de forma que para cada par de estados equivalentes, las

acciones de envío y recepción de mensajes que se pueden realizar en ambos son exactamente las mismas, y en cada caso nos llevan a un nuevo par de estados equivalentes.

2. Obviamente, la definición de equivalencia anterior es demasiado restrictiva, y la mayoría de las veces no será necesario que dos componentes tengan un comportamiento exacto. Para relajar un poco la definición anterior, se puede optar por la noción de similaridad. Sean P y Q dos protocolos de interacción; se dice que P es similar a Q (y lo representaremos $P \subseteq Q$), si sólo si P es capaz de simular el comportamiento de Q, es decir, si para cada par de estados relacionados de P y Q cualquier acción que se pudiese realizar en el protocolo P, sería también posible realizarla en el protocolo Q. De esta forma, aseguraríamos que el procotolo Q incluye al de P, y que por tanto el componente descrito por Q va a poder realizar al menos las mismas acciones que el componente descrito por P (que es el que pretendemos reemplazar). Esta operación además de usarse en la sustitución de componentes, puede ser usada para realizar búsquedas de secuencias parciales de eventos que interese detectar dentro de un protocolo, como pueden ser regiones críticas.

3. No obstante lo anterior, el reemplazo de un componente de un sistema no tiene porque implicar su sustitución por otro con un comportamiento similar. A veces, deseamos hacer un cambio en la funcionalidad del sistema, por lo que un elemento debe ser sustituido por otro cuyo comportamiento es diferente. En estas situaciones, hay que estudiar si el comportamiento del componente es compatible con el entorno donde va a ser integrado. Para realizar este estudio, se puede analizar la compatibilidad individual con cada uno de los componentes con los que se va a relacionar, o estudiar la compatibilidad con todos ellos a la vez. Esta segunda opción, además de ser más rápida y sencilla es la que proponemos en el trabajo. Para realizarla, se agrupan los componentes que se relacionan con el componente sustituido (básicamente, el resto del sistema) y se obtiene su protocolo de interacción. Este se comparará con el protocolo del candidato estudiar su compatibilidad, determinando si pueden derivarse bloqueos de la interacción de ambos componentes. Una definición formal de compatibilidad de protocolos queda fuera del ámbito de este trabajo, pudiendo encontrarse en [CPT01]. Informalmente, podemos caracterizar la compatibilidad del siguiente modo: si P y Q son dos protocolos de interacción, se dice que P es compatible con Q (y lo representaremos $P \rhd\lhd Q$) si no se producen bloqueos como resultado de su interacción, es decir si podemos establecer una correspondencia entre los estados de P y Q de tal manera que en cada par de estados relacionados, si en uno de los estados es posible realizar una acción de salida !a y en el otro es posible realizar la acción correspondiente de entrada ?a, entonces tras realizar ambas acciones llegamos de nuevo a estados relacionados.

4.2 Demostración de propiedades.

Existen situaciones en las cuales es conveniente describir escenarios que expresan propiedades o comportamientos tanto deseados como prohibidos dentro del sistema a desarrollar. En estas circunstancias, se pueden describir diagramas que expresen el patrón de comportamiento a estudiar. Para detectar estos escenarios, no se pueden realizar operaciones de compatibilidad como las estudiadas en los apartados anteriores. Estas propiedades suelen referirse a la interacción de varios componentes que cooperan y cuyos protocolos hay que sincronizar para poder comprobarlas. La sincronización de diferentes protocolos puede ser expresada y detectada utilizando la semántica operacional de las álgebras de procesos con la operación que representa la ejecución en paralelo de diferentes procesos. De esta manera se pueden usar los protocolos de interacción para buscar situaciones complejas, dentro de en un sistema, susceptibles de ser comprobadas.

4.3 Desarrollo de sistemas.

Los diagramas de secuencias permiten profundizar en el conocimiento de los requisitos, al tiempo que permiten describir el comportamiento de los participantes describiendo los mensajes entre ellos. Pero también los diagramas y los protocolos obtenidos se pueden usar para facilitar el desarrollo incremental de sistemas. Para conseguirlo hay que partir de una definición inicial abstracta del sistema e ir incrementando en el nivel de detalle hasta conseguir especificar los componentes requeridos. Este refinamiento progresivo permite llegar a la especificación de componentes deseados. Estos componentes pueden ser creados u obtenidos de repositorios existentes. En cualquier caso, hay que estudiar como realizar su integración en el sistema. Es decir, hay que realizar operaciones de compatibilidad entre el protocolo de interacciones del componente candidato y el protocolo del entorno donde se integrará. Esta operación se realiza de la misma manera que se ha comentado en el tercer apartado del punto 4.1. Una vez comprobado que no existen bloqueos entre ambos protocolos, se continúa con los demás componentes hasta comprobar la compatibilidad entre todos ellos.

5. Conclusiones y trabajos futuros

Aunque UML es un lenguaje de modelado orientado a objetos, la idea de ampliar su uso para modelar sistemas usando componentes no es ninguna novedad [SW99, CD00]. No obstante, los diagramas de secuencia de UML 1.x eran una herramienta limitada por la falta de fragmentos, corregiones y posibles referencias a otros diagramas. Con la aparición de UML 2.0, los nuevos diagramas de secuencia, basados en los Message Sequence Charts (MSC) propuestos por la International Telecommunication Union [ITUA, ITUB], han ganado en poder de expresividad. Existen propuestas [BK98] en los cuales los MSCs se usan para la descripción de interfaces de interacción, pero se centran en representar el paso de mensajes asíncrono, vía canales directos entre componentes. En este trabajo se plantea la utilización de una semántica síncrona para trabajar con protocolos, sin canales, más sencilla de tratar y más intuitiva que la asíncrona. El uso de una semántica asíncrona requiere la descripción de colas de mensajes asociadas a cada uno de los elementos que intervienen en el sistema, lo cual complica el razonamiento sobre las operaciones entre protocolos. Existen otros trabajos [IU01], que describen el comportamiento de los componentes mediante ecuaciones en CCS, y obtienen grafos de comportamientos a partir de estas, las cuales utilizan para estudiar que los sistemas descritos están libres de bloqueos. No obstante, no utiliza un lenguaje de modelado standard, y se centran sobre todo en la eficiencia de los algoritmos de detección de bloqueos más que en su uso como herramienta de construcción y mantenimiento de sistemas.

Existen otras aproximaciones que sintetizan información de los escenarios, cada una de ellas con diferentes objetivos, como [SDV95] que intenta obtener autómatas de tiempo, o especificaciones en ROOM [LMR98] aunque la mayoría intentan obtener el modelo de estados de los participantes, a partir de la descripción de las interacciones del sistema. Para ello se utilizan diferentes aproximaciones como [WS00] que utiliza variables globales y precondiciones y postcondiciones en los eventos para organizar los escenarios, [UKM03] que utiliza High Message Sequence Charts, [KEK99] que usa diagramas de colaboración y variables de estado [MS01] que aplica una serie de algoritmos que requieren la intervención del usuario. No obstante, estos trabajos modelan el comportamiento y a partir de ahí intentan obtener el modelo de estados. Este trabajo, a diferencia de los anteriores, modela las interacciones del sistema añadiendo en las líneas de vida, de los diagramas de secuencia de cada participante, información sobre el estado en que se encuentra en el momento de realizar la interacción.

Los diagramas de secuencia de UML permiten sintetizar la información de los diagramas en máquinas de estados o descripciones algebraicas. No obstante, la ventaja de la propuesta presentada es que los diagramas de secuencias describen gráficamente las interacciones de los componentes. Esto facilita tanto la descripción, como la comprensión intuitiva de las especificaciones. Los protocolos obtenidos son fácilmente adaptables a las necesidades del desarrollo, de manera que permiten agrupaciones o descomposiciones adecuadas para estudiar la compatibilidad entre las interacciones de los diferentes componentes. Además, de estudiar la compatibilidad en la integración de componentes, el trabajo plantea la idea de usar los protocolos para buscar propiedades dentro de un sistema, detectar escenarios prohibidos y comprobar la similaridad o bisimilaridad entre los comportamientos expresados por dos procesos.

En este artículo no se ha tratado el tratamiento de los fragmentos en los diagramas de secuencias. La inclusión de fragmentos añade nuevas funcionalidades que incrementan la capacidad de descripción, pero también dificultan la síntesis de las trazas obtenidas. Para facilitar esta tarea, existen algunas recomendaciones

- Reducir la utilización de parámetros en los fragmentos, ya que esto implica la utilización de variables dentro de los protocolos, lo que puede complicar las operaciones de compatibilidad posteriores.

- Evitar abusar de los fragmentos anidados, los cuales incrementan la capacidad de descripción a la vez que dificultan su comprensión intuitiva.

- En caso de usar fragmentos, hay que procurar que estos abarquen a todos los participantes del escenario que se está describiendo, sino se pueden producir problemas de interpretación en los protocolos sintetizados.

Entre los trabajos futuros, se pretende la inclusión de restricciones de tiempo dentro del modelo. Aunque existen en UML diagramas específicos para modelar el tiempo, los diagramas de secuencias también pueden ser usados para representarlo. La inclusión del concepto tiempo, implica la modificación de los grafos de interacción así como de las descripciones algebraicas utilizadas para describir las secuencias de eventos.

6. Referencias

[B78] G. V. Bochmann. "Finite State Description of Communication protocols". Proceedings of Computer Network Protocols Symposium. Bélgica Feb 1978.

[BHS91] F. Belina, D. Hogrefe, A. Sarma. "SDL with applications from protocols specification". Ed. Prentice Hall,1991. ISBN: 0-13-785890-6.

[BK98] M. Broy, I. Krüger. "Interaction Interfaces Towards a scientific foundation of a methodological usage of Message Sequence Charts". In J. Staples, M. G. Hinchey and Shaoying Liu, editors, Formal Engineering Methods (ICFEM'98), pages 2-15. IEEE Computer Society.

[BT82] G. Berthelot and R. Terrat . "Petri Nets Theory for the Correctness of Protocols". Proceedings of Protocol Specification, Testing and Verification II, pp 325-341, Los Angeles, North-Holland (1982).

[BZ83] D. Brand, P. Zafiropulo "On Communicating Finite-State Machines". Journal of ACM, vol 30, nº 2. pags. 323-342. Abril 1983.

[CD00] J. Cheesman, J. Daniels. "UML Components, A Simple Process for Specifying Component-Based Software". Addison-Wesley, Pearson Education October 2000. ISBN 0-201-70851-5.

[C01] C. Canal, E. Pimentel, J.M. Troya, A. Vallecillo. "Extending Corba Interface with Protocols". The Computer Journal, Vol. 44, Nº 5, pags. 448-462. 2001.

[CPT01] C. Canal, E. Pimentel, J.M. Troya,. "Compatibility and Inheritance in Software Architectures", Science of Computer Programming, 41(2):105–138, Octubre 2001.

[D82] M. Diaz, "Modelling and Analysis of Communication and Cooperation Protocols Using Petri Net Based Models". Proceedings of Protocol Specification, Testing and Verification II, pp 419–441, Los Angeles, North-Holland (1982).

[GAO95] D. Garlan, R. Allen, J. Ockerbloom. "Architectural Mismatch or Why it´s hard to build systems out existing parts". Proceeding 17th International Conference on Software Engineering. Abril de 1995.

[GB98] C. Gacek, B. Boehm. "Composing Components: How Does One Detect Potencial Architectural Mismatches?". Position paper to the OMG-Darpa-MCC Workshop on Compositional Software. January, 1998.

[IU01] P. Inverardi, S.Uchitel. "Proving Deadlock Freedom in Component-Based Programming" Proceedings FASE 2001, LNCS 2029 , Genova April 2001

[ITUA] ITU-TS. Recommendation Z.120:Message Sequence Chart (MSC). Geneva 1996.

[ITUB] ITU-TS. Recommendation Z.120 : Annex B. Geneva 1998.

[J00] J. Han (2000). "Temporal logic based specifications of component interaction protocols". In Vallecillo, A., Hernández, J., and Troya, J. M., editors, Proc. of the ECOOP'2000 Workshop on Object Interoperability (WOI'00), pages 43–52.

[MMM94]R. Mili, R. Mittermeir, A.Mili. "Storing and Retrieving Software Component: A Refinement Based Approach". Proceeding 1th Internacional Conference Software Engineering. 1994.

[MPW92] Milner, R., Parrow, J., y Walker, D. "A Calculus Processes", Journal of Information and Computation, 100:1–77, 1992.

[PB96] Y. Pai and P. Bai. "Retrieving software components by execution". Proceedings of the 1st Component User Conference, Munich 1996. Pag 39-48.

[PP93] A. Podgursky, L. Pierce. "Retrieving reusable software by sampling behaviour". ACM Transactions on Software Engineering and Methodology 2(3),286-303, 1993

[S96] P. Steyaert, C. Lucas, K. Mens, T. D´Hondt. "Reuse Contract: Managing the evolution of reusable assets." ACM Sigplan Notices, Vol. 31(10), pags 268-285. ACM Press 1996.

[SW99] D. Francis D´Souza, A. Cameron Wills. "Objects, Components and Frameworks with UML: The Catalyisis Approach". Objects Technology Series. Ed. Addison-Wesley, 1999. ISBN: 0-201-31012-0.

[T93] K. J. Turner. "Using formal description techniques: an introduction to Stelle, Lotos and SDL". Ed. John Wesley and Sons, 1993. ISBN: 0-471-93455-0.

[UML] Sitio web de UML. http://www.uml.org.

[YS97] D. M. Yellin, R. E. Strom. "Protocol Specification and Component Adaptors". ACM Transaction on Programming Languages and Systems, Vol. 19, Nº 2, Marzo 97, pag. 292-333.

[ZW95] A. M. Zaremski, J. M. Wing. "Signature Matching, a Tool for Using Software Libraries". 3rd ACM SIGSOFT Symposium on the Foundations of Software Engineering, pages 6-17. October 1995. Also CMU-CS-95-127.

[SDV95] Somé, S., Dssouli, R. and Vaucher, J., From Scenarios to Timed Automata: Building Specifications from User Requirements in Asia Pacific Software Engineering Conference (APSEC'95), (1995), 48-57.

[LMR98] Leue, S., Mehrmann, L. and Rezai, M., Synthesizing ROOM Models from Message Sequence Charts Specifications in 13th IEEE Conference on Automated Software Engineering (ASE'98), (Honolulu, 1998), IEEE CS, 192-195.

[WS00] J. Whittle and J. Schumann. Generating Statechart Designs From Scenarios. Proceedings of OOPSLA 2000 Workshop: Scenario based round-trip engineering, October 2000.

[UKM03] Uchitel, S., Kramer, J. and Magee, J. Synthesis of Behavioural Models from Scenarios. IEEE Transactions on Software Engineering, 29 (2). 99-115. 2003.

[KEK99] Khriss, I., Elkoutbi, M. and Keller, R., Automating the Synthesis of UML StateChart Diagrams from Multiple Collaboration Diagrams in UML'98: Beyond the Notation, (1999), Springer-Verlag, 132-147.

[MS01] Mäkinen, E. and Systä, T., MAS – An Interactive Synthesizer to Support Behavioral Modeling in UML, in 23rd IEEE International Conference on Software Engineering (ICSE '01), (Toronto, 2001), 15-24.

Un Modelo de Diseño de Seguridad para Almacenes de Datos e Implementación Semiautomática con OLS10g

Rodolfo Villarroel[1], Eduardo Fernández-Medina[2], Juan Trujillo[3], y Mario Piattini[2]

(1) Departamento de Computación e Informática. Universidad Católica del Maule (Chile)
rvillarr@spock.ucm.cl
(2) Departamento de Informática. Universidad de Castilla-La Mancha (España)
{Eduardo.FdezMedina, Mario.Piattini}@uclm.es
(3) Departamento de Lenguajes y Sistemas Informáticos. Universidad de Alicante (España)
jtrujillo@dlsi.ua.es

Resumen

En implementaciones de almacenes de datos en el mundo real, la información sensible que los usuarios finales pueden acceder se puede cumplir normalmente limitando las operaciones OLAP que determinados usuarios pueden aplicar sobre datos específicos. Sin embargo, estos aspectos de seguridad deberían ser considerados unidos a los datos en el respectivo modelo conceptual multidimensional. En este artículo, presentamos un enfoque para diseñar almacenes de datos seguros, el cual está alineado con los enfoques MDA y MDS, debido a que llevamos a cabo el modelado conceptual de almacenes de datos seguros independientemente de la plataforma en la cual el almacén de datos será implementado, y porque este enfoque considera modelos de diseño y modelos de seguridad, los cuales son combinados generando un nuevo tipo de modelo que es llamado modelo de diseño de seguridad. Finalmente, presentamos cómo el modelo conceptual puede ser implementado de manera semiautomática con Oracle10g Label Security.

Abstract

In real world data warehouses implementations, the sensitive information that the final users can access is normally accomplished by limiting the OLAP operations that certain final users can apply on specific data. However, we deeply believe that these security aspects should also be considered together with data in the corresponding conceptual multidimensional model. In this paper, we present an approach for designing secure data warehouses, which is aligned with the MDA and the MDS approaches, because we accomplish the conceptual modeling of secure data warehouses independently from the target platform where the data warehouse has to be implemented, and because this approach considers design models and security models, which are combined, leading to a new kind of models that is called security design model. Finally, we present how the conceptual model can be implemented in a semiautomatic way with Oracle10g Label Security.

1. Introducción

En los últimos años, varios enfoques han sido propuestos para representar las principales propiedades multidimensionales (MD) a nivel conceptual [GOL98, SAP98, TRU01, TRY99]. Sin embargo, ninguno de estos enfoques para el modelado conceptual considera la seguridad como un tema importante en sus modelos conceptuales, de manera que no resuelven el problema de seguridad en este tipo de sistemas. Además, en la literatura podemos encontrar muchas iniciativas para incluir la seguridad en los almacenes de datos [KAT98, KIR97, PRIE00, ROS00]. Muchas están enfocadas en aspectos interesantes relacionadas con control de acceso, seguridad multinivel, sus aplicaciones a bases de datos federadas, aplicaciones usando herramientas comerciales, etc. Sin embargo, ninguna considera los aspectos de seguridad en las etapas del ciclo de desarrollo de sistemas ni considera la introducción de la seguridad en el diseño conceptual de almacenes de datos.

En la mayoría de los proyectos reales de almacenes de datos, los aspectos de seguridad son temas que generalmente dependen de los administradores del SGBD. Sin embargo, el diseño de estos aspectos de seguridad deberían ser considerados junto al modelado conceptual desde las etapas tempranas de un proyecto de almacenes de datos, siendo capaces de incorporar la información de seguridad del usuario a las estructuras básicas de un modelo multidimensional (hechos, dimensiones, atributos, etc.). De esta manera, seremos capaces de generar esta información de una manera semiautomática en una plataforma determinada y el almacén de datos implementado cumplirá mejor los requisitos de seguridad del usuario.

En este artículo presentamos un enfoque para el diseño de almacenes de datos seguros de la siguiente manera: Definimos nuestro enfoque alineado con la Arquitectura Dirigida por Modelos (MDA) y Seguridad Dirigida por Modelos (MDS), proveemos un modelo de Control de Acceso y Auditoría (ACA) para el modelado conceptual. Luego, extendemos el Lenguaje de Modelado Unificado (UML) con este modelo ACA, representando la información de seguridad (reunida en el modelo ACA) en el modelado conceptual multidimensional, permitiéndonos obtener modelos multidimensionales seguros. Posteriormente, presentamos la transformación de un esquema multidimensional seguro en un esquema relacional y luego éste en código OLS (Oracle Label Security). Finalmente, proveemos los detalles de implementación de manera de mostrar cómo representar todas las propiedades de seguridad especificadas en nuestro enfoque de modelado conceptual en una plataforma comercial, como Oracle, permitiéndonos el cumplimiento de la información de seguridad considerada.

El resto de este artículo está estructurado de la siguiente manera: La sección 2 presenta nuestro enfoque alineado con MDA y MDS. La sección 3 presenta la transformación de un modelo conceptual multidimensional seguro en un esquema relacional (basado en el esquema estrella) y éste en código OLS. La sección 4 presenta un enfoque para implementar de manera semiautomática un modelo conceptual de almacenes de datos seguros, llevado a cabo con nuestra extensión de UML, en *OLS10g*. Finalmente, la sección 5 presenta las principales conclusiones e introduce nuestro trabajo futuro.

2. Un Enfoque Alineado con MDA y MDS

Model Driven Architecture (MDA) [OMG04] es un estándar de la OMG (Object Management Group) que dirige el ciclo de vida completo de diseño, despliegue, integración y gestión de aplicaciones. MDA separa la especificación de funcionalidad del sistema de la implementación de esa funcionalidad en una plataforma de tecnología específica. Así MDA fomenta la especificación de un Modelo Independiente de la Plataforma (Platform Independent Model, PIM). Luego, este PIM puede ser transformado en Modelos Específicos de Plataforma (Platform Specific Models, PSM) para ser ejecutados en una plataforma concreta transformando este PSM en el código correspondiente.

Nuestra propuesta consiste en alinear nuestro enfoque de modelado conceptual de almacenes de datos con el enfoque MDA. La Figura 1 muestra nuestra propuesta, consistente en un Modelo Independiente de Plataforma (PIM). Luego, el PIM resultante puede ser transformado en algún modelo lógico que representa la multidimensionalidad de los datos (por ejemplo, el esquema estrella), y finalmente este modelo lógico puede ser transformado dentro de un SGBD particular (por ejemplo, Oracle). Por otro lado, La Seguridad Dirigida por Modelos (Model Driven Security, MDS) es un nuevo enfoque [BAS03] para integrar la seguridad en el diseño de sistemas de información. Este enfoque considera modelos de diseño y modelos de seguridad, los cuales son combinados, llevando a un nuevo tipo de modelo que es llamado modelo de diseño de seguridad. Nuestro enfoque también ha sido alineado con MDS (ver Figura 1). Hemos considerado un PIM crudo (sin refinar), el cual es el modelo de diseño. Este modelo no contiene detalles de seguridad, y usa una extensión de UML para el modelado conceptual de almacenes de datos. Además, hemos definido nuestro modelo ACA, que es completamente independiente del modelo de diseño (y por supuesto es independiente de la plataforma destino, de modo que en algún sentido es otro PIM) y, en terminología MDS, es el modelo de seguridad. Esta independencia es altamente importante, debido a que podríamos usar este modelo de seguridad junto a otros modelos conceptuales de almacenes de datos. Al combinar el modelo de diseño con el modelo de seguridad se genera un PIM enriquecido. Este modelo de diseño de seguridad es un modelo conceptual de almacenes de datos que también contiene los detalles de seguridad que pueden ser especificados con nuestro modelo ACA. El modelo de diseño debe ser generalmente extendido para poder representar los detalles de seguridad. En este caso, hemos definido formalmente una extensión de UML para diseñar almacenes de datos seguros. Por lo tanto, este PIM enriquecido con toda la información de seguridad es el modelo que participará en la arquitectura MDA en las transformaciones próximas.

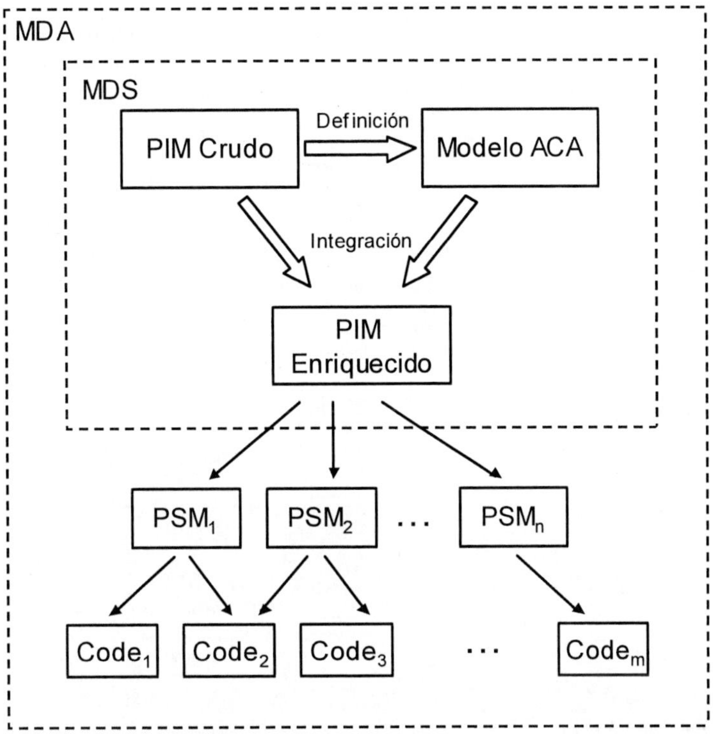

Figura 1. Enlazando la extensión de UML y el modelo ACA en un PIM

2.1. PIM Crudo

En esta sección nos basamos en un enfoque de modelado MD que utiliza UML (mediante un perfil formado por un conjunto de estereotipos de UML) para representar las propiedades estructurales de los modelos MD a nivel conceptual [TRU01, LUJ02]. Este enfoque ha sido especificado por medio de un *profile*[1] de UML que contiene los estereotipos necesarios para llevar a cabo satisfactoriamente el modelado MD a nivel conceptual. En este enfoque, las propiedades estructurales del modelado MD se representan mediante un diagrama de clases en el que la información se organiza en hechos (items de interés para una empresa) y dimensiones (contexto en el cual los hechos son analizados).

Los hechos y las dimensiones se representan mediante clases de hecho (estereotipo *Fact*) y clases de dimensión (estereotipo *Dimension*) respectivamente. La clases de hecho se definen como clases compuestas de una relación de agregación de n clases de dimensión (ver Figura 2). La cardinalidad mínima en el rol de las

[1] Un profile es un conjunto de mejoramientos que extienden un tipo de diagrama UML para un uso diferente. Estos mejoramientos son especificados por medio de mecanismos de extensibilidad provistos por UML (estereotipos, valores etiquetados y restricciones) para adaptarse a un nuevo método o modelo.

clases de dimensión es 1 para indicar que todo hecho ha de estar siempre relacionado con todas las dimensiones. Un hecho se compone de medidas o atributos de hecho (estereotipo *FactAttribute*). Por defecto, todas las medidas en una clase de hechos se consideran aditivas.

Con respecto a las dimensiones (estereotipo *Dimension*), cada nivel de una jerarquía de clasificación se representa mediante una clase base (estereotipo *Base*). Una asociación de clases base especifica una relación entre dos niveles de una jerarquía de clasificación. Cada clase base debe contener un atributo identificador (estereotipo OID) y un atributo descriptor (estereotipo D), además de los atributos adicionales propios que caracterizan a las instancias de dicha clase. Estos atributos son necesarios para un proceso de generación automática en herramientas comerciales OLAP, ya que estas herramientas almacenan esta información en sus metadatos.

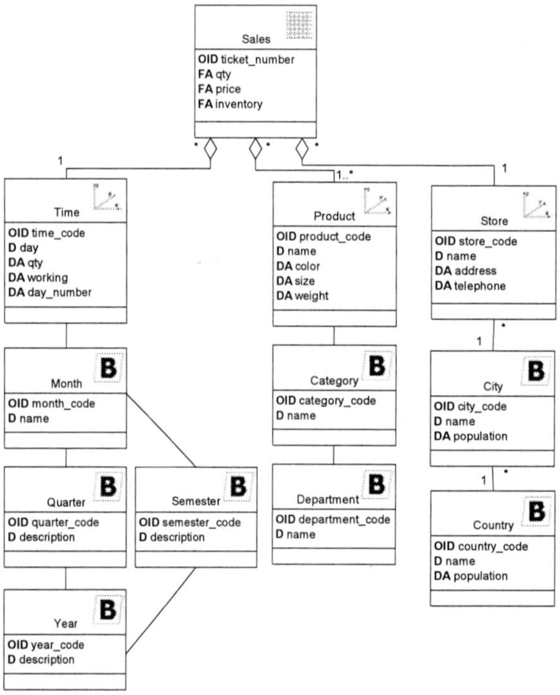

Figura 2. Modelado Multidimensional usando UML

2.2. Modelo de Control de Acceso y Auditoría (ACA)

El Control de Acceso no es una solución completa para la seguridad de un sistema [SAN97] debido a que debe ser acoplado con la auditoría, para el registro y análisis posterior de todos los requisitos y actividades de los usuarios. Por lo tanto, en nuestro enfoque, consideramos ambos conceptos para que sean integrados en el diseño del modelado conceptual multidimensional.

Aunque existen muchos modelos de autorización que permiten una especificación fácil y flexible de autorizaciones, éstos dependen de las propiedades particulares del modelo de datos considerado [JAJ01]. Como resultado, estos modelos de autorización no se pueden extender con facilidad a otros modelos de datos, tales como el modelo multidimensional.

Los modelos de control de acceso están típicamente compuestos de un conjunto de reglas de autorización que regulan el acceso a los objetos. Cada regla de autorización generalmente especifica el sujeto al cual se aplica la regla, el objeto al cual se refiere la autorización, la acción a la cual se refiere la regla, y el signo que describe si la regla otorga un permiso o deniega un acceso.

De manera de regular el acceso a los objetos en un modelo multidimensional, hemos considerado el modelo de Control de Acceso Obligatorio (*Mandatory Access Control, MAC*), y un conjunto de reglas de autorización, que representan excepciones a las reglas multinivel de manera general. Así, el modelo ACA estará compuesto de un conjunto de reglas de asignación de información de seguridad, donde el diseñador define la información de seguridad para todos los elementos del modelo multidimensional, un conjunto de reglas de autorización donde el diseñador puede especificar diferentes situaciones en la cual las reglas multinivel deberían ser cumplidas, y finalmente, un conjunto de reglas de auditoría, que representan los requisitos de auditoría que considera el diseñador.

En [VIL04] presentamos todos los detalles del modelo ACA. El modelo de control de acceso que ha sido considerado, sujetos de autorización, objetos de autorización, acciones, reglas de asignación de información de sensibilidad, reglas de autorización, reglas de auditoria, y resolución de conflictos.

2.3. PIM Enriquecido

A continuación, abordamos nuestra extensión de UML (*profile*) para aplicar nuestro modelo ACA al modelado conceptual multidimensional de almacenes de datos. Básicamente, hemos reutilizado el *profile* previo definido en [LUJ02], que nos permite diseñar almacenes de datos desde una perspectiva conceptual como es descrito en 2.1, y hemos agregado los elementos requeridos que necesitamos para especificar los aspectos de seguridad (Sujetos, Objetos, Acciones, Reglas de Asignación de Información Sensible, Reglas de Autorización, y Reglas de Auditoría) considerados en nuestro modelo ACA.

De acuerdo a Conallen [CON00], una extensión de UML comienza con una breve descripción y luego lista y describe todos los estereotipos, valores etiquetados, y restricciones de la extensión. Además de estos elementos, una extensión contiene un conjunto de reglas bien formadas. Estas reglas son usadas para determinar si un modelo es semánticamente consistente consigo mismo. De acuerdo a esto, en [FER04] hacemos una completa descripción del *profile* de UML para el modelado conceptual de almacenes de datos seguros siguiendo el esquema compuesto de estos elementos: descripción (una pequeña descripción de la extensión en lenguaje natural), extensiones prerrequisito (indica si la extensión necesita la existencia de extensiones previas), estereotipos/valores etiquetados (la definición de los estereotipos y/o valores etiquetados), reglas bien formadas (la semántica estática de las metaclases es definida en lenguaje natural y como un conjunto de invariantes definidas por medio de expresiones OCL), y comentarios (cualquier comentario adicional, decisión o ejemplo, generalmente escrito en lenguaje natural).

Nuestro PIM enriquecido (*profile*) reutiliza estereotipos previamente definidos en [LUJ02], y define un conjunto de estereotipos, valores etiquetados y restricciones, que nos permiten crear modelos multidimensionales seguros. Los valores etiquetados que hemos definido son aplicados a ciertos objetos que son especialmente particulares al modelado multidimensional, permitiéndonos representarlos en el mismo modelo y en los mismos diagramas que describen el resto del sistema. Estos valores etiquetados representarán la información sensible de los diferentes objetos del modelado multidimensional (clase de hecho, clase de dimensión, clase base, atributos, etc.) y nos permitirá especificar restricciones de seguridad dependiendo de su información de seguridad y del valor de los atributos del modelo. Un conjunto de restricciones inherentes son especificadas para definir reglas bien formadas. El uso correcto de nuestra extensión es asegurada por la definición de restricciones tanto en lenguaje natural como OCL.

Primero que todo, necesitamos la definición de algunos nuevos tipos de datos que serán usados en nuestra definiciones de valores etiquetados (ver Tabla 1). Toda la información que contendrán estos nuevos estereotipos tiene que ser definida por cada modelo MD dependiendo de sus propiedades de confidencialidad, y del número de usuarios y complejidad de la organización con la cual el modelo MD estará operativo.

Los principales valores etiquetados definidos en nuestro profile (a los cuales haremos referencia posteriormente en los aspectos de implementación) son los siguientes: *SecurityLevels*, *SecurityRoles*, *SecurityCompartments*, *LogType*, *LogCond*, *InvolvedClasses*, *ExceptSign*, *ExceptPrivilege*, y *ExceptCond*.

Tabla 1. Estereotipos de Nuevos Tipos de Datos

Nombre	Clase Base	Descripción
Level	Enumeration	El tipo Level será una enumeración compuesta de todos los niveles de seguridad que han sido considerados.
Levels	Primitive	El tipo *Levels* será un intervalo de niveles compuesto por un nivel inferior y un nivel superior.
Role	Primitive	El tipo Role representará la jerarquía de roles de usuario que pueden ser definidos para la organización.
Compartment	Enumeration	El tipo *Compartment* es la enumeración compuesta de todas las categorías de usuario que han sido consideradas para la organización.
Privilege	Enumeration	El tipo *Privilege* será una enumeración compuesta de todos los diferentes privilegios que han sido considerados.
Attempt	Enumeration	El tipo *Attempt* será una enumeración compuesta de todos los diferentes intentos de acceso que han sido considerados.

La Figura 3 muestra un ejemplo de un modelo conceptual sencillo que incluye una clase de hecho (Admisión) y dos dimensiones (Diagnóstico y Paciente). La clase de hecho Admisión -estereotipo *Fact*- contiene todas las admisiones individuales de pacientes en uno o más hospitales, y puede ser accedido por todos los usuarios que tienen niveles de seguridad secreto (S) o altoSecreto (TS) -valor etiquetado *SecurityLevels* (SL) de las clases-, y juegan roles de salud o administrativo –valor etiquetado *SecurityRoles* (SR) de las clases-. Note que el atributo coste puede ser sólo accedido por usuarios que juegan rol de administrativo –valor etiquetado SR de los atributos-. El nivel de seguridad de cada instancia de Admisión puede también depender del valor del atributo coste, que indica el precio del servicio de admisión (ver la nota de UML asociada a la clase Admisión). Normalmente, las restricciones de seguridad definidas para estereotipos de clases (*hecho*, *dimensión* y *base*) serán definidas usando una nota UML asociada a la instancia de clase correspondiente. En este ejemplo, la restricción es sólo aplicable para consultas que contienen información de la dimensión Paciente –valor etiquetado *involvedClasses*-.

Toda la representación gráfica de este modelado MD seguro, ha sido formalmente definida en nuestro modelo ACA. Como un ejemplo sencillo de uso de nuestro modelo ACA, podemos considerar las Reglas de Asignación de Información de Sensibilidad visualizadas para la clase Admisión en la Figura 3:

a) Por cada instancia de la clase de hecho Admisión, el nivel de seguridad será al menos Secreto, y los roles de seguridad serán Salud y Admin.

```
OBJECTS CL Admisión SECINF SL Secret SR (Salud, Admin)
```

b) Los roles de seguridad para el atributo coste de la clase de hecho Admisión será sólo Admin.

```
OBJECTS ATT Admisión.coste SECINF SR Admin
```

c) Por cada instancia de la clase de hecho Admisión, si su costo es mayor que $10000, entonces su nivel de seguridad será altoSecreto, en caso contrario será secreto.

```
OBJECTS CL Admisión INVCLASSES CL Paciente
        COND IF self.coste > 10000
                THEN SL topSecret
                ELSE SL Secret
            ENDIF
```

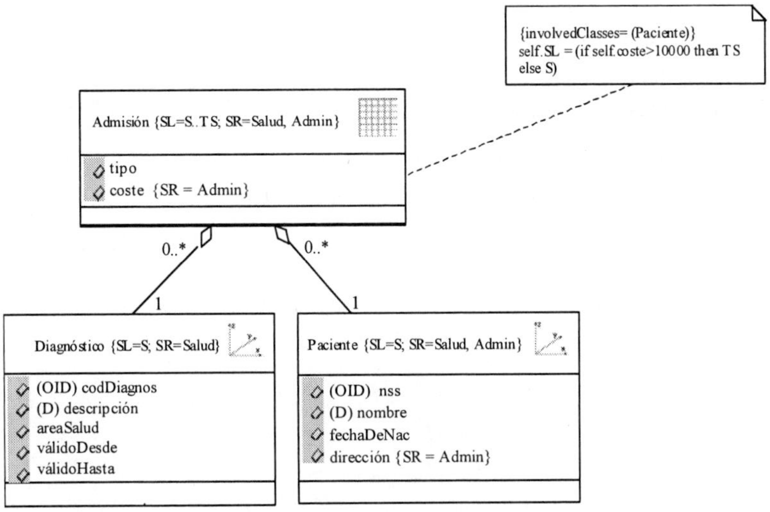

Figura 3. Ejemplo de modelado MD con información de seguridad

3. UnaTransformación del Modelo Conceptual MD Seguro

Una transformación de modelo es el proceso de convertir un modelo a otro. En France y Bieman [FRA01], las transformaciones de modelo son categorizadas por medio de dimensiones verticales (un modelo fuente es transformado en otro modelo con un nivel diferente de abstracción) y dimensiones horizontales (un modelo fuente es transformado en otro modelo que está en el mismo nivel de abstracción). MDA también provee diferentes tipos de mapeos para transformar un modelo a otro, tales como el tipo de mapeo de instancia, modelos de marcado o incluso las transformaciones de metamodelo [FRA03].

Hemos desarrollado un algoritmo que, a partir de los esquemas MD llevados a cabo usando nuestro perfil de UML y el modelo ACA unidos, genera por medio de una transformación vertical, un PSM relacional basado en el esquema estrella -para modelos lógicos MD la representación más común es la relacional [KIM02]-, y luego, es generado automáticamente el código en OLS. Sin embargo, nuestra arquitectura debería permitirnos transformar nuestro PIM enriquecido en cualquier otro modelo lógico, y cualquier PSM en el código de una plataforma concreta que sea capaz de implementar bases de datos o almacenes de datos seguros, tales como DB2 [COT04]. En la Figura. 4, mostramos un vista de alto nivel del proceso de transformación desde un modelo MD seguro a un modelo relacional usando el esquema estrella, y desde éste en código de las estructuras de la plataforma OLS de acuerdo a los elementos de modelado.

Se pueden seguir diversas estrategias para la generación de estructuras relacionales a partir de un modelo conceptual multidimensional. Por ejemplo, para la dimensión Product y las jerarquías de clasificación en la Figura 2, podemos almacenar cada nivel en una tabla diferente, teniendo los atributos por cada item del nivel e items adicionales para efectuar joins (ver Figura. 5 (a)). Otras opciones son mantener sólo una tabla para la dimensión completa (ver Figura 5 (b)), o seguir estrategias intermedias. El diseñador debe decidir qué niveles almacenar unidos en la misma tabla, basado en diversos criterios, tales como performance, redundancia, y almacenamiento en disco. Aplicamos las transformaciones al modelado conceptual generando el esquema relacional de almacenes de datos por medio de mantener sólo una tabla para cada dimensión (basado en el esquema estrella), y una tabla para la clase de *hechos Sales* (ver el ejemplo de la Figura. 2). La clase de hechos *Sales* contendrá la clave primaria de cada dimensión (time_code, product_code and store_code). Los atributos de cada tabla son los siguientes:

- **TIME** (time_code, day, qty, working, day_number, month_code, name, quarter_code, quarter_description, semester_code, semester_description, year_code, year_description)

- **PRODUCT** (product_code, name, color, size, weight, category_code, category_name, department_code, department_name)
- **STORE** (store_code, name, address, telephone, city_code, city_name, city_population, country_code, country_name, country_population).
- **SALES** (ticket number, qty, price, inventory, time_code, product_code, store_code).

Es importante mencionar que es necesario incorporar en cada tabla una columna especial que permitirá almacenar la etiqueta de seguridad para cada instancia.

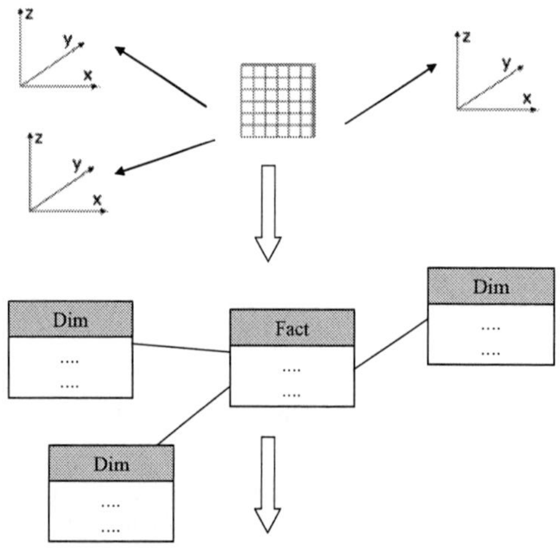


```
CREATE TABLE t (a NUMBER b VARCHAR2(10))
CREATE_POLICY ('MyPolicy','MyLabel', 'HIDE, READ_CONTROL')
CREATE_LEVEL ('MyPolicy', 20, 'H', 'High')
CREATE_GROUP ('MyPolicy', 1, 'E', 'Europe')
CREATE FUNCTION WhichBusiness (TypeBusiness: VarChar) Return LBACSYS.LBAC_LABEL
APPLY_TABLE_POLICY ('MyPolicy', 'EconomicOperations', 'Scheme', , 'WhichBusiness')
```

Figura. 4. Transformación de un esquema MD seguro en un esquema relacional y en código OLS

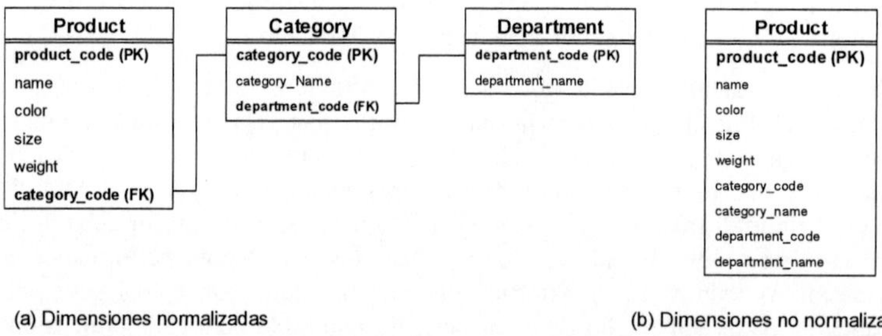

(a) Dimensiones normalizadas (b) Dimensiones no normalizadas

Figura 5. Estrategias para generar estructuras relacionales para la dimensión Product

En la siguiente sección, detallamos cómo un modelo MD que ha sido modelado por la extensión de UML que presentamos en este artículo puede ser implementado por *OLS10g*.

4. Implementando Almacenes de Datos Seguros con OLS10g

En esta sección, presentamos algunas ideas que nos permitan implementar almacenes de datos seguros de una manera semiautomática con OLS*10g*. Hemos escogido este modelo debido a que es parte de uno de los más importantes SGBD, que permite la implementación de bases de datos basadas en etiquetas. Sin embargo, la correspondencia entre el modelado conceptual de almacenes de datos y OLS*10g* no es perfecta, pero es el precio de traducir un modelo general (PIM en terminología MDA [KLE03]) en uno más específico (PSM). Por ejemplo, nuestro modelo general considera la seguridad a nivel de atributo y OLS*10g* sólo lo soporta a nivel de fila (una granularidad de acceso más gruesa).

De acuerdo a las particularidades de OLS*10g*, la transformación entre el modelo conceptual de almacenes de datos y este SGBD es el siguiente:

- Definición del esquema del almacén de datos. La estructura del almacén de datos, que está compuesta por clases de hecho, dimensión y base, incluyendo atributos de hecho, descriptores, atributos de dimensión, y asociaciones de agregación, generalización y completitud, debe ser traducido en un esquema relacional. Esta transformación es similar a la transformación común entre modelos conceptuales y lógicos.
- Adaptación de los nuevos tipos de datos de la extensión de UML. Todos los nuevos tipos de datos (*Level*, *Levels*, *Role*, *Compartment*, *Privilege*, and *Attempt*) son perfectamente soportados por OLS*10g*.
- Adaptación de todos los valores etiquetados que han sido definidos por el modelo. Las clases son ahora representadas como un conjunto de tablas de la base de datos. *SecurityLevels, SecurityRoles,* and *SecurityCompartments* deben ser definidos con las siguientes sentencias: CREATE_LEVEL, CREATE_GROUP, and CREATE_ COMPARTMENT.
- Adaptación de todos los valores etiquetados que han sido definidos para las clases.
  - *SecurityLevels, SecurityRoles,* y *SecurityCompartments* son agrupados en la etiqueta de seguridad, con funciones de etiquetado. Las funciones de etiquetado definen la información de la etiqueta de seguridad de acuerdo al valor de las columnas de la fila que es insertada o actualizada.
  - *LogType*, y *LogCond* son agrupadas con opciones de auditoría.
  - *InvolvedClasses, Except-Sign, ExceptPrivilege,* y *ExceptCond son agrupadas con predicados* SQL.
- Adaptación de todos los valores etiquetados que han sido definidos para los atributos. Es importante mencionar que en este caso, todos los valores etiquetados de seguridad (*SecurityLevels, SecurityRoles,* y *SecurityCompartments*) que han sido definidos por cada atributo en el modelo conceptual deben ser descartados debido a que OLS*10g* no soporta seguridad para atributos (sólo para filas). Esta es una limitación de OLS*10g*, de manera que si es importante tener también seguridad para atributos, otro SGBD debería ser elegido.
- La adaptación de restricciones de seguridad es definida con funciones de etiquetado y predicados SQL. La aplicación de funciones de etiquetado es muy útil para definir los atributos de seguridad de filas y para implementar restricciones de seguridad. Sin embargo, a veces las funciones de etiquetado no son suficientes, siendo necesario especificar condiciones más complejas. OLS10g provee la posibilidad de definir predicados SQL junto a las políticas de seguridad. Tanto las funciones de etiquetado como los predicados SQL serán especialmente importantes en la implementación de almacenes de datos seguros.

Para mostrar la forma de implementar las funciones de etiquetado, podemos considerar el ejemplo anterior de la Figura 3. Realizado el respectivo diseño lógico, la clase Admisión corresponderá a una tabla del mismo nombre. Esta tabla tendrá una columna especial que almacenará la etiqueta de seguridad para cada instancia. Para cada instancia, esta etiqueta contendrá la información de seguridad que ha sido especificada en el modelo conceptual de la Figura 3 ((Security *Level = Secret..TopSecret; SecurityRoles =Salud, Admin*). Pero, esta información de seguridad depende de varias restricciones de seguridad que pueden ser implementadas por funciones de etiquetado. La Figura 6 (a) muestra un ejemplo mediante el cual implementamos las restricciones de seguridad. Si el valor de la columna *coste* es mayor que 10000, entonces la etiqueta de seguridad estará compuesta del nivel de seguridad *topSecret* (TS) y roles de usuario *Salud* y *Admin*, en caso contrario el nivel de seguridad será *Secret* (S) y los mismos roles de usuario mencionados. La Figura 6 (b) muestra cómo enlazar esta función de etiquetado con la tabla Admisión.

```
a) CREATE FUNCTION Which_Cost (Coste: Integer) Return
                LBACSYS.LBAC_LABEL
   As MyLabel varchar2(80);
   Begin
      If Coste>10000 then
         MyLabel := 'TS::Salud,Admin';
      else MyLabel := 'S::Salud,Admin';
      end if;
         Return TO_LBAC_DATA_LABEL('MyPolicy', MyLabel);
   End;

(b) APPLY_TABLE_POLICY ('MyPolicy', 'Admisión', 'Scheme','Which_Cost')
```

Figura 6. Implementación de Funciones de Etiquetado

De acuerdo a estas reglas de transformación, las actividades para construir el almacén de datos seguro con OLS*10g* es el siguiente:

- Definición del esquema del almacén de datos.
- Definición de la política de seguridad y sus opciones por defecto. Cuando creamos una política de seguridad, tenemos que especificar el nombre de la política, el nombre de la columna que almacenará las etiquetas, y finalmente otras opciones de la política. La Figura 7 muestra la definición de la política de seguridad y la definición de los niveles de seguridad y roles usados en la Figura 3. En este caso, el nombre de la columna que almacena la información sensible en cada tabla, que está asociada con la política de seguridad, es *SecurityLabel.* La opción *HIDE* indica que la columna *SecurityLabel* estará oculta, de manera que los usuarios no podrán verla en las tablas. La opción *CHECK_CONTROL* fuerza al sistema para chequear que el usuario tiene acceso de lectura cuando introduce o modifica una fila. La opción *READ_CONTROL* causa el cumplimiento del algoritmo de control de acceso de lectura para las operaciones *SELECT, UPDATE* y *DELETE.* Finalmente, la opción *WRITE_CONTROL* origina el cumplimiento del algoritmo de control de acceso de escritura para operaciones *INSERT, DELETE* y *UPDATE.*
- Especificación de la información de seguridad válida en la política de seguridad.
- Creación de los usuarios autorizados y asignación de su información de autorización.
- Definición de la información de seguridad para tablas por medio de funciones de etiquetado.
- Implementación de restricciones de seguridad por medio de funciones de etiquetado.
- Implementación, si es necesario, de las operaciones y control de su seguridad.

```
CREATE POLICY('SecurityPolicy','SecurityLabel', 'HIDE, CHECK_CONTROL,
               READ_CONTROL, WRITE_CONTROL')

CREATE_LEVEL('SecurityPolice', 1000, 'U', 'Unclassify')
CREATE_LEVEL('SecurityPolice', 2000, 'C', 'Confidential')
CREATE_LEVEL('SecurityPolice', 3000, 'S', 'Secret')
CREATE_LEVEL('SecurityPolice', 4000, 'TS', 'Top Secret')
CREATE_GROUP('SecurityPolicy', 1, 'A', 'Admin')
CREATE _GROUP('SecurityPOlicy', 2, 'S', 'Salud')
```

Figura 7. Definición de políticas de seguridad, niveles de seguridad y roles de usuario

5. Conclusiones y Trabajo Futuro

En este artículo, hemos alineado nuestro enfoque para el modelado conceptual de almacenes de datos seguros con el enfoque MDA. De esta manera, como hemos mostrado, el modelado conceptual seguro del almacén de datos es dotado usando un *profile* de UML sin considerar aspectos de implementación en una plataforma concreta. Luego, el PIM resultante puede ser transformado en cualquier modelo lógico que representa la multidimensionalidad de los datos (por ejemplo, el esquema estrella), y finalmente este modelo lógico puede ser transformado en un SGBD particular (por ejemplo, Oracle). Hemos abordado también como implementar un modelo MD seguro diseñado con nuestro enfoque en un SGBD comercial. Sin embargo, nuestra implementación en *OLS10g* no ha sido totalmente automática, debido a las características del software utilizado, ya que nuestro modelo considera además la seguridad a nivel de atributo y *OLS10g* sólo lo soporta a nivel de fila.

Una ventaja relevante de este enfoque es que usa UML, un lenguaje de modelado orientado a objetos ampliamente aceptado, que ahorra a los desarrolladores el aprendizaje de un nuevo modelo y sus correspondientes notaciones para el modelado MD específico. Además, UML nos permite representar algunas propiedades MD que son difícilmente consideradas por otras propuestas de modelado conceptual MD.

Nuestro trabajo futuro inmediato es extender los temas de implementación presentados en este artículo que nos permita usar los aspectos de seguridad considerados cuando consultamos un modelo MD a partir de herramientas OLAP, lo cual incluye un estudio profundo de las diferentes combinaciones de dimensiones, medidas, jerarquías, etc. Además, planeamos extender el conjunto de privilegios considerados en este artículo para especificar aspectos de seguridad en los procesos cruciales ETL (*Extraction, Transformation and Loading*) de los almacenes de datos.

6. Agradecimientos

Esta investigación es parte de los proyectos MESSENGER (PCC-03-003-1), RETISTIC (TIC2002-12487-E), y METASIGN (TIN2004-0007779), soportados por la Dirección General de Investigación del Ministerio de Ciencia y Tecnología, y la red VII-J.RITOS2 financiada por CYTED.

7. Referencias

[BAS03] Basin, D., Doser, J., Lodderstedt, T. Model Driven Security: from UML Models to Access Control Infrastructures: ETH Zürich (2003).

[CON00] Conallen, J. Building Web Applications with UML. Object Technology Series. 2000: Addison-Wesley.

[COT04] Cota, S. For Certain Eyes Only. DB2 Magazine. 9(1) (2004) 40-45.

[FER04] Fernández-Medina, E., Trujillo, J., Villarroel, R., Piattini, M. Extending the UML for Designing Secure Data Warehouses. International Conference on Conceptual Modeling (ER 2004). Shanghai, China: Springer-Verlag LNCS 3288. (2004).

[FRA01] France, R., Bieman, J. Multi-View Software Evolution: A UML-based Framework for Evolving Object-Oriented Software. International Conference on Software Maintenance. Florence, Italy (2001).

[FRA03] Frankel, D.S. Model Driven Architecture. Applying MDA to Enterprise Computing. Indianapolis, Indiana: Wiley (2003).

[GOL98] Golfarelli, M., Maio, D., Rizzi, S. The Dimensional Fact Model: A Conceptual Model for Data Warehouses. International Journal of Cooperative Information Systems (IJCIS). 7.(2-3) (1998) 215-247.

[JAJ01] Jajodia, S., Samarati, P., Sapino, M.L., Subrahmanian, V.S. Flexible Support for Multiple Access Control Policies. ACM Transactions on Database Systems. 26 (2001) 214-260.

[KAT98] Katic, N., Quirchmayr, G., Schiefer, J., Stolba, M., Min Tjoa, A. A Prototype Model for Data Warehouse Security Based on Metadata. 9th International Workshop on Database and Expert Systems Applications (DEXA'98). Vienna, Austria.: IEEE Computer Society (1998).

[KIM02] Kimball, R., Ross, M. The data warehousing toolkit. 2 edn.John Wiley (2002).

[KIR97] Kirkgöze, R., Katic, N., Stolda, M., Min Tjoa, A. A Security Concept for OLAP. 8th International Workshop on Database and Expert System Applications (DEXA'97). Toulouse, France: IEEE Computer Society (1997).

[KLE03] Kleppe, A., Warmer, J., Bast, W. MDA Explained; The Model Driven Architecture: Practice and PromiseAddison-Wesley (2003).

[LUJ02] Luján-Mora, S., Trujillo, J., Song, I.Y. Extending the UML for Multidimensional Modeling. 5th International Conference on the Unified Modeling Language (UML 2002). Dresden, Germany: Springer-Verlag. LNCS 2460. (2002).

[OMG04] OMG: Object Management Group. Model Driven Architecture (MDA), http://ww.omg.mda/2004 (2004).

[PRIE00] Priebe, T., Pernul, G. Towards OLAP Security Design - Survey and Research Issues. 3rd ACM International Workshop on Data Warehousing and OLAP (DOLAP'00). Washington DC, USA (2000).

[ROS00] Rosenthal, A., Sciore, E. View Security as the Basic for Data Warehouse Security. 2nd International Workshop on Design and Management of Data Warehouse (DMDW'00). Sweden (2000).

[SAN97] Sandhu, R., Samarati, L. Authentication, Access Control, and Intrusion Detection, CRC Handbook of Computer Science and Engineering, Tucker, A., Editor, CRC Press Inc. (1997).

[SAP98] Sapia, C., Blaschka, M., Höfling, G., Dinter, B. Extending the E/R Model for the Multidimensional Paradigm. 1st International Workshop on Data Warehouse and Data Mining (DWDM'98). Singapore: Springer-Verlag (1998).

[TRU01] Trujillo, J., Palomar, M., Gómez, J., Song, I.Y. Designing Data Warehouses with OO Conceptual Models. IEEE Computer, special issue on Data Warehouses, (34) (2001) 66-75.

[TRY99] Tryfona, N., Busborg, F., Christiansen, J. starER: A Conceptual Model for Data Warehouse Design. ACM 2nd International Workshop on Data Warehousing and OLAP (DOLAP'99). Missouri, USA: ACM (1999).

[VIL04] Villarroel, R., Fernández-Medina, E., Trujillo, J., Piattini, M. Incorporando control de acceso y auditoría en el modelado multidimensional de almacenes de datos. IX Jornadas de Ingeniería del Software y Bases de Datos (JISBD 2004). Málaga, España (2004).

Representación de Requisitos de Seguridad en el Modelado de Procesos de Negocios

Alfonso Rodríguez[1], Eduardo Fernández-Medina[2], Mario Piattini[2]

[1] *Universidad del Bio Bio,*
Departamento de Auditoría e Informática,
La Castilla S/N, Chillán Chile.
alfonso@ubiobio.cl

[2] *Universidad Castilla-La Mancha,*
Departamento de Informática,
Paseo de la Universidad 4, Ciudad Real, España.
{Eduardo.FdezMedina, Mario.Piattini}@uclm.es

Resumen

Los Procesos de Negocios constituyen un recurso esencial para que las empresas puedan obtener ventajas respecto de sus competidores. La gestión de procesos de negocios es importante ya que permite que las organizaciones sean más flexibles para reaccionar oportunamente a los cambios del mercado. El modelado de procesos de negocios, por extensión, resulta relevante pues permite representar la esencia del negocio. Una notación para modelar negocios debe ser capaz de captar la mayoría de los requisitos del mismo. Sin embargo, hemos podido comprobar que los requisitos de seguridad han sido escasamente considerados en las notaciones más usadas actualmente. En este trabajo presentamos los aspectos de seguridad que no han sido contemplados en el modelado de procesos de negocios, una revisión de las principales notaciones utilizadas para modelar procesos de negocios y una propuesta para representar los requisitos de seguridad considerando el dominio de los expertos en el negocio.

1. Introducción

La necesidad de sobrevivir en entornos competitivos cada vez más complejos e inestables hace que las organizaciones de hoy tengan que ser más flexibles y basen su competitividad en los recursos propios para mantenerse en el mercado con un desempeño financiero superior [Hunt00]. En este contexto cobran especial relevancia los procesos de negocios, entendidos como un conjunto de procedimientos o actividades que realizan, colectivamente, los objetivos o políticas del negocio [WfMC]. La automatización e integración de los procesos de negocios es importante por que éstos constituyen el corazón de los sistemas de las empresas contemporáneas [zMR04]. Sin embargo, la tecnología de automatización de procesos ha sido empleada en diferentes épocas dando origen a distintas tendencias [AHW03] y a variados niveles de la arquitectura de sistemas de información que dan origen a la convivencia de múltiples instancias de Sistemas de Gestión de Procesos de Negocios, en que cada uno, puede proveer diferentes paradigmas para capturar, representar y ejecutar procesos [zMR04]. Esto, evidentemente, plantea un problema de estandarización que limita la implementación efectiva de los diseños de alto nivel.

El modelado de procesos de negocios ha tenido diversas expresiones en cuanto a la representación y la dimensión del negocio que se quiere mostrar [Giaglis01], considerándose hoy en día a UML (Unified Modeling Language) [OMG] y BPMN (Business Process Modeling Notation) [BPMI] entre los principales estándares para el modelado de procesos de negocios [MEGA].

En lo que se refiere a seguridad, la percepción de ésta en las organizaciones ha evolucionado desde ser considerada un coste más y no como una inversión, hasta hoy, en que una empresa que tiene un conocimiento superior de la seguridad de su información, tiene una ventaja muy difícil de alcanzar por sus competidores [AKV04]. A pesar de ello, la noción de seguridad "es a menudo descuidada en los modelos de procesos de negocios, que usualmente se concentran en el modelado del proceso propiamente dicho" [BPW03], lo cual se debe principalmente a que el experto en el dominio del proceso de negocios no es un especialista en seguridad [HP98].

Está claro que muchos aspectos de seguridad pueden ser modelados desde la visión del usuario o el analista de negocios ya que "estudios empíricos muestran que es común que los usuarios finales sean capaces de expresar sus necesidades de seguridad en ese nivel" [MMRV03], por lo que durante la fase de modelado los propietarios de los procesos deberían ser enfrentados a los requisitos de seguridad y sus consecuencias [PRW04]. Sin embargo, "las características de seguridad son típicamente integradas en una aplicación en forma ad-hoc, a menudo durante la implementación real del proceso" [BPW03]. Si a ello agregamos que la identificación temprana de requisitos permite ahorrar costes de desarrollo y mantenimiento, resulta imprescindible contar con una notación en la que sea posible representar requisitos, en este caso específico, relacionados con la seguridad.

Finalmente, si consideramos que la especificación de requisitos es un proceso de facilitación efectiva de la comunicación que se requiere entre los diferentes interesados [NE00] y que puede expresarse en un documento escrito, un modelo gráfico, un modelo matemático formal, una colección de escenarios de uso, un prototipo o una combinación de lo anteriormente citado [Press02], podemos centrar el problema que queremos resolver en, por una parte, establecer *qué* requisitos de seguridad pueden ser expresados en el nivel de especificaciones relacionadas con el dominio del negocio y por otro lado, determinar *cuál* es la manera en que pueden ser representados utilizando una notación adecuada.

El resto del artículo está organizado de la siguiente manera: en la sección 2, presentamos una breve reseña de los procesos de negocios y los problemas de seguridad que presentan. En la sección 3, mostraremos las notaciones utilizadas en el modelado de procesos de negocios. En la sección 4 proponemos una extensión de una notación existente para poder integrar aspectos de seguridad en el modelado considerando la óptica de los analistas de negocios y finalmente, en la sección 5, presentamos dos ejemplos en donde se puede ver el uso de la extensión propuesta.

2. Procesos de negocios y los problemas de seguridad

Los procesos de negocios son actividades o procedimientos que en conjunto cumplen un objetivo específico del negocio o metas de más largo alcance, en el contexto de una estructura organizacional definiendo roles funcionales y relaciones [WfMC]. Estos roles son ejecutados por actores cuyo propósito es alcanzar un conjunto de objetivos predefinidos. Los actores están organizados de manera que sus actividades obedezcan a una representación de los roles en forma coordinada para alcanzar objetivos. En la actualidad los procesos de negocios están siendo estudiados bajo la perspectiva de BPM (Business Process Management). BPM se define como "el soporte de procesos de negocios usando métodos, técnicas y software para diseñar, representar, controlar y analizar los procesos operacionales que involucran organizaciones, aplicaciones, documentos y otras fuentes de información" [AHW03].

Desde el punto de vista tecnológico las relaciones entre actores, eventos, reglas y demás elementos que forman parte de BPM están soportados por una configuración hardware/software que se conoce como Sistemas de Gestión de Procesos de Negocios, BPMS (Business Process Management System) [VdeP01; AHW03]. Entre los elementos que componen un BPMS figura un administrador de seguridad considerado como esencial ya que es el centro de la competitividad de cada empresa [VdeP01].

A pesar de la importancia que reviste la seguridad para los procesos de negocios, los trabajos sobre seguridad que están en el contexto de BPM son relativamente escasos.

Considerando la fuerte relación que existe entre el Workflow (Wf) y BPM [AHW03; Reij04] es necesario mencionar que los principales trabajos relacionados con seguridad en este contexto [AH96; Atlu01; BE01; WSML02] y los que se relacionan con Sistemas de Gestión de Workflow, WfMS (Workflow Management System) [KFSKM99; HK03], se concentran en el control de acceso, entendido éste como identificación, autenticación y autorización [Fires04], mediante la utilización del acceso basado en roles, RBAC [SS96; BRA97; BE01; CBBF04].

Si bien esto es importante, pensamos que la seguridad en BPM debe considerar aspectos que tengan mayor relación con el negocio ya que un "enfoque al proceso también deberá considerar la información de seguridad en la gestión del proceso de negocios" [AKV04]. En el mismo sentido, los requisitos de seguridad deben ser vistos desde cinco perspectivas diferentes; (i) *estática*: sobre la seguridad de la información procesada, (ii) *funcional*: sobre los procesos del sistema, (iii) *dinámica*: sobre los requisitos de seguridad desde el ciclo de vida de los objetos involucrados en el proceso de negocio, (iv) *organizacional*: usada para relacionar las responsabilidades de los actos con los procesos de negocios y finalmente (v) una perspectiva de *procesos de negocios* que entrega una visión integrada de todas las perspectivas con un alto grado de abstracción [HP98].

Por otra parte, si bien los requisitos funcionales de seguridad tienden a variar entre aplicaciones de diverso tipo, no se puede decir lo mismo de los requisitos de seguridad, ya que cualquier aplicación en un alto nivel de abstracción tendrá la misma clase de valoración y potencial vulnerabilidad de sus activos [Fires04]. De allí que los requisitos de seguridad que nos interesa representar sean del mismo tipo para todas las organizaciones ya que en este nivel no se está pensando en la implementación. De entre todos los requisitos de seguridad considerados en la taxonomía que muestra la Figura 1, estimamos que el control de acceso, la auditoría de seguridad y la privacidad pueden ser expresados considerando una perspectiva de procesos de negocios y no involucran detalles que, en este nivel, pueden desviar la atención respecto del problema que originalmente se está resolviendo. Creemos que estos requisitos de seguridad, al ser expresados en forma clara, evitarán implementaciones incompletas que están más orientadas al aspecto técnico que al del negocio.

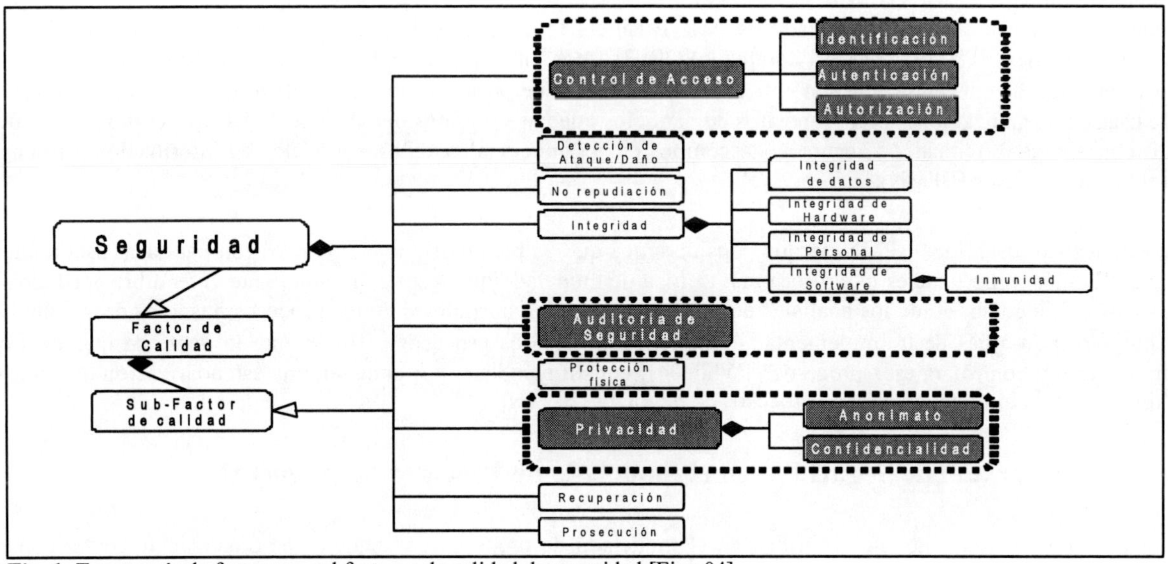

Fig. 1: Taxonomía de factores y subfactores de calidad de seguridad [Fires04]

3. Notaciones para el modelado de Procesos de Negocios

En el modelado de proceso de negocios el objetivo principal es producir una descripción de la realidad, por ejemplo la forma en que se lleva a cabo una transacción comercial, que permita entenderla y eventualmente modificarla con el propósito de incorporar mejoras. En consecuencia, es importante contar con una notación que permita modelar con la mayor claridad posible la esencia del negocio. Esta notación debe permitir incorporar diversas perspectivas, lo que puede dar origen a diversos diagramas, en que queden reflejadas reglas, metas, objetivos del negocio y tanto relaciones como interacciones [CTSG01]. Una buena parte del éxito del modelado tiene que ver con la capacidad de expresar las diversas necesidades del negocio y disponer de una notación en que puedan ser descritas de manera formal. De ahí que la elección de un enfoque y/o una notación de modelado deba hacerse considerando las propiedades del objeto a modelar, es decir, del proceso de negocios, las características del entorno y las razones subyacentes para el uso [Bider03]. Entre las técnicas que se han usado para el modelado de negocios se encuentran: diagramas de flujo, la familia de técnicas denominadas IDEF (Integration DEfinition for Function modeling), redes de Petri, simulación, técnicas basadas en el conocimiento (inteligencia artificial) y diagramas de actividad de roles (Rol Activity Diagrams) [Giaglis01]. En la actualidad, y de acuerdo con el estado de la industria del modelado de procesos de negocios [MEGA], es posible identificar al lenguaje de modelado UML y la notación BPMN entre los principales estándares, por lo que concentraremos nuestro análisis en ambas.

El uso de UML se encuentra bastante difundido en relación al modelado de procesos de negocios [Sparks00; CTSG01; VML03; Jürj04], ya que es un lenguaje consolidado, fácil de aprender y que permite una comunicación fluida entre los diversos actores acerca del modelo. Sin embargo, UML presenta tres problemas que pueden menoscabar el modelado de procesos de negocios [Ghali02]; ya que, (i) como UML no ha sido diseñado para modelar procesos de negocios puede suceder que algunos aspectos del modelado no sean tratados adecuadamente o sean vistos con una orientación distinta de la que necesita un experto en el dominio del negocio, por otra parte, (ii) predispone un enfoque orientado a objetos en la concepción de los procesos, que por lo demás debieron estar definidos con antelación, lo que se contradice con un enfoque orientado al negocio y por último (iii) UML suele estar más orientado a los arquitectos de sistemas y diseñadores de software, ya que UML ha sido desarrollado para facilitar la creación de software pensando en un público eminentemente técnico.

Por su parte, BPMN es una propuesta nueva cuya notación considera un único diagrama para la representación de los procesos BPD (Business Process Diagram), el cual fue diseñado pensando en facilitar su uso y entendimiento y para ofrecer una fuerza expresiva que permita modelar complejos negocios, asignándolos con naturalidad a lenguajes de ejecución como BPEL4WS (Business Process Execution Language For Web Services). Para ello se complementa la notación con un lenguaje de modelado (BPML, Business Process Modeling Language) y un lenguaje de consulta (BPQL, Business Process Query Language)[OR03]. Por otra parte, BPMN está limitado para soportar la representación de conceptos que son aplicables al modelado de procesos, lo que implica que otro tipo de modelado que usan las organizaciones con propósitos de negocios quedan excluidos del alcance de BPMN, como por ejemplo, estructuras organizacionales y recursos, descomposiciones funcionales, datos y modelos de información, estrategias y reglas de negocios [BPMN].

En este trabajo usaremos BPMN porque consideramos que, si bien existe más de una razón para usar esta notación [OR03] la más importante es que ofrece una técnica de modelado que resulta "rápidamente entendible por todos los usuarios del negocio, desde los analistas de negocios que crean borradores de los procesos hasta los desarrolladores técnicos responsables de la implementación tecnológica de esos procesos y finalmente la gente de negocios que administrará y controlará esos procesos" [White04], constituyéndose, por ende, en una estandarización que conecta el diseño con la implementación de procesos de negocios [BPMN].

4. Integración de Seguridad en el modelado de Procesos de Negocios

Para capturar los requisitos de seguridad en el modelado de procesos de negocios es conveniente contar con una notación, que deberá ser soportada por un conjunto de conceptos gráficos, que permitan representar una semántica de seguridad [HP98]. Como ya hemos indicado, BPMN ofrece una orientación hacia el dominio de los analistas de negocios, por lo que representa una oportunidad para captar requisitos de seguridad en un nivel de abstracción que a nuestro juicio ha sido escasamente considerado. BPMN no considera explícitamente mecanismos para representar estos requisitos, sin embargo, de entre el conjunto de símbolos utilizados para la construcción del diagrama de procesos de negocios (BPD) [BPMN], los *artefactos* pueden servir para expresar dichos requisitos. Los *artefactos* fueron diseñados para extender la notación básica del modelado agregándoles la posibilidad de representar situaciones específicas [White04]. Están compuestos por *objetos de datos* que permiten mostrar los datos que son requeridos o producidos por las actividades, *agrupaciones* con las que es posible poner varias actividades en forma conjunta para facilitar el análisis o mejorar la documentación y *anotaciones* que permiten proveer información adicional para la lectura del diagrama de BPMN. Si bien, los artefactos pueden llegar a ser utilizados para expresar requisitos de seguridad, consideramos que una identificación explícita de ellos facilita el modelado y contribuye a una mejor interpretación por parte de los especialistas en seguridad.

Los requisitos de seguridad que serán considerados en el modelado de procesos de negocios son aquellos que resultan asimilables de manera más sencilla por parte de los analistas del negocio y que, a su vez, tienen un significado claro para los expertos en seguridad. Por ello hemos considerado (i) *control de acceso*, que se entenderá como el grado en que el sistema limita el acceso a sus recursos sólo a los externos autorizados, (ii) *auditoría de seguridad*, que corresponde al grado en que el personal de seguridad recogerá, analizará e informará acerca del estado y uso de mecanismos de seguridad y (iii) *privacidad*, que es el grado en que las partes no autorizadas están impedidas de obtener información sensible [Fires04].

El mecanismo de extensión previsto por BPMN permite agregar marcas o indicaciones a los elementos gráficos ya definidos, agregar un objeto o cambiar las líneas en el diseño, considerando además no entrar en conflicto con la actual definición gráfica [BPMN]. En nuestra propuesta, ver Figura 2, hemos asociado un símbolo para representar cada requisito de seguridad de manera relativamente estándar.

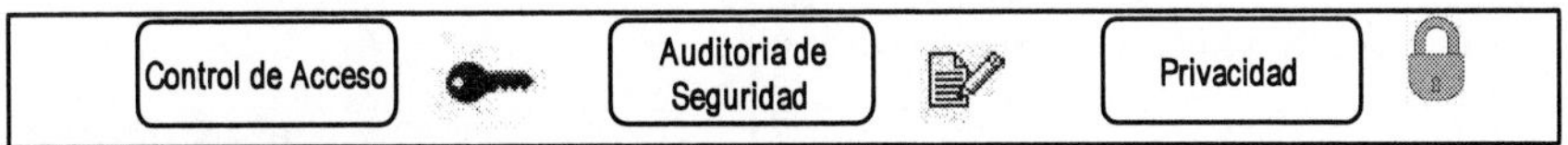

Fig. 2: Notación asociada a requisitos de seguridad

En la Tabla 1 se muestran los elementos del BPD que se podrán relacionar con los requisitos de seguridad.

Elemento		**Notación**
Actividad: Es el término genérico que se usa para identificar el trabajo de que realiza una empresa. Esta categoría incluye procesos, subprocesos y tareas.		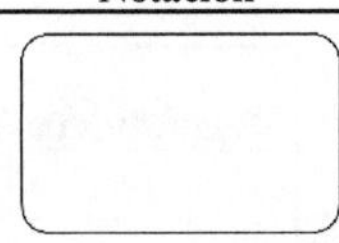
Participante: Representa un conjunto de características que distinguen a los distintos tipos de actores o roles en un proceso de negocios		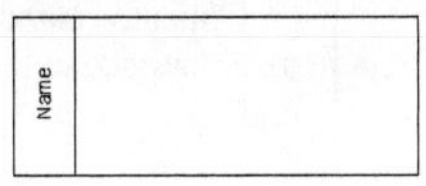
División: Corresponden a subdivisiones de un participante y se extienden a lo largo de ellos en forma horizontal o vertical. Las divisiones son utilizadas para organizar y categorizar las actividades.		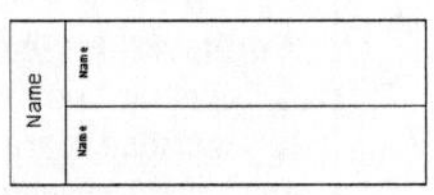
Flujo de Mensajes: Es usado para mostrar el flujo de mensajes entre dos participantes que están preparados para enviar o recibir mensajes		
Artefactos son usados para entregar información adicional acerca del proceso.	**Objeto de datos:** No tiene incidencia en la secuencia o flujo de un proceso de negocios. Provee información adicional acerca de las actividades a ser realizadas y/o que es lo que producen.	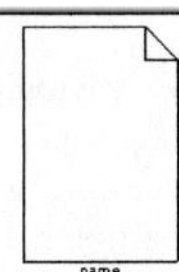
	Agrupación: No tiene incidencia sobre el flujo de un proceso de negocios. Permite agrupar objetos con el propósito de documentar.	

Tabla 1: Elementos de BPD

Entre las tablas 2 y 7 se muestra la notación propuesta para los requisitos de seguridad asociados a cada elemento de BPD y su correspondiente interpretación.

Actividad	
Requisitos de Seguridad	**Notación propuesta**
Control de acceso: Establece la necesidad de controlar el acceso a la ejecución de la actividad.	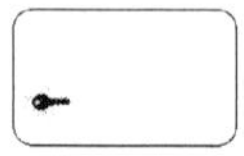
Auditoría de Seguridad: Indica que es necesario mantener un registro de los eventos relacionados con seguridad para una posterior auditoría. Es aplicable sólo si hay otro requisito de seguridad especificado.	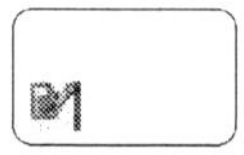
Privacidad: Este requisito en relación a una actividad necesita de una especificación más detallada que lo que puede ser expresado en este nivel.	x

Tabla 2: Requisitos de seguridad en la notación de Actividad.

Participante	
Requisitos de Seguridad	**Notación Propuesta**
Control de Acceso: Es necesario validar al participante autorizado para llevar a cabo las distintas secuencias y actividades posibles de realizar.	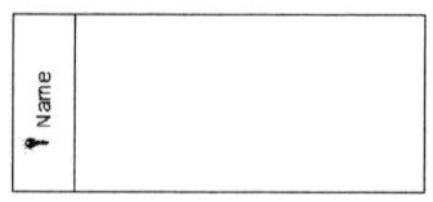
Auditoría de Seguridad: Establece la necesidad de registrar la actividad de los roles en relación a la seguridad, para auditar el estado y uso de los mecanismos seguridad. Sólo tendrá sentido si hay otros requisitos de seguridad definidos para el participante.	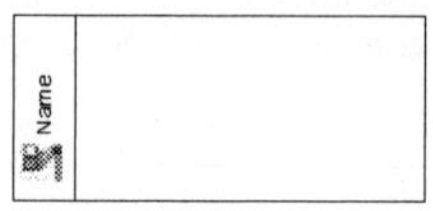
Privacidad: Establece la necesidad de impedir la obtención de información sensible por partes no autorizadas en relación a la definición del participante.	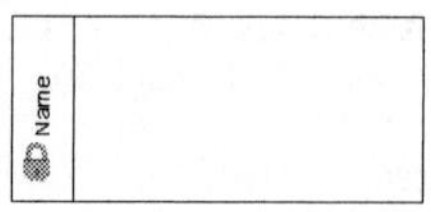

Tabla 3: Requisitos de seguridad en la notación de Participante.

División	
Requisitos de Seguridad	**Notación Propuesta**
Control de Acceso: Establece la necesidad de validar los roles de la división que participan de la secuencia en el proceso de negocios.	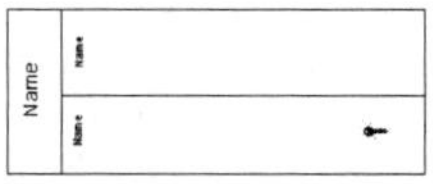
Auditoría de Seguridad: Establece la necesidad de registrar la actividad en relación a la seguridad para auditar el estado y uso de los mecanismos definidos. Tiene sentido cuando se ha especificado otros requisitos de seguridad.	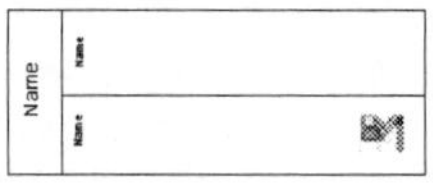
Privacidad: Establece la necesidad de impedir la obtención de información sensible por partes no autorizadas en relación a la división.	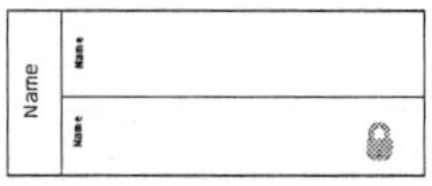

Tabla 4: Requisitos de seguridad en la notación de División.

Flujo de Mensajes	
Requisitos de Seguridad	**Notación propuesta**
Control de Acceso: Dado que habitualmente se usa para comunicar entidades o roles en un negocio es necesario restringir el acceso a la información que es transferida.	
Auditoría de Seguridad: No se especifica porque no hay actividades asociadas al flujo..	x
Privacidad: Establece anonimato y confidencialidad sobre el contenido, origen y/o destino y partes involucradas.	

Tabla 5: Requisitos de Seguridad en la notación de Flujo de Mensajes.

Objeto de Dato	
Requisitos de Seguridad	**Notación propuesta**
Control de Acceso: Incorpora información adicional acerca de las restricciones de acceso sobre algún elemento del proceso de negocios.	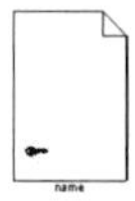
Auditoría de Seguridad: Incorpora información adicional acerca de los registros necesarios para llevar a cabo auditoría de seguridad.	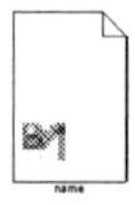
Privacidad: Incorpora información acerca del grado de privacidad que se quiere establecer.	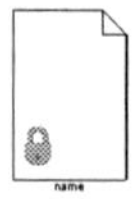

Tabla 6: Requisitos de seguridad en la notación de objeto de datos.

Agrupación	
Requisitos de Seguridad	**Notación propuesta**
Control de Acceso: Incorpora requisitos de control de acceso sobre el conjunto de objetos definidos en la agrupación. Debe ser usado con el artefacto *anotaciones.*	
Auditoría de Seguridad: Establece la necesidad de hacer registro sobre la seguridad indicada para la agrupación. Debe ser usado con el artefacto *anotaciones.*	
Privacidad: Establece requisitos de privacidad sobre todos los objetos de la agrupación. Debe ser usado con el artefacto *anotaciones.*	

Tabla 7: Requisitos de seguridad en la notación de Agrupación.

5. Ejemplo de especificación de procesos de negocios usando BPMN que incorpora requisitos de seguridad

La Figura 3 representa un proceso de compra, venta y distribución de productos [BPMN] en que sólo se han incorporado los requisitos de seguridad. Este proceso de negocio ha sido especificado por un analista de negocios y se han incorporado los requisitos de seguridad.

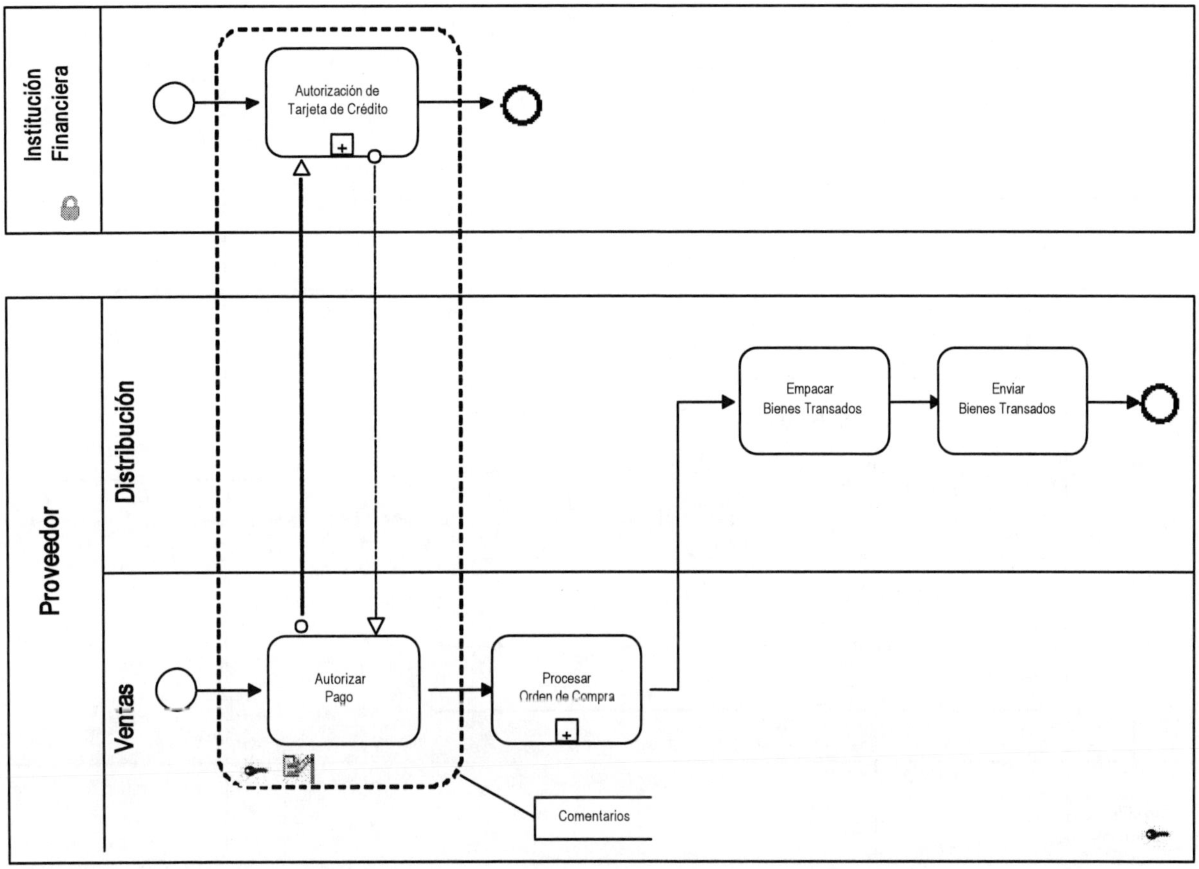

Fig. 3: Proceso de negocios con requisitos de seguridad.

El analista del negocio ha planteado, la necesidad de incorporar privacidad en todas las actividades que tengan relación con el participante "Institución Financiera". Además se ha establecido una agrupación para las actividades "Autorización de Tarjeta de Crédito" y "Autorización de Pago" sobre las cuales se establece control de acceso y auditoría de seguridad y finalmente, se establece control de acceso a todas las actividades que realiza la división "Ventas". El nivel de detalle especificado corresponde a una vista más alta de la transacción, ya que como puede observarse hay procesos que deben expandirse en subprocesos.

En la Figura 4 se muestra un proceso de negocios relacionado con la aceptación, revisión y preparación para publicación de resúmenes de memorias de títulos en el Departamento de Auditoría e Informática (DAI) de la Facultad de Ciencias Empresariales de la Universidad del Bio Bio. Con dichos trabajos se edita anualmente una revista que contiene los mejores resúmenes. Este proceso de negocios describe la propuesta que permite hacer el proceso en forma electrónica. Los requisitos de seguridad incorporados en el BPD con la notación propuesta permiten expresar al analista de negocios la necesidad de control de acceso para todos los flujos de mensajes que se producen entre los participantes *Editor y Revisor* así como también sobre la actividad *"Preparar Resumen para Revisión"*. Se ha especificado además auditoría de seguridad sobre las actividades que involucran al participante *Editor* y privacidad para el participante *Revisor.*

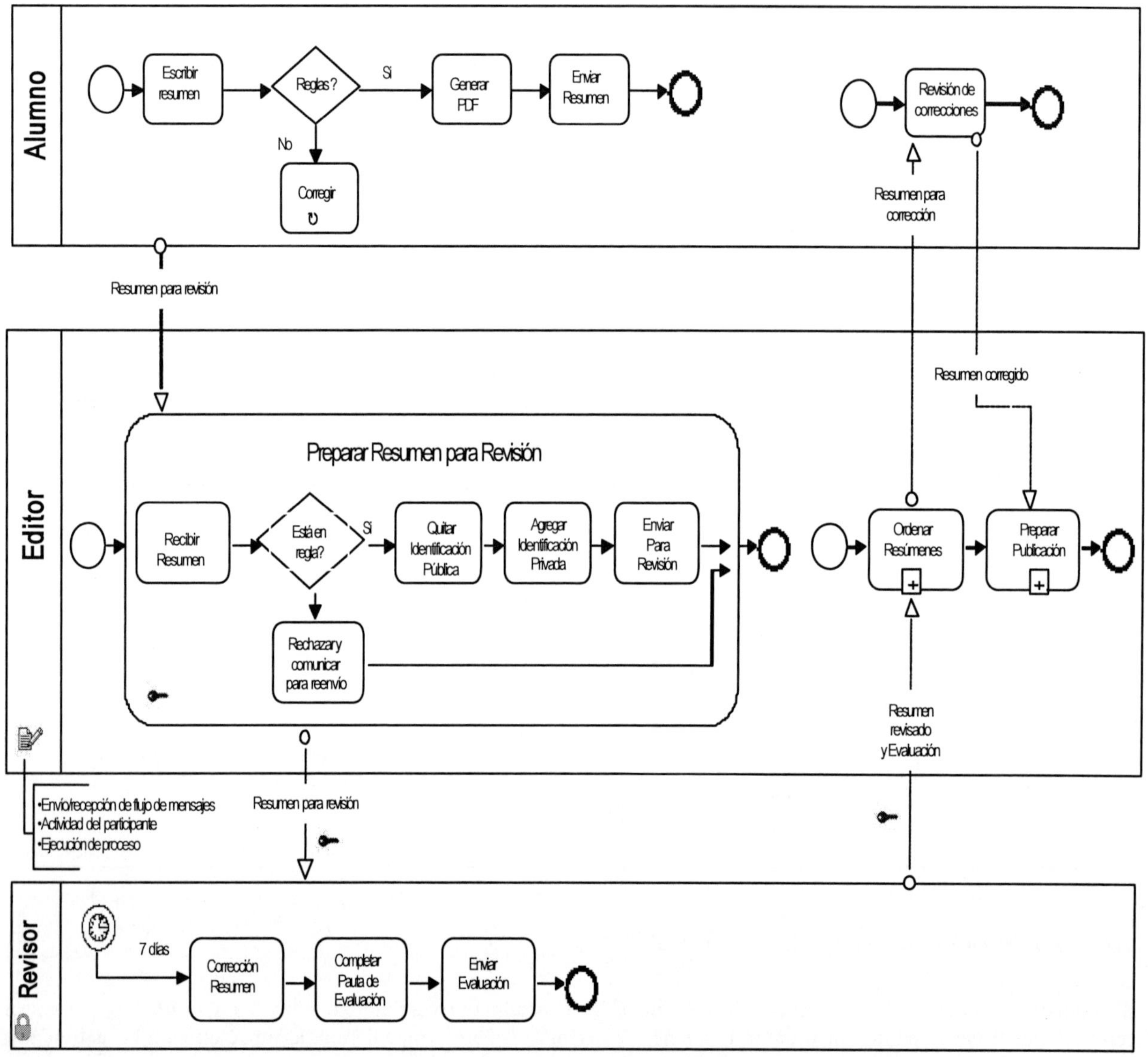

Fig. 4 : Proceso de negocios para la preparación de edición de revista del DAI

Si bien los requisitos de seguridad deben tener una expresión concreta en la implementación del procesos de negocios, consideramos que esta es una primera etapa que debía ser definida. A partir de aquí se podrá establecer la correlación de la especificación en este nivel con la implementación.

6. Conclusiones

Los procesos de negocios son estudiados hoy día bajo el marco de BPM. El modelado de procesos de negocios adquiere mayor importancia debido al impacto que puede llegar a tener en la competitividad de la empresa. Ya que la seguridad es uno de los aspectos que ha sido considerado más cercano a la implementación que al negocio mismo, nuestro trabajo pone mayor énfasis en la especificación de requisitos de seguridad del negocio en los altos niveles de abstracción, porque creemos que el problema no sólo debe centrarse en una buena solución basada en tecnologías de información. Consideramos que la implementación de los procesos de negocios mejorará si los requisitos de seguridad son capturados tempranamente. Ninguna de las dos notaciones más usadas en procesos de negocios (UML y BPMN) considera la expresión de requisitos de seguridad en el dominio del analista del negocio, por lo que hemos propuesto una extensión a BPMN que permite hacerlo. Los trabajos futuros deberán profundizar sobre aspectos relacionados con la interpretación e implementación de los requisitos de seguridad por parte de los expertos.

7. Agradecimientos

Esta investigación es parte de los proyectos MESSENGER (PCC-03-003-1) financiado por la "Consejería de Ciencia y Tecnología de la Junta de Comunidades de Castilla-La Mancha" (España), CALIPO (TIC2003-07804-C05-03) y RETISTIC (TIC2002-12487-E) concedidos por la "Dirección General de Investigación del Ministerio de Ciencia y Tecnología" (España).

8. Referencias

[AKV04] Anttila, J., J. Kajava y R. Varonen; *Balanced Integration of Information Security into Business Management*, Proceedings of the 30th EUROMICRO Conference. (2004). pp: 558-564.

[Atlu01] Atluri, V.; *Security for Workflow Systems*, Information Security Technical Report, Vol. 6 (2). (2001). pp: 59-68.

[AH96] Atluri, V. y W.-K. Huang; *An Authorization Model for Workflow*, Proceedings 4th symposium on Research in Computer Security. Rome, Italy, September 25-27, 1996 LNCS, 1146 Springer 1996, (1996). pp:44-64.

[BPW03] Backes, M., B. Pfitzmann y M. Waider; *Security in Business Process Engineering*, International Conference on Business Process Management (BPM 2003), Vol. 2678 of LNCS. (2003). pp: 168-183.

[BRA97] Bertino, E., E. Ferrari y V. Atluri; *A Flexible model Supporting the Specification and Enforcement of Role-Based Authorizations in Workflow Management Systems*, Proceedings of Second ACM Workshop on Role-Based Access Control, Fairfax (Virginia), November, 1997. (1997). pp: 1-12.

[Bider03] Bider, I.; *Choosing Approach to Business Process Modeling - Practical Perspective*, In http://www.ibissoft.se/english/howto.pdf. (2003). pp.

[BE01] Botha, R. A. y J. H. P. Eloff; *A framework for access control in workflow systems*, Information Management & Computer Security, Vol. 9/3. (2001). pp: 126 - 133.

[BPMI] BPMI; *Business Process Management Initiative*, In http://www.bpmi.org/. (2004). pp.

[BPMN] BPMN; *Business Process Modeling Notation (BPMN)*, C. Version 1.0 -May 3, BPMI.org. All Rights Reserved. In http://www.bpmi.org/. (2004).

[CTSG01] Castela, N., J. Tribolet, A. Silva y A. Guerra; *Business Process Modeling with UML*, Proceedings of the 3st. International Conference on Enterprise Information Systems, ICEIS 2001, Setubal, Portugal, July 7-10, 2001, Vol. 2. (2001). pp: 679-685.

[CBBF04] Chaari, S., C. Ben Amar, F. Biennier y J. Favrel; *An Authorization and Access Control Model for Workflow*, 1th International Workshop on COmputer Supported Activity Coordination CSAC 2004, Porto, Portugal. (2004). pp: 31-40.

[Fires04] Firesmith, D.; *Specifying Reusable Security Requirements*, Journal of Object Technology, Vol. 3, Nº 1,January-February 2004. (2004). pp: 61-75.

[Ghali02] Ghalimi, I.; *BPMN vs. UML*. In http://www.intalio.com/education/notes/note.xpg?id=BPMN_vs_UML. (2002).

[Giaglis01] Giaglis, G. M.; *A Taxonomy of Business Process Modelling and Information Systems Modelling Techniques*, International Journal of Flexible Manufacturing Systems, Vol. 13 (2). (2001). pp: 209-228.

[HP98] Herrmann, G. y G. Pernul; *Viewing Business Process Security from Different Perspectives*, Proceedings of 11th International Bled Electronic Commerce Conference "Electronic Commerce in the Information Society". Slovenia, 1998. (1998). pp: 89-103.

[HK03] Hung, P. y K. Karlapalem; *A Secure Workflow Model*, Australasian Information Security Workshop (AISW2003), Adelaide, Australia., Vol. 21. (2003). pp: 33-41.

[Hunt00] Hunt, S., *A General Theory of Competition: Resources, Competences, Productivity, Economic Growth*, Sage Publication Inc., First Edition. (2000). 320 p.

[Jürj04] Jürjens, J., *Secure Systems Development with UML*, Springer Verlag, (2004). 309 p.

[KFSKM99] Kang, M., J. Froscher, A. Sheth, K. Kochut y J. Miller; *A Multilevel Secure Workflow Management System*, Proceedings of the 11th International Conference on Advanced Information Systems Engineering, LNCS. (1999). pp: 271-285.

[MMRV03] Maña, A., J. A. Montenegro, C. Rudolph y J. L. Vivas; *A business process-driven approach to security engineering*, Proceedings of the 14th. International Workshop on Database and Expert Systems Applications (DEXA'03), Prague, Czech Republic, 1-5 September 2003. (2003). pp: 477-481.

[MEGA] Mega; *Business process Modeling and Standardization*, In http://www.bpmg.org/. (2004). pp.

[NE00] Nuseibeh, B. y S. M. Easterbrook; *Requirements Engineering: A Roadmap*, ICSE 2000, 22nd International Conference on on Software Engineering, Future of Software Engineering Track, June 4-11, 2000, Limerick Ireland. ACM, 2000. (2000). pp: 35-46.

[OMG] OMG; *Object Management Group*. In http://www.omg.org/. (2004).

[OR03] Owen, M. y J. Raj; *BPMN and Business Process Management; Introduction to the New Business Process Modeling Standard*, A Popkin Software, White Paper., In http://www.bpmn.org/Documents/6AD5D16960.BPMN_and_BPM.pdf. (2003). pp.

[PRW04] Palkovits, S., T. Rössler y M. Wimmer; *Process Modelling - Burden or Relief? Living Process Modelling within a Public Organisation*, ICEIS 2004, Proceedings of the 6th International Conference on Enterprise Information Systems, Porto, Portugal, April 14-17, 2004. (2004). pp: 94-102.

[Press02] Pressman, R. S., *Ingeniería del software. Un enfoque práctico*, 5ta. (2002). 601 p.

[Reij04] Reijers, H. A.; *Business Process Management Attempted Concepticide?*, IRMA International Conference. (2004). pp: 128-131.

[SS96] Sandhu, R. y P. Samarati; *Authentication, Access Control, and Audit*, ACM Computing Surveys, Vol. 28 Nº1 March 1996. (1996). pp: 241-243.

[Sparks00] Sparks, G.; *An Introduction to UML, The Business Process Model*, In http://www.sparxsystems.com.au. (2000). pp.

[VdeP01] Van de Putte, G., *Intra-Enterprise Business Process Management*, RedBooks IBM., (2001). 436 p.

[VML03] Vivas, J. L., J. A. Montenegro y J. Lopez; *Towards a Business Process-Driven Framework for security Engineering with the UML*, Information Security: Proceedings of the 6th International Conference, ISC 2003, Bristol, U.K., October 1-3, 2003, Editors: Colin Boyd, Wenbo Mao. (2003). pp: 381-395.

[AHW03] W.M.P. van der Aalst, A. H. M. t. Hofstede y M. Weske; *Business Process Management: A Survey*, International Conference on Business Process Management (BPM 2003), Volume 2678 (LNCS). (2003). pp: 1-12.

[WfMC] WfMC; *Workflow Management Coalition: Terminology & Glossary.*, Document Number WFMC-TC-1011, Document Status - Issue 3.0, Feb 1999. (1999). pp.

[White04] White, S. A.; *Introduction to BPMN*, IBM Corporation, In http://www.ebpml.org/bpmn.htm. (2004). pp.

[WSML02] Wu, S., A. Sheth, J. Miller y Z. Luo; *Authorization and Access Control of Application Data in Workflow Systems*, Journal of Intelligent Information Systems, Vol. 18 (1). (2002). pp: 71-94.

[zMR04] zur Muehlen, M. y M. Rosemann; *Multi-Paradigm Process Management*, Proceedings of CAiSE2'04 Workshop, 5th Workshop on Business Process Modeling, Development and Support (BPMDS 2004). (2004). pp: 169-175.

Integrating the Common Criteria Into the Software Engineering Lifecycle

Stephen H. Kam

Computer Science Department,
James Madison University,
Harrisonburg, VA 22801 U.S.A.
kamsh@jmu.edu

Abstract

The Common Criteria (CC) scheme can be introduced into the software lifecycle of new and existing applications to meet stricter security requirements. Software companies have engaged in efforts to implement CC requirements into their existing software products, after deployment, with the majority of CC evaluations coming from existing systems (CC Evaluation Assurance Levels (EALs) 1-4). This activity requires superfluous time and effort, since additional requirements are being introduced much later in the lifecycle. This paper presents ideas pertaining to the integration of the Common Criteria into the traditional software lifecycle model, so that CC security requirements can be met earlier at the development phase, saving valuable time and resources in the process. This can be accomplished by 1. Integrating CC functional requirements into the Software Requirements Specification, 2. Integrating CC assurance requirements into Software Quality Assurance activities, 3. Introducing EALs into the software test plan, and 4. Introducing CC Protection Profiles into architectural design.

Keywords: common criteria, requirements, software engineering, lifecycle

Introduction

Government and civilian agencies in several countries have implemented policies requiring the software products they use to conform to the Common Criteria (CC) international security standard. [1] In order for software products to be certified against the CC, they must adhere to the security functional requirements claimed by the developer, and successfully pass through the Common Criteria evaluation process. The CC therefore allows developers to provide their users with a validated level of confidence against given security threats. With the growing importance and necessity of security in software today, an increasing number of developers are looking to incorporate the Common Criteria scheme into its new or existing products. The latter task of incorporating the CC into existing products, can be an intensive and costly reengineering process, wherein if the Common Criteria's security requirements where incorporated into the earlier stages of the software lifecycle, large amounts of time and resources could have been spared. [10] This paper encourages the integration of the Common Criteria (Evaluations Assurance Levels 1-4) into the traditional software engineering lifecycle, to prepare software products for the CC evaluation process, and contribute to the shift in software engineering towards building more secure software. [9,11]

Introducing the security functional requirements and security assurance requirements of the Common Criteria at the early stages of requirements engineering will lead to more rigorous security measures being realized in the end product before its initial deployment. This will benefit the consumers because they will have a certified software product against certain security threats (if it passes the CC evaluation process), and be in accordance with the policies of their respective organizations if they have CC requirements in place. Developers will benefit from incorporating the CC into software development efforts by producing better, more secure software, and allowing their products the opportunity of being certified by accredited CC evaluation facilities. This will allow developers to expand their target market to include domestic and international organizations with Common Criteria information technology security standards in place. [10] The CC is progressing towards becoming the world standard for security specifications and evaluations, as it is already recognized as an international standard, ISO 15408. [1]

To promote the institution of Common Criteria standards into software engineering, this paper suggests phases of the traditional software development lifecycle to incorporate CC security requirements. Integration of the CC into the development lifecycle can be accomplished most heavily in the requirements and testing phases. We first discuss where we can integrate two of the main building blocks of the CC, security functional requirements and security assurance requirements, into the software development lifecycle.

Security Functional Requirements

The Common Criteria can be used to define the IT security of a product using security functional requirements, and security assurance requirements. CC functional requirements define the security behavior of the target product, while the assurance requirements provide a level of confidence that the stated security measures are indeed effective. [2] It is important to also point out that the security of the target system is evaluated based on its performance in a given environment, which also must be taken into consideration when stating these security claims. The following will discuss key phases of the software engineering lifecycle to introduce CC functional requirements and CC assurance requirements.

As requirements analysis plays a key role in software engineering to develop a software requirements specification (SRS), it is also an ideal phase to bring Common Criteria functional requirements into the development lifecycle. Developers can use "classes" of CC functional requirements to outline the desired security behavior of the target software product or system. The security functional requirements are grouped into eleven functional classes: audit, cryptographic support, communications, user data protection, identification & authentication, security management, privacy, protection of the TOE (target of evaluation) security functions, resource utilization, TOE access, and trusted path/channels. [2] Classes are comprised of many families, which in turn contain one or more components. [7] This scheme fits nicely into the object-oriented paradigm, promoting reusability at the requirements level, in supporting abstraction of details. Because we want to ensure that the CC security requirements chosen for a particular software development project are included in the end product, it is ideal to include these requirements directly into the software requirements specification of the product as recommended in the established software development practice. [9,11]

Integrating Security Functional Requirements into the Software Development Process

An SRS is usually comprised of separate groups of requirements, such as functional, non-functional, and data requirements sections. This could be appended with a "Security Functional Requirements" section to incorporate CC requirements into the SRS, as it would not be as effective to just add the CC requirements to the existing functional requirements section. Consequently, selecting the correct CC security requirements to use for the project should be integrated into the requirements elicitation phase of the development lifecycle, so that they can be added to the list of requirements when formulating an SRS.

Integrating the Common Criteria functional requirements into the SRS will also play a key role in requirements traceability and assurance testing of CC functional requirements later in the lifecycle, as also recommended in established software devlopment practices. [9,11] In essence, the SRS serves as a "contract" between the developers and theirs customer, to ensure that the client's needs are being met in the overall scope of the product. Therefore, if developers wish to ensure the client that their software product will indeed meet the security standards of the Common Criteria, it is important to include CC security functional requirements into the SRS to prevent any security requirements from being lost during the development lifecycle. If the developer can maintain requirements traceability up until the deployment phase, and the CC security requirements have been tested and validated, then the end product should be viable for the CC Evaluation Process at the conclusion of development efforts.

It is common knowledge that the later one brings requirements into the development phase the more costly it will be to the project. This is why it is important to keep CC security functional requirements in mind even at the initial phases of requirements elicitation. [7] If the product is being developed for a custom application, usually for a single client, the developers should collaborate with that client to come to a consensus on the specific security requirements that should define the end product. On the other hand, if it is being designed for a target consumer market, developers should analyze the market and discover the best security measures to be incorporated in their product. Requirements elicitation should be the starting point for defining the overall security measures outlined by the Common Criteria, which will be realized during the design phase. Of course, we cannot assume requirements will stay static throughout the lifecycle, as they will inevitably change over time. This dynamism also applies to CC security requirements, as they may change as the scope of the product or business requirements evolve. Developers can reduce the risk involved with changing requirements by maintaining good requirements documentation, specifically by keeping the SRS current with the client's changing needs. Integrating the CC functional requirements within the SRS will allow the evolving security needs of the customer to also be realized within the design phase of the development lifecycle.

Security Assurance Requirements

As stated before, the Common Criteria uses security assurance requirements as the source for gaining confidence that the security measures claimed are realized in the target of evaluation (TOE). Similar to the taxonomy of CC functional requirements, the security assurance requirements are grouped into classes, which contain several families, and those families containing one or more components. [7] There are eight assurance security requirements in the Common Criteria: configuration management, delivery & operation, development, guidance documents, life cycle support, tests, vulnerability assessment, and assurance maintenance. [2] Software quality assurance (SQA) is considered one of the "umbrella" activities in software engineering because it is conducted throughout the development lifecycle. SQA includes quality planning, appraisal, and improvement [9], making it an ideal area of software engineering to integrate security assurance requirements.

The Common Criteria contains seven predefined assurance packages called Evaluation Assurance Levels (EALs). They range from EAL1 to EAL7, with 1 being the lowest confidence level of assurance, and 7 being the highest. The Evaluation Assurance Levels are as follows: EAL1 – functionally tested, EAL2 – structurally tested, EAL3 – methodically tested and checked, EAL4 – methodically designed tested and reviewed, EAL5 – semiformally designed and tested, EAL6 – semiformally verified design and tested, and finally EAL7 – formally verified designed and tested. [2] As it is implied, the assurance activities involved in EAL7 are much more rigorous than that of lower EALs. , Although it is best, of course to strive to use EAL7, the schedule and budget of a given software development project may not allow enough time or resources to validate the CC security requirements of the product to such a meticulous degree. In addition, EALs 5-7 are not intended to retrofit existing systems. As mentioned earlier, most security evaluations are conducted on existing systems, incorporating EALs 1-4. Again, the developer should work with the client to collaborate and agree upon the specific level of assurance that will be realized in developing the lifecycle.

Integrating Security Assurance Requirements into the Software Development Process

SQA is the systematic pattern of activities to guarantee that a product will meet the client's needs. Such activities include quality control, involving defect prevention and defect removal. [9] The CC security assurance requirements can be incorporated into the software quality assurance activities to ensure that the security measures claimed by the developer are evident in the TOE, specifically in the activities described above. Defect prevention and defect removal are both driven by testing and evaluation activities. If these SQA activities are altered to include testing of CC security assurance requirements, it will allow developer's to provide confidence in the Common Criteria security measures stated in their products. As a result, software products will also be prepared for the Common Criteria evaluation process at the conclusion of development efforts.

Focusing on the subject of EALs in the Common Criteria, there are several phases of the lifecycle that we could possibly integrate them into. The most appropriate phase that comes to mind is during the test planning and test execution phases of the lifecycle model. During the test planning phase, the developer can decide the most suitable test plan to ensure that the evaluation assurance level set upon at the requirements phase is realized during development. For example, if EAL1 were chosen for the software product, black-box testing would probably be sufficient for that given software's test plan. On the other hand, if developers decided to use EAL4, their test plan would be more rigorous, and probably include white-box testing in addition to black-box testing, as well as numerous other testing methods planned. These test methods would then be conducted in the actual testing phases during the development lifecycle. While normal functionality is being tested, CC assurance requirements will be also be tested concurrently to evaluate the level of IT security realized in the system.

Protection Profiles

By definition in the Common Criteria, a Protection Profile (PP) defines an implementation-independent set of security requirements and objectives for a category of products or systems, which meet similar consumer needs for IT security. [2] PPs are constructs that allow customers or developers to create standardized sets of security requirements, which will meet their desired needs. Protection Profiles are also meant to be reusable since they are "implementation-independent", allowing them to be more flexible and valid in many different applications. Since the inception of the Common Criteria, there have been Protection Profiles developed for firewalls, relational databases, operating systems, and more. [8] The contents of a PP consist of the following parts: the PP introduction, TOE Description, TOE Security Environment, Security Objectives, IT Security Requirements, TOE Security Requirements, and Rationales. [2] The different parts of a Protection Profile are fairly explanatory by their names, and its overall contents imply the benefits of using one when characterizing the security requirements of a target product or system.

National schemes of the Common Criteria keep lists of registered Protection profiles for reference by consumers and developers. [8] Developers can submit their own PPs for evaluation and inclusion in their respective CC national schemes. For example, in the U.S., developers can submit PPs to one of the nation's certified Common Criteria evaluation facilities (laboratories). After passing evaluation, it will be submitted to the National Information Assurance Partnership (NIAP) to be included in the list of certified/validated PPs. [8] This evaluation process is to ensure that the PPs submitted are technically correct, clear and internally consistent. Customers benefit from the list of registered PPs because they can review them and then select specific profiles to use to define the security requirements and objectives in their desired products.

Integrating Protection Profiles into the Software Development Process

The usage of Protection Profiles is quite similar to the concept of using software design patterns in software engineering. [6] Design patterns are implementation-independent solutions to common design problems in software development. There are many well-known patterns, as there are even books that have been published that include volumes of design patterns. [6] Similarly, developers can use patterns to help design software, just as they can use Protection Profiles to devise the security objectives of the target system. This parallelism would suggest that the best place to incorporate PPs in software engineering would be in the architectural design phase of the software development lifecycle. There are many well-known software architecture patterns in software engineering, such as the layered, client-server, and object-oriented architectures. [9] These patterns are selected at the architectural design phase of development, an ideal phase of the development lifecycle to integrate the Common Criteria by also choosing applicable Protection Profile(s), prior to the implementation phase of the software engineering process. Developers could analyze both software architectures and PPs during the design activity in order to help figure out the functional and security objectives of the target system to be implemented in the next phase of the lifecycle.

The similarities between software architectural design patterns and Protection Profiles also suggest that further analysis can be done to relate these two kinds of patterns. In software design, it is very possible to use more than one architectural design pattern during development, since it may be suitable to use the aspects of more than one design pattern to accomplish the goals of the envisioned system. Likewise, the Common Criteria allows developers to use more than one Protection Profile in the development of the Target of Evaluation, and even promotes this type of use if the combined security requirements from two or more PPs help to better realize the overall system security requirements. This parallelism suggests that further investigation can be conducted to discover which architectural design patterns are best used together with which Protection Profiles, so that future software projects may use this information to successfully develop more secure software applications.

Conclusions

The advantages of developing software in accordance with the Common Criteria international security standard can be tremendous - easily outweighing the limited amount of additional costs involved. For developers, these benefits include opening up potential consumer markets for their products, and providing customers with certified security functionality in its software applications, assuming the software successfully passes the Common Criteria evaluation process. Building software to meet the security requirements of the CC can involve significant reengineering work if attempted after deployment of the initial software product, usually requiring large amounts of excess time and resources to be spent. [10] It is common knowledge in software engineering that if additional requirements are brought later into the natural software lifecycle (in this case the maintenance phase), the greater the cost will be to realize these additional requirements in the actual software product. This paper has s uggested methods to introduce Common Criteria security requirements into the software development lifecycle, *before* initial deployment, in order to effectively produce more secure software, and prepare software products for the CC evaluation process at the conclusion of development efforts. The ideas presented in the paper are summarized below.

1. Common Criteria security functional requirements can be integrated into the Software Requirements Specification (SRS) by appending the existing document with a "Security Functional Requirements" section including all of the CC security requirements to be realized in the end product
2. Common Criteria security assurance requirements can be incorporated into traditional Software Quality Assurance (SQA) activities, becoming a quintessential part of the quality assurance plan
3. The predefined assurance packages of the CC, Evaluation Assurance Levels (EALs), can be outlined in the software test plan and then verified during test execution
4. Protection Profiles can be selected and applied based on the architectural design patterns already chosen for the system during the software design phase, then later realized in the implementation phase

Finally, as the parts of the Common Criteria that have been presented can be integrated into the development lifecycle as described above, they can also be visualized in the model shown below (see next page). Figure 1.1 shows the generic software development lifecycle, with the integration of the Common Criteria requirements components discussed in this paper, at the appropriate stages of the lifecycle model.

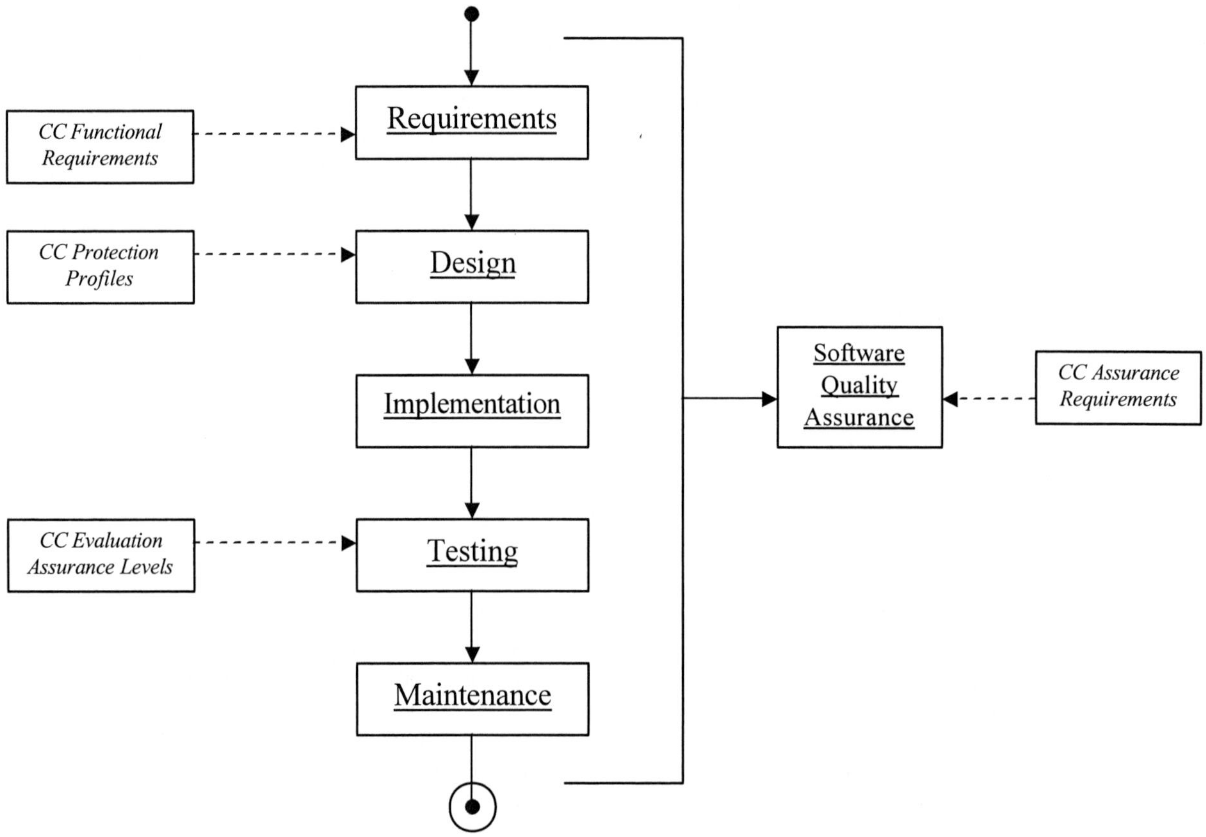

Figure 1.1: Integration of Common Criteria Components into the Software Development Process

References

1. "Common Criteria: An Introduction." (2003). CommonCriteriaPortal.org. Retrieved on January 5, 2005, from http://www.commoncriteriaportal.org/public/files/ccintroduction.pdf

2. "Common Criteria: User Guide". (2003). CommonCriteriaPortal.org. Retrieved on January 5, 2005, from http://www.commoncriteriaportal.org/public/files/ccusersguide.pdf

3. "Common Criteria Version 2.2 Part 1:Introduction and General Model". (1999). CommonCriteriaPortal.org. Retrieved on January 7, 2005, from http://www.commoncriteriaportal.org/public/files/ccpart1v2.2.pdf

4. "Common Criteria Version 2.2 Part 2: Security Functional Requirements". (1999). CommonCriteriaPortal.org. Retrieved on January 7, 2005, from http://www.commoncriteriaportal.org/public/files/ccpart2v2.2.pdf

5. "Common Criteria Version 2.2 Part 3: Security Assurance Requirements". (1999). CommonCriteriaPortal.org. Retrieved on January 7, 2005, from http://www.commoncriteriaportal.org/public/files/ccpart3v2.2.pdf

6. Gamma, E., Helm, R., Johnson, R., Vlissides, J. Design Patterns: Elements of Reusable Object-Oriented Software. Boston: Addison-Wesley Publishers, 1995.

7. Herrmann, D. Using the Common Criteria for IT Security Evaluation. Boca Raton, Florida: Auerbach Publications, 2003.

8. National Information Assurance Partnership Website. URL: http://www.niap.nist.gov/cc-scheme/

9. Pressman, R. Software Engineering A Practitioner's Approach. New York: McGraw-Hill, 2001.

10. Prieto-Diaz, R. *The Common Criteria Evaluation Process: Process Explanation, Shortcomings, and Research Opportunities,* Commonwealth Information Security Center Technical Report CISC-TR-2002-003, James Madison University, Harrisonburg, VA, December, 2002.

11. Sommerville, I. Software Engineering Seventh Edition. Boston: Addison-Wesley Publishers, 2004.

Modelado de Aspectos Navegacionales en Aplicaciones Web

Magalí González, Luca Cernuzzi
Universidad Católica Nuestra Señora de la Asunción
Departamento de Ingeniería Electrónica e Informática
Tte. Cantaluppi y Tte. Villalón. C.C. 1683 - Asunción, Paraguay.
mgonzalez, lcernuzz@uca.edu.py

Oscar Pastor
Universidad Politécnica de Valencia
Departamento de Sistemas Informáticos y Computación
Camino de Vara s/n, P.O. Box: 22012, E-46020 - Valencia, España.
opastor@dsic.upv.es

Resumen

El concepto de "navegación" ha adquirido un interés particular con el creciente desarrollo de sistemas de software orientados a Web. Existen esfuerzos interesantes que definen modelos para capturar toda la semántica de navegación. Sin embargo, estamos aún en presencia de una falta de definiciones consensuadas. Este trabajo se centra en un análisis de la navegación, a partir de un proceso de abstracción de sus características principales. Se introduce la definición de dos nuevas relaciones como extensión del paradigma orientado a objeto: Agrupación y Navegación, cuyo objetivo, no es definir un nuevo modelo, sino interpretarlo, para comprender su problemática, y así establecer comparaciones con los demás métodos que introducen un modelo independiente. Para ello, se propone la aplicación de un marco genérico que captura la semántica de las relaciones definidas conforme a diferentes dimensiones que las caracterizan.
Palabras claves: Aplicaciones Web, Marco Genérico, Métodos de Modelado Conceptual

1. Introducción

Internet ha promovido el surgimiento de una nueva generación de Sistemas de Información, es decir, aquellos que combinan navegación en un espacio heterogéneo, con operaciones que afectan a la información [15].
El concepto de "*navegación*" ha adquirido un interés particular desde la aparición de las primeras aplicaciones hipermedia hasta los actuales sistemas de software orientados a Web [8]. Por tal motivo, una Aplicación Web de calidad, además de poseer características de calidad propias de todo sistema de información, debe caracterizarse por tener una buena estructura de recorrido, es decir, buena navegación. Esta problemática ha sido abordada históricamente de diferentes maneras. Durante cierto periodo, ha sido poco considerada pensando que los paradigmas tradicionales (OO, estructurados) pudieran capturar requisitos de navegación sin mayores extensiones. En paralelo también existen esfuerzos interesantes que definen modelos para capturar todos los aspectos relevantes a la navegación en continuidad con el modelado del dominio [14, 12, 2, 7, 4, 5]. A pesar de estos esfuerzos, nos encontramos frente a una falta de estándares y definiciones consensuadas, y por ende son necesarios ulteriores aportes en el área.
El presente trabajo se centra en primera instancia en un análisis semántico del concepto de navegación, a partir de un proceso de abstracción de las características principales que se tienen en cuentan a la hora de modelarla. Posteriormente, se introduce la definición de dos nuevas relaciones como extensión del paradigma orientado a objetos: Agrupación y Navegación. Para ello, se propone la aplicación de un marco genérico [13] que captura la semántica de las relaciones definidas conforme a diferentes dimensiones que las caracterizan. El objetivo de esta extensión, no es definir un nuevo modelo para la navegación, más bien interpretar el concepto partiendo del paradigma orientado a objeto, para comprender su problemática, estableciendo comparaciones con los demás métodos que proponen un modelo independiente. Además, esta interpretación ayuda a la identificación de patrones conceptuales que posteriormente pueden ser utilizados para el mapeo de un modelo a otro (ej. del modelo navegacional al de presentación, como es mostrado en el punto 3.10, o bien, para la generación automática de código).

El artículo se organiza de la siguiente manera. En la sección 2 se analizan diversas definiciones de "*navegación*", en aras de aclarar la semántica del término. En la sección 3 se definen las relaciones de Agrupación y Navegación y se aplica el marco genérico. En la sección 4, se presentan trabajos relacionados estableciendo una relación directa con la propuesta definida en la sección 3. Finalmente, en la sección 5 se presentan las principales conclusiones y se trazan posibles trabajos futuros.

2. La Navegación: definiciones propuestas y problemáticas abiertas

En la literatura, aún no se ha establecido un consenso general con respecto al concepto de navegación a nivel de modelado. Sin embargo, en los distintos métodos de diseño de aplicaciones Web, es posible notar que el aspecto navegacional se ha vuelto una prioridad, hasta el punto de proponer modelos específicos para expresarlo [12, 14, 7, 2, 4, etc]. Cada método propone una serie de constructores que modelan diferentes aspectos con el objetivo de capturar la semántica relacionada con la navegación. A continuación se presentan una serie de definiciones de navegación y se analizan los conceptos básicos que influyen en su semántica.

Definición de Navegación

La "*navegación*" según diversos autores se relaciona con las siguientes afirmaciones:

- "Es el proceso cognitivo de adquirir conocimiento sobre un espacio, estrategias para moverse a través del espacio, y cambiar el metaconocimiento del espacio" [18]
- "Encontrar un camino y moverse, o bien, saber a donde ir, y llegar ahí" [6]
- "El usuario en su dominio de aplicación navega en un espacio compuesto de objetos que están presentados de acuerdo a su perfil y tareas. Esta customatización de objetos se obtiene usando el mecanismo de vista entre objetos, análogo a las vistas definidas en las base de datos" [16]

En base a estas afirmaciones, es posible proponer la siguiente definición: "*La navegación organiza el dominio de información conforme a una orientación que pueda ser recorrida fácilmente por los usuarios y así facilite la adquisición de conocimiento* ".

Además, es posible identificar dos elementos estrechamente vinculados al concepto de navegación: ***la información***, que se encuentra estructurada en el esquema conceptual según una lógica específica, y ***el usuario***, a quien se le debe facilitar el recorrido de esta información. Así, para establecer un recorrido de la información, se debe partir del perfil de usuario que interactúa con el sistema. Tenemos entonces, que es necesario definir constructores para establecer un recorrido en la información especificada en el modelo conceptual del sistema, y que ayuden a organizar esta información a partir de un recorrido razonable para cada usuario. Pero además, se deben definir constructores que activan este recorrido en el modelo de presentación. Por tales motivos, la navegación abarca dos niveles:

- *el nivel de la información*, que permite organizar el posible recorrido de la información del sistema; esto es, agrupar objetos del dominio de información de interés para algún grupo de usuarios;
- *el nivel de presentación*: que permite la interacción con el usuario del sistema en la identificación de recorridos relevantes.

3. Nuevas relaciones para la Navegación como Extensión del Modelo de Objetos

En esta sección se propone la definición de dos nuevas relaciones en el modelo de objetos, a fin de capturar el concepto de navegación a nivel del *modelado de la información* (esto es, organizar la información desde el punto de vista del recorrido). Es importante aclarar que con estas relaciones se busca modelar solamente uno de los aspectos de la semántica navegacional, aquel relacionado con el recorrido de la información del sistema. Aunque este recorrido podría ser dinámico (por ejemplo un estudiante que visualiza las asignaturas que está cursando actualmente), por lo general corresponden a instancias de una misma clase y que son seleccionadas a partir de ciertos parámetros, condiciones, restricciones, etc. Para abarcar toda la semántica navegacional es necesario considerar el otro aspecto que ya fue mencionado en el punto 2 (la presentación). Podrían existir también comportamientos navegacionales no determinísticos a nivel de recorrido de la información (por ejemplo que el conjunto de clases a las cuales pertenecen las instancias presentadas en un momento dado podría variar), y también a nivel de presentación (por ejemplo que el menú disponible pueda variar según el tipo de usuario o los privilegios asociados al mismo), estos aspectos también deberían ser considerados y serán objetos de estudio en trabajos posteriores.

El Modelo de Objetos permite especificar la estructura de las clases identificadas en el dominio del problema, así como las relaciones estructurales. En algunos casos, como por ejemplo en OO-Method, el Modelo de Objetos también permite describir las relaciones de agentes sobre los servicios de las clases [10].

Para representar el Modelo de Objetos se utiliza un Diagrama de Clases que establece un lenguaje gráfico e intuitivo que facilita el entendimiento y estructuración de las clases del problema, así como también la documentación del Sistema de Información modelado.

Las relaciones definidas entre clases (especialización/generalización, composición, asociación) ayudan a modelar la estructura del sistema. Sin embargo, no existen relaciones que modelen el recorrido de la información.

Este apartado presenta la propuesta de dos nuevas relaciones en el diagrama de clases. La primera es la relación de *Agrupación* que permite organizar el posible recorrido de la información del sistema acorde a los intereses de los distintos usuarios. La segunda es la relación de *Navegación* que permite establecer vínculos entre objetos agrupados para su posterior recorrido. Dicho recorrido implica una interacción con el usuario que debería ser modelado a nivel de presentación.

Para la definición de estas relaciones se aplica el marco multidimensional presentado en [13] desarrollado mediante un proceso de abstracción de las características esenciales (a nivel estructural y de comportamiento) presentes en las relaciones taxonómicas que proporcionan los métodos de modelado conceptual Orientados a Objeto actuales. Este marco ha sido utilizado como base, ya que ayuda a identificar los aspectos que deben ser considerados a la hora de definir de manera precisa una relación, y a pesar de no corresponder a una relación taxonómica, es perfectamente adaptable, como se verá en las siguientes secciones.

3.1. Interpretación Semántica

Esta dimensión estudia la semántica de la abstracción mediante una caracterización básica del concepto de *clase y objeto* que ya fue definido por diversos autores, y que es utilizada posteriormente para comprender los conceptos básicos de las relaciones de *agrupación* y *navegación*.

a. Clases y objetos

Es sabido que una clase describe a un conjunto de objetos y que los objetos de una clase corresponden al conjunto de posibles instancias de la clase, que poseen un estado y comportamiento local. Además, en el modelado conceptual los objetos describen entidades del mundo real [1] [3].

Pelechano menciona que dado un instante cualquiera *t* del sistema, el **conjunto de existencia** (población) de una clase, ext_t(C) es el conjunto de todas las instancias (posiblemente vacío) de la clase que existe en el sistema en dicho instante, y que los siguientes dos conjuntos son independientes del tiempo [13]:

- La **intensión** de una clase, *int(C)*, es el conjunto de todas las propiedades que son compartidas por todas las instancias de la clase. Representa la plantilla o **tipo** de la clase.
- La **extensión** de una clase es el conjunto de todos los posibles objetos de la clase. A los objetos de la extensión se les denomina objetos de la clase. La extensión de una clase C se denota por $ext(C)$ © $\bigcup_t ext_t(C)$. La extensión de una clase es siempre el mismo conjunto de objetos, independientemente del momento en que se evalúe. Sin embargo, el conjunto de existencia de una clase varía dependiendo del momento en que se observe.

b. Agrupación

La relación de agrupación se establece entre una clase (*clase agrupada*) que se relaciona con un conjunto de clases (*clases desagrupadas*). La *clase agrupada*, en similitud con las bases de datos, representa una vista de las clases desagrupadas que pueden incluir un subconjunto de sus propiedades y comportamiento, además de ciertas características propias que serán explicadas en detalle en las secciones siguientes.

Solo será posible establecer relaciones de agrupación entre clases que se encuentran relacionadas ya sea a través de una asociación, composición o generalización/especialización en el modelo del dominio.

Esta nueva relación entre clases no se adecua a ninguna de las relaciones presentadas en el paradigma Orientado a Objeto (especialización, generalización, agregación), aunque podría entenderse como un refinamiento del concepto de *Paquete*[1] definido en UML; sin embargo, si se desea contemplar el aspecto

[1] En UML, existe un elemento denominado *paquete* que permite establecer agrupaciones entre elementos del modelo. La relación de *agrupación* definida en este trabajo correspondería a un refinamiento de este concepto que se propone para un propósito específico, es decir, crear agrupaciones de clases relacionadas entre sí que serán accedidas por los usuarios en un instante de tiempo determinado.

navegacional, se hace interesante definir constructores que permitan agrupar diferentes objetos para luego especificar un recorrido u orientación apropiados.

Tenemos entonces que $int(C_p) \varsigma\, int(C_i)$, y $ext(C_P) \Sigma\, ext(C_i)$ en donde C_P corresponde a la clase agrupada y $C_i \text{ P } \{C_1, C_2, ..., C_n\}$, siendo C_i una clase desagrupada de C_P. Esto significa que las características de una clase desagrupada corresponden a un subconjunto de las características de la clase agrupada y, además, el conjunto de instancias de la clase agrupada es un subconjunto de las instancias de cualquiera de las clases desagrupadas.

c. Navegación

La *relación de navegación*[2] parte de la idea de establecer un recorrido semántico entre las distintas clases que componen el esquema conceptual. Esta relación se podría entender como una asociación entre clases pero con un contenido semántico específico (la implicación de navegación de una clase a otra), por lo que se debería agregar el estereotipo *<<navegar>>* (notación UML). Además, su semántica es muy próxima a la *agregación relacional*[3] definida en OOMethod, o a una *asociación* en UML, como se verá en las siguientes secciones [10, 3]. De ahora en adelante la clase que inicia la navegación se denominará clase *navegante*, y la clase a la cual se navega se denominará clase *navegada*.

3.2. Relaciones entre Propiedades

Esta dimensión estudia cómo se especifican las propiedades de la clase agrupada/navegada (incluyendo el comportamiento) y cuál es la visibilidad existente entre la clase agrupada y las desagrupadas, y también, de las clases participantes en la navegación.

a. Para la relación de Agrupación

a.1. Propiedades

Se distinguirán dos tipos de relaciones entre una propiedad de la clase agrupada y de la clase desagrupada:

- **Propiedad derivada**: la propiedad de la clase agrupada es la misma que la de la desagrupada.
- **Propiedad nueva**: se refiere a una nueva propiedad en la clase agrupada. Estas propiedades nuevas corresponderán a atributos/servicios que serán útiles en la organización de la información (ej. títulos)

a.2. Comportamiento

La nueva relación debe garantizar que la ejecución de cualquier operación derivada haga que la clase desagrupada se comporte de la forma esperada.

Se desea que se cumpla el principio de *compatibilidad de comportamiento*, es decir, que la restricción que han de cumplir las clases desagrupadas corresponda a las propiedades que se puedan probar de un objeto de una clase agrupada determinada. Además, estas propiedades se deben seguir cumpliendo cuando el objeto sea miembro de una clase desagrupada de ésta. Para alcanzar este objetivo, no será posible establecer propiedades *modificadas* o *refinadas* [13]. Por otra parte, las operaciones que hayan sido definidas en la clase agrupada y que no corresponden a una derivación de ninguna de las clases desagrupadas, solamente podrán alterar el valor de las propiedades nuevas, o bien, invocar operaciones de otras clases. Mantener este principio es muy importante ya que el objetivo de una clase agrupada no es cambiar el comportamiento de las instancias de sus clases desagrupadas, y si fuera posible definir nuevas operaciones en la clase agrupada que además puedan alterar el valor de las propiedades derivadas, entonces alterará también el comportamiento de las instancias de alguna o todas sus clases desagrupadas (nuestro objetivo es simplemente crear una agrupación y dar una orientación al recorrido de instancias, y no modificar el comportamiento que ya fue definido).

a.3. Visibilidad

- *Visibilidad de un objeto en la clase desagrupada*: el objeto desagrupado no tiene acceso a las propiedades de los demás objetos de su mismo nivel jerárquico. Éste, sólo tiene acceso a su contexto en particular.

[2] UML define a la *navegación* como la posibilidad de alcanzar un clasificador a partir de otro mediante una relación existente entre ellos, en este trabajo se pretende establecer un nuevo tipo de relación entre clases, cuyo nombre más apropiado corresponde también al de navegación, y que de hecho solo será posible si existen relaciones entre ambas clases, o bien entre sus clases agrupadas.

[3] En vista a que la *relación de navegación* puede verse como una *agregación relacional*, de ahora en adelante se le denominará de la siguiente manera a las clases que participan en la relación: la clase *compuesta* corresponderá a aquella en donde se inicia la navegación y la *componente* corresponde al destino.

ι *Visibilidad de un objeto en la clase agrupada*: un objeto de la clase agrupada solo tiene acceso a las propiedades derivadas visibles de las clases desagrupadas así como también a las propiedades nuevas.

b. Para la relación de Navegación
El tipo de relación posible a nivel de propiedades entre una clase navegante y una navegada es la **propiedad derivada.** Esto se cumplirá sólo si en la clase navegante la propiedad es derivada de alguna clase desagrupada que corresponde a la clase navegada, o bien, a una clase desagrupada de la clase navegada. Para comprender mejor, se presenta un pequeño ejemplo (ver figura 1).

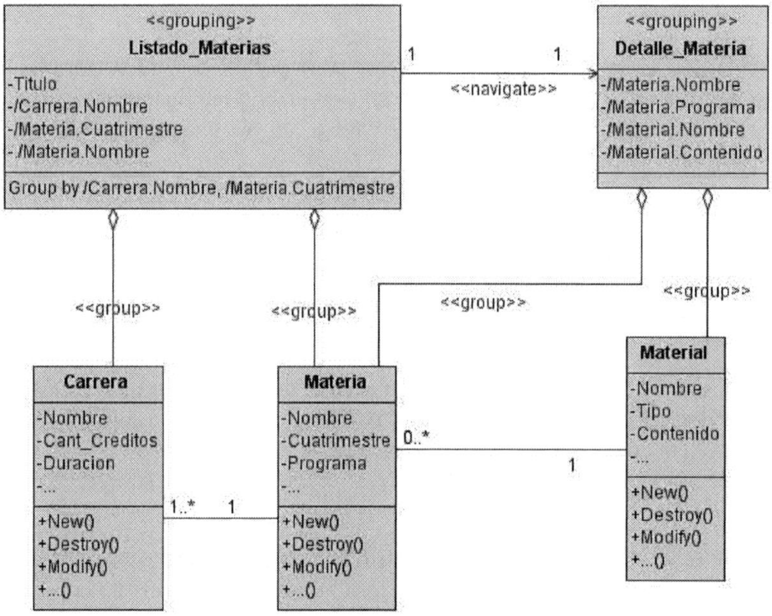

Figura 1. Ejemplo de relaciones de agrupación y navegación

El listado de materias de cada carrera (clase agrupada *Listado_Materias*) corresponde al conjunto de materias que se dictan por cada carrera. Esta clase agrupa a las clases *Carrera* y *Materia*, y se desea recuperar solamente un subconjunto de sus atributos. Por otro lado, existe otra clase agrupada denominada *Detalle_Materia*, que contiene información de las clases *Materia* y *Materiales* (conjunto de materiales disponibles para cada materia). Puede observarse también la relación de *navegación* entre las clases agrupadas *Listado_Materias* y *Detalle_Materia*, que da la posibilidad de visualizar los detalles de una materia seleccionada del listado de materias. Esto es posible debido al hecho de que *Detalle_Materia* es una clase que agrupa a *Materia* (clase común entre ambas agrupaciones).

3.3. Restricciones Estáticas

Se refiere a las restricciones estáticas sobre la población de las clases que participan en la relación de agrupación o navegación.

a. Para la relación de Agrupación
La agrupación será *completa* [9], es decir, cualquier instancia de la clase agrupada forma parte de sus clases desagrupadas (una instancia de la clase agrupada, corresponde a la agrupación de instancias de las clases desagrupadas).
Además, la clase agrupada será *solapada*[13, pp. 92], porque siempre se dará el caso en que una instancia de la clase agrupada, corresponde a la unión de instancias de sus clases desagrupadas que cumplen con las restricciones establecidas en el modelo estructural.
Por último, en la clase agrupada se debe especificar una restricción (filtro) que permitirá determinar la población de la misma y que corresponderá a un subconjunto de todas las instancias posibles que se obtienen de las restricciones establecidas en el modelo estructural. Un ejemplo podría ser seleccionar aquellos estudiantes que hayan cursado una asignatura dada, en donde la nota obtenida sea mayor o igual a 4. Para obtener este dato se puede crear una clase de agrupación que agrupe a las clases *estudiante* y *asignatura* que a su vez se encuentran relacionados a través de una asociación, y posteriormente crear un filtro en la clase

agrupada que obtenga un subconjunto de todos los alumnos a través del filtro *nota>=4*. Esto puede verse en la siguiente figura.

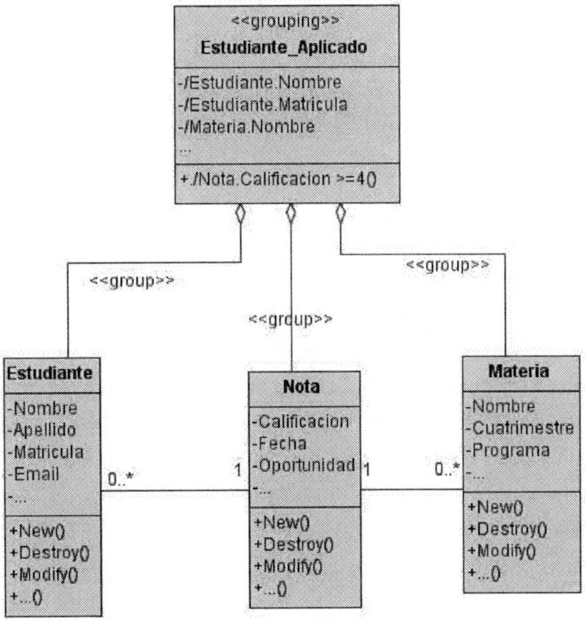

Figura 2: Restricciones sobre una clase agrupada

b. Para la relación de Navegación
Toda instancia de la clase navegante (inicio de la navegación) debe estar relacionada con, al menos, una instancia de la clase navegada (destino). Esto se debe a que si existe una relación de navegación entre dos clases, entonces sería semánticamente incorrecto no poder alcanzar al menos una instancia destino. El único motivo por el cual podría darse el caso de no alcanzar el destino, sería una restricción en la *relación de accesibilidad*, es decir, que el destino se encuentre restringido para el usuario que accede al sistema.

3.4. Características Temporales y Restricciones Dinámicas

Se refiere a las características temporales de las relaciones definidas y las restricciones dinámicas que permiten caracterizar el comportamiento de los objetos de las clases participantes en la relación con respecto al tiempo. Esto refleja las propiedades no deterministícas de la navegación.

a. Para la relación de Agrupación
Las restricciones dinámicas corresponden a los *filtros* permitiendo así definir la población de una clase agrupada en un instante de tiempo dado y bajo ciertas condiciones. Esta población podría variar de un instante t_1 a un instante t_2.
Si la restricción establecida sobre una clase agrupada contiene una propiedad cuyo valor puede cambiar en un instante de tiempo *t*, entonces ésta se refiere a una *restricción dinámica.*
Es importante aclarar además que una clase agrupada puede estar compuesta de varios filtros, es decir la *restricción dinámica* puede contener varias condiciones para especificar la población, pudiendo cambiar estas en tiempos de ejecución, lo que implicaría de forma automática un cambio dinámico en la población de la clase.

b. Para la relación de Navegación

- *Restricciones dinámicas:* la restricción dinámica para la población de la clase destino podría corresponder a una condición que contiene una propiedad cuyo valor puede cambiar en el transcurso del tiempo. Un ejemplo puede ser una condición de navegación a los detalles de una materia activa en diferentes instantes en que se realiza la consulta.
- *Restricciones de accesibilidad:* esta restricción se refiere a la posibilidad de que la clase sea alcanzable por el usuario que está navegando. Es también conocida como relación de accesibilidad en OOMethod

[10], como por ejemplo si el usuario está realizando una consulta sobre las notas, podrá tener acceso solamente a las notas que le corresponden al mismo.

3.5. Dependencia Existencial

La dependencia existencial determina si los participantes de la relación dependen uno de la existencia del otro y viceversa.

a. Para la relación de Agrupación
En la Agrupación debe darse la propiedad de *dependencia existencial* [17] que se establece de la siguiente manera: "la existencia de una instancia en la clase agrupada depende de la existencia de instancias en las clases desagrupadas". En los demás casos no existirá dependencia existencial (de la clase desagrupada a la clase agrupada, y entre clases desagrupadas de un mismo nivel).

b. Para la relación de Navegación
No se establece dependencia existencial entre las clases navegantes y navegadas, ya que la existencia de una instancia en cualquiera de las clases no implica necesariamente la existencia de instancias en la otra clase que participa de la relación.

3.6. Multiplicidad

Esta relación determina la multiplicidad existente entre las clases participantes de una relación de agrupación o navegación.

a. Para la relación de Agrupación

- *De la clase agrupada a las desagrupadas*: la existencia de una instancia en la clase agrupada implica la existencia de una o mas instancias en las clases desagrupadas, por lo tanto, la multiplicidad en esta dirección será de [1..n]
- *De la clase desagrupada a la agrupada*: la existencia de una instancia en la clase desagrupada no implica necesariamente la existencia de una instancia en la clase agrupada. Además, esta instancia podría estar relacionada con varias instancias en la clase agrupada. Esto nos lleva a que la multiplicidad en esta dirección será de [0..n]

b. Para la relación de Navegación

- *De la clase navegante a la navegada*: la existencia de una instancia en la clase navegante puede implicar la existencia de cero o mas instancias en la clase navegada, por lo tanto la multiplicidad posible para la relación es [0..n], [1..n], [0..1], [1..1]. [4]
- *De la clase navegada a la navegante*: la existencia de una instancia en la clase navegada debe implicar la existencia una o más instancias en la clase navegante, por lo tanto la multiplicidad posible para la relación es [1..1], [1..n] (no tendría sentido que exista una instancia navegada si es que no fue alcanzada de otra instancia).

3.7. Identidad

Esta dimensión estudia las relaciones existentes entre la identidad de los objetos de la clase agrupada/ navegante y la de los objetos de la clase desagrupada/ navegada. Además, se revisa la noción de identidad en diversas situaciones en las que interviene el tiempo.

a. Para la relación de Agrupación
Para la clase agrupada existirá dependencia de identificación con las clases desagrupadas siendo su identificador una composición de los identificadores en las clases desagrupadas.

b. Para la relación de Navegación
En esta relación no existe dependencia de identificación.

---

[4] En el caso de que una in stancia de la clase navegante no esté relacionada con ninguna instancia en la clase navegada, puede tener una implicación seria en el espacio de la solución (creación de enlaces en los que no existe un destino). Por tal motivo, debe tenerse en cuenta esta restricción, en especial cuando se establecen los patrones de traducción.

3.8. Criterios de Agrupación / Navegación

Se refiere al estudio de principios básicos que guíen el proceso de clasificación y el modelado de relaciones de agrupación y navegación.

a. Para la relación de Agrupación

- *Filtros*: permitirán definir la población de la clase agrupada y quedará definida a partir de una condición que evaluada sobre el estado de cada objeto perteneciente a las clases desagrupadas de cómo resultado *verdadero*.
- *Inclusiva / Relacional*: será relacional, ya que no existe una inclusión estricta entre los objetos agrupados y los desagrupados.
- *Estática / Dinámica*: La agrupación podría ser tanto estática como dinámica, dependiendo de los filtros de agrupación, si ellos contienen una propiedad cuyo valor puede cambiar en el tiempo (por ejemplo, nota acumulada>40%), entonces la agrupación será dinámica, en caso contrario (si la propiedad está basada en atributos constantes) la llamaremos estática. La agrupación *estática / dinámica* dependerá también de la relación existente entre las clases desagrupadas. Pero la población de una clase agrupada podría variar según los filtros definidos establecidos sobre la misma y también según se realicen inserciones o borrados a las clases desagrupadas.
- *Disjunta / No disjunta*: una instancia de una clase desagrupada podría formar parte de varias instancias en la clase agrupada dependiendo de bs filtros de agrupación. Si la relación existente entre las clases desagrupadas es del tipo disjunta, entonces una instancia de una clase desagrupada puede formar parte de varias clases agrupadas.
- *Flexible / Estricta*: la agrupación será del tipo flexible partiendo de la clase desagrupada a la clase agrupada, ya que podrán existir objetos en la clase desagrupada que no pertenezcan a la clase agrupada.
- *Univaluada / Multivaluada*: dependerá del filtro asignado a la relación, ya que pueden existir varias instancias en la clase desagrupada que pertenezcan a una instancia en la clase agrupada.
- *Nula / No Nula*: La agrupación será siempre del tipo *No Nula*, ya que no puede existir una instancia en la clase agrupada, sin tener asociado al menos una instancia en la clase desagrupada.
- *Dependencia de Identificación*: la clase agrupada tendrá dependencia de identificación ya que el identificador de la clase agrupada estará compuesto de los identificadores de las clases desagrupadas.

b. Para la relación de Navegación

La relación de navegación presenta la siguiente taxonomía.

- *Agregación relacional*: No se establece una inclusión completa entre las clases que participan de la relación, pero es necesario especificar una dirección o sentido de navegación.
- *Agregación dinámica*: Su composición podría cambiar con el transcurso del tiempo debido a la ocurrencia de servicios de inserción y borrado.
- *Disjunta*: Se debe a la multiplicidad especificada.
- *Flexible*: Un objeto navegante podría existir sin pertenecer a una relación de navegación.
- *Multivaluada*: Un objeto navegado podría estar relacionado con varios objetos navegantes, implicando una navegación múltiple que en el espacio de la solución podría implicar la generación de varias páginas por cada instancia, o bien una página que contiene a todas las instancias de la relación.
- *Nula*: Se debe a la multiplicidad establecida.

3.9. Representación Gráfica

Los ejemplos de las figuras 3 y 4, corresponde a un caso de estudio para un sistema académico cuyo objetivo principal es el de ofrecer información sobre el departamento (carreras, plan de estudios, contenido programático, etc); ofrecer información personalizada a los alumnos (materias cursadas, notas, promedios, información sobre materias que actualmente se encuentra cursando, materias habilitadas, etc.); información personalizada a los profesores (asignaturas de las que es responsable de cátedra); carga de materiales en estas asignaturas; carga de notas acumuladas y finales; información personal (datos personales, Currículo, etc).
En la figura 3 es posible notar que la clase agrupada *'Listado_Materias'* está compuesta de un *atributo propio* (Título) y tres *derivados* (Carrera.Nombre, Materia.Cuatrimestre, Materia.Nombre). El *filtro* que determina la población de agrupación está compuesto de dos *condiciones*. En este caso, esto corresponde a una *restricción estática*, pero podría ser también una restricción dinámica del tipo adaptativa, en donde

dependiendo del usuario que está interactuando con el sistema la población de la clase podría variar. Otros filtros de población dinámicos podrían ser por ejemplo "*ver listado de estudiantes*" en donde las distintas condiciones pueden ser por ejemplo ["nota>3 and semestre<=4", "nota>3 and semestre>4 and semestre <=8", "nota>3 and semestre >8"]. Estas condiciones generan en el espacio de la solución un índice con posibilidades de ver listado de estudiantes con notas mayores a 3 agrupados por rangos de semestres. Las restricciones dinámicas especificadas sobre los filtros podrían también contener variables diferentes, y alguna sentencia OCL (Object Constraint Language).

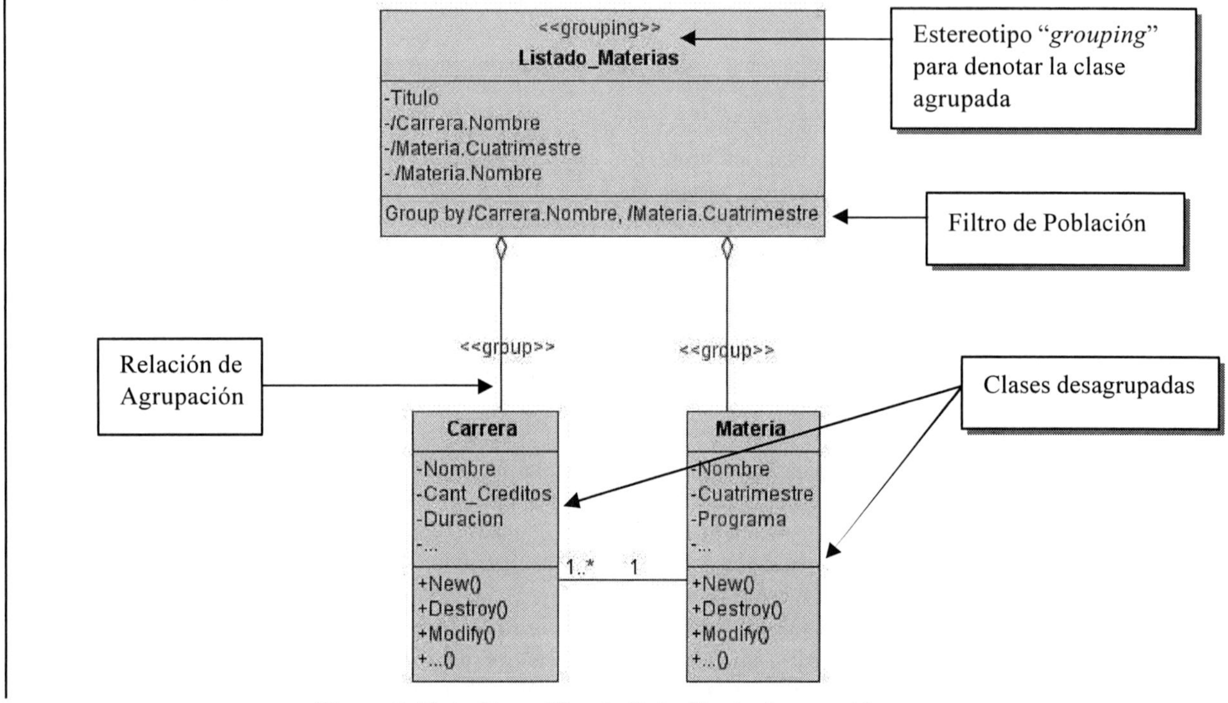

Figura 3. Notación gráfica de Relación de Agrupación

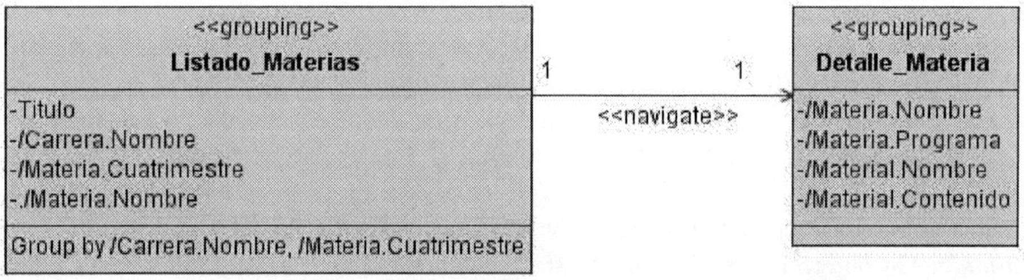

Figura 4. Notación gráfica de relación de "Navegación"

En la figura 4 se especifica una relación de navegación entre "*Listado_Materias*" y "*Detalle_Materia*". Esta navegación es posible debido a que existe una relación entre sus clases desagrupadas (esta relación puede determinarse por los atributos derivados */Materia.Nombre* de *Listado_Materias* y */Materia.Nombre* de *Detalle_Materia*, ambos derivados de la misma clase, aunque también podrían ser clases distintas pero con una relación entre ellas). Por otro lado, la *cardinalidad* definida para la relación de navegación debe ser un subconjunto de la cardinalidad en la relación definida entre las clases desagrupadas en el modelo estructural.

3.10. Del Esquema Conceptual al Esquema de Presentación

En esta sección se presenta una serie de constructores de presentación que podrían obtenerse a partir del modelo conceptual de la navegación. No se pretende definir un nuevo método de diseño, sino que especificar aquellos constructores navegacionales que deberían estar indicados en la etapa de presentación ya que permiten establecer una interacción directa con el usuario de la aplicación. Más aún, la división que se intenta establecer entre los constructores del esquema conceptual y de la presentación introduce un grado de abstracción interesante. Además, una misma especificación en el esquema conceptual puede implicar diferentes elementos a nivel de presentación. A continuación se presentan los distintos constructores:

- ***ADV (Abstract Data View):*** conjunto de elementos que pueden ser vistos por el usuario en un instante de tiempo dado. Está compuesto por un conjunto de clases que se encuentran relacionadas a través de una relación de navegación que implica una navegación interna, y se traduce en un enlace interno.
- ***Ancla*:** representa el dato que permitirá la activación de la navegación. Éste se especifica identificando el atributo o servicio de la clase que activará la navegación. En el caso de ser un servicio, éste corresponderá a un botón, y primeramente se ejecutará el servicio para luego alcanzar la página destino.
- ***Dato*:** instancia de una clase. Al especificar las clases que compondrán un ADV, en ciertas situaciones no es necesario indicar la manera en que se mostrarán, ya que puede determinarse a partir de las cardinalidades especificadas en las relaciones y filtros. Por ejemplo, en el caso de que sea [1..1], la página destino contendrá datos de una sola instancia de la clase relacionada. Si la cardinalidad entre dos clases es de [1..n], entonces la clase destino corresponderá a un conjunto de instancias (ej. listado de los empleados de un departamento de la Universidad). Si el resultado implica el despliegue de muchas instancias, entonces puede especificarse la cantidad máxima a mostrar por página, esto creará botones que permitan realizar el recorrido de todas las instancias. Si existiera algún filtro, entonces el conjunto de instancias resultantes sería un subconjunto de aquellas posibles a partir de la cardinalidad. Una solución, para aquellos casos en que no es posible determinarse la presentación de una manera automatizada es especificando patrones de presentación ligados a la forma en que se mostrarán los datos.
- ***Índice*:** visualiza menores detalles de un conjunto de datos, para acceder a mayores detalles de los mismos. También pueden derivarse de forma automática de diferentes construcciones del modelo conceptual de la navegación. Por ejemplo, si en una clase agrupada se ha definido varias condiciones para un filtro de población (detalle de persona en donde las condiciones son, edad<5, 5<=edad<10, 10<=edad<20, 20<=edad<40, 40<=edad<60, edad>=60) esto se traduce en una página intermedia con la posibilidad de acceder a detalles de personas según diferentes rangos (ver figura 5). Otro caso de índice podría darse en una relación con cardinalidad [1..n] (ver figura 6).

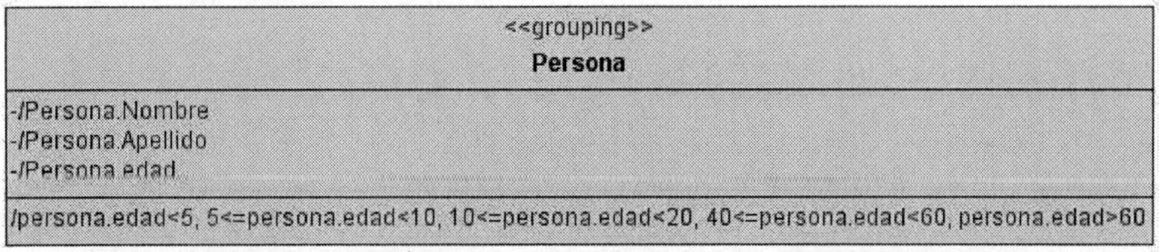

Figura 5. Filtro compuesto de varias condiciones que se traducen en "*índice*"

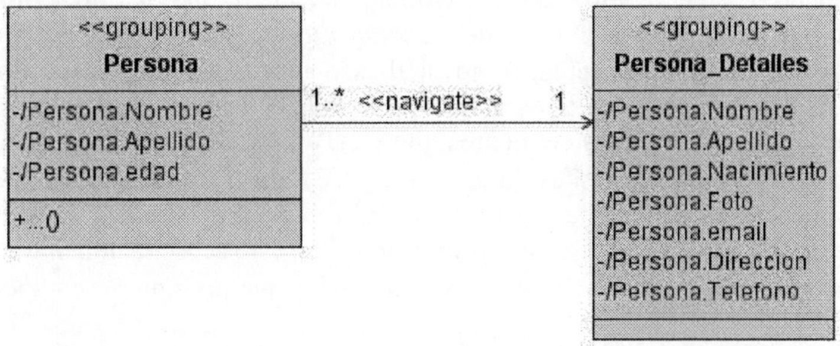

Figura 6. Patrón conceptual que puede corresponder a un "*índice*"

- ***Menú*:** índice de elementos heterogéneos. No se derivan del esquema conceptual y tienen como objetivo establecer conexiones entre elementos que no relacionados (ej. menú para acceder a los otros módulos).

4. Trabajos relacionados

En esta sección se esboza un análisis comparativo de las abstracciones propuestas con respecto a cuatro métodos de diseño de aplicaciones Web ampliamente referenciados en la bibliografía especializada y que reflejan los principales paradigmas de los métodos usados para el diseño de aplicaciones Web: OOWS [12,11], OOHDM [14], WebML [2] y UWE [7].

Para la definición de la navegación, OOWS [12] contempla varios constructores con fuertes relaciones con la propuesta de este trabajo. Por un lado se puede establecer una correspondencia casi directa entre las *Agrupaciones* y los contextos navegacionales propuestos por OOWS, ya que los últimos corresponden a una vista del modelo de objetos compuesto por un subconjunto de clases que se encuentran relacionadas a través de algún tipo de relación estructural. Además, las clases navegacionales de OOWS establecen la visibilidad de los atributos sobre una clase para un agente (usuario) determinado. Los vínculos navegacionales en OOWS se obtienen a partir de relaciones entre clases navegacionales contenidas en el contexto fuente y el destino. Esto también tiene una correspondencia con las relaciones de *Navegación* aquí presentada. Además, en OOWS es posible establecer restricciones al nivel de población de contextos y de instancias destinos mediante los distintos filtros. Una diferencia es que en OOWS no existen constructores para definir propiedades nuevas, y los contextos pueden tener asociado solamente un filtro de población, esto elimina expresividad al método para definir varios filtros para un mismo contexto, pero le ofrece la posibilidad de reusarlos. Otra diferencia es que OOWS establece una separación clara entre el nivel de información y navegación/presentación, ya que corresponde a una extensión de OOMethod, pero los constructores navegacionales del nivel de presentación y de la información se presentan en un mismo modelo, mientras la actual propuesta mantiene la separación en dos niveles distintos (ver sección 2). Las demás dimensiones presentadas en este trabajo pueden otorgar mayor claridad semántica a los constructores de OOWS, sobre todo para la fase de generación de código, ya que podrían ayudar a identificar los distintos patrones de traducción (ver por ejemplo la sección 3.10).

OOHDM [14] establece vistas sobre el modelo conceptual, permitiendo la construcción de distintas vistas por cada perfil de usuario. La navegación en OOHDM se compone del *esquema de clases navegacionales* y del *esquema de contextos navegacionales*. Este método se adecua perfectamente a las ideas de *Agrupación* y *Navegación* de la propuesta presentada en este trabajo, ya que los *nodos navegacionales* definidos en OOHDM corresponden a *clases de agregación* (clases agrupadas en la actual propuesta) con algunas pequeñas diferencias (por ejemplo, no se pueden definir filtros). Por tal motivo podemos decir que las *relaciones de agregación* de nuestra propuesta poseen mayor expresividad que las clases navegacionales de OOHDM. En el esquema de *contextos navegacionales* de OOHDM, se definen las instancias que poblarán las clases, además de las diferentes *agrupaciones posibles*, también se especifican los *índices* y *menús*. Este método propone también un *Modelo de Presentación*, con algunos constructores navegacionales. Aún así, otros constructores definidos por OOHDM (por ejemplo las estructuras navegacionales) que según esta propuesta deberían encontrarse en el nivel de presentación, son propuestos en el esquema conceptual que correspondería a un nivel intermedio entre presentación e información.

En UWE [7] las *anclas* son definidas en la estructura de la presentación (diseño de la interfaz abstracta), y los usuarios (*actores*) se especifican al definir los flujos de presentación. El concepto de *Agrupación* es perfectamente adaptable a este método, ya que la definición de una *clase navegacional* en UWE es similar al de *clase agrupada* de esta propuesta (con la limitación de que una *clase navegacional* de UWE representa una vista de una sola clase, no de un conjunto). En este sentido, la actual propuesta ofrece mayor flexibilidad para los diseñadores. Por otro lado, la relación de *navegación directa* en UWE es derivada de relaciones de asociación existentes en el modelo conceptual como en el caso de la actual propuesta. Los *filtros de población* propuestos en este estudio, corresponden a los *índices* definidos en la estructura navegacional de UWE. Una diferencia importante se refiere a algunos elementos que en UWE se definen en el modelo de "*Estructura de la Navegación*", como por ejemplo las visitas guiadas, menús e índices; mientras que éstos, como hemos visto en la sección 3.10., pueden perfectamente derivarse de las relaciones definidas en el modelo conceptual y atañen más bien las especificaciones a nivel de presentación. Con esto se logra una mayor independencia de la implementación siendo posible identificar patrones conceptuales que podrían desembocar en una generación automática de código.

WebML [2] no establece distinción entre navegación y presentación, ya que en la fase de composición se identifican constructores de presentación (index, scroller, multichoice index, etc.). Nuestra propuesta ofrece mayores niveles de abstracción de diseño y mayor independencia de la implementación. La *clase agrupada*, puede verse reflejada en los *data units*, y *multidata units* de WebML, aunque estos últimos presentan una limitación ya que corresponden a datos pertenecientes a una sola entidad. Existen también esfuerzos de integración entre WebML y UML que otorgan un enfoque más orientado a objeto [19].

Del análisis comparativo presentado en esta sección, se ve que la extensión propuesta no pretende definir una nueva aproximación para la navegación, sino que lo profundiza de tal forma a establecer una relación más directa entre lo que ya está definido en los diferentes métodos (con la inclusión de modelos navegacionales), la estructura de la información y la presentación. La idea de proponer un nuevo modelo, evidentemente permite separar conceptos, aunque a veces introduce mayor complejidad, documentación y trabajo; pero de este trabajo podemos ver que el modelo navegacional puede perfectamente ser construido utilizando un modelo diferente al de la estructura, y aún así estar definido a partir de la extensión del modelo de objetos propuesta. Esto permitirá la creación de patrones de traducción y generación de código.

5. Conclusiones y Trabajos Futuros

Este trabajo se ha centrado en un análisis del concepto de navegación, a partir de un proceso de abstracción de las características principales que se tienen en cuentan a la hora de modelarla por diversos métodos de diseño. Se ha introducido la definición de dos nuevas relaciones, como extensión del paradigma orientado a objetos, que pretenden capturar dicho concepto principalmente a nivel del dominio: Agrupación y Navegación.
Finalmente, se ha presentado una primera propuesta de constructores que afectan a la navegación a nivel de presentación, siendo esto una base para trabajos futuros. Otros trabajos futuros corresponden a un detallado análisis de los aspectos no determinísticos de la navegación, un estudio de la incorporación de nuevas dimensiones al marco conceptual utilizado para definir las relaciones, y la definición de un marco comparativo de la propuesta con otras metodologías de diseño de aplicaciones Web. Además, se están realizando experimentaciones en diversas aplicaciones, con el objetivo de validar la propuesta, y así proceder a la construcción de herramientas CASE y para la generación automática de código.

6. Referencias

[1] Booch G. *Object Oriented Analysis and Design with Applications*. Second Edition. Addison-Wesley, 1994

[2] Ceri S., Fraternali P., Bongio A. *Web Modeling Language (WebML): a modeling language for designing Web sites.* WWW9 / Computer Networks 33(1-6), pp. 137-157 (2000)

[3] *Unified Modeling Language* (UML). http://www.uml.org/

[4] Gómez J., Cachero C., Pastor O. *Conceptual Modeling of Device-Independent Web Applications*. IEEE MultiMedia 8(2): 26-39, 2001

[5] Cachero C., Koch N., Gómez J., Pastor O. *Conceptual Navigation Analysis: a device and plataform independent navigation specification.* II International Workshop on Web Oriented Software Technology (IWWOST 2002) Málaga, Spain. 2002: 21-32

[6] Lori L. Scarlatos, Rudolph P. Darken, Komei Harada, Carrie Heeter, Richard Muller, Ben Shneiderman. *Designing Interactive Multimedia (Panel).* ACM Multimedia 1997: 215-218

[7] Hennicker R, Koch N. *A UML-based Methodology for Hypermedia Design*. UML 2000. pp 410-424

[8] Lowe D. and Hall W. *Hypermedia and the Web: An Engineering Approach.* Hohn Wiley & Sons Ltd, 1999

[9] Parsons J., Wand Y. *Using Objects for Systems Analysis*. Communications of the ACM 40(11):104-110, Noviembre, 1997

[10] Pastor O., Insfrán E., et. al. *OO-Method: An OO Software Production Environment Combining Conventional and Formal Methods.* Proc. Conference on Advanced Information Systems Engineering (CAiSE), LNCS 1250, Springer-Verlag, pp. 145-159, 1997

[11] Pastor O., Abrahão S., and Fons J. J. *Building E-Commerce Applications from Object-Oriented Conceptual Models*. In Newsletter of the ACM SIGecom Exchanges, volume 2(2), pages 24-32, Junio 2001

[12] Pastor O., Abrahão S., and Fons J. J. *Object-Oriented Approach to Automate Web Applications Development.* In 2nd International Conference on Electronic Commerce and Web Technologies (EC-Web'01), Munich, Germany, Septiembre 2001. Springer-Verlag

[13] Pelechano V. *Tratamiento de Relaciones Taxonómicas en Entornos de Producción Automática de Software, una Aproximación Basada en Patrones*. PhD Tesis. Departamento de Sistemas Informáticos y Computación – DSIC. Universidad Politécnica de Valencia, 2001

[14] Rossi G. *Uma Metodología Orientada a Objetos para o Projeto de Aplicativos Hipermidia.* PhD thesis, Departamento de Informática da PUC-Rio, http://www-lifia.info.unlp.edu.ar/~fer/oohdm/, 1996

[15] Schwabe D. and Rossi D. *Developing Hypermedia Applications using OOHDM.* In Workshop on Hypermedia Development Processes, Methods and Models (Hyper- Text '98), Pittsburgh, USA, 1998

[16] Schwabe D., Rossi G. *An Object Oriented Approach to Web-Based Applications Design.* TAPOS 4(4): 207-225 (1998)

[17] Snoeck M., Dedene G. *Existence Dependency: The Key to Semantic Integrity Between Structural Behavioral Aspects of Object Types*. IEEE Transaction of Software Engineering 24(4):233-251, Abril, 2001

[18] Leventhal M. *XML: Can the Desperate Perl Hacker Do It?* World Wide Web Journal 2(4): 153-163 (1997)

[19] Ceri S., Dolog P., Matera M., Nejdl W.. "*Model-Driven Design of Web Applications with Client-Side Adaptation*". Proc. of ICWE'04, Munich, Germany, July 2004, LNCS 3140, Springer Verlag, 2004

Generación Automática de Formularios CRUD Para Aplicaciones Web en la Tecnología ASP.NET

Thaizel Fuentes, Ajadex López
Grupo WEBOO, Dpto.de Ciencia de la Computación, Universidad de la Habana
thai@matcom.uh.cu, ajadex@matcom.uh.cu

Resumen

Se presenta un paquete de controles Web ASPNet que conforman un simple pero poderoso conjunto de herramientas que tiene como objetivo permitir el rápido diseño visual y funcional -así como la puesta en ejecución- de formularios *CRUD* (siglas de las cuatro operaciones básicas para el manejo de datos: *Create*, *Read*, *Update*, *Delete*) en Aplicaciones Web que interactúan con Bases de Datos Relacionales. El proceso de generación de formularios *CRUD* se realiza en ejecución de forma automática y dinámica a partir de ficheros XML que actúan como proveedores de meta-datos. Se presenta cómo estos controles se pueden integrar a sistemas Web basados en manejo de contenido, conocidos como *CMSs* (del inglés *Content Management System*) de forma que pueden ser insertados desde la Web en cualquier sección de una página, y desde allí garantizar entonces la lógica visual y funcional asociada a la inserción, lectura, edición y eliminación de información almacenada en Bases de Datos Relacionales.

Palabras claves: Controles Web, ASPNet, XML, Formularios CRUD

Abstract

This paper presents a tool consist of Web controls developed under ASP .NET and oriented to support rapid functional and visual design of CRUD (Create, Read, Update, and Delete) in Web Applications attaching to Relational Data Bases. The generation of CRUD forms is done in runtime dynamically and automatically. A set of XML files containing metadata is used as start point during the generation of CRUD forms. The work explains how these controls could be integrated to Content Management based Web Systems (CMSs). So, such controls could be inserted through the Web to any section of existing Web Pages guarantying the visual and functional logic of retrieving, insertion and edition of information represented in Relational Data Bases.

1. Introducción

Usualmente los sitios Web de grandes dimensiones se conciben con el contenido almacenado en una base de datos relacional. A los programadores queda entonces la rutinaria labor de implementar la lógica visual y funcional de operaciones de creación, lectura, actualización y eliminación del contenido (en términos de bases de datos se utiliza el acrónimo *CRUD* para referirse al nombre en inglés de las cuatro operaciones básicas para el manejo de datos: *Create*, *Read*, *Update*, *Delete*).

A los programadores familiarizados con la generación de Aplicaciones Web para el manejo de información almacenada en bases de datos, les llega a resultar tedioso seguir siempre la misma rutina para desarrollar aplicaciones, que por lo general siguen una misma lógica funcional, pero visualizan diferente contenido. Además, el modo de implementación de la navegación para realizar adecuadamente las operaciones *CRUD* varía entre criterios de diversos programadores. Las metodologías que se aplican "sugieren" pero no "obligan" a seguir los pasos para garantizar el mejor diseño.

La operación de acceso a datos que cuenta actualmente con una mayor atención por parte de la comunidad de programadores, es sin lugar a dudas la operación de lectura (**R**ead). Esto es debido a la gran cantidad de información ya existente en bases de datos que debe ser visualizada por diversos sistemas. Como respuesta a esta demanda la operación de lectura cuenta actualmente con un número mayor de herramientas de generación automática, muchas de estas provistas por los propios gestores de datos (Ej: *SQL Server 2000 Reporting Services* [1], formularios de Access, etc.). También para las operaciones de lectura existe un mayor soporte programático (Ej: *DataSet en ASP.NET* [2]).

Entre las herramientas más profesionales que brindan servicios de "reporte" o lectura y visualización de información almacenada en Bases de Datos, están *CrystalReports* de *Business Objects* [3], *ActiveReports for .Net* de *Data Dynamics* [4] y *SQL Server 2000 Reporting Services* [1] entre otras. Sin embargo, en varias de las versiones disponibles de estos productos no puede expresarse directamente la lógica del reporte ni su apariencia de forma dinámica, o sea, durante la ejecución de la aplicación, y las versiones mas recientes si bien es cierto que traen incorporadas estas funcionalidades de forma dinámica, no se ajustan a todos los requerimientos del programador, pues no ofrecen soluciones para el resto de las operaciones *CRUD*, cuando sería deseable una herramienta o conjunto de herramientas desarrolladas bajo la misma filosofía e integradas entre sí.

Se exploraron también herramientas *freeware* y *shareware* para el desarrollo de aplicaciones .Net con interfaz *Web* basadas en Bases de Datos, en las que existe una clara separación entre la capa de acceso a datos (operaciones *CRUD*) y la capa de presentación. Entre ellas puede citarse a *Raptier* [5], *CodeWizard* [6], *CodeSmith* [7] . Pero no se encontró en estas herramientas todas las funcionalidades deseadas para ninguna de las capas. La interfaz de las aplicaciones generadas no es del todo amigable desde el punto de vista del usuario y el código generado es poco claro y en consecuencia difícil de personalizar una vez generado. Estas herramientas no son de código abierto, por lo que no se cuenta con forma de extender o modificar su funcionalidad vía código.

Esta conjunción de factores dio origen a este trabajo, que pretende la implementación del conjunto de herramientas que tiene como objetivo la automatización de la generación de formularios para cada una de las operaciones *CRUD*. El resto de este trabajo queda estructurado de la siguiente forma: En la sección 2 se presenta al `Reporteador`, herramienta diseñada para la automatización de la generación de formularios Web para la operación de lectura de datos (operación *Read*). La sección 3 describe el análisis y las etapas de modelación de software necesarias para implementar la generación automática de formularios Web para operaciones de modificación de datos en una base de datos (operaciones *Create*, *Update*, *Delete*). La explicación de cada una de estas fases o etapas de modelado se sustenta sobre el modelo de bases de datos `Entidad-Relación Extendido`. En la sección 3 se presenta además el conjunto de herramientas (controles Web) que garantizan el proceso de generación automática de los formularios Web para cada una de las etapas de modelación.

2. El Reporteador: Automatización de la generación de la interfaz visual de formularios Web para la operación de lectura de datos (operación *Read*)

Tomando como fuente de inspiración a *CrystalReport*, *ActiveReport* y *SQL Server 2000 Reporting Services,* se implementó el `Reporteador`, librería de controles Web que permiten "automatizar" la operación de lectura de los datos provenientes de una fuente de datos. Para ello se definió un lenguaje basado en el estándar XML [8], que permite modelar la lógica de negocio que está detrás de la operación de lectura de datos; el lenguaje se escribe en ficheros llamados `Meta-Reportes`. Como parte del `Reporteador`, se implementó además controles Web que escriben y procesan cualquier sentencia del lenguaje, estos son: el "`Editor de Meta-Reportes`" y el "`Visualizador de Datos`".

Para un mejor entendimiento del modo en que se integran cada una de las piezas que conforman el `Reporteador`, se debe comenzar por entender el papel que juegan los ficheros "`Meta-Reportes`".

2.1. Los Meta-Reportes

Los `Meta-Reportes` conforman una capa intermedia y más simplificada en cuanto a funcionalidad en relación a los conocidos ficheros *rpt* (*CrystalReports*) o *rpx* (*ActiveReports*), pero difieren de estos en el modo en que son construidos y el objetivo que persiguen. Los `Meta-Reportes` son ficheros XML editados dinámicamente (en tiempo de ejecución de la aplicación Web) que describen el comportamiento visual y funcional de los formularios Web que serán utilizados para la operación de lectura de datos, permiten expresar el modo en que deben ser visualizados los datos así como otras funcionalidades a disposición de los usuarios finales que naveguen por el sitio.

A diferencia de *CrystalReport*, *ActiveReports* y tantos otros, los `Meta-Reportes` no están ligados a ninguna plataforma en particular y no se necesita conocimientos de programación para poder elaborar este fichero de reportes. Pueden ser editados en cualquier editor de texto plano, o editor de XML (Ej: *XMLSpy* [9]), pero el objetivo particular perseguido con la herramienta `Reporteador` es que los administradores de sitios Web y gestores del contenido de estos sitios puedan de forma visual y desde la Web crear y configurar `Meta-Reportes`, para seguidamente –y también de forma dinámica desde la Web-, poder visualizar el contenido extraído de una fuente de datos, a partir de la configuración expresada en el `Meta-Reporte`.

¿Dónde encajan los **`Meta-Reportes`** en el proceso de generación automática de formularios Web?

La Figura 1 (Fases del funcionamiento del Reporteador) describe el ciclo de vida seguido para la generación dinámica de un formulario de lectura de datos.

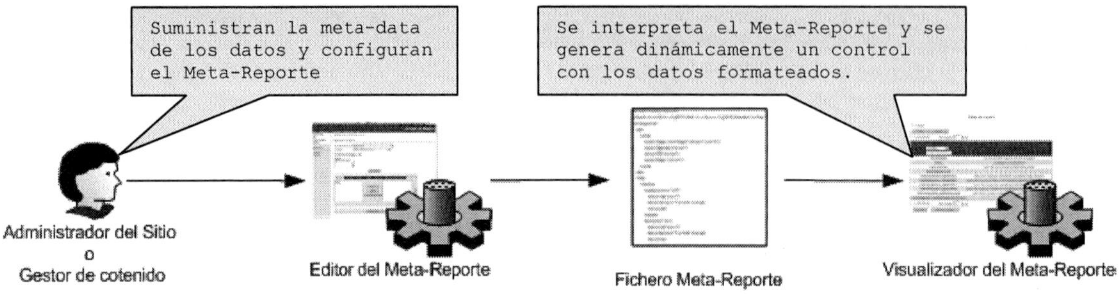

Figura 1 (Fases del funcionamiento del Reporteador)

El **`Reporteador`** por tanto es la integración de:

1. Un lenguaje para definir reportes que se almacena en documentos XML llamados **`Meta-Reportes`**.
2. Una herramienta que automatiza la edición de los Meta-Reportes nombrada "**`Editor de Meta-Reportes`**" e implementada como un control Web de ASP.NET.
3. Una herramienta que interpreta el Meta-Reporte y genera dinámicamente un control Web en base a la configuración presente en el Meta-Reporte. Dicha herramienta se nombra "**`Visualizador de Datos`**" o "**`Intérprete de Meta-Reportes`**" y también es un control Web de ASP.NET.

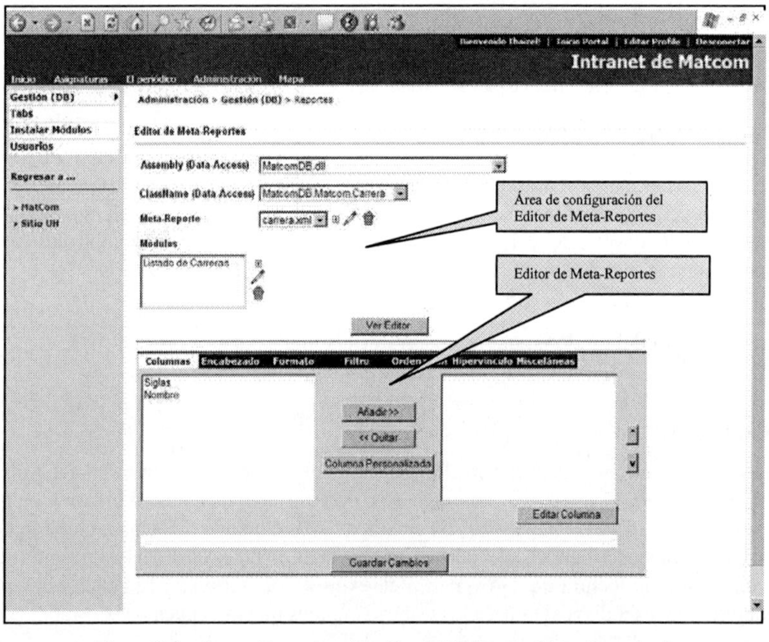

Figura 2 Configuración y visualización del "Editor de Meta-Reportes"

2.2. Editor de Meta-Reportes

El "**`Editor de Meta-Reportes`**" se expresa visualmente como un control Web `ASPNet` que puede ser incluido en un formulario Web en tiempo de diseño arrastrando el control desde la paleta de controles del `VisualStudio.Net`. Es interesante destacar que también se cuenta con una implementación del "**`Editor de Reportes`**" diseñada especialmente para ser insertado en una página Web en tiempo de ejecución, en aplicaciones Web que sigan una lógica *CMS* (*Content Managment System*) soportada por *Rainbow* [10].

2.3. El Visualizador de Datos

El **Visualizador de Datos** recibe como entrada una fuente de datos (un DataSet o una consulta **SQL**) y un fichero XML conteniendo el meta-reporte. La funcionalidad de dicho control radica en interpretar el meta-reporte así como generar y configurar dinámicamente los controles Web ASP.NET encargados de visualizar los datos provenientes de la fuente de datos. La Figura 3 muestra un ejemplo de un control **Visualizador de Datos**, mostrando información referente a las asignaturas pertenecientes al plan de estudios de la carrera "Ciencia de la Computación".

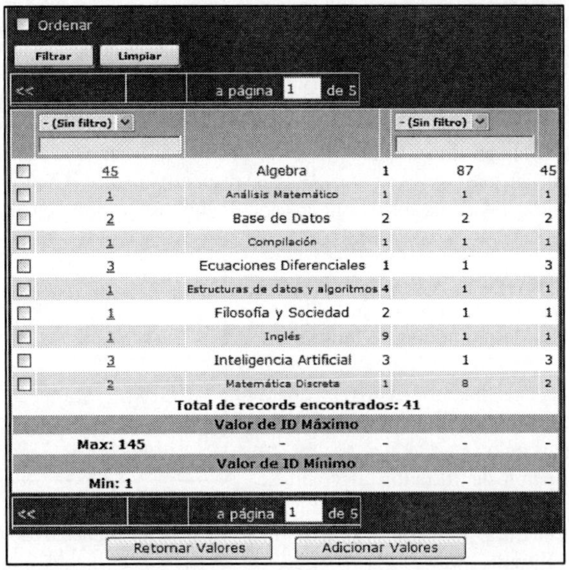

Figura 3 Visualizador de Datos

2.4. Especificación de los módulos presentes en ficheros Meta-Reportes: Conexión entre el Editor de Meta-Reporte y el Visualizador de Datos.

Como puede observarse, el **Editor de Reporte** y el **Visualizador de Datos** no presentan dependencias entre si. El único punto de contacto entre ellos está en el **Meta-Reporte**. Ambas herramientas a su vez están compuestas por módulos. Cuando se incorpora una nueva componente a la especificación del lenguaje que describe a los **Meta-Reportes**, se hace necesario agregar un módulo al **Editor de Reporte** para realizar la edición del fichero de reporte, y en consecuencia debe agregarse un módulo equivalente al **Visualizador de Datos** para que ejecute la configuración descrita en el Meta-Reporte.

Los módulos disponibles actualmente en el **Reporteador** son:

- **Columnas**: Permite escoger las columnas que se van a mostrar, el orden y el formato específico de algunos tipos de datos como por ejemplo Date: 24/4/2004 en 24-4-2004 ó 4.24.2004, etc. Admite además incluirle expresiones a las columnas y crear columnas compuestas por más de 1 en el origen de datos. Un ejemplo de columna compuesta es *"Nombre Completo"* que estaría formada por las columnas *"Nombre"*, *"Primer Apellido"* y *"Segundo Apellido"*.
- **Encabezados**: Permite crear encabezados a los controles. Entre las opciones se encuentran: múltiples encabezados (más de 1 encabezado para una columna) y encabezados compuestos (encabezados que abarquen más de 1 columna).
- **Pies de Páginas**: Permite crear pies de páginas con comentarios y diversas funciones agregadas para ofrecer estadísticas

- `Formato`: Permite definir el formato que van a mostrar las columnas como Color, Tamaño, etc. También permite asociarle clases CSS a cada elemento de un Reporte.
- `Filtro`: Permite definir controles que filtren valores en las columnas de los Reportes.
- `Ordenación`: Permite definir que columnas van a estar ordenadas y de que tipo va a ser la ordenación (Ascendente o Descendente).
- `Hipervínculos`: Permite definirle hipervínculos a las columnas mostradas. El hipervínculo provoca un evento que es el que se debe manejar para añadirle la funcionalidad deseada (usualmente navegar hacia la página del hipervínculo).
- `Misceláneas`: En este módulo se tratan elementos que no entran en ningún módulo en específico, Ej.: el título del Reporte y la paginación.

Un ejemplo de módulo de un meta-reporte lo conforma la Figura 4. Con el **`Visualizador de Datos`** se puede además habilitar una "columna de selectores" para realizar la selección de un subconjunto de los datos mostrados en el formulario de reporte. La columna de selectores permite la selección única o múltiple de datos, y los controles Web para hacer la selección son `RadioButton` y `CheckBox` respectivamente. Cualquiera sea el tipo de selección activa en el visualizador de datos, los datos seleccionados son devueltos a modo de `DataSet`.

En la Figura 4 el *tag* "filtro" representa la descripción del módulo de filtrado. El **`Visualizador de Datos`** procesa esta información de modo que en tiempo de ejecución se muestra además de los datos, en las columnas de índices 0 y 3, controles ASP.NET de tipo `System.Web.UI.WebControls.TextBox` listos para introducir los datos a buscar. Adicionalmente se generan controles con operadores de filtrado (=, <, >, <=, >=, <>,...) y botones para ejecutar la acción de filtrado, tal como se observa en la Figura 3. Si se seleccionan los parámetros deseados y se oprime el botón filtrar la página refresca sus datos mostrando la selección filtrada.

```
<filtro>
    <columnas>
        <columna tipo="textbox" indice="3" />
        <columna tipo="textbox" indice="0" />
    </columnas>
</filtro>
<ordenacion>
    <columnas>
        <columna indice="1" tipo="ASC" />
    </columnas>
</ordenacion>
```

Figura 4 Fragmento de Meta-Reporte: Módulo `Filtro` y Módulo `Ordenación`

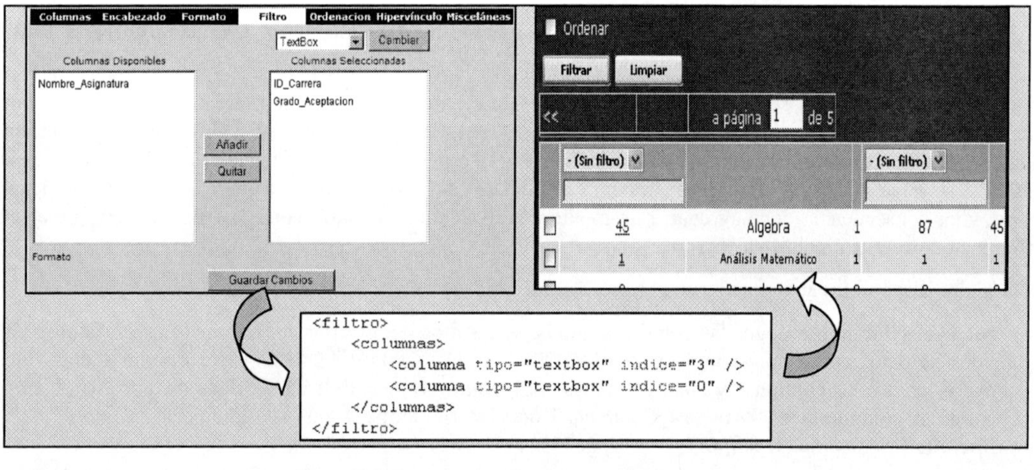

Figura 5 El Reporteador: Completando el Escenario

3. Completando la cuarteta *CRUD*: Automatización de la generación de la interfaz visual de formularios Web para Operaciones de Modificación de Datos.

El objetivo ahora es lograr que una vez visualizados los datos, estos puedan actualizarse de una forma cómoda para los usuarios finales del sitio, por lo general no programadores.

Para automatizar las operaciones de creación, modificación y eliminación de datos (tomando como referencia inicial una base de datos existente), resulta conveniente elevar el nivel de abstracción hasta el modelo de **E/R Extendido** (Entidad-Relación Extendido) y expresar la lógica de este modelo en un formato estándar basado en XML (detalles de este formato se salen de los objetivos de este trabajo) garantizando así una independencia entre la capa de persistencia (soporte físico de almacenamiento: `SQLServer`, `Access`, `Oracle`, `MySQL`, etc.) y la lógica abstracta del modelo de base de datos **E/R Extendido**. Esta especie de "ingeniería reversa" permite realizar futuros cambios de Sistema Gestor de Bases de Datos (SGBD) sin que esto afecte la lógica de la aplicación. De igual modo, al estar expresada toda la lógica del modelo **E/R** en un fichero XML, podrán generarse los formularios CRUD -bien sea en tiempo de diseño o en tiempo de ejecución-, sin tener en cuenta la existencia del SGDB.

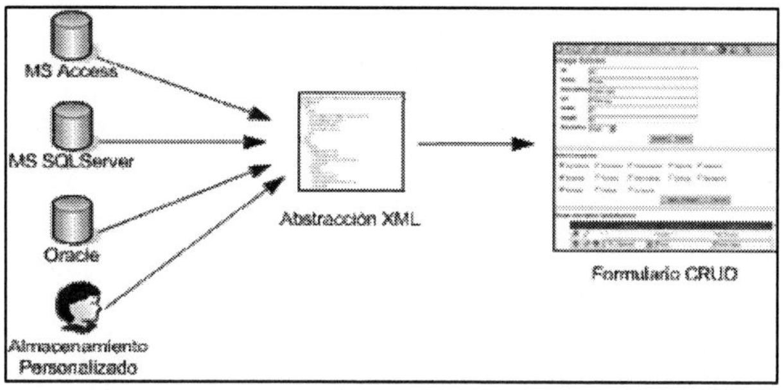

Figura 6 Diferentes SGBD, una única representación XML

A la hora de abordar la generación de los formularios que realizan las operaciones de inserción, actualización y borrado de datos, deben analizarse dos puntos de vista contrapuestos:

1. **Se necesita lograr la automatización del proceso de generación de formularios *CRUD* de forma dinámica desde la Web.** Esta solución está orientada especialmente -al igual que el **Reporteador**- a aquellos usuarios encargados de manipular contenido y que necesitan realizar operaciones de modificación de datos, pero no tienen necesariamente conocimientos de programación como para ser capaces de escribir y compilar código fuente y hacer el *deployment* de una aplicación Web (entiéndase ficheros `dlls`, `aspx`, `ascx`, etc.) en un *host* de Internet. Esta variante facilita:

   - Al igual que el **Reporteador**, el texto XML con la meta-información necesaria puede ser modificado desde la Web y los cambios producidos en él, serán automáticamente visualizados y puestos en funcionamiento por los formularios *CRUD*, sin necesidad de recompilar la aplicación.

   - Siguiendo el modelo de desarrollo de sitios *CMS*, es en extremo sencillo garantizar el diseño de páginas de formularios CRUD desde la Web, permitiendo así que los administradores o gestores de contenido puedan mantener actualizado la información de la BD mediante una interfaz amigable y cómoda, hecha a su medida, a pesar de encontrarse a cientos de millas de distancia del servidor Web.

2. **Lograr la automatización del proceso de generación de código fuente (ficheros aspx y cs) con el objetivo de generar un proyecto Web ASPNet conteniendo los formularios *CRUD*.** Al compilar este proyecto se tendrá como resultado una aplicación Web con páginas de comportamiento estático (el estilo y controles que conforman la página se determina en tiempo de diseño). Esta variante facilita:

   - La generación automática de código fuente. Este código fuente puede ser posteriormente redistribuido a terceros desarrolladores si se quiere seguir el paradigma de código abierto, o bien puede compilarse y exportarse tan solo la funcionalidad, encapsulando los detalles de implementación. En caso de redistribuirse el código fuente, este será (a diferencia de otras herramientas antes mencionadas) lo suficientemente claro y modular, como para que realmente terceros desarrolladores puedan realizar modificaciones al código generado.

   - Eficiencia en cuanto a tiempo de ejecución: Las páginas no tienen que estar generando dinámicamente controles Web por cada pedido a partir de una configuración XML. En este caso el estilo visual de la página se resuelve en tiempo de diseño del sitio y en consecuencia el *rendering* de las páginas es más eficiente.

Ambos enfoques: generación dinámica o generación de código fuente, a pesar de ser aparentemente contrapuestos, tienen mucha utilidad dependiendo de los objetivos propuestos y áreas de aplicación de cada uno. En la etapa de desarrollo actual los autores de este trabajo han diseñado e implementado controles Web que responden a las necesidades planteadas por los usuarios que defienden el primer punto de vista, dado el escaso número de herramientas diseñadas para la edición, selección y navegación de datos provenientes de una Base de Datos, en entornos dinámicos como son los sitios Web con comportamiento *CMS*.

Actualmente estudiamos formas de abordar el segundo enfoque (generación de código), tomando como punto de inspiración el diseño de `Templates Activos` similar al modo de operación de herramientas como *Raptier* [5], garantizando una mayor claridad y modularidad del código generado.

3.1. Fases de Modelado de la Generación de Formularios Web para operaciones *Create, Update, Delete*

Independientemente del tipo de formularios *CRUD* generados (configuración de la apariencia en tiempo de diseño o en tiempo de ejecución), el proceso de construcción de los formularios pasa por diversas fases o etapas de modelado del software, tal como se expresa en la Figura 7:

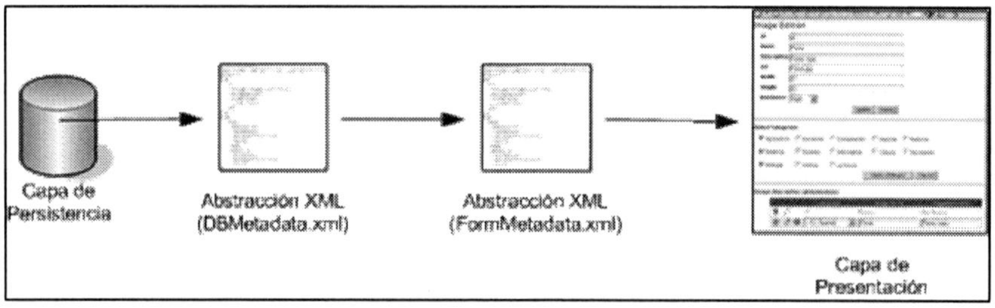

Figura 7 Fases o Etapas de modelado del Software para la Generación de formularios CRUD

La primera fase comprende el proceso de **Abstracción de la capa de persistencia**: Durante esta fase ocurre la generación del fichero XML que describe las entidades, sus atributos y relaciones. (En la Figura 7 se expresa como fichero `DBMetadata.XML`).

El fichero DBMetadata.XML generado, se tomará como entrada para la ejecución de la segunda fase del proceso de generación semi-automática de formularios: la fase de **Generación de Meta-Información de Formularios CRUD**. Aquí se generan los ficheros XML que describen la lógica visual de interacción y visualización de datos para cada formulario, Ej.: Se describe el dominio de atributos, visibilidad, navegaciones, etc. (En la Figura 7 estos ficheros aparecen bajo el nombre genérico de `FormMetadata.XML`).

Por ultimo se procede a la fase de **Generación de la Capa de Presentación**. Esta fase pasa a su vez por varias etapas de refinamiento, para lograr diferentes formatos visuales acorde al gusto y preferencias del usuario final. A continuación se describen cada una de estas fases de modelado del software.

3.2. Fases de modelación de las capas de meta-información en formato XML.

El fichero `DBMetadata.XML` contiene la especificación de la BD según el modelo `E/R Extendido` teniendo en cuenta la meta-información referente a: las entidades, sus atributos y las relaciones entre entidades. La versión del software existente hasta el momento, toma como fuente de datos una BD `SQLServer2000`, y procesa la meta-información presente en las tablas del SGBD, generando en formato XML los metadatos que describen a la Base de Datos. En implementaciones futuras se extenderá esta funcionalidad hacia otros `SGBDs`.

Una vez generada de forma automática la representación XML de la meta-información que describe a la estructura de la Base de Datos, el usuario que maneja el contenido del sitio, -utilizando como herramienta de desarrollo una instancia del control Web "`Editor de Metadata de Formularios`"-, será el encargado de determinar la lógica que puede existir entre las tablas (Ej: campos a visualizar, relación de herencia; entidades fuertes, débiles, modo de navegación, etc.), contribuyendo de esta manera a la generación de los ficheros de metadatos de formularios. El `Editor de Metadata de Formularios` se nutre del fichero DBMetadata.XML para ofrecerle al usuario una configuración inicial de la meta-información de formularios (configuración por defecto). El usuario que manipula el contenido del sitio configurará visualmente los ficheros de meta-data de formularios, de forma similar al modo de trabajo presente en el "`Editor de Reporte`" del `Reporteador`.

NOTA: El proceso de generación de metadata de formularios debe poder realizarse también desde una interfaz Windows. Esto se encuentra en etapa de desarrollo.

¿Que información queda reflejada como parte de la meta-data de los ficheros XML de formularios?: No todos los campos que aparecen formando parte de una entidad, son mostrados en un formulario CRUD, tampoco tienen por qué aparecer en el mismo orden ni con el mismo nombre con que aparecen en el fichero DBMetadata.xml. Cuáles campos van a ser mostrados, en que orden van a aparecer, con que nombre, como va a expresarse la lógica de herencia y las relaciones débiles y fuertes, entre otras, son algunas de las configuraciones presentes en los ficheros de metadatos de formularios. Además por cada campo y entidad se almacena información más específica como por ejemplo: la etiqueta que será visualizada en el formulario (por defecto el nombre del atributo), el dominio del contenido a visualizar para ese atributo, si es de solo lectura, si es requerido, si admite valores nulos y si es un atributo foráneo a otra entidad. En caso de ser un atributo foráneo, deberá incluir además la llave foránea y la cardinalidad de la relación con los datos foráneos. Todos estos datos permitirán seleccionar de forma adecuada el tipo de control y la navegación que se utilizará para la edición del atributo.

El modelo **E/R** describe los datos como entidades, relaciones (vínculos) y atributos. Seguidamente se analizará el modo en que pueden aplicarse las operaciones CRUD a los atributos por ser estos las componentes más sencillas del modelo.

En lo adelante se definirá como **campo final** al atributo de una entidad que no es llave foránea. O sea, un atributo en una entidad que su valor no representa ninguna relación con otra entidad. Ej: En la tabla **Usuario** de la Figura 8 son campos finales: **Nombre**, **PrimerApellido**, **SegundoApellido**, **CI**, **Edad**, **DireccionParticular**, **Telefono** y **Email**.

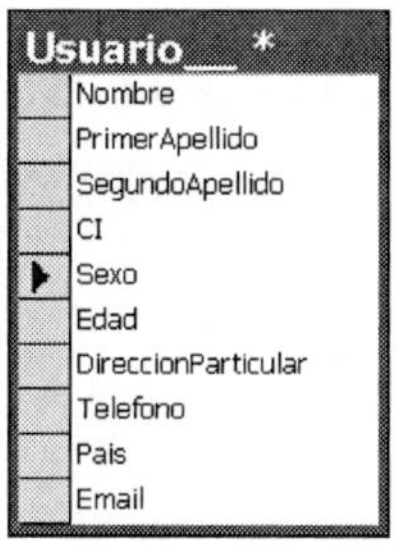

Figura 8 entidad "Usuario"

Se nombra **campo foráneo** a un atributo de una entidad que es llave foránea con respecto a otra entidad. Ej: En la tabla **Usuario** el atributo **País** es un **campo foráneo**. Los **campos foráneos** contienen valores a partir de los cuales se establece una relación con otra entidad, por lo que la generación de la capa de presentación deberá garantizar la edición del valor del campo foráneo, desplegando el conjunto de datos relacionados, o navegando hacia ellos y realizando la selección del valor correspondiente.

Como ultima etapa de la fase de modelación de las capas de meta-información en formato XML, el **Editor de Metadata de Formularios** permite configurar el modo en que serán editados los datos (seleccionando entre controles `Textbox`, `Dropdownlist`, `Listbox`, `DataGrid`, etc.). De esta forma pueden obtenerse dinámicamente interfaces cómodas y amigables, desarrolladas a gusto y preferencia del usuario.

3.3. Fase de modelación de la capa de presentación: (Generación de formularios en tiempo de ejecución)

Para la generación de formularios *CRUD* de forma dinámica se sigue la misma idea planteada para el **Reporteador**. A partir de un fichero XML con meta-información (fichero formMetadata.xml) se genera y configura dinámicamente un control Web –en lo adelante "**Visualizador de Formularios CRUD**" el cual suministrará la interfaz visual necesaria para editar los datos de esa base de datos. La implantación del **visualizador de Formularios CRUD** permite –mediante el manejo de eventos y usando las capacidades de reflexión de .NET (namespace `System.Reflection`)– interactuar con la capa de acceso a datos, la cual se encarga de hacer efectivo las operaciones CRUD en la capa de persistencia. El **Visualizador de Formularios CRUD** es una colección de controles Web para la edición de campos, la navegación y la actualización de los datos.

Edición de campos:

No todos los atributos son editables. Por ejemplo, los valores solo-lectura y los auto-numéricos no son editables con el objetivo de evitar que el usuario introduzca un valor incorrecto.

Cuando se va a escoger el control que va editar un **campo final** hay que tener en cuenta el dominio del atributo que representa el *campo final* EJ: un valor textual debe ser editado con un `textbox`, mientras que un valor *boolean* puede editarse con un `checkbox`. Otro aspecto a tener en cuenta en la visualización del control de edición es la información de campo requerido. Para campos requeridos la implementación del **Visualizador de Formularios CRUD** incorpora controles Web `validators` y formatos de estilo particulares que ayudan a forzar la introducción correcta de valores.

La edición de un *campo foráneo* es un proceso un tanto más complejo. Debido a que la cantidad de instancias que un campo foráneo puede referenciar en su relación con otras entidades, es por lo general extensa, muchas veces es impracticable publicar estos valores en un control. Se hace entonces necesario tener al menos dos modos para mostrar los datos: *Modo Desplegable* y *Modo Navegable.*

En *modo desplegable* el **Visualizador de Formularios CRUD** por cada *campo foráneo* muestra un control encargado de mostrar todos los datos que pueden ser seleccionados para el *campo foráneo*. Ej.: **CategoriaDocente** es un *campo foráneo* en la entidad **Profesor**.

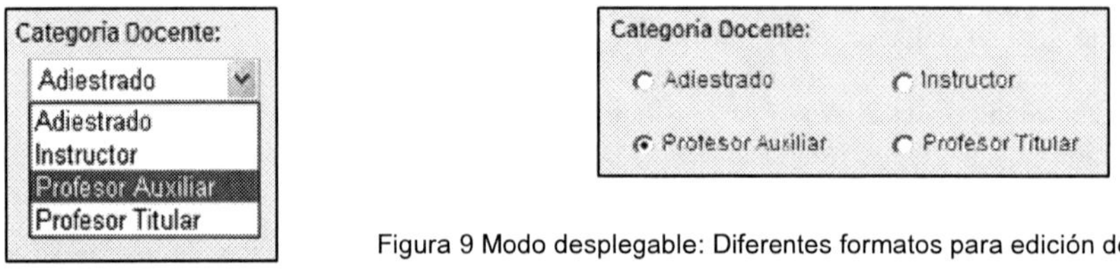

Figura 9 Modo desplegable: Diferentes formatos para edición de campo foráneo.

En *modo navegable* el control encargado de editar el *campo foráneo*, deberá permitir la navegación hacia otro control que será quien contenga los datos (este otro control por lo general se encontrará en otra página Web). Para el caso en que se desea realizar la selección de múltiples elementos, el control de edición de *campos foráneos* en *modo navegable*, deberá ofrecer la opción de mostrar los datos seleccionados como resultado de la navegación.

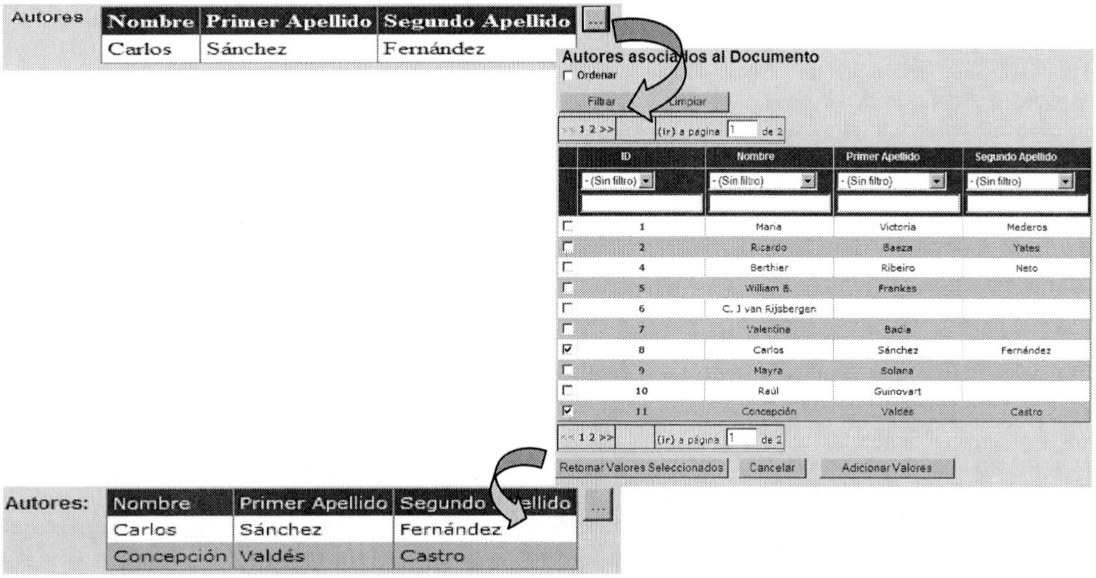

Figura 10 Ejemplo de escenario de selección múltiple en modo navegable.

Dominio del Atributo y Cardinalidad de la Relación:

El modo en que se van a mostrar los datos se determina por el dominio del atributo y su cardinalidad. Para campos foráneos con un dominio pequeño y `modo desplegable` se usan controles de Lista: `ListBox`, `DropDownList`, `RadioButtonList`, `CheckBoxList`. Si no se especifica el tipo de control a usar, se asume el uso de un `DropdownList`, aunque el modo de navegación y el tipo de control a utilizar se podrán determinar desde el **Editor de Metadata de Formularios.**

En **modo desplegable**, para dominios amplios se usan controles con capacidad de paginación como el `DataGrid`. Pero lo recomendado en este caso es usar el **modo navegable**, con ello se logra que no se muestren todos los datos, sino que se utiliza un control -botón elipsis (**...**)- mediante el cual se navega hacia donde están los datos para seleccionarlos. Ver Figura 10.

En el ejemplo de la Figura 10 el control de la izquierda es el encargado de editar el conjunto de valores foráneos. Note que presenta un botón elipsis (...) que permite la navegación hacia otro formulario en el que se muestran los datos foráneos. El formulario de la derecha permite realizar la selección de los valores mediante un control **Visualizador de Datos** –componente del **Reporteador**–. Note que en el visualizador de datos se encuentra a la izquierda una columna de selectores, y que en ella se han seleccionado los autores "Carlos Sánchez" y "Concepción Valdés". Al hacer clic en el botón "Retornar valores seleccionados" se regresa al formulario de partida, visualizando los nuevos valores seleccionados en el control de edición de datos foráneos tal como se observa en el extremo inferior izquierdo de la Figura 10.

En la selección del control que edita el campo foráneo y el modo en que se visualizan los datos, no solo influye el dominio del atributo, sino también el tipo de relación de acuerdo a la cardinalidad que se establece a través de la relación del atributo con otras entidades.

- Cardinalidad de tipo [1:1] : En los formularios correspondientes a cada uno de las entidades involucradas en la relación, se incluyen controles de selección simple para la edición del campo foráneo, estos son: `TextBox`, `DropDownList`, `RadioButtonList` y en caso de ser requerida una navegación se hace uso de un **Visualizador de Datos** del **Reporteador** configurando la columna de selección en modo simple (`radiobuttons`).
- Cardinalidad de tipo [1:∞]: En el formulario correspondiente a la entidad del lado 1, se incluyen controles de selección simple para la edición de a lo sumo uno de los valores referenciados de la entidad del lado ∞. En este caso puede utilizarse cualquiera de los controles `TextBox`, `DropDownList`, `RadioButtonList`, o incorporar un control de navegación hacia un **Visualizador de Datos** del **Reporteador** configurado para selección simple.
- Cardinalidad de tipo [∞:∞]: Para cada uno de los formularios correspondientes a las entidades involucradas en la relación, se incluyen controles de selección múltiple para la edición de los valores referenciados de la entidad foránea. Si se incorpora un control de navegación hacia un **Visualizador de Datos** del **Reporteador,** dicho **visualizador** se configura para soportar selección múltiple (**checkboxes**).

Ya se definió cómo ocurre la edición de los atributos y de las relaciones. Sin embargo, esto carece de sentido si no se asocia a la entidad a la cual describen. La edición de una **entidad** consiste en la edición de sus campos finales y sus campos foráneos. El **Visualizador de Formularios CRUD** se compone de una colección de controles, generada dinámicamente teniendo en cuenta que por cada entidad se genera un control Web, conteniendo tantos controles de edición de campos como atributos visibles tenga la entidad. La Figura 11 muestra un control **Visualizador de Formularios CRUD** que a su vez contiene un único control Web **editor de entidades**: el relativo a la entidad "Usuario".

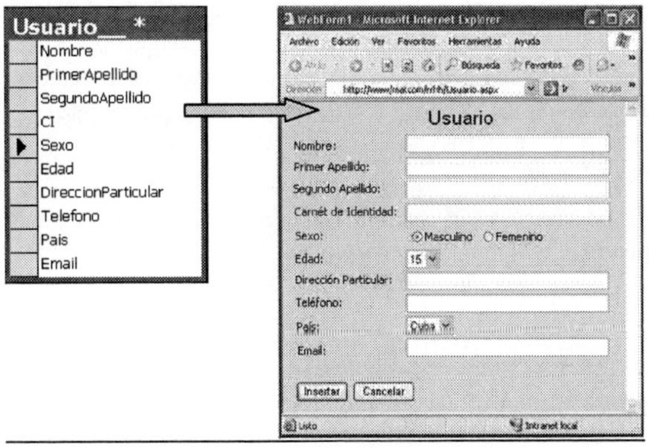

Figura 11 Formulario Web generado para la entidad "Usuario"

¿Cómo representar visualmente escenarios más complejos en que intervienen relaciones débiles y fuertes entre las entidades? En materia de herencia es común enfrentarse a este tipo de diseño, cuando se da el caso de dos entidades relacionadas, -una fuerte con una débil-, lo cual provoca que exista un anidamiento de la débil en la fuerte. Esto es debido a que la entidad débil por lo general por sí misma no tiene mucha independencia y sólo tiene sentido si se analiza junto a la entidad fuerte (la Figura 12 presenta un fragmento de diagrama de relación de herencia entre una entidad fuerte y otra débil, y el modo en que queda representado de forma automática un formulario Web para la entidad fuerte).

Por tanto, desde el **`Editor de Matadatos de Formularios`** se podrá configurar el modo en que van a ser visualizadas las entidades, de forma que podrá determinarse si durante la edición de una entidad fuerte, deberá estar presente o no la entidad débil como parte del formulario Web encargado de editar la información relativa a la entidad fuerte.

Note que al incluirse en la edición de la entidad fuerte a la débil, no es necesario mostrar ni editar el campo foráneo que los enlaza. La Figura 12 muestra un formulario de edición de la tabla **`Profesor`**, la cual presenta una relación de herencia en la que **`Usuario`** es la base de la jerarquía. Aquí no tiene mucho sentido editar **`Profesor`** y que en este aparezca un campo foráneo **`id`** por el cuál se navegue para editar el **`Usuario`**, en su lugar, transparentemente el control que edita **`Usuario`** es incluido junto al que edita **`Profesor`**, de modo tal que todo parezca que está representando la información relativa a la entidad **`Profesor`**.

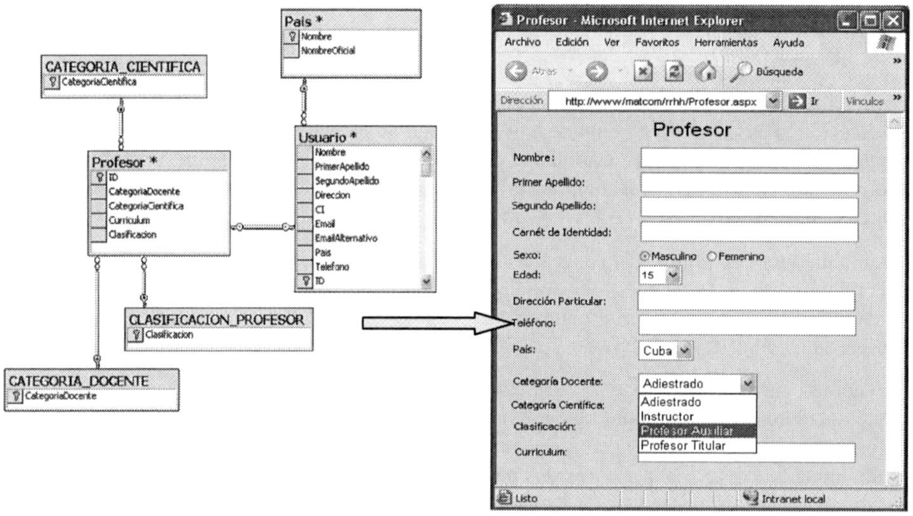

Figura 12 Formulario Web generado para la entidad "Profesor"

En el ejemplo de la Figura 12 **`Profesor`** anida a **`Usuario`** que es una entidad débil por lo que se edita como parte de la edición de **`Profesor`**. Todos los campos de **`Usuario`** son finales excepto **`País`**, el dominio de **`País`** no es muy grande por lo que se pueden traer los datos desde la tabla nomenclador referenciado. Igual ocurre con los campos foráneos de **`Profesor`**: **`Categoría Docente`**, **`Categoría Científica`** y **`Clasificación`**.

Interacción con la capa de Acceso a Datos:

En la Figura 11 se observa además una sección relativa a la actualización de los datos, la cual contiene los botones “Insertar” y “Cancelar”. Dependiendo del modo en que se llegó a un formulario CRUD (producto de alguna navegación), podrá aparecer en esta sección los botones “Actualizar” y “Eliminar” en sustitución del botón “Insertar”.

En la implementación actual del **`Visualizador de Formularios CRUD`**, se disparan los eventos `InsertOnDemand`, `UpdateOnDemand`, `DeleteOnDemand` y `CancelOnDemand`, como respuesta a la interacción del usuario con cada uno de estos botones. En este punto interviene la interacción con la capa de acceso a datos, que es la encargada de hacer efectivo las operaciones de edición. Como parte de la configuración del **`Visualizador de Formularios CRUD`** no solo se le pasa información relativa al fichero XML de la metadata correspondiente, sino también se configura el modo de manejar cada uno de los eventos, mediante una interfaz visual que permite notificarle al **`visualizador de formularios CRUD`** cuál será el ensamblado que contiene la capa de acceso a datos así como también permite asociar a cada uno de estos eventos su manejador correspondiente. Esta operación visual se traduce en la carga dinámica del ensamblado y la posterior ejecución de los métodos correspondientes, utilizando el mecanismo de reflexión.

4. Conclusiones

El `Reporteador` no pretende sustituir a herramientas profesionales como *ActiveReport* o *ReportServices*, pues sus objetivos son muy diferentes. El `Reporteador` -y el resto de las herramientas destinadas a la configuración y presentación de formularios CRUD-, no son más que un conjunto de controles Web de funcionamiento simple, pero útil, destinados especialmente a los usuarios que manipulan y mantienen actualizada la información de un sitio Web a través de una estructura *CMS*, y requieren realizar operaciones CRUD de forma remota desde un browser de Internet mediante una interfaz amigable diseñada por el propio usuario y en consecuencia a la medida de sus necesidades y preferencias. La capacidad de estos controles de integrarse a entornos de trabajo CMS promueve el incremento de Sitios Web basados en extracción de información de Base de Datos de forma rápida y automática: tan solo con unos clicks.

La utilización de XML ha sido la piedra angular de este mecanismo, el cual puede resumirse de la siguiente manera:

- Ficheros XML conteniendo la meta-información necesaria para la elaboración de formularios CRUD. En estos ficheros se describe la lógica de negocio necesaria para leer y procesar los datos.
- Herramientas que permiten editar estos ficheros XML (`Editor de Meta-Reporte` y `Editor de Formularios CRUD`).
- Herramientas que toman como meta-información la configuración expresada en los ficheros XML, y visualizan los datos según la lógica descrita en estos ficheros. (`Visualizador de Datos y Visualizador de Formularios CRUD`). Los controles "visualizadores" se encargan de la traducción de la lógica de negocio hacia la lógica de la interfaz.

Al tomar XML como capa intermedia para expresar los datos, es posible de forma sencilla instrumentar diferentes representaciones visuales para la capa de presentación. Puede incluso implementarse versiones de los "editores" y/o los "visualizadores" para otras plataformas que no sean .NET, tales como Applets en Java, JSP, PHP, etc.

Actualmente se trabaja en perfeccionar la fase de generación de código fuente, y en la extensión de la generación de código también hacia la capa de acceso a datos, ganando en modularidad y claridad en el código generado en comparación con las herramientas de *freeware* analizadas.

5. Referencias

- [1] *Sql Server 2000 Reporting Services*, http://www.microsoft.com/sql/reporting/default.asp
- [2] *DataSet* en ASP.NET, *Microsoft ADO .Net Step by Step, chapter 6, Microsoft Press © 2002.*
- [3] *Crystal Reports* de *Business Objects*, http://www.businessobjects.com/products/reporting/crystalreports/default.asp
- [4] *ActiveReports for .Net* de *Data Dynamics*, http://www.datadynamics.com/Products/ProductMenu.aspx?Product=ARNET
- [5] Raptier, http://www.sharppower.com/Products/RapTier
- [6] CodeWizard, http://www.rainbowportal.net/Rainbow/_Rainbow/Documents/CodeWizard.zip
- [7] CodeSmith, http://www.ericjsmith.net/codesmith/tutorial.aspx
- [8] XML, http://www.w3.org
- [9] XMLSpy, http://www.altova.com
- [10] Rainbow, http://www.rainbowportal.net
- [11] *An Introduction to Database Systems*, Date, C. J. Addison-Wesley. EUA, 2000.
- [12] *Database Systems Concepts*, Korth, H.; Silberschatz, A. Mc-Graw Hill. EUA, 1991.
- [13] *Principles of Database and Knowledge-Base Systems*, Ullman, J. D. Computer Science Press. EUA, 1990.
- [14] *Implementing CRUD Operations Using Stored Procedures,* By *Andrew Novick*, October 7, 2003 http://www.databasejournal.com/features/mssql/article.php/3082201

Una solución a la integración de los métodos de ingeniería Web y las aplicaciones B2B. Un caso de estudio

Ricardo Quintero, Vicente Pelechano, Victoria Torres, Marta Ruiz
Departamento de Sistemas Informáticos y Computación
Universidad Politécnica de Valencia
Camino de Vera s/n, 46022
Valencia, España
{iscrquinter, pele, vtorres, mruiz}@dsic.upv.es

Resumen

El desarrollo y la integración de los procesos de negocio en Internet (e-Business) constituyen un factor fundamental para el impulso de la Economía Digital. Esta integración empieza a ser factible gracias a los avances tecnológicos en el ámbito de los Servicios Web. En este contexto la mayoría de las aplicaciones que integran y proporcionan acceso a los procesos de negocio son aplicaciones Web. Las aproximaciones actuales al diseño e implementación de Servicios Web que dan soporte a los E-Negocios sólo se preocupan por aspectos meramente funcionales sin considerar aspectos Navegacionales. Por otra parte, los métodos de ingeniería Web actualmente están enfocados hacia el desarrollo de aplicaciones Web monolíticas y aisladas, obviando el desarrollo de aplicaciones complejas que integren funcionalidad proveniente de diversos procesos de negocio. Considerando que el futuro apunta cada vez más hacia la integración, son necesarias mejoras en los métodos de ingeniería Web y en el ámbito de los Servicios Web, de forma que faciliten el desarrollo sistemático de aplicaciones ("Web") de e-Negocio que integren distintos servicios de negocio. Este trabajo introduce una extensión al método de ingeniería Web (OOWS) que permite el desarrollo de aplicaciones Web (e-business) que integran funcionalidad de diversos procesos de negocio a partir de Servicios Web. Nuestra aproximación extiende el método OOWS introduciendo un modelo de servicios que permite abstraer la funcionalidad que proporcionan los Servicios Web a integrar. Además se proporciona una guía metodológica para la generación de modelos navegacionales a partir de descripciones de procesos colaborativos.

1. Introducción

En un principio, las aplicaciones Web fueron diseñadas con el propósito de ofrecer interfaces hipermediales a colecciones de datos posibilitando con ello su consulta y actualización. Los nuevos modelos colaborativos de negocios (B2B) plantean la necesidad de aplicaciones Web que vayan más allá de las fronteras de la organización y que requieren trabajar con la lógica del negocio propia y su espacio de información, así como posibilitar la interoperabilidad con la lógica del negocio de organizaciones "partner". Esto plantea una evolución en la caracterización de las aplicaciones Web y un replanteamiento de la forma en la que actualmente se están desarrollando.

OOWS [FPP03], una extensión para el modelado conceptual de aplicaciones Web a la propuesta OO-Method [PGIP01], ofrece un método dirigido por modelos que permite la generación completa y automática de una aplicación Web capturando los requisitos de navegación y presentación. Ante el nuevo escenario que se presenta para las aplicaciones Web, es necesario que el método sea extendido con el fin de satisfacer los nuevos requisitos. Este trabajo presenta las extensiones que OOWS requiere para lograr la especificación de aplicaciones Web abiertas e interoperables y posibilitar con ello su transformación automática a código. Para lograr lo anterior es necesario incluir el modelado de dos nuevos actores en el método: procesos de negocio B2B y Servicios Web. Además es necesaria una guía metodológica que permita la generación de su modelo navegacional.

El presente trabajo resalta el problema de la interoperabilidad en los métodos actuales de ingeniería Web y ofrece, como aportación principal, una primer aproximación metodológica a la solución en el marco de los métodos de ingeniería Web, considerando el caso particular de OOWS. Está organizado de la siguiente manera: la sección 2 motiva el problema a través de la revisión del estado del arte en ingeniería Web, procesos de negocio y Servicios Web, resaltando la necesidad de una vinculación más estrecha entre estas áreas; la sección 3 ofrece una primera aproximación a la solución; la sección 4 la ejemplifica y explica y finalmente la sección 5 ofrece conclusiones y trabajo futuro.

2. Motivación

Desde el momento en que se reconoció que las aplicaciones Web poseen características particulares que plantean la necesidad de nuevos métodos, técnicas y herramientas para su construcción, se ha llevado a cabo un intenso trabajo de investigación en el ámbito de la ingeniería Web. En esta dirección se están desarrollando diversos métodos: *OOHDM* [SRB96] *WebML* [CFB00] UWE [KW01] WSDM [DL98] *OO-H* [GCP00] y *OOWS* [FPP03] entre otros. Todos ofrecen constructores a nivel de modelado conceptual para la captura de los requisitos de navegación y, en algunos casos de presentación, de un espacio de información –relacional u objetual- que representa el dominio de la aplicación. El tipo de aplicaciones que permiten especificar y generar no consideran la interoperabilidad con aplicaciones externas a la organización actual, un requisito fundamental que los nuevos modelos de negocio B2B deben satisfacer. Representan una "primera generación" de aplicaciones Web. Considerar la aplicación Web cerrada al entorno de la organización actual ya no es suficiente: se requieren aplicaciones donde sean considerados los procesos de negocio B2B, con aplicaciones "partner" que colaboran con la aplicación actual. Estas representan el siguiente paso: un tipo de aplicaciones Web que llamaremos de "segunda generación".

2.1 Estado del arte en la incorporación de procesos de negocio y Servicios Web en la ingeniería Web

El paso de las aplicaciones de "primera generación" a las aplicaciones de "segunda generación" se ha estado realizando paulatinamente. Dos elementos son fundamentales para esta evolución: los procesos de negocio B2B y los Servicios Web. Este último como actor tecnológico que posibilita un grado de interoperabilidad no logrado antes con propuestas como CORBA [OMG-CORBA]. Algunos de los métodos de ingeniería Web los están incorporando en un mayor o menor grado. Schmid y Rossi [SR04] extienden los modelos conceptual y de navegación de OOHDM para incorporar actividades y entidades como nodos contenedores de procesos y primitivas de control de procesos, para la especificación del proceso de negocio. El problema con este enfoque es la mezcla de aspectos distintos en sus modelos: los objetos del dominio, la navegación y el proceso del negocio. No se muestra una solución metodológica clara acerca de la forma en la que los nuevos elementos deben incorporarse en los modelos con lo que resulta complicada su aplicación. Incorpora elementos propios del modelado de procesos, pero no considera primitivas conceptuales para la interoperabilidad con otras aplicaciones.

OO-H y UWE siguen un enfoque distinto, en lugar de incorporar nuevas abstracciones a sus modelos definen modelos adicionales y establecen conexiones entre los mismos mediante reglas de mapeo para obtener una vista navegacional por defecto y asegurar la trazabilidad. Desde el punto de vista metodológico, ofrecen líneas guía para el modelado del proceso de negocio a través de diagramas de actividad UML, ofreciendo pasos de refinamiento desde modelos de proceso del análisis hacia modelos de proceso del diseño. Sin embargo los aspectos de interoperabilidad no están considerados. Los procesos de negocio pertenecen a la organización actual y no consideran la colaboración con organizaciones externas.

Uno de los esfuerzos mas destacables respecto a las anteriores es el de WebML. WebML ofrece una solución desde dos perspectivas: diseño "in the large" mostrando los procesos de negocio con todos los usuarios involucrados e "in the small", incluyendo elementos de modelado de hipertexto con actividades entre operaciones de inicio y fin [BCCDFM04]. El enfoque que sigue es la construcción de un modelo de procesos a partir del cual el diseñador produce un hipertexto que implementa al mismo. Un aspecto criticable es la falta de una separación clara de la vista de procesos de la vista hipermedial y de datos, ya que ambas se extienden con elementos necesarios para el soporte del modelo de procesos. Nuestra propuesta separa ambas vistas con lo cual el modelo de procesos puede enriquecerse para capturar más aspectos relativos a los mismos y lograr con ello un modelo con mayor expresividad. Desde el punto de vista de la interoperabilidad nuestra propuesta incluye primitivas de modelado para la comunicación con servicios. Estas primitivas posteriormente se relacionan con las abstracciones del modelo de hipertexto.

Aunque WebML posee algunas primitivas para la composición de servicios, ésta se maneja de forma elemental y no considera aspectos como los protocolos de coordinación de los servicios. De nueva cuenta, al contar con un modelo de servicios separado de los modelos preexistentes nos permite capturar mejor todos estos aspectos y lograr con ello un modelo que de forma más precisa capture todo lo relativo a los Servicios.

En WebML el nivel de abstracción de sus primitivas es cercano a la tecnología tanto para la especificación del negocio como para los Servicios Web. Es recomendable que las primitivas tengan el nivel de abstracción lo suficientemente alto que permita independencia de la tecnología. Nuestra propuesta va en ese sentido, define primitivas conceptuales con un nivel de abstracción alto pero con la suficiente expresividad que permite su posterior implementación tecnológica. Al mismo tiempo es importante que la solución ofertada se enmarque de forma metodológica y en este sentido WebML no ofrece un método claro que señale los pasos que se deban seguir para su aplicación. Nuestra propuesta trabaja en esa dirección ofrece un método que permite de forma sistemática especificar los modelos y sus transformaciones y lograr con ello trazabilidad.

2.2 Estado del arte en la incorporación de la ingeniería Web en los procesos de negocio y Servicios Web

Un proceso de negocios es una colección de actividades realizadas por **usuarios humanos** o **aplicaciones software** que juntas constituyen los diversos pasos para completar un objetivo particular de negocios [ACKM04]. Estos procesos de negocio se especifican de manera formal y ejecutable mediante un "workflow", diseñado, desarrollado y ejecutado en algún "sistema gestor de workflow (SGW)".

En un principio hubo sumo interés en los "workflows", hasta el momento en el que la falta de una plataforma común complicó, en la práctica, la integración de sistemas distribuidos y heterogéneos, con lo cual dicho interés declinó y el tema fue abandonado. Con el surgimiento de los Servicios Web la promesa de la interoperabilidad se tornó factible ya que ellos ofrecen la plataforma común faltante. Así, los conceptos de la teoría de workflows se han vuelto a retomar y hoy se considera posible su realización en la práctica.

El papel que está teniendo la teoría de workflows en Servicios Web tiene que ver con la definición de Servicios Web a partir de otros Servicios Web (composición de servicios) y con la definición de protocolos de coordinación que especifican las conversaciones válidas entre Servicios Web. El enfoque actual es considerar que los Servicios Web se pueden describir no sólo por su interfaz sino también por el conjunto de conversaciones correctas que se pueden tener con los mismos y por la forma en la que colaboran con otros para el logro de los objetivos del proceso. En este sentido, se están definiendo modelos UML que capturan los aspectos relativos a la conversación [BBCT04], los cuales están siendo transformados a BPEL [ABPEL].

El ámbito de los consorcios industriales está jugando un papel muy importante para la creación de estándares para procesos de negocio. Así se cuenta con organizaciones como la "Business Process Management Initiative" (BPMI.org) [BPI] y de iniciativas que soportan orientación a procesos y colaboración entre negocios (RosettaNet, BizTalk, WSDL o E-Speak). Las especificaciones que definen incluyen: BPML, un metalenguaje para el modelado de procesos de negocio el cual incluye un modelo de ejecución para procesos de negocio colaborativos y transaccionales basado en el concepto de una máquina de estado finito; BPMN, una notación gráfica para expresar procesos de negocio el cual se puede vincular con las primitivas de lenguajes de ejecución de procesos, como BPML o BPEL; y BPQL, un lenguaje para ser utilizado en sistemas gestores de procesos de negocio (BPMS) para la consulta de instancias de procesos de negocio. Otra organización importante es la "United Nations Centre for Trade Facilitation and Electronic Business (UN/CEFACT)" que ha desarrollado UMM [UMM], una metodología de modelado para procesos de negocio e información. Basado en el estándar ISO 14662 que define el Modelo de Refercia "Open EDI", es una especialización del "Rational Unified Process" (RUP) [K04] (con fases y workflows semejantes), ofreciendo un framework que de manera uniforme permite representar conceptos, relaciones y semántica propia de la especificación de procesos a través de un metamodelo. Todos estos esfuerzos se centran principalmente en lograr el éxito en la colaboración de negocios, dando poco énfasis al papel que el Web juega en los mismos.

En la práctica, los procesos de negocio no solamente involucran comunicación entre aplicaciones, sino también requieren la participación humana, sobre todo en puntos críticos del proceso donde se tiene que ceder el control del mismo al humano. Dado que la plataforma tecnológica es la Web, la forma más natural de hacer esto es mediante interfaces Web, por lo que encontramos convergencia en ambos aspectos: por un lado, la necesidad de definir procesos de negocio que requieren colaboración entre aplicaciones, pero también considerar el papel decisivo que el humano tiene para el control y el logro de dichos procesos. Los métodos de desarrollo de estas aplicaciones Web no han sido incluidos como parte importante de la definición de estos procesos de negocio, por lo que el papel que podría jugar la ingeniería Web no ha sido considerado y la mayor parte de esta interacción se ignora o se define artesanalmente.

En resumen, la evolución del Web hacia aplicaciones dirigidas por procesos interoperables es ya un requisito que debe considerar su incorporación en los modelos y métodos de la ingeniería Web actual. A su vez, los modelos y métodos para la especificación y desarrollo de procesos de negocio abiertos e interoperables deberían complementarse con los principios y prácticas de la ingeniería Web.

2.3 Problemas existentes

Creemos que los siguientes problemas encontrarían solución al vincular la ingeniería Web, los procesos de negocio y los Servicios Web:

- Los métodos de ingeniería Web actuales se enfocan a la especificación de vistas hipermediales que consultan y actualizan información mantenida por un único sistema. No todos consideran la interacción con otras aplicaciones, requisito indispensable para los procesos de negocio B2B.
- La especificación de los procesos de negocio B2B se realiza dando mayor énfasis a la colaboración entre aplicaciones y menor énfasis a la participación humana. Ésta última es indispensable en ciertos puntos del proceso y debería considerase también en la definición de los mismos. No se consideran las prácticas y principios que ofrece la ingeniería Web que resultarían útiles para lo mismo.
- El papel que juegan los procesos de negocio en los métodos de ingeniería Web se ha circunscrito a la obtención de mapas navegacionales en dos modalidades principales: "híbridos", donde son mezcladas abstracciones navegacionales y de procesos; y "puros", donde el mapa navegacional se obtiene a partir del conocimiento capturado en los procesos de negocio. En cualquier caso, el papel que juegan los procesos de negocio se limita al desarrollo de aplicaciones Web sobre la lógica de un único sistema. Se requieren soluciones que permitan a las aplicaciones Web colaborar con sistemas distribuidos y que esta colaboración esté dirigida por los procesos de negocio.

3. Una primera aproximación a la solución

3.1 Estrategia metodológica

La estrategia que se plantea toma en cuenta tanto los procesos de negocio y las arquitecturas SOA, así como la Ingeniería Web. Esto implica nuevas definiciones y extensiones en ambos campos: la ingeniería Web en sus métodos y modelos para que incluyan aspectos relativos a los procesos de negocio y la SOA. Consideramos tres estrategias principales para resolver el problema:

1. **Top-down:** partiendo de los requisitos para la construcción de los procesos de negocio y la SOA estableciendo trazabilidad hacia el desarrollo de la aplicación Web.
2. **Bottom-up:** partiendo de procesos de negocio y SOA preexistentes e incorporándolas a aplicaciones Web por construir.
3. **Intermedia:** partiendo de proceso de negocios, SOA y aplicación Web existentes, buscando la extensión de está última para su incorporación en los primeros.

Lo que este trabajo ofrece es una visión general (horizontal) de la solución, con mayor énfasis en los aspectos metodológicos y enmarcada en el contexto de la estrategia **Top-down** (véase la Figura 1). Se inicia con la definición abstracta del proceso de negocio a través de un contrato que establece los requisitos generales de la aplicación. Este documento es la base para la identificación de los procesos elementales del negocio. Su realización se especifica mediante un diagrama de actividades que se define de forma abstracta y que resulta útil para la identificación –por inspección o mediante la técnica de sustantivos o verbos [A83]- de los conceptos del dominio y de las colaboraciones que se deben establecer entre los diferentes actores del proceso. En esta primera solución, los Servicios Web, que posibilitan las colaboraciones mencionadas, se capturan en un modelo de servicios. Para la aplicación actual los Servicios Web serán un conjunto de operaciones definidas a partir de los servicios ofrecidos por la sociedad de objetos de la aplicación. Para las aplicaciones ajenas, serán importados a partir de sus definiciones públicas (ej. WSDL). Una vez que se han obtenido estos diagramas y modelos, un proceso de refinamiento de los diagramas de actividades abstractos permite obtener un conjunto de diagramas de actividades concretos que considera para su diseño la interacción de los usuarios con interfaces Web y la colaboración entre los negocios participantes mediante Servicios Web. A partir del modelo del dominio, de servicios y los diagramas de actividad concretos, se definen líneas guía que permiten para cada actor la generación de los mapas navegacionales de la aplicación.

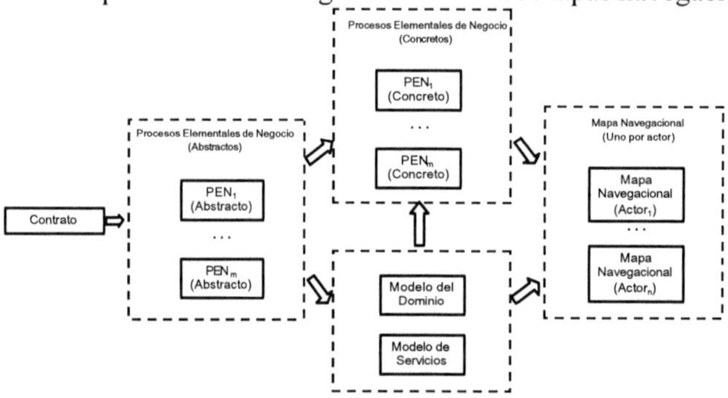

Figura 1: El método Top-down

3.2 El método Top-down al detalle

Los siguientes son los pasos detallados para el método propuesto:

1. Se establece el contrato general del modelo del negocio entre los actores de negocio participantes. A este modelo le llamaremos **Proceso total del negocio**.
2. A partir del contrato se identifican los **Procesos elementales del negocio (PEN)** [L02] los cuales se corresponderán con casos de uso del Proceso total del negocio.
3. Para cada caso de uso, se construye un **Diagrama de actividades abstracto** que incluya actores y actividades realizadas por los mismos. Los actores serán: (1) usuarios que interactúan directamente con el sistema, (2) la aplicación Web, como sistema que realiza actividades consecuencia de la interacción del usuario y (3) aplicaciones "partner", que se comunican con la aplicación Web.
4. A partir de los Diagramas de actividades se obtiene un **Diagrama de clases** con los conceptos del dominio.
5. Considerando el diagrama de actividades abstracto, se define el **Modelo de servicios** expresado como un Diagrama de clases que incluye los servicios y operaciones necesarias para lograr la interoperabilidad de la aplicación actual y las aplicaciones "partner".
6. Considerando los Diagramas de actividades abstractos, Diagrama de clases y el Modelo de servicios, se refina el Diagrama de actividades abstracto en un **Diagrama de actividades concreto** que corresponderá a la vista de la aplicación actual para el Proceso total de negocios.
7. Para cada actor se construirá un **Mapa navegacional** partiendo del Diagrama de actividades concreto mediante un conjunto de líneas guía que identifican patrones de relación entre actividades que establecen correspondencias con la estructura del Mapa navegacional.

   A continuación se ilustra la propuesta mediante el modelado de una aplicación de comercio electrónico.

4. Un caso de estudio: "Merkalink.com"

"Merkalink.com" es un sitio lanzado para construir un enlace entre los mercados en línea de USA y Canadá a México. Usando una dirección física en Laredo, TX los usuarios pueden comprar artículos en las tiendas "on-line" de USA o Canadá y solicitar su envío a la misma. Posteriormente "Merkalink.com" envía el artículo desde Laredo a México a través de la empresa de mensajería "Estafeta.com". Para el correcto funcionamiento de este modelo de negocios es necesario colaboración entre "Merkalink.com" y "Estafeta.com".

4.1 El Proceso total de negocio

El Contrato que define el Proceso total del negocio incluye las siguientes cláusulas:

1. El cliente registrará sus datos personales en "Merkalink.com" incluyendo su dirección en México.
2. "Merkalink.com" asignará al cliente una dirección física en Laredo, TX. Esta información le será enviada por correo electrónico.
3. El cliente compra en alguna Tienda "on-line" de USA o Canadá y solicitará su envío a Laredo, TX.
4. Una vez recibido el artículo en Laredo, TX, el Administrador de Merkalink.com lo registrará y le asignará un número de guía de "Estafeta.com". "Merkalink.com" solicitará a "Estafeta.com" el envío del artículo a México. "Estafeta.com" enviará por correo electrónico al cliente el número de guía.
5. En cualquier momento el usuario podrá verificar el estado actual de su envío. Cuando el artículo cruza la frontera, el Administrador de "Estafeta.com" accede a "Merkalink.com" para notificar este evento. A la par, el usuario recibe un correo electrónico donde se le informa de este evento. Una vez cruzada la frontera el usuario podrá rastrear el estado del envío a través de "Merkalink.com", quien solicitará a "Estafeta.com" el itinerario seguido en México por el paquete.
6. Dentro del período de recepción del artículo, "Merkalink.com" solicitará al cliente una evaluación del servicio, a través de la aplicación Web, tanto de su empresa como de "Estafeta.com". "Merkalink.com" transferirá a "Estafeta.com" el resultado de su evaluación.

4.2 Actores, Procesos elementales del negocio y Casos de Uso

A partir del contrato se pueden identificar los actores y los Procesos elementales del negocio. Para la identificación de actores es importante considerar que no sólo serán aquellos que interactúan vía la interfaz Web (**actores humanos**) –Cliente, Administrador de Merkalink.com y Administrador de Estafeta.com-; sino también las aplicaciones que colaboran entre sí (**actores aplicación**) –Merkalink.com, Estafeta.com y la Tienda "on-line"-.

Los **PEN** serán los siguientes:

- **Registro de cliente:** que permite el registro de los datos personales del cliente en "Merkalink.com".
- **Compra de artículo:** que representa la tarea de comprar un artículo en alguna Tienda "on-line".
- **Registro de artículo para envío:** solicitud que hace el Administrador de Merkalink.com a "Estafeta.com".
- **Consulta de envío:** consulta realizada por el Cliente del estado actual del envío de algún artículo.
- **Notificación de cruce de frontera:** en la que "Estafeta.com" notifica que el artículo ha cruzado la frontera USA-México y está listo para su envío a la dirección en México.
- **Evaluación del servicio:** donde el Cliente evalúa el servicio que le han brindado las dos compañías.

Algunos **PEN** serán relativos a la aplicación Web y otros serán relativos a las aplicaciones restantes (por ej. "Compra de artículo", será un **PEN** del modelo de negocios de la Tienda "on-line" y no de "Merkalink.com"). Con el fin de tener la perspectiva del Proceso total del negocio se captura toda la funcionalidad en un **Diagrama de Casos de Uso B2B**, donde cada **PEN** se corresponde con un caso de uso (ver la Figura 2).

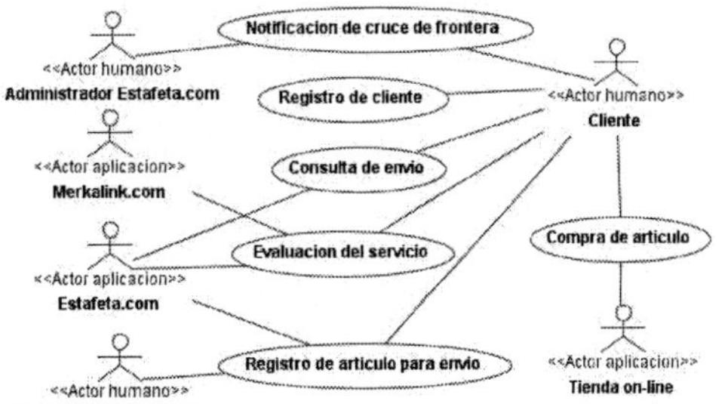

Figura 2: Diagrama de Casos de Uso B2B

4.3 El Diagrama de actividades abstracto

La realización de cada **PEN** se expresará mediante un Diagrama de actividades abstracto, sin considerar detalles tecnológicos. Se considerarán solamente los casos de uso relevantes a la aplicación web (no aquellos como "Compra de artículo"). Por ejemplo, la Figura 4 muestra el diagrama de actividades abstracto para "Registro de artículo para envío"incluyendo actividades que se realizan a través y no de la interfaz Web. Incluye tres tipos de actividades distintas: interacción Web, invocación de Servicio Web y envío de correo electrónico.

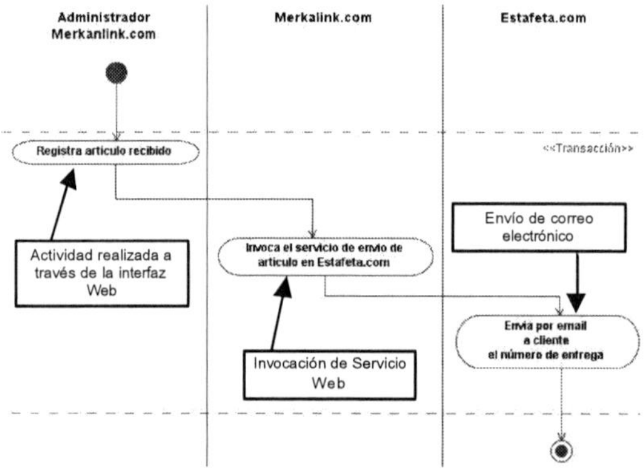

Figura 4: Diagrama de actividades abstracto para el PEN "Registro de artículo para envío"

4.4 Diagrama de clases

A partir del Diagrama de actividades concreto se identifican los conceptos del dominio de la aplicación (no es parte de este trabajo abordar este problema). Estos serán expresados mediante un Diagrama de clases UML. Los Servicios Web para la aplicación podrán ser una vista de las operaciones de las clases de este modelo, en cuyo caso las operaciones a publicar se identificarán con el símbolo "~" en el especificador de visibilidad de la operación. La Figura 5 muestra el Diagrama de clases para "Merkalink.com".

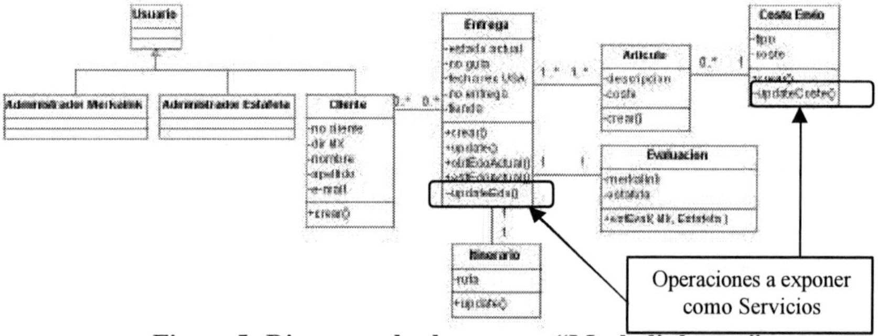

Figura 5: Diagrama de clases para "Merkalink.com"

4.5 El Modelo de servicios

El Modelo de servicios permite la especificación de los Servicios Web de la aplicación y posibilita incorporar la funcionalidad de las aplicaciones "partner" a partir de los servicios que éstas ofrecen. Este modelo se expresa como un Diagrama de clases UML que incluye los servicios de las aplicaciones participantes en el proceso. Su definición se realiza a partir de operaciones del Diagrama de clases de la aplicación (ver apartado 4.4) como también a partir de los servicios que se invocan desde las aplicaciones "partner" (identificadas en el Diagrama de actividades abstracto). La Figura 6 muestra el Metamodelo de servicios.

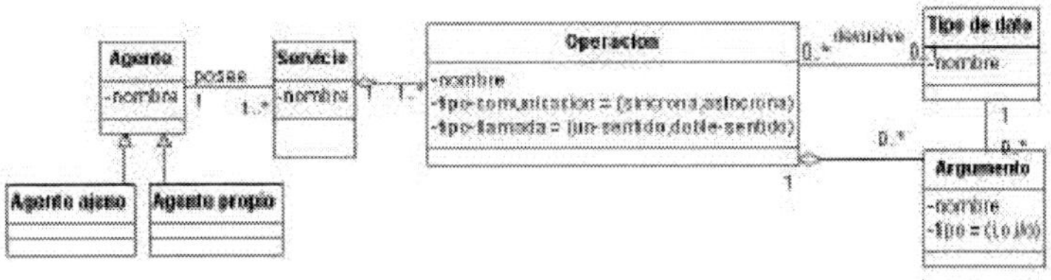

Figura 6: Metamodelo de Servicios

Cada actor participante en el proceso se representa mediante un *Agente* y podrá ser *propio* –para la aplicación actual- o *ajeno* –para las aplicaciones "partner"-. Cada *Agente* posee uno o más *Servicios* y cada *Servicio* posee una o más *Operaciones*. Las operaciones se caracterizan en base a su tipo de comunicación como *síncronas* o *asíncronas*, y por el tipo de invocación: *un-sentido*, cuando no regresan valor o *doble-sentido*, cuando regresan algún valor. En el Modelo de servicios se incluirán los siguientes estereotipos:

- <<**agente-propio**>>, para la aplicación actual.
- <<**agente-ajeno**>>, para las aplicaciones "partner".
- <<**servicio**>>, para los servicios del agente.
- <<**operación sincrona**>>, una operación síncrona de un servicio.
- <<**operación asincrona**>>, una operación asíncrona de un servicio.
- <<**un-sentido**>>, operación que se invoca sin retornar resultado.
- <<**doble-sentido**>>, operación que se invoca retornando un resultado.

La Figura 7 muestra el Modelo de servicios para "Merkalink.com".

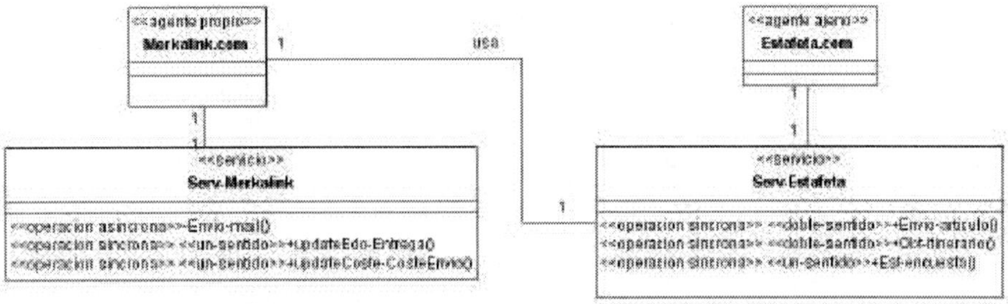

Figura 7: Modelo de servicios para "Merkalink.com"

4.6 El Diagrama de actividades concreto

Con los modelos creados hasta el momento ya es posible refinar del Diagrama de actividades abstracto a otro concreto. Este Diagrama de actividades concreto será una vista de las actividades para la aplicación actual. Se identificarán dos tipos de actividades: aquellas **relativas a la navegación** y aquellas que corresponden a **actividades colaterales** consecuencia de la interacción del usuario con el sistema. Éstas a su vez podrán ser: **internas** del sistema –que no requieren participación del usuario (ej. un envío de correo electrónico) y **externas** –que invocan a operaciones de servicios externos (ej. Operaciones del Servicio de "Estafeta.com"). Los siguientes estereotipos se utilizarán en cada una de las actividades del Diagrama:

- <<**AWS**>>, (Actividad Web "Show") para una actividad Web que representa una vista de objetos y atributos. Una actividad de "output".
- <<**AWU**>>, (Actividad Web "Update") que representa la invocación de una operación de alguna clase a través de una actividad de navegación. Una actividad de "input".
- <<**Activ-colateral**>>, cuando una o más actividades colaterales se ejecutan durante la interacción del usuario.
- <<**IS**>>, (Invocación de Servicio) que representa la invocación de un servicio. Es tipo de actividad colateral.

La Figura 8 muestra un extracto del Diagrama de actividades concreto para "Merkalink.com". Las actividades colaterales se muestran como estados de subactividad del Diagrama. Su definición es la siguiente:

- **RCI**: actividades relativas al envío de la dirección en Laredo, TX por correo electrónico.

- **EXEI**: incluye las actividades de invocación del servicio de "Estafeta.com" para la solicitud del envío del artículo a México. Aunque el contrato señala que "Estafeta.com" debería enviar al cliente mediante correo electrónico el número de entrega, esto será irrelevante para la aplicación Web por lo que no se incluirá en el Diagrama de actividades concreto para esta actividad colateral.

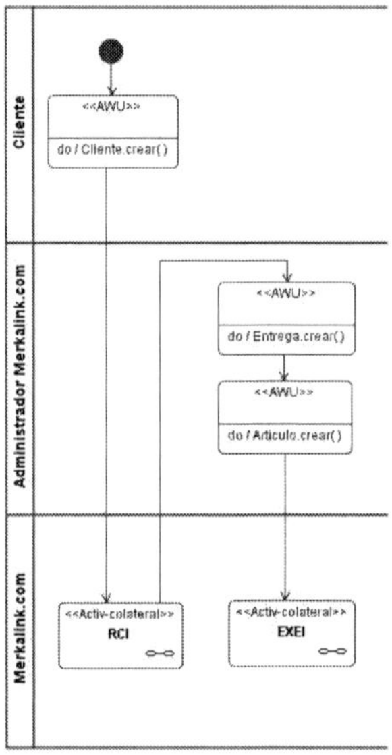

Figura 8: El Diagrama de actividades concreto para "Merkalink.com"

La Figura 9 muestra el Diagrama de actividades concreto para la actividad colateral **RCI**. Las actividades colaterales incluidas son un par de envíos de mensajes de correo electrónico implementadas mediante operaciones del Servicio Web de la aplicación actual. Un Diagrama semejante sería para **EXEI**.

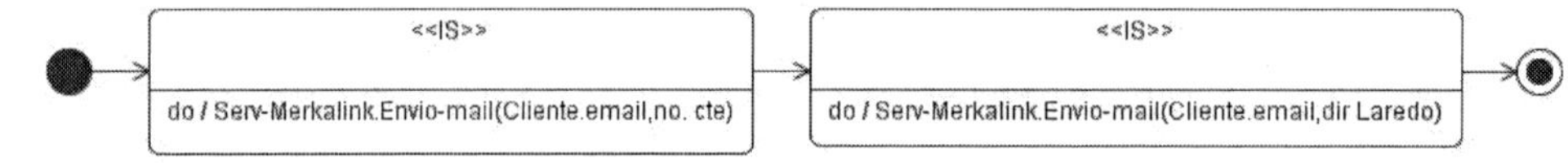

Figura 9: Diagrama de actividades concreto RCI

4.7 El Mapa navegacional

A partir del Diagrama de clases, el Modelo de servicios y los Diagramas de actividad concreto se obtiene el Mapa navegacional. Esta tarea se realiza en dos fases: (1) *Authoring-in-the-large*, donde se especifica un Diagrama de usuarios y un conjunto de Mapas navegacionales, sin entrar al detalle, uno para cada usuario; y (2) *Authoring-in-the-small*, donde se detallan estos Mapas navegacionales.

La premisa que dirige la fase *Authoring-in-the large* es que *la funcionalidad ofrecida por cada Mapa Navegacional estará definida a partir de los casos de uso de cada autor.* Así cada Mapa navegacional se construye a partir de las siguientes líneas guía:

1. **Diagrama de usuarios:** se obtiene a partir de los actores humanos del Diagrama de casos de uso B2B.
2. **Mapa navegacional:**
   a. Para cada usuario se define un Mapa Navegacional de la siguiente forma:
      Considerando las actividades estereotipadas como <<AWS>> y <<AWU>> (no las actividades colaterales) de los Diagramas concretos en los que participa el usuario:
      i. Definir un Contexto navegacional por cada conjunto de actividades que de forma secuencial hacen referencia a atributos u operaciones de una misma clase.
      ii. Siguiendo el orden secuencial de las actividades, definir relaciones de navegación contextual entre los contextos resultantes del paso anterior. De acuerdo a este orden, etiquete al primero como Contexto de Exploración y al resto como Contexto(s) de Secuencia.

b. Identificar al Contexto de Exploración con el nombre de su caso de uso de origen. Los Contextos de Secuencia se nombrarán con el nombre de la Clase directora.
c. Definir como Contexto "Home" al primero de todos los casos de uso, acorde a un ordenamiento topológico de las actividades del Diagrama concreto. En caso de empate, elíjase libremente.

La Figura 11 muestra el Mapa navegacional para el actor *Cliente*, junto a su implementación. Incluye tres contextos de Exploración: *Registro de cliente*, *Consulta de envío* y *Evaluación del Servicio*, correspondiéndose con los casos de uso del actor. Las actividades para la realización de *Registro de cliente* son las primeras en el Diagrama de actividades concreto del Proceso total del negocio, por lo que el Contexto es etiquetado como "Home". A partir del caso de uso *Consulta de envío* se define el Contexto *Consulta de envío* considerando la actividad de "input" *Entrega.obtEstadoActual()* y el Contexto *Itinerario* a partir de la actividad de "output" vista de *Itinerario.ruta.*

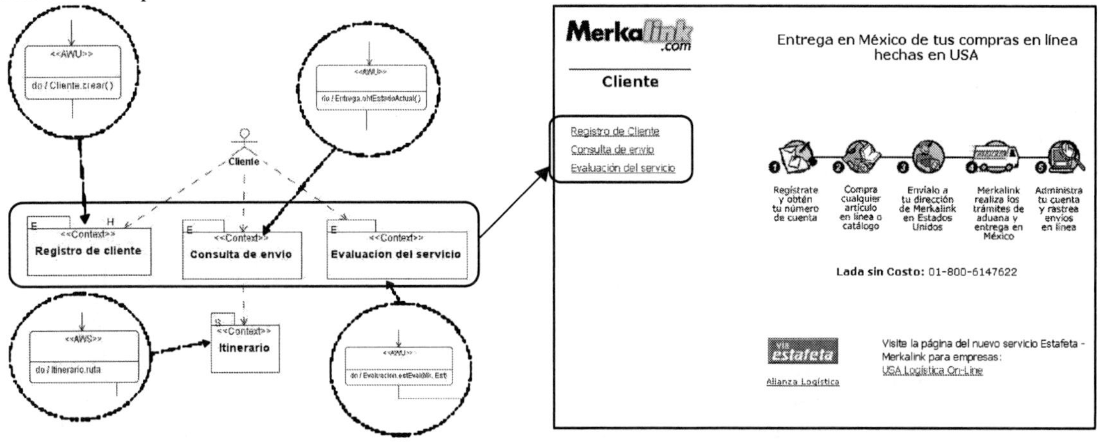

Figura 11: Mapa navegacional para "Cliente" y su página Web de implementación

La fase *Authoring-in-the-small* del Mapa navegacional se define acorde a las siguientes líneas guía:

1. **Clases navegacionales:** se deberán incluir vistas de las clases del Diagrama de clases que contienen las operaciones que se han identificado en las actividades del Diagrama de actividades concreto.
2. **Visibilidad de atributos:** para las actividades <<AWU>> no incluya atributos en la clase navegacional. Para actividades <<AWS>> incluya los atributos para su visualización.
3. **Visibilidad de operaciones:** incluya las operaciones de actividades <<AWU>> como servicios de la clase navegacional.
4. **Relaciones navegacionales:**
   a. **De dependencia contextual:** incluir relaciones entre aquellas clases navegacionales que se han definido a partir de clases que aparecen en una secuencia de actividades <<AWS>> y que se relacionan estructuralmente en el Diagrama de clases.
   b. **De contexto:** definir estas relaciones para el par de clases navegacionales que se han obtenido a partir de una pareja de actividades consecutivas <<AWU>> y <<AWS>> (sin considerar posibles actividades colaterales intermedias). El contexto destino de la relación de contexto será aquél que se ha definido a partir de la actividad <<AWS>>.
   c. **Enlace de servicio:** definir para el caso de un par de actividades consecutivas <<AWU>> (correspondidas con un par de contextos navegacionales consecutivos -de acuerdo a la línea guía 2(a) ii anterior-). Incluir un enlace de servicio en la operación del primer contexto que apunte al segundo contexto navegacional.

La Figura 12 muestra el contexto navegacional *Registro de cliente* definido a partir de la actividad <<AWU>> *Cliente.crear()*. Aplicando la línea guía 3 incluye una vista de la operación mencionada. Una vez que el usuario invoca al servicio *crear()* el control se transfiere a la Actividad colateral **RCI** que invoca a las operaciones de envío de correo electrónico para el Servicio Web de la aplicación actual.

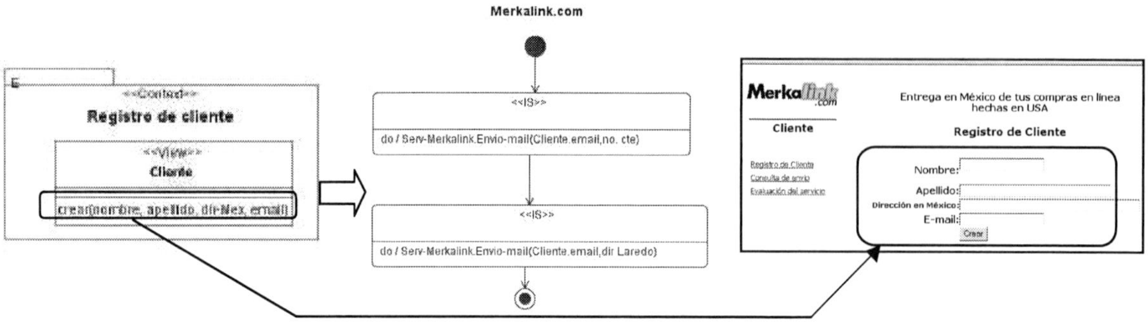

Figura 12: Contexto navegacional "Registro de cliente"

La *Consulta de envíos* (ver Figura 13) implica la selección de una *Entrega* y consulta de su *estado actual*. Después de invocar esta operación se llama condicionalmente a la operación *Obt-itinerario()* del Servicio Web de "Estafeta.com". Una vez invocado el servicio se actualiza la ruta para la *Entrega* seleccionada mediante la operación *Entrega.Itinerario.update()*. Para los contextos se ha aplicado la regla 4(b).

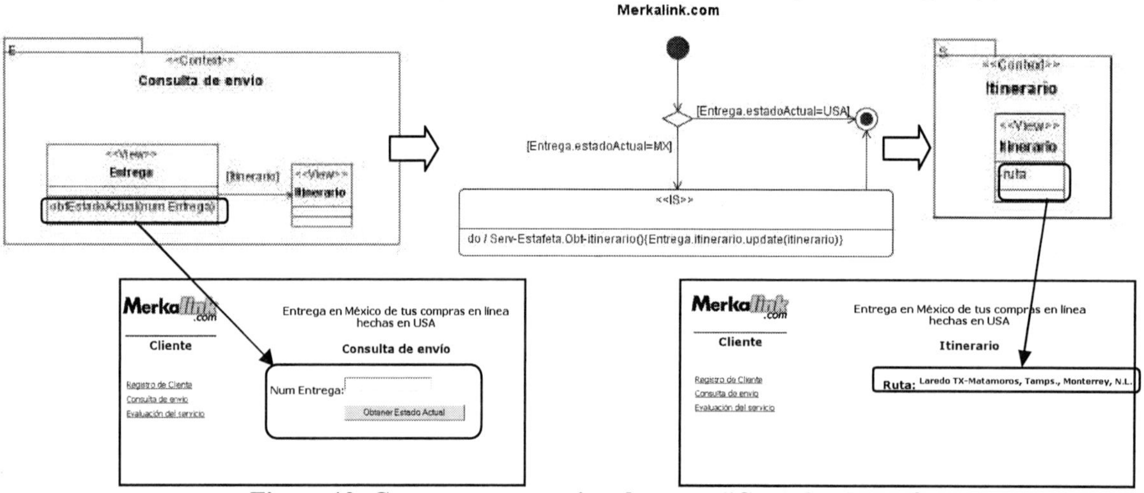

Figura 13: Contextos navegacionales para "Consulta de envíos"

5. Conclusiones y trabajo futuro

En este trabajo se ha mostrado una primera aproximación al desarrollo de aplicaciones Web colaborativas extendiendo el método OOWS. A través de la incorporación de un Modelo de servicios y un Modelo de Procesos B2B se logran capturar los requisitos para aplicaciones Web no monolíticas, capaces de integrar la funcionalidad disponible en la Internet a través de los Servicios Web. Las nuevas tendencias que se están teniendo en el ámbito de los Servicios Web nos dan la pauta para el trabajo futuro de esta investigación: lo relativo a la composición y protocolos de coordinación de Servicios Web deberá incorporarse al Modelo de servicios posibilitando la integración completa. Finalmente, una vez definidos todos estos modelos, deberán establecerse transformaciones hacia tecnologías concretas. Momento en el cual el framework MDA [MDA] jugará un papel importante para especificar las transformaciones de los modelos del espacio del problema al espacio de la solución. Actualmente, se está desarrollando una herramienta CASE para soportar el proceso de desarrollo de OOWS y se está incorporando esta propuesta de interoperabilidad en la misma.

6. Referencias

[A83]Abbot, R. *Program Design by Informal English Descriptions.* Communications of the ACM. 1983. vol. 26(11)

[ABPEL] Andrews T. et al. *Business Process Execution Language for Web Services. Version 1.1.*

[ACKM04]Alonso G., Casati F., Kuno H., Machiraju V. *Web Services. Concepts, Architectures and Applications.* Springer –Verlar Berlin Heidelberg 2004.

[BBCT04] Baina K., Benatallah B., Casati F. and Toumani F. *Model-Driven Web Service Development.* Springer- Verlag. Published in CAiSE '04, 7-11 June 2004, Riga, Latvia.

[BCCDFM04] Brambilla M, Ceri S, Comai S, Dario M, Fraternali P., Manolescu I. *Declarative Specification of Web Applications exploiting Web Services and Workflows.* SIGMOD 2004. Paris, France. ACM.

[BPI] Business Process Initiative. www.bmpi.org.

[CFB00]Ceri S., Fraternali P., Bongio, *A Modeling Language (WebML):a Modeling Language for Designing Web Sites.* In WWW9, Vol. 33 (1-6), pp 137-157. Computer Networks, 2000.

[DL98] De Troyer O. and Leune C. *WSDM : A user-centered design method for Web sites.* In Proc. of the 7th International World Wide Web Conference, 1998.

[FPP03] Fons J., Pelechano V., Albert M. and Pastor O. *Development of Web Applications from Web Enhanced Conceptual Schemas.* Proc. Of the International Conference on Conceptual Modelling, 22nd Edition, ER'03, pp 232-245. Chicago, EEUU, 13-16 October 2003.

[GCP00] Gómez J. Cachero C. and Pastor O. *Extending a Conceptual Modeling Approach to Web Application Design.* Proc. Conference on Advanced Information Systems Engineering, CaiSE'00 Springer-Verlag, LNCS 1789, pp. 79-93,2000.

[K04] Krutchen P. *The Rational Unified Process: An introduction.* 3rd Ed. Addison-Wesley. 2004.

[KW01]Koch, N. and Wirsing, M. *Software Engineering for Adaptive Hypermedia Applications.* In: 3rd Workshop on Adaptive Hypertext and Hypermedia, 2001.

[L02]Larman C., *Applying UML & Patterns.* Prentice Hall, 2002.

[MDA] OMG. *Model-driven architecture.* www.omg.org/mda

[OMG-CORBA] OMG-Corba. www.corba.org

[PGIP01] Pastor O., Gómez J.,Insfrán E. and Pelechano V. *The OO-Method Approach for Information Systems Modelling: From Object-Oriented Conceptual Modeling to Automated Programming.* Information Systems. Elsevier Science. Vol. 26, pp 507-534, Number 7, 2001.

[SRB96]Schwabe D., Rossi G. and Barbosa D.J. *Systematic Hypermedia Application Design with OOHDM.* Proc. ACM Conference on Hypertext. Page 166. 1996.

[SR04] Schmid H. A., Rossi G. *Modeling and Designing Process in E-Commerce Applications.* IEEE Internet Computing, 2004. IEEE Computer Society. January-February 2004.

[UMM] UMM. www.unece.org/cefact/umm/umm_index.htm

Especificación de Bases de Datos aplicando EER Difuso

Angélica Urrutia S. [1] *Marcela Varas C.* [2]

[1] *Universidad Católica del Maule, Departamento de Computación e Informática, Chile, aurrutia@hualo.ucm.cl*
[2] *Universidad de Concepción, Depto. Ingeniería Informática y Ciencias de la Computación, Chile, mvaras@udec.cl*

Resumen

Se presenta un conjunto de constructores del modelo entidad relación difuso FuzzyEER y cómo estos pueden aportar a la tarea de análisis de un sistema de información, proveyendo la posibilidad de contar con representaciones concisas, más expresivas y permitiéndole al analista lidiar con los aspectos imprecisos e incompletos propios del desarrollo de sistemas de información.

Además, se presentan guías para transformar los esquemas FuzzyEER a esquemas lógico en un modelo relacional MR cuando se dispone de herramientas que permitan manejar incertidumbre, y a esquemas entidad relación extendido cuando se utiliza FuzzyEER para especificar bases de datos no difusas. Se comentan aspectos relacionados con el tipo de situaciones que un analista debe considerar para utilizar la propuesta de este artículo.

Palabras claves: modelo de incertidumbre, análisis y especificación de requerimientos para bases de datos, incertidumbre en sistemas de información.

1. Motivación

El proceso de desarrollo de sistemas de información considera distintos aspectos, donde uno de gran importancia lo constituye la base de datos. En etapas tempranas del desarrollo de bases de datos, se requiere poder manejar especificaciones con información incompleta, imprecisa (Urrutia 2003), con una granularidad menor que en etapas más avanzadas, de modo de permitir representaciones concisas que posibiliten un análisis a un nivel de abstracción adecuado para la complejidad de los sistemas de información actuales, que involucran grandes grupos de usuarios y requerimientos que evolucionan continuamente (Feyer 2001).

Con la intención de brindar apoyo a los analistas se han propuesto diversas técnicas y notaciones. Entre las notaciones más utilizadas para representar información se encuentra el modelo entidad relación (Chen 1976), y sus diversas extensiones (Batini 1994, Thalheim 2000, Varas 2000), los diagramas de clase de UML y otros de menor popularidad tales como ORM (Halpin 2001). En lo que concierne a los aspectos metodológicos, se cuenta con enfoques incrementales centrados en la medición de la calidad (Varas 2001), y enfoques basados en primitivas de transformación y estrategias más generales, tales como los de Batini, Ceri y Navathe (Batini1994) y Thalheim (Thalheim 2000).

En Chaudhry et al. (1994) los autores proponen un método para diseñar bases de datos difusas siguiendo el modelo EER. A su propuesta la llaman FRDBS (Fuzzy Relational Data Base System). En dicha metodología, se encuentra un conjunto de pasos para representar imprecisión siguiendo el modelo EER como una extensión, prestando especial interés en convertir bases de datos clásicas (crisp) en difusas. La forma de hacerlo es definiendo n etiquetas lingüísticas para n conjuntos difusos, después cada instancia de una entidad crisp es transformada en un conjunto de instancias difusas, que contienen los grados correspondientes a cada etiqueta asociada al valor crisp. Los autores han trabajado un caso específico, y sobre éste la extensión su modelo, sólo enfocaron aquellos atributos asociado a más de un valor de un atributo difuso en una entidad (atributo multivaluado) y han dejado de lado otros tipos de datos inciertos o imprecisos, las entidades difusas y las interrelaciones.

En Yazici y Merdan, (1996) los autores proponen una extensión del modelo IFO, enfocándose al tratamiento de datos imprecisos, de forma especial aquellos datos que presenten similitud en una etiqueta. A esta extensión la llaman ExIFO, y exponen mediante ejemplos la implementación y validación de la representación de un esquema conceptual difuso considerando una representación de atributos inciertos. En el modelo agregan tres nuevos constructores: (1) atributos con valores difusos (2) atributos con valores incompletos (3) atributos con valor nulo. Usando estos constructores es posible representar explícitamente atributos con alguna de las características de los constructores.

Ma et al., (2001) trabajan con los tres niveles de Zvieli y Chen, (1986), introduciendo en el modelo entidad interrelación extendido difuso (FEER. Fuzzy Extended Entity-Relationship), una forma de manejar objetos complejos en el mundo real a nivel conceptual, asociando un grado de importancia a un esquema a cada una de las componentes (atributos, entidades, etc.). Además presentan una transformación del esquema FEER (modelo Entidad Interrelación Extendido Fuzzy) a un esquema FOODB (Base de Datos Orientada a Objeto Fuzzy).

Las propuestas mencionadas no proveen el apoyo suficiente al proceso de especificación de una base de datos, ya que al ser concebidos para especificar modelos conceptuales, éstas notaciones exigen poseer definiciones completas, aunque sea de un parte de los requisitos, y no apoyan el proceso de especificación, más bien permiten documentar el resultado de éste. Aunque las propuestas de Chaudhry et al., Ma et al. y Yazici y Merdan permiten lidiar con algún grado de incompletitud, ambigüedad e incertidumbre propias del proceso de análisis, éstas propuestas están orientadas al diseño.

Se presenta en este artículo el uso de una extensión del modelo entidad relación para manejar la imprecisión y poder documentar aspectos que el analista necesita postergar su definición precisa, o simplemente no existe precisión (Urrutia 2003; Galindo et al 2004a; Galindo et al 2004b;.Urrutia et al 2002). Esta propuesta pretende apoyar no sólo la documentación de los resultados del proceso de análisis de requisitos, sino que también al proceso de análisis en sí.

2. Modelo Conceptual FuzzyEER

El modelo FuzzyEER propuesto por Urrutia 2003 es una extensión del modelo entidad relación que incluye un conjunto de constructores para manejar información imprecisa de acuerdo a la definición de conjuntos difusos de Zadeh, 1965. Este modelo fue concebido para el diseño de bases de datos difusas utilizando como tratamiento de la imprecisión la lógica difusa (teoría de conjuntos difusos) el cual asocia grados de pertenencia en un intervalo entre (0,1) extendiendo así la lógica clásica que trabaja con 0 y 1. Algunos de los constructores de FuzzyEER pueden ser utilizados no sólo para el diseño de bases de datos difusas, sino que también para apoyar el proceso de especificación y diseño de bases de datos tradicionales (no difusas), aprovechando sus características (Yazici y Merdan, 1996; Urrutia 1993). A continuación se presentan los constructores de FuzzyEER que serán utilizados en este artículo.

FuzzyEER utiliza el concepto de grado para denotar el nivel en que un elemento del esquema cumple con una determinada característica. Esta capacidad del modelo FuzzyEER permite a un analista documentar las propiedades de los elementos del esquema de la base de datos a medida que los va modelando, posibilitándole manejar información imprecisa, ya sea para postergar una decisión o bien para administrar esta imprecisión en etapas posteriores del desarrollo, tales como en el diseño lógico o la codificación. A continuación, se precisa el concepto de grado.

El dominio de los grados suele estar delimitado al intervalo real [0,1]. Nuestro interés se centra en representar algunos grados difusos:

Grado de pertenencia: Denota la pertenencia de un valor a una instancia concreta. Se representa con G^0 o $G^{Pertenencia}$.

Grado de cumplimiento (satisfacción): Denota el nivel que un elemento del esquema satisface una determinada propiedad. Se representa con G^1 o $G^{Cumplimiento}$.

Grado de incertidumbre: Expresa la certeza o seguridad con que conocemos un dato determinado para una instancia concreta. Se representa con G^2 o $G^{Incertidumbre}$.

Grado de posibilidad. Indica la posibilidad de la información que se está modelando para cada instancia de la entidad. Se representa con G^3 o $G^{Posibilidad}$.

Grado de importancia: Denota la importancias de un cierto atributo en una entidad. Se representa con G^4 o $G^{Importancia.}$.

Cabe destacar que para cada uno de los grados, el valor 1 representa la máxima expresión del grado, y el valor 0, lo contrario.

Para la aplicación de estos grados como una expresión de requerimientos de información, se muestran a continuación 3 notaciones extraídas de Urrutia 2003.

2.1 Grado de pertenencia (G^0) en agregación de atributos difusos

Un tipo de entidad es una representación de una clase de objetos reales o abstractos acerca de los cuales se quiere almacenar información.

Una agregación permite representar tipos de entidades compuestas que se obtienen por la unión de otras más simples (De Miguel 1999). Al tipo compuesto se refiere como el *todo*, mientras que los componentes son las *partes*. Se consideran dos tipos de agregación: compuesto/componente y miembro/colección. En la abstracción de agregación presentada en Batini et al. 1994, el compuesto/componente está formado por entidad/atributo. Es éste el concepto utilizado en este trabajo.

Definición 1: Agregación de atributos difusa.

Se define Agregación de atributos difusa como un tipo de entidad y un conjunto de atributos que representan sus partes componentes extendiéndose a "con qué grado" pertenece un atributo a un tipo de entidad. La representación gráfica de la agregación difusa de atributos es, un círculo de línea discontinua, junto a esté, el nombre del atributo y el grado difuso que el atributo tiene para el tipo de entidad al que pertenece. Véase Figura 1.

Sea *E* un tipo de entidad, con *n* atributos, $A_1, A_2, ..., A_n$ tal que ⌡ A_i P E, ⌉ un grado de pertenencia P [0,1] con i= 1,2,...,n.

□

2.2 Grado de Toda la Instancia de la Entidad (Entidad Difusa)

Una *instancia (ocurrencia) de la entidad* es cada una de las realizaciones concretas (objetos o valores) de ese tipo de entidad. La representación gráfica de los tipos de entidades es un rectángulo etiquetado con el nombre del tipo de entidad que representa (Elmasri y Navathe, 2002; De Miguel et al., 1999).

En el modelo FuzzyEER, cada instancia de un *tipo de entidad difusa*, tiene un grado que mide o indica la relación de esa instancia con su tipo de entidad (su grado de pertenencia a ese tipo de entidad, o bien, su grado de importancia dentro de ese tipo, su grado de certeza, etc.).

Los grados pueden ser calculados a través de una función $Q(x)$ o simplemente impuestos por el usuario.

Definición 2: Tipo de entidad difusa

Se define tipo de entidad difusa como un tipo de entidad a la que se le añade un atributo que expresa un grado (con cualquiera de los significados indicados previamente) definida por:

Sea *E* un tipo de entidad, con *n* instancias, $e_1, e_2, ..., e_n$ se define *E* como tipo de entidad difusa si ⌉ una función μ_E definida sobre dichas instancias tal que ⌡ e_i P E, $\geq_E$ (e_i) P [0,1] con i= 1,2,...,n

La expresión $\mu_E(e_i)$ puede medir el grado con que la instancia e_i "*pertenece*" a *E*, aunque puede tener otros significados. La notación de un tipo de entidad difusa es representada con un rectángulo de líneas discontinuas. También se debe añadir el atributo difuso, con el significado del grado que represente, señalado con un círculo con línea discontinua. Véase Figura 2.

□

La diferencia entre el tipo de entidad difusa y la agregación de atributos difusa radica en que en la primera el grado está asociado a toda la instancia de cierto tipo de entidad y no exclusivamente a un valor particular de un atributo de una instancia. Esta definición consiste en generar *tipos de entidades difusas*, de forma que cada instancia del tipo de entidad tenga un grado para medir la relación entre esa instancia con su tipo de entidad (su grado de pertenencia a ese tipo de entidad, o su grado de importancia dentro de ese tipo, su grado de certeza, etc.).

2.3 Grado difuso asociado a un atributo.

En este caso, el valor de cada atributo puede tener asociado un grado, en un intervalo [0,1], que mida el *nivel de difuminado* de dicho valor. Los significados de estos grados pueden ser variados, como por ejemplo: de completitud, de incertidumbre, de posibilidad, etc.

Para mostrar la utilidad de los significados de grados en atributos difusos, se hace referencia a trabajos de algunos autores que han utilizado este concepto (Galindo, 1999; Ma et al., 2001; Medina et al., 1994).

Definición 3: Grado Difuso asociado a un atributo

Se define grado difuso asociado a un atributo con cierto significado. Este significado se expresa con la notación G^n o $G^{significado}$, donde ese "n" o su significado es uno de los que se definen a continuación u otros nuevos. Esta expresión se ubica delante del nombre de un atributo que define el grado unido por una flecha al atributo del que se le asocia (véase Figura 3).

Sea una entidad E con atributos (A_1, A_2,...,A_n), para cada atributo A_i con iP{1,..., n}, puede existir un grado difuso asociado a cada valor que dicho atributo que toma en cada instancia de E. El significado de ese grado se define a continuación:

Obsérvese que la notación de este tipo de atributo difuso que contiene algún tipo de grado que representa, deberá considerar dos formas:

i) Si tiene una función Q(x) asociada que define el cálculo de un atributo, éste será un grado *difuso derivado*. Con esa función se obtiene el grado respectivo. Es decir, la función permite calcular esos grados de forma automática basándose en el valor de otros atributos o en cualquier otra información disponible en la base de datos. Esa función puede ser, por ejemplo, una distribución de posibilidad de una etiqueta lingüística.

ii) Si no tiene definida una función es un *atributo difuso directo* que sólo debe llevar el nombre del atributo que contiene el grado difuso.

□

Aunque estos dos casos son producto de un cálculo para obtener el respectivo valor del atributo, el caso i es más complejo que el caso ii, ya que este último trata de un valor que no se calcula de forma no automática. Por ejemplo, introducida por el usuario de la base de datos.

3. Uso de FuzzyEER para la especificación de Base de Datos

Considérese los siguientes casos.

a) Se tiene la entidad ALUMNO {Identificador, Nombre, Apellido_Paterno, Apellido_Materno}, los atributos de esta entidad son analizados según la Definición 1.

A los atributos se les puede asignar un grado de pertenencia (G^0) según lo que se desee especificar. La importancia de estos esquemas aparece en el refinamiento de los esquemas, al proveer información útil a partir de cierto grado de pertenencia dado a los atributos. Es así como se puede representar en el esquema aquel atributo que nunca puede ser nulo en la base de datos, o bien, aquellos atributos que se puedan descartar o considerar como nulos. La Figura 1 muestra un ejemplo de la aplicación de esta nomenclatura.

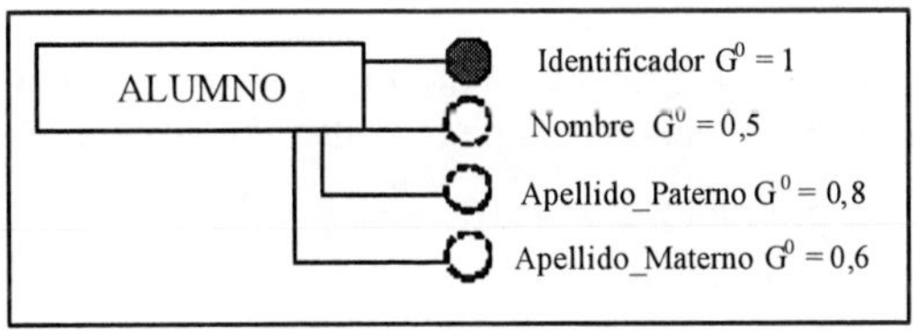

Figura 1: Representación del modelo FuzzyEER para grados por instancias dependiente del tipo de entidad. Aquí se especifica que para cada alumno es imprescindible su identificador, sin embargo, es menos relevante su nombre y su apellido materno que su apellido paterno.

En la Figura 1 se puede notar que el identificador siempre tendrá un grado de pertenencia igual a 1, por lo que no es necesario representarlo, en cambio los otros atributos se le ha asignado un grado de importancias menor a 1.

b) Se tiene la entidad ALUMNO {Identificador, Carrera, Grado_Titulación}, los atributos de esta entidad son analizados según la Definición 2. Para este esquema de datos se considera que la entidad tiene asociado el concepto "cuan profesional es usted" determinado por el número de asignaturas cursadas para obtener el titulo profesional. Por tanto un alumno puede ser analizado por el grado de pertenencia que tienen para lograr el fin de su formación dado por el número de cursos aprobados dividido por el total de cursos de su currículo de formación. La Figura 2 muestra un esquema FuzzyEER.

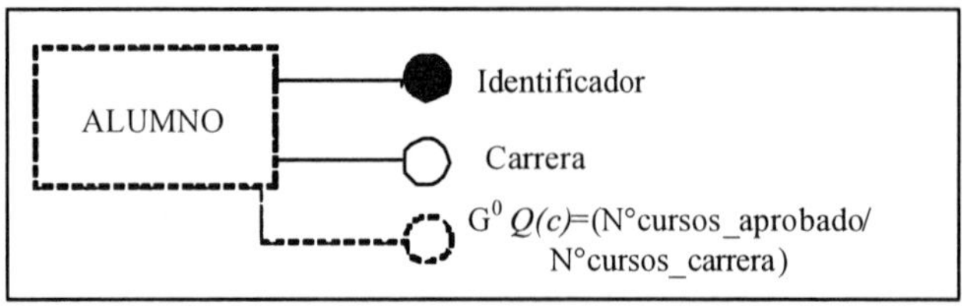

Figura 2: Representación del modelo FuzzyEER para grados de pertenencia de los atributos a la entidad dado por la fórmula Q(c).

Para este caso se ha considerado el grado de pertenencia, pero dependiendo de la especificación de requerimiento este puede ser cualquiera de los explicados previamente en este artículo.

c) Ampliando la entidad del caso a) Se tiene ALUMNO {Identificador, Nombre, Apellido_Paterno, Nacionalidad, Apellido_Materno}, los atributos de esta entidad son analizados según la Definición 3. Esta representación adquiere robustez al considerar que dependiendo de la nacionalidad, toma importancia como grado de pertenencia a la entidad los atributos apellidos de diferente forma. Por ejemplo, en Chile ambos apellidos son utilizados, pero con un mayor grado de pertenencia el apellido paterno, en cambio en Estados Unidos sólo se utiliza el apellido materno. Por tanto se tiene una especificación donde el grado de pertenencia de cada atributo esta en función del valor del atributo nacionalidad en cada instancia. La Figura 3 muestra el esquema FuzzyEER de este caso donde n y m son los grados importancia para este ejemplo (pueden ser otros grados vistos en este trabajo). Para el caso descrito anteriormente, la nacionalidad chilena implicaría un valor de n mayor que m, mientras que la nacionalidad estadounidense implicaría un valor de n de 0 o cercana a 0.

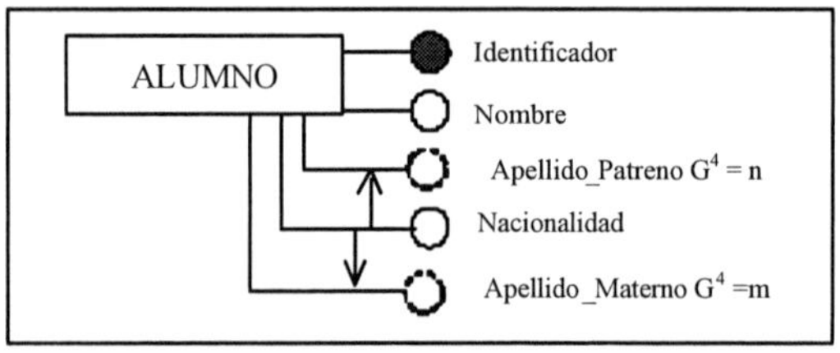

Figura 3: Representación del modelo FuzzyEER para grados de pertenencia de los atributos Apellido_Paterno y Apellido_Materno y dependientes de otro atributo en este caso Nacionalidad.

4. Transformación de esquemas FuzzyEER a EER.

A continuación se presenta una guía sucinta para transformar esquemas FuzzyEER a esquemas EER no difusos, para cuando no existe el interés o la factibilidad técnica para implementar una base de datos difusa.

Para trasformar un esquema FuzzyEER con grados de pertenencia de un atributo con respecto a una entidad (Figura 1), el analista puede asignar cardinalidades mínimas 0 a todos aquellos atributos cuyo grado de pertenencia sea menor a 1, como se muestra en la Figura 4. Esto es análogo a admitir valores nulos en dichos atributos. Otro criterio puede ser simplemente eliminar del diseño aquellos atributos que posean un grado de pertenencia menor a un umbral definido por el analista (por ejemplo $< 0,5$), como se muestra en la Figura 5. En este caso, la ventaja de tener además del modelo entidad relación el modelo FuzzyEER, es que éste último provee de información adicional, y no se restringe a las limitaciones impuestas por las herramientas de implementación.

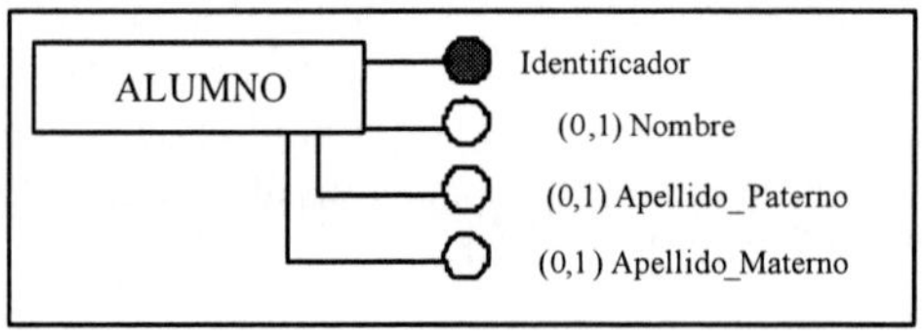

Figura 4. Transformación esquema FuzzyEER (Figura 1) a EER a través del uso de cardinalidades de atributos con valor mínimo 0.

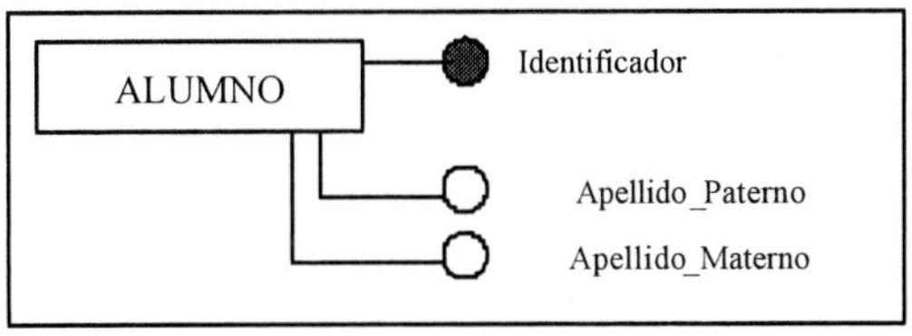

Figura 5. Transformación esquema FuzzyEER (Figura 1) a EER previa decisión de diseño.

Para transformar un esquema FuzzyEER con grados de pertenencias que corresponden a una función (Figura 2), se agregan en el esquema los atributos que forman parte de la función (número cursos aprobados y número cursos carrera), y se calcula el valor del atributo que da el grado de pertenencia a la clase "profesional" del estudiante. En este caso, se debe especificar dicho cálculo para ser implementado a través de un módulo software, y decidir el criterio que se utilizará para incluir en el tipo de entidad PROFESIONAL a un estudiante. Por ejemplo, en la figura 6 se podría indicar que aquellos alumnos que cumplan con 0.95 > Nº cursos_aprobados/ Nªcursos carrera se clasifican en el tipo de entidad profesional (la implementación de dicha situación puede ser a través de un procedimiento almacenado o bien un trigger que calcule el valor correspondiente ante cada cambio en el atributo Nºcursos_aprobados)

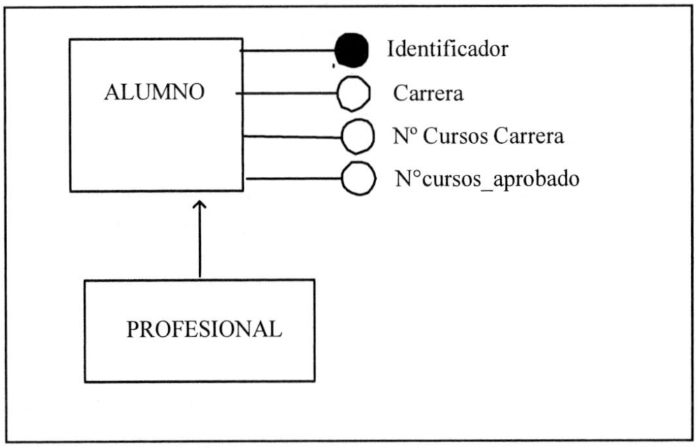

Figura 6. Transformación esquema FuzzyEER (Figura2) a un esquema EER

Para transformar un esquema FuzzyEER con grados de pertenencia de atributos dependientes de otros atributos (Figura 3) se generan especializaciones correspondientes a cada caso según la dependencia existente. A cada tipo de entidad subconjunto (especialización) se le asocian los atributos correspondientes según el grado de pertenencia definido para ellos. En el caso de la Figura 3, asumiendo n=1 y m = 0,5 para los chilenos, y n=0.2 y m=1 para los estadounidenses, se debería crear un tipo de entidad subconjunto para alumnos chilenos y otra para alumnos estadounidenses, utilizando los criterios para los atributos con grado de pertenencia menores a 1 presentados previamente, tal como se muestra en la Figura 7.

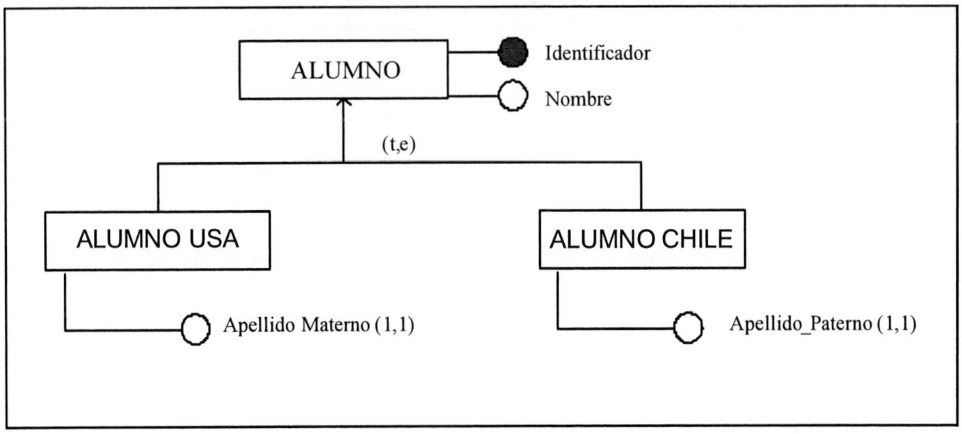

Figura 7. Transformación esquema FuzzyEER (Figura 3) a un esquema EER, considerando n=1 y m = 0,5 para los chilenos, y n=0.2 y m=1 para los estadounidenses.

5. Transformación de esquemas FuzzyEER para implementar Bases de Datos Difusas.

A continuación se muestra cómo transformar esquemas FuzzyEER a esquemas relacionales de manera directa, de modo de implementar las propiedades difusas de los esquemas cuando se cuenta con las herramientas disponibles.

Siguiendo la estructura FISRT (Fuzzy Interface for Relational SysTems) planteada en Galindo, 1999, se puede construir el diseño lógico para cada uno de los casos presentados es los esquemas del modelo FuzzyEER a un diseño relacional de la siguiente forma:

i.- El esquema de la Figura 1 puede ser transformado a un modelo relacional agregando por cada uno de aquellos atributos que tendrán un grado de pertenencia asociado en una columna más por cada fila de la tabla del modelo relacional (Véase Figura 8 a)). Nótese que este grado puede no ser almacenado si sólo ha sido utilizado para refinar el modelo, pero si este se requiere como dato de la base de datos, debe serlo, esto dependerá de la especificación de requerimientos del usuario.

ii.- El esquema de la Figura 2 puede ser transformado a un modelo relacional considerando que el atributo que contiene el grado de pertenencia a la carrera obtenido por el calculo de la fórmula Q(c) es una columna de la tabla y en su implementación deberá tener un trigger (rotulado como T1 en la Figura 8 b)) asociado a esta tabla, que haga el cálculo de el número de cursos aprobados dividido por el total los cursos de la carrera. Este valor será entre 1 y 0, y corresponderá al grado con que cada tupla pertenecerá a la entidad. La Figura 8 b) muestra la correspondiente tabla.

iii.- El esquema de la Figura 3 puede ser transformado a un modelo relacional con las mismas características presentadas para transformar el esquema FuzzyEER de la Figura 1 incorporando una columna para el atributo nacionalidad como lo muestra la Figura 8 c). La diferencia está en que la tabla deberá tener asociada dos triggers que permiten implementar la dependencia que genera el atributo *Nacionalidad* en los atributos Grado_Paterno y Grado_Materno (T2 y T3 en la Figura 8 c)). Esto implica que si es más importante el apellido materno éste debe tener asociado un grado mayor el apellido paterno. Si tomamos como ejemplo el caso de la Figura 7, T2 se define como { Si Nacionalidad = "Chileno" Grado_Paterno = 1 y Grado_Materno =0,5, sino Grado_Paterno = 0,2 y Grado_Materno = 1}.

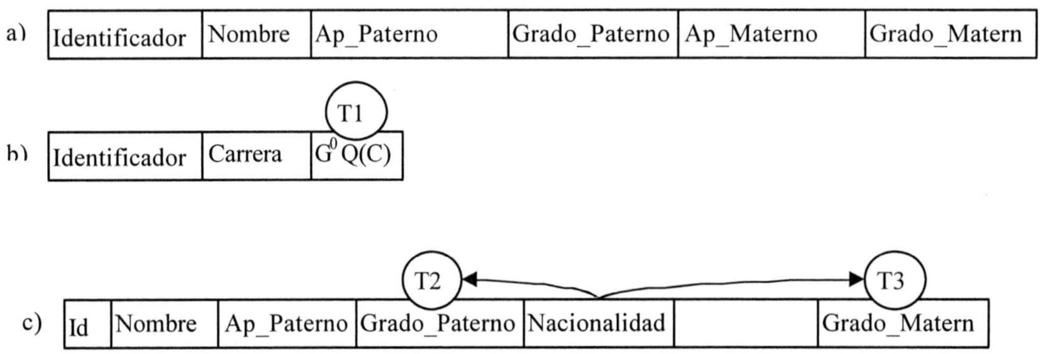

Figura 8. Tablas definidas en la transformación del la Figura 1,2 y 3.

Para implementar este tipo de tablas de la Figura 5, en la actualidad contamos con un servidor que permite almacenar atributos difusos, grados y otro tipo de componentes en Postgress para Linux que extiende el SQL para este tipo de componentes.

6. Guías para la captura de los aspectos fuzzy en la toma de requerimientos

Consideramos que un sistema de información involucra al menos a clientes y usuarios, los cuales pueden pertenecer a más de una unidad organizacional (funcional). Por otra parte, un sistema de información puede apoyar a uno o más procesos de negocio, o parte de éstos. Asumiendo lo anterior, se tiene las siguientes situaciones que pueden dar origen a alguno de los casos de imprecisión tratados en las secciones previas.

i. La presencia de múltiples visiones por parte de los usuarios y/o clientes de un sistema puede dar origen a que un elemento de información sea valorado de manera no consensuada. De este modo un conjunto de usuarios puede opinar que un determinado elemento es imprescindible, mientras que otro grupo puede opinar que no lo es. En este caso, podemos tener un atributo con grado de pertenencia distinto de 1 (Figura 1), y su grado de pertenencia podría corresponder a la proporción de usuarios que lo considera relevante o estimar su valor según la jerarquía organizacional de los usuarios que lo requieren.

ii. Cuando hay una visión consensuada acerca de una cierta información, es decir no está en duda si debe considerarse o no, pero su grado de pertenencia se calcule en función de los valores de otros atributos, se debe escoger un tratamiento como el de la Figura 2.

iii. Si las visiones acerca de la relevancia de un elemento de información son consensuadas dentro de una misma unidad organizacional o grupo de usuarios, pero existe otro grupo distinto que considera el elemento de información irrelevante, se puede manejar un atributo con grado de dependencia dependiente de otro, que en este caso será la unidad organizacional del usuario que usa el sistema, o bien el proceso de negocio que está siendo tratado (como en la Figura 3). En este caso, el analista puede considerar implementar vistas u otros mecanismos para evitar que los usuarios que consideran irrelevante cierta información, tengan acceso a ella. En el caso de que los usuarios que consideran irrelevante un elemento de información deban ingresarle valores, será muy importante convencerlos de la real necesidad de ello, de modo contrario la calidad de los datos puede estar en riesgo.

Por otra parte, cuando el analista tenga dudas acerca de la pertinencia o relevancia de un elemento de información, éste puede utilizar alguno de los mecanismos indicados de modo de postergar su manejo definido hasta que tenga una cantidad mayor de información para poder tomar una decisión al respecto.

7. Conclusiones y trabajo futuro.

Se han mostrado constructores del modelo FuzzyEER y su forma de utilización para el apoyo al proceso de análisis y especificación de una base de datos dentro del contexto del desarrollo de un sistema de información.

Los esquemas FuzzyEER permiten manejar información imprecisa en especificaciones concisas y extensibles, facilitando el análisis de la información al permitir documentar aspectos imprecisos, los cuales aparecen debido a la comprensión incompleta del sistema por parte del analista o a la visión no consensuada de los usuarios del mismo.

Se han provisto guías para la transformación de esquemas FuzzyEER a esquemas conceptuales EER que poseen técnicas ampliamente difundidas de implementación en los sistemas de gestión de bases de datos relacionales comerciales.

Se han indicado los aspectos en el análisis que un analista debe observar para aprovechar los aspectos tratados en este artículo y de ese modo mejorar su trabajo.

Como trabajo futuro, se considera una revisión de otros aspectos propios del análisis y diseño de sistemas de información que se podrían ver beneficiados con el uso del modelo FuzzyEER además del manejo de flexibilidad en restricciones de integridad (Feyer 2001), de modo de generar un modelo conceptual y una guía metodológica de apoyo a la etapa de análisis de sistemas de información.

Por otro lado, estamos estudiando la posibilidad de crear una herramienta CASE que permita crear esquemas con la herramienta FuzzyEER y su respectivo diseño relacional.

8. Bibliografía y Referencias

- Batini C., Ceri S., Navathe S. (1994), "Diseño Conceptual de bases de Datos", Addison Wesley/Díaz de Santos.
- Chaudhry N., Moyne J., Rundensteiner E. (1994): "*A Design Methodology for Databases with uncertain Data*". 7th International Working Conference on Scientific and Statistical Database Management, Charlottesville, VA, (www.mitexsolutions.com).
- De Miguel A., Piattini M., Marcos E. (1999): "Diseño de Bases de Datos Relacionales". Rama
- Elmasri R., Navathe S.B. (2000): "Fundamentals of Database Systems". Addison-Wesley, Third Edition.
- Feyer T., Varas M., Fernández M., Thalheim B. (2001), "Intencional Logia for Integrity Constraint Specification in Predesign Database Modeling", Proceedings of The 11th European japanese Conference on Information Modelling and Knowledge Bases, http://www.inf.udec.cl/~mvaras/papers/2001/p053_final.pdf.
- Galindo J. (1999): "Tratamiento de la Imprecisión en Bases de Datos Relacionales: Extensión del Modelo y Adaptación de los SGBD Actuales". Ph. Doctoral Thesis, University of Granada (Spain). (www.lcc.uma.es).

- Galindo J., Urrutia A., Carrasco R., Piattini M. (2004b): "Relaxing Constraints in Enhanced Entity-Relationship Models using Fuzzy Quantifiers". IEEE Transaction on Fuzzy Systems página 780-796, diciembre de 2004, volumen 12, ISSN:1063-6706. .
- Galindo J., Urrutia A., Piattini (2004a): "Fuzzy Aggregations and Fuzzy Specializations in Fuzzy EER Model". Chapter VI in "Advanced Topics in Database Research", Vol. 3, pp. 105-126. Ed. Keng Siau. ISBN: 1-59140-255-7 and 1-59140-296-4. Idea Group, Inc.. http://www.idea-group.com.
- Halpin T.(2001), "Information Modeling and Relational databases: From Conceptual análisis to logical design", Morgan Kaufmann.
- Ma Z.M., Zhang W. J., Ma W.Y., Chen Q. (2001): "Conceptual Design of Fuzzy Object-Oriented Databases Using Extended Entity-Relationship Model". International Journal of Intelligent System, 16(6). pp. 697-711.
- Medina J.M. (1994): "Bases de datos Relacionales Difusas: Modelo Teórico y Aspectos de su Implementación", Ph. Doctoral Thesis, University of Granada (Spain). (decsai.urg.es).
- Thalheim B. (2000), "Entity Relationship Modeling: Foundations of database Technology", Springer.
- Urrutia A. (2003): "Definición de un Modelo Conceptual para Bases de Datos Difusas". Ph. Doctoral Thesis, University of Castilla-La Mancha (Spain).
- Urrutia A., Galindo J., Piattini M. (2002): "Modeling Data Using Fuzzy Attributes". IEEE Computer Society Press, XXII International Conference of the Chilean Computer Science Society (SCCC 2002), pp. 117-123. Copiapó (Chile). ISBN: O-7695-1867-2 ISSN: 1522-4902.
- Varas M. (2000), " CCER:Constraint Centered Entity Relationship Model", definición del modelo Entidad Relación Centrado en Restricciones, Universidad de Concepción. http://www.inf.udec.cl/~mvaras/papers/ccer-monografia.pdf.
- Varas M. (2001), "Diseño Conceptual de Bases de Datos: Un enfoque basado en la medición de la calidad", Actas Primer Workshop Chileno de Ingeniería de Software, Punta Arenas. http://www.inf.udec.cl/~mvaras/papers/2001/mvaras-wisw.pdf.
- Yazici A., Merdan O. (1996): "Extending IFO Data Model for Uncertain Information". 4th International Conference on Information Processing and Management of Uncertainty, IPMU'96, pp. 1283-1282 (vol. III). Granada (Spain).
- Zadeh L.A. (1965): "Fuzzy Sets". Information and Control, 8, pp. 338-353.
- Zvieli A., P. Chen. (1986):"ER Modeling and Fuzzy Databases", 2nd International Conference on Data Engineering, pp. 320-327.

Applying Model-Driven Development to Collaborative Business Processes

Pablo David Villarreal[1], Enrique Salomone[1,2], Omar Chiotti[1,2]

[1]Centro de Investigación y Desarrollo de Ingeniería en Sistemas de Información, Universidad Tecnológica Nacional-Facultad Regional Santa Fe, Lavaise 610, 3000, Santa Fe, Argentina

[2]INGAR-CONICET, Avellaneda 3657, 3000, Santa Fe, Argentina

pvillarr@frsf.utn.edu.ar, {salomone,chiotti}@ceride.gov.ar

Abstract

Currently enterprises are focusing on the setting up of Business-to-Business collaborative relationships with their partners. One of the main challenges in these relationships is the definition of the Collaborative Business Processes. These processes have to be defined first in a business level using a technology-independent language, and then in a technological level using a Business-to-Business standard. Both definitions must have a mutual correspondence. Therefore, in this paper we present a model-driven development method to support the design of collaborative processes. As part of this method we describe the modeling language UP-ColBPIP to design technology-independent collaborative processes. This language supports the definition of these processes through interaction protocols. In addition, we provide a model transformation method that defines how from UP-ColBPIP collaborative process models we can generate specifications based on the ebXML standard for implementing collaborative processes.

1. Introduction

Currently enterprises are focusing in the setting up of Business-to-Business (B2B) collaborative relationships with their partners in order to be competitive. In these B2B Collaborations, enterprises require a process-oriented integration between heterogeneous and autonomous partners involved in a supply chain or a collaborative network. One of the main challenges in this integration is the definition of the *Collaborative Business Processes*. Through the execution of collaborative processes, enterprises undertake to jointly carry out decisions to achieve common goals, coordinate their actions and exchange information [MFG00].

Two points of view of this process-oriented integration have to be considered: a technological point of view and a business point of view. The former refers on the support to collaborative business processes through the implementation of B2B information systems. These systems are composed by business interfaces that each partner implements to jointly execute collaborative processes with other partners. Interoperability between these interfaces is an important issue and requires: the explicit specification of the partners' interfaces, and the semantics of collaborative processes being understood by all the partners' interfaces [MBB03]. These interoperability requirements of the B2B information systems are supported by B2B standards. They allow the specification of B2B protocols [BUS02], which define both the partners' interfaces and the collaborative processes in a format that can be processable by the applications.

Currently, there are two main technologies proposed for the specification of B2B protocols [BKK03]: standards based on Web Services Composition, such as BPEL (Business Process Execution Language) and WSCI (Web Service Choreography Interface); and standards based on Business Transactions, such as ebXML [UO] and RosettaNet. However, due to enterprises require engaging in independent B2B relationships with different partners, the above issue of interoperability has shifted from the level of applications to the level of standards [MBB03]. A partner should be able to collaborate with several partners using different standards. Moreover, a partner may require implementing a same collaborative process with several partners using different standards.

From the business point of view, the process-oriented integration between partners is addressed through the use of collaborative business models. Examples of these models are Vendor-Managed Inventory (VMI)

Initiatives [CompTIA]; Collaborative Planning, Forecasting and Replenishment (CPFR), and the Partner-to-Partner Collaborative Model [VCZ03]. Collaborative business processes are derived from these models. In the analysis and design phases of these processes several requirements have to be fulfilled. First, enterprises must focus on designing collaborative processes (i.e., roles, actions and information to be exchanged) without considering the technology used for their implementation. A collaborative process model should be understandable and easy to read by business analysts and systems developers, who are not acquainted with the technical details of the languages used to execute collaborative processes. Second, collaborative process models have to provide a common semantics for the partners to understand in the same way these processes. Finally, these models have to express suitable abstractions for the domain of B2B collaborations. Hence, the use of conceptual models to support the definition of these processes is an important requirement.

In this way, collaborative processes must be defined first in a business level using a technology-independent language and then in a technological level using a B2B standard. Both definitions must have a mutual correspondence. Several works [BAG04, BKK03] have recognized the necessity of providing guidelines for: the design of collaborative processes independent of the idiosyncrasies of particular B2B standards; and the automatic generation of B2B specifications based on a B2B standard from those processes.

Therefore, in this work we propose a Model-Driven Development (MDD) method to support the design stages of collaborative business processes. On one hand, this method allows the technology used to implement them can be decided later. On the other hand, this method intends to reduce the inherent complexity and costs that partners have to incur during the development of B2B systems [BAG04]. Furthermore, a model-driven development approach allows to the models play an important role [MCF03]. Systems developers can build and transform collaborative process models in order to generate XML code. In this work, we focus on the generation of ebXML specifications from the technology-independent models of collaborative processes.

The proposed method for MDD is based on the principles and components proposed by the Model-Driven Architecture (MDA) Initiative of the Object Management Group (OMG) [OMGb]. This paper is organized as follow: Section 2 describes the MDD method along with the techniques proposed for the design of collaborative processes. Section 3 gives an overview of UP-ColBPIP, the proposed language to define collaborative processes in an independent way of the B2B standards. Section 4 describes the transformation method used to generate ebXML specifications from collaborative process models defined with UP-ColBPIP. Section 5 discusses related works. Section 6 gives conclusions and outlines future research directions.

2. Model-Driven Development of Collaborative Business Processes

The OMG's MDA initiative [OMGb] proposes a conceptual framework along with a set of standards (UML, MOF, XMI, etc.) to build model-driven development methods. One principle of MDA is that the building of systems can be organized around a set of models by imposing a series of transformations between models, organized into an architectural framework of layers and transformations. In MDA, the concept of system does not only refer to the software but also can refer to an enterprise, a set of enterprises, some combination of parts of different systems and so on. In the context of this work, the system to be built includes the partners' interfaces of the B2B information system and the collaborative processes in an executable language.

The components of MDA are: Platform Independent Models (PIMs), Platform Specific Models (PSMs), Transformations from PIMs to PSMs, and Transformations from PSMs to Source Code (Figure 1). A platform makes reference to the technology that supports the system being built. However, MDA provides the components that have to contain a MDD method, but does not provide the concrete techniques to build them. Therefore, following the MDA approach, the techniques and components of our MDD method for designing collaborative processes are (Figure 1):

- **The UML Profile for Collaborative Business Processes based on Interaction Protocols (UP-ColBPIP).** This is the modeling language proposed to build collaborative business process models that are independent of the technology. This UML Profile is based on UML 2 [OMGa].
- One or more **modeling languages or metamodels used for building Collaborative Business Processes based on a specific B2B Standard**, such as ebXML or BPEL. For the specification of collaborative processes in a B2B standard, it is possible to use a specific UML Profile or to directly create a UML class model version of the XML Schema of the B2B standard, that is, the corresponding metamodel.

- **Transformations from UP-ColBPIP models to models based on a B2B standard**. These transformations define how a UP-ColBPIP model can be converted into a model of a B2B standard. To support these transformations, a transformation method has been defined and implemented using a prototype tool for model transformation that we are developing. In this tool, model transformation rules are defined by input and output patterns according to the source and target metamodels. The tool also implements a metamodel for model transformation that allows the declarative definition of the transformation rules and the composition of them in rule modules that consist in a hierarchy of rules. The rule patterns are specified in an imperative way using Java code. The tool has a transformation engine that takes as an input a UP-ColBPIP model in a XMI format, and generates a model in a B2B standard according to the metamodel of the B2B standard. We are interested in two types of transformations. Transformations of UP-ColBPIP models to B2B standards based on business transactions, such as ebXML, and transformations of UP-ColBPIP models to B2B standards based on Web Services Composition, such as BPEL. In this work we focus on the first type of transformations.
- **PSM to XML code transformations**. The final output of the transformations is one or more XML files representing the partners' interfaces and the collaborative processes in the XML languages provided by the B2B standard. The model transformation tool is also used for this purpose. The tool supports the generation of the XML code from the B2B standard models in direct way, according to production rules that convert a UML class diagram into a XML version.

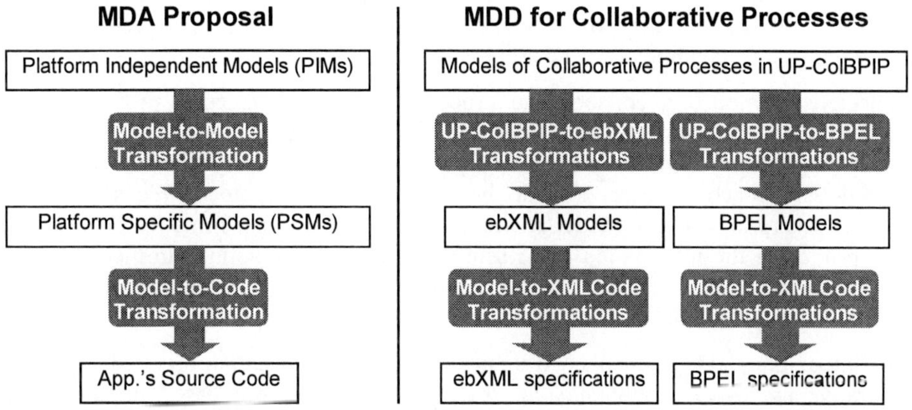

Figure 1. MDA and the Model-Driven Development Method for Collaborative Processes

3 The UML Profile for Modeling Collaborative Business Processes based on Interaction Protocols

The UML Profile for Collaborative Business Processes based on Interaction Protocols (UP-ColBPIP) has been defined as a technology-independent modeling language to design collaborative processes [VSC04]. Following, we describe the UP-ColBPIP stereotypes that represent the main conceptual modeling primitives along with their semantics. UP-ColBPIP supports the modeling of three views of the B2B collaborations: the B2B Collaborations Context View, the Collaborative Processes View and the Interaction Protocols View. Following, the modeling elements of the first two views are briefly described. Then, we focus on the last view, from which we can generate specifications in a B2B standard. More details about this UML Profile can be found in [VSC04].

3.1. The B2B Collaborations Context View and the Collaborative Processes View

The B2B Collaboration Context View is used to define the requirements of a *B2B Collaboration* that partners agree on carrying out. In this view, B2B Collaborations extends the semantics of UML 2 Collaborations and are defined using Collaboration Diagrams. A B2B collaboration consists of a set of *Trading Partners* cooperating through binary *B2B Relationships*. Trading partners own *Public Business Interfaces* that allow them to engage in a B2B relationship and fulfill a specific *Partner Role*. This view also supports the definition of the *Collaborative Agreement*, which specifies the rules that will govern the collaboration between partners and a hierarchy of *Business Goals* to be fulfilled in the collaboration. The collaborative agreement's attributes and the business goals are defined by using Class Diagrams.

In the Collaborative Processes View, the *Collaborative Business Processes* that partners have to perform in a B2B collaboration are identified. They are represented extending the semantics of Use Cases. Hence, they are defined as an informal specification of a set of actions performed by trading partners to achieve a common goal. A collaborative process can have as attributes *Business Documents*, which represent the information to be exchanged and shared between the partners. Also, in this view, subprocesses and exception processes associated to a collaborative process are identified. An *Exception Process* is a type of collaborative process that specifies how another collaborative process is finalized or corrected in case an exception occurs. In addition, the business goal that each collaborative process has to achieve is specified. The modeling elements of this view are defined through Use Case Diagrams.

3.2. The Interaction Protocols View

This view supports the detailed design of the collaborative processes identified in the above view. The behavior of the collaborative processes is realized through *Interaction Protocols*. Interaction Protocols have been used in the area of multi-agent systems for representing interactions between software agents [BMO01]. In the context of B2B collaborations, an Interaction Protocol describes a high-level communication pattern through an admissible sequence of messages between enterprises playing different roles [VSCb03]. Its main elements are: partner roles, a choreography of sending and receiving business messages between roles, speech acts, control flow operators, conditions and deadlines.

The main objective of modeling collaborative processes through interaction protocols is to fulfill the requirements of B2B interactions [VSCa03] [VSCb03]: enterprise autonomy, decentralization, peer-to-peer interactions and negotiation supports. In contrast to the traditional activity-oriented process models, used mainly by workflow approaches, a process model based on interaction protocols focuses just on the message exchange between enterprises. The activities/services that each partner performs for processing the received information or producing the information to be sent are not explicitly defined in the interaction protocols. They are kept hidden to its other partners. Internal activities/services and decisions of the enterprises are also not exposed. Hence, the enterprise autonomy is supported in the modeling of collaborative processes.

With the modeling of interaction protocols, we are providing a communication-oriented modeling approach to define collaborative processes. Communication-oriented approaches are based on the Language/Action Perspective theory (LAP) [WF86] and the Speech Acts Theory. LAP assumes that communication is a kind of action that creates commitments between the communicating parties. A speech act is the main concept of LAP and represents an intention that a speaker makes in a communicative act. Through the use of speech acts to describe the messages, the interaction protocols provide an intentional perspective to process models. The designers of a collaborative process focus on the semantics of each message selecting the most appropriate speech act. That is, speech acts allow the representation of the intentions that enterprises communicate in a collaborative process. Decisions and commitments done by the enterprises can be known from the speech acts. This enables the definition of complex negotiations in collaborative processes.

The Interaction Protocol view of UP-ColBPIP supports the definition of Interaction Protocols using the Interaction Diagrams of UML2. Therefore, interaction protocols are defined extending the semantics and constraints of the Interactions of UML2. Figure 2 shows the package of UP-ColBPIP that specifies the stereotypes along with the metaclasses they are extending. In this diagram, we also include the associations between the metaclasess to understand the UML2 metamodel as well as the implicit relationships between the stereotypes. However, these associations are not part of the profile but are part of the UML2 metamodel.

The *InteractionProtocol* stereotype extends the *Interaction* metaclass, which is the main element to represent interactions in UML. A *ProtocolTemplate* stereotype is derived from *InteractionProtocol* and it represents reusable patterns of interactions used to define interaction protocols.

In addition to the parameters *in, out* and *inout* of a UML interaction, interaction protocols require the declaration of three specific parameters indicated by the *ProtocolParameterKind* enumeration. The *businessDocumentsOntology* indicates the ontology used to semantically describe business documents. The *contentLanguage* indicates the language used to syntactically describe business documents. The *LanguageActionLibrary* indicates the speech act library used in the protocol, which indicates the semantics of the speech acts, e.g. FIPA ACL (Agent Communication Language). These parameters are defined in the *ProtocolParameter* stereotype.

The Trading Partners participating in an Interaction Protocol and the Partner Role they play are represented by the Lifelines. The *connectableElement* attribute of a Lifeline references to a Partner Role defined in the collaborative process that the Interaction Protocol is realizing.

An interaction protocol is also composed by business messages. A *BusinessMessage* describes an interaction between two roles. The direction of a message, i.e. the initiator role and the recipient role, is defined by event occurrences associated to the message. *EventOccurrences* describe the sending and receiving events of a message on the lifelines of the partner roles. In a business message, when the *isReceiptAcknowledgementRequired* attribute is true, the recipient has to send a receipt acknowledgement when the message is received. When the *isReadAcknowledgementRequired* attribute is true, the recipient has to send a read acknowledgement if the message is received and understood.

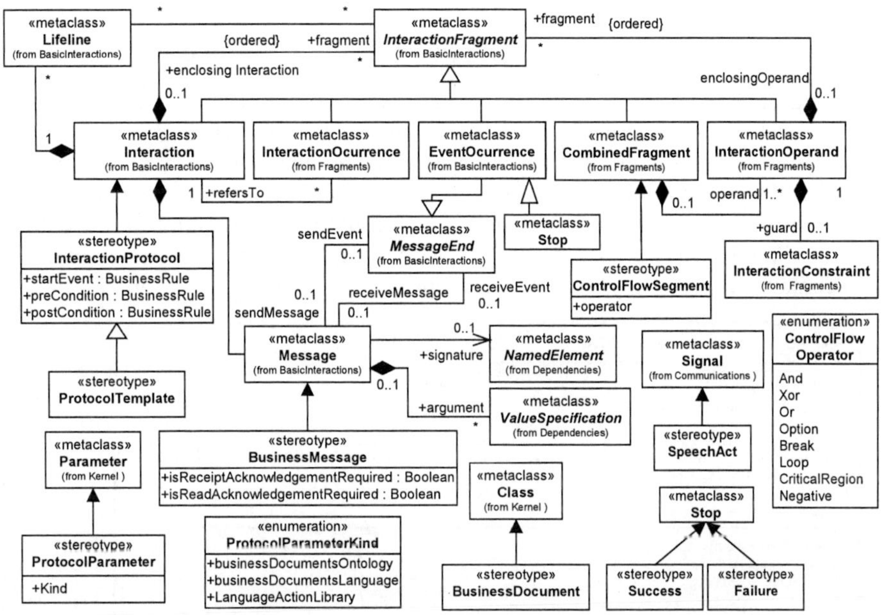

Figure 2. InteractionProtocols Package of UP-ColBPIP.

A *BusinessMessage* has to indicate the speech act representing the intention associated to the business document that a partner communicates to another partner. Therefore, a *SpeechAct* stereotype is included, which extends the *Signal* metaclass. In UML, the *signature* association attribute of a *Message* can refer to a signal or an operation. However, in our modeling domain, trading partners cannot invocate private behaviors of other trading partners but they can only manage reception signals used to internally activate their behaviors. Therefore, the *signature* of a *BusinessMessage* must only refer to a signal, but not an operation.

A business document is represented by the *BusinessDocument* stereotype that extends the *Class* metaclass. The *argument* association attribute of a *BusinessMessage* must only refer to an instance of a Business Document for representing the business information being transported by the message.

The choreography of an interaction protocol is specified by the metaclasses: *InteractionOccurrence*, *CombinedFragment*, *InteractionOperand*, *InteractionConstraint*, *EventOccurrence* and *Stop*. An *Interaction Occurrence* is used to represent nested and interleaved interaction protocols, which are called within another interaction protocol. In UML 2, combined fragments are represented by boxes that define the different paths of an interaction protocol depending on the interaction operator used. The *InteractionOperand* metaclass represents each path included in a *CombinedFragment*.

With the objective of providing well-known control flow operators for defining collaborative processes, the *CombinedFragment* metaclass is extended by the *ControlFlowSegment* stereotype. The attribute of this stereotype refers to the *ControlFlowOperators* enumeration that defines the control flow operators. The *XOR* operator represents that only one path, of a set of alternative paths, can be executed if its condition is evaluated to true. The *AND* operator represents the execution of parallel paths in any order. The *OR* operator represents the selection of several paths from several alternatives. A path is executed in case its condition is evaluated to true. This operator is different to the *Option* operator in UML, which considers only one alternative. The remaining operators are those of UML. The *Break* operator can be used to define paths that manage exceptions and require the abrupt termination of the protocol. The *Negative* operator can be used to manage exceptions about non-understood messages. The *CriticalRegion* operator can be used to define business transactions, where a message sequence has to be done atomically.

InteractionConstraints are used to define conditions on the paths of a *ControlFlowSegment* and on the *BusinessMessages*. The *Success* and *Failure* stereotypes indicate a success or failed termination of a protocol.

To graphically define interaction protocols, we can use the UML2 Interaction Diagrams: Sequence Diagram, Communication Diagram, Interaction Overview Diagram and Timing Diagram. However, the former is the most known and provides a more expressive concrete syntax.

3.3. Example of a Collaborative Business Process defined with UP-ColBPIP

As an example we describe the collaborative process *Blanket Purchase Order*, which is performed as part of the collaborative model *Forecast-based Supplier-Managed Inventory (SMI)*. This model has been proposed to carry out collaborative replenishments between a retailer and a manufacturer [CompTIA]. The collaborative process *Blanket Purchase Order* is a negotiation process between a *customer* and a *supplier* for agreeing on an order forecast for the agreement period against which multiple short-term releases will be generated to satisfy the customer's requirements. This is defined within the business document *Blanket Purchase Order (BPO)* that also contains total quantity, conditions and pricing terms on items.

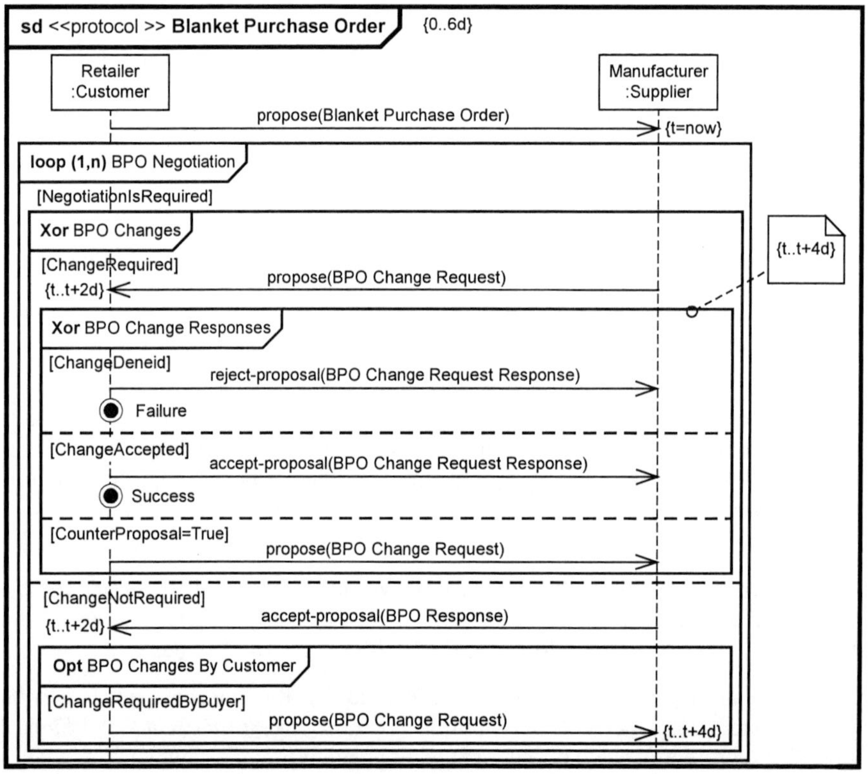

Figure 3. Blanket Purchase Order Interaction Protocol.

Figure 3 describes the Sequence Diagram that specifies the behavior of this process by the *Blanket Purchase Order* interaction protocol. The protocol starts with the *customer* proposing a *BPO*. Then, a loop of different message sequences can occur more than once while negotiation is required (control flow segment

BPONegotiation). In this loop, the *supplier* internally evaluates the *BPO* and two paths can occur. This is specified by the control flow segment *BPOChanges* with a *Xor* operator.

If changes to the *BPO* are required by the supplier, the first path is executed. In this path, the supplier proposes changes to the *BPO*, and the customer can respond in three different ways as it is indicated by the control flow segment *BPOChangeResponses*. One alternative is when the *customer* rejects the proposed changes because it does not agree with the *supplier's* proposal. Another alternative is when the *customer* accepts the *supplier's* proposal. In both alternatives the protocol finishes. The third alternative is when the *customer* makes a counterproposal.

If the *supplier* does not require changes, the second path is executed. The *supplier* responds with an *accept-proposal* that represents its acceptance to the BPO proposed by the *customer*. In addition, if the *customer* wants to initiate changes, it makes a counterproposal sending the *propose(BPOChangeRequest)* message.

In both paths, the interaction protocol finishes except the *customer* sends a *propose* message, when it makes a counterproposal. In these cases, the protocol continues according to the loop segment. Therefore, the *supplier* can again make a counterproposal or accept the *BPO* proposed by the *customer*. In this way, the negotiation can go through n times iterations. However, the duration constraint {0..6d} on the protocol defines it cannot be executed more than six days. In addition, deadlines are associated to the messages or segments in this protocol through time constraints.

4 Transforming UP-ColBPIP Models to ebXML Specifications

In this section we describe how models of collaborative processes defined with UP-ColBPIP can be used to generate ebXML specifications to enable the execution of these processes. The ebXML standard consists of a set of languages for enabling B2B interactions between enterprises through the exchange of XML-based messages. Two of these languages are relevant for our purpose: ebXML Business Process Specification Schema (BPSS) [UO] and ebXML Collaboration-Protocol Profile and Agreement (CPPA). BPSS is used to specify collaborative processes and CPPA is used to specify the operational details of the partners' interfaces. In this work, we only describe the generation of BPSS specifications. CPPA is out of the scope of this paper.

The transformation of UP-ColBPIP models to ebXML BPSS models has been implemented using the model transformation method and the model transformation tool commented in the section 2. UP-ColBPIP models are transformed in ebXML BPSS models defined as UML class diagrams based on the BPSS metamodel. Then, these ebXML models are transformed into their corresponding XML version. The method and the tool for model transformations are out of the scope of this paper due to space limitations and because the objective of this work is to show how we can derive ebXML specifications from UP-ColBPIP models. Therefore, in this section we first provide an overview of BPSS and then we describe the transformation method showing the correspondence between the UP-ColBPIP conceptual elements and the elements of BPSS.

4.1. Overview of ebXML BPSS

BPSS [UO] uses the concept of Business Collaborations to represent collaborative processes. A Business Collaboration consists of roles that interact through Business Transactions by exchanging Business Documents. Collaborations can be: Multiparty, which involve more than two roles; or Binary, i.e. between two roles. A Binary Collaboration defines a choreography in terms of Business States, which can be Business Activities or control flow elements as Fork, Join, Decision, Transition, Start, Success and Failure. Also it contains exactly two roles specifying the partners. A Business Activity can be either a Collaboration Activity or a Business Transaction Activity. The former represents the execution of a Binary Collaboration within another Binary Collaboration. The latter represents the execution of a Business Transaction, which consists of a Requesting Activity and the Responding Activity executing one or two Business Document flows. It may also support one or more Business Signals (Acknowledgments).

4.2. The UP-ColBPIP-to-ebXML Transformation Method

The transformation of UP-ColBPIP collaborative process models into ebXML BPSS is accomplished through an ordered set of transformation rules:

I. **B2BCollaboration-to-ProcessSpecification**: This rule defines for each B2B Collaboration (B2B Collaborations Context View), a Process Specification element in BPSS is generated, which is the root of a BPSS file. This will contain all the processes defined in a B2B Collaboration.

II. **BusinessDocuments-to-BusinessDocuments**: In BPSS, Business Documents have to be defined before the definition of Business Collaborations because they can be reused in different Business Collaborations within the Process Specification defined in the BPSS file. In UP-ColBPIP, Business Documents also are separately defined of the collaborative processes because they can be reused in different processes (Collaborative Processes View). Hence, with this rule each of them is mapped to a BPSS Business Documents.

III. **SpeechAct-to-BusinessTransaction**: This rule indicates that for each Speech Act, a Business Transaction is generated. Business Transactions also can be reused in different Business Collaborations, so they also are defined before the Business Collaborations. In UP-ColBPIP, speech acts are separately defined from the interaction protocols and they can be reused in the same one or in different interaction protocols. However, a Speech Act is attached to a Business Message having only one direction, to represent the intention of a sender to a recipient when the former sends a business document. Therefore, for representing Business Messages having a Speech Act, Business Transactions are derived from the Speech Acts and defined with only the Requesting Activity indicating the Speech Act. The Responding Activity is not generated. This represents the asynchronic feature of the Business Messages. The Requesting Activity is defined with a Document Envelope referencing the Business Document to be sent. This is generated from the Business Document associated to the Speech Act. Business Transactions can be derived from Speech Acts because both are defined without considering the roles, and the Requesting Activity can represent the speech act and the business document attached to it.

IV. **InteractionProtocol-to-BinaryCollaboration**: Once generated the Business Documents and the Business Transactions to be used in the Business Collaborations, we start transforming the Interaction Protocols. Those with more than two roles are transformed in Binary Collaborations related into a Multi-Party Collaboration. Those with only two roles are defined by a Binary Collaboration. In brief, we describe the transformation rules for Interaction Protocols that have only two roles. Therefore, this rule indicates each Interaction Protocol is transformed into a Binary Collaboration. For each execution of this rule, the subrules IV.1, IV.2 and IV.3 are executed having as input parameters the Interaction Protocol found and the Binary Collaboration generated.

IV.1. **PartnerRole-to-Role**: This rule is applied for each Partner Role founded in the Interaction Protocol. Roles of a Binary Collaboration are generated from the Partner Roles that the lifelines of the Protocol are referencing. The initiating role is obtained from the Partner Role referenced by the Lifeline that has the first Event Occurrence of the Protocol.

IV.2. **Fragment-to-BusinessState:** Each Fragment of an Interaction Protocol is mapped to a Business State in the Binary Collaboration generated. This rule is applied to determine if a Fragment exist in the Interaction Protocol. Therefore, this rule is executed for each Fragment of the Interaction Protocol. However, the transformation of this Fragment according to its type is done by the following subrules.

IV.2.1. **BusinessMessage-to-BusinessTransactionActivity**: This rule indicates when a Fragment is an Event Occurrence with the sendMessage association attribute referencing a Business Message and the next Fragment is an Event Occurrence with the sendMessage association attribute referencing the same Business Message. The Business Message found is transformed into a Business Transaction Activity. This is because the order of a Business Message within the Interaction Protocol's choreography is obtained from pairs of Event Occurrences, one representing the sending of it and another representing the reception of it. The fromRole and the toRole attributes of a Business Transaction Activity are derived from the Partner Roles referenced by the Lifelines associated to the send Event Occurrence and the receive Event Occurrence respectively. A Business Transaction Activity only represents the order of the Business Message into the choreography. The one-way interaction between two roles modeled in a Business Message is represented by the Business Transaction associated to the Business Transaction Activity that is realizing the message. Hence, in the Business Transaction Activity, the reference to the Business Transaction is generated from the Speech Act associated to the Business Message. Only the reference to the Business Transaction is generated because it was created before. In addition, if the Business Message has a Time Constraint, the timeToPerform attribute is generated.

IV.2.2.**InteractionOccurrence-to-CollaborationActivity**: This rule is used to transform sub Protocols into sub Binary Collaborations. This rules indicates if the Fragment is an Interaction Occurrence, it is transformed into a Collaboration Activity. This rule also creates from the sub Interaction Protocol, the corresponding new Binary Collaboration. The reference to the new Binary Collaboration that the Collaboration Activity invokes is generated from the Interaction Occurrence' attribute referTo that has a reference to the sub Protocol. This rule then invokes the PartnerRole-to-Role rule described above and invokes in a recursive way the Fragment-to-BusinessState to carry out the transformation of each Fragment of the sub Interaction Protocol into the Business States of the new Binary Collaboration.

IV.2.3.**Success-to-Success** and **Failure-to-Failure:** These rules indicate that a Fragment being a Success or Failure event is respectively mapped to Success or Failure state in the Binary Collaboration.

IV.2.4.**ControlFlowSegment-to-BinaryCollaboration**: The protocol's choreography in UP-ColBPIP is supported by Control Flow Segments that contains Interaction Operands (paths), which can be composed of other ordered Fragments. Instead, in BPSS the choreography is supported by Business States and Transitions similar to state machines. Therefore, to transform the Interaction Protocol's choreography of Business Messages into a Binary Collaboration's choreography of Business States, this rule defines that Control Flow Segments (CFSs) are transformed into sub Binary Collaborations. In the Binary Collaboration realizing the Interaction Protocol, a Collaboration Activity is added with a reference to the new Binary Collaboration created from the CFS. The reasons for this decision are:

1. Because BPSS does not support complex control flows, as loops.
2. Because operators of CFSs have not a direct counterpart in BPSS.
3. Because CFSs can contain sub CFSs, the mapping of them to Binary Collaborations reduces the complexity of the Binary Collaboration that is realizing the Interaction Protocol.

The mapping of a CFS to a Binary Collaboration is performed according to the operator of the CFS. Table 1 summarizes this mapping. As example, a CFS with a XOR operator is mapped to a Binary Collaboration having a Fork state with an XOR value in the type attribute and a Join state with the attribute waitForAll settled in False. A CFS with a Loop operator is mapped to a Binary Collaboration having a Decision element as the first business state in case a Loop (0,n). Else, the Decision is defined before the success and failure states.

Table 1. Mapping of a Control Flow Segment to a Binary Collaboration

ControlFlowSegment	**Binary Collaboration with the following Business States**		
operator	**Fork.type**	**Join.waitForAll**	**Decision**
Xor	XOR	False	--
Or	OR	False	--
And	OR	True	--
Option	--	--	Defined after a Start states
Loop (0,n)	--	--	Defined after a Start states
Loop (1,n)	--	--	Defined before the completion states

Once created the Binary Collaboration elements representing a CFS, the Fragments of each Interaction Operand of the CFS are transformed invoking in a recursive way the Fragment-to-BusinessState rule.

IV.3.CreateBPSSTransitions: In UP-ColBPIP there is not explicit transitions between the Fragments of an Interaction Protocol, but they are implicitly linked by the order in which they are defined. This order is indicated by the *fragment* association attribute of the Interaction and InteractionOperand metaclass. Therefore, due to each Fragment is mapped to a Business State, the Transitions between these states are generated after the transformation of a Fragment. That is, once the Fragments-to-BusinessState rule and one of their subrules are executed, this rule is invoked to create the Transitions that link the created Business States in the Binary Collaboration. Three types of transitions can be generated: the transition from the Start state to the Business State created when it is the first state; the transition from a previous business state to the created business state; and the transition from a previous states to a success and failure states when the Interaction Protocol does not have more Fragments and there is not a explicit termination with a Stop event. Finally, the conditions associated to each Interaction Operand are mapped to Conditions of the Transitions between the Business States generated. These conditions are generated according to how they were defined in the protocols, i.e. in natural language or in OCL (Object Constraint Language). However, they must be redefined later by developers to express them in XPATH.

4.3. Example of the UP-ColBPIP-to-ebXML Transformation Method

Following, we show an example of the above transformation method using the Blanket Purchase Order (BPO) collaborative process defined as an Interaction Protocol (IP) in section 3. The output of this transformation (the BPSS file) is shown in Figure 4, which contains some parts of the BPSS specification that is generated. As input model, we take the UP-ColBPIP model that defines the B2B Collaboration *SMI Replenishment*, because the BPO process has been defined as part of this B2B Collaboration. Applying the first rule, the Process Specification defined in Line 2 is generated from the B2B Collaboration *SMI Replenishment.* The execution of the second rule generates the business documents from those defined in the Collaborative Processes View. Lines 4-7 only define the business documents used in the IP *Blanket Purchase Order.*

```
2 <ProcessSpecification name="SMI Replenishment" version= "1.1" nameID="SMI ReplenishmentID"...>
3   <!--Business Documents -->
4   <BusinessDocument name="Blanket Purchase Order" specificationLocation="...."/>
5   <BusinessDocument name="BPO Response" specificationLocation="...."/>
6   <BusinessDocument name="BPO Change Request" specificationLocation="...."/>
7   <BusinessDocument name="BPO Change Request Response" specificationLocation="...."/>
8   <Package name="SMI Replenishment">
9     <!-- Below are the BusinessTransactions representing derived from the Speech Acts -->
10   <BusinessTransaction name="propose_Blanket Purchase Order">
11      <RequestingBusinessActivity name="propose" isInteligentCheckRequired="true"
12            timeToAcknowledgeReceipt="PT1H" timeToAcknowledgeAcceptance="PT1H">
13        <DocumentEnvelope businessDocument="Blanket Purchase Order"/>
14      </RequestingBusinessActivity>
15   </BusinessTransaction>
      ...............
37    <!-- This is the Binary Collaboration representing the IP Blanket Purchase Order -->
38   <BinaryCollaboration name="BC:Blanket Purchase Order" timeToPerform="P6D"
39          initiatingRoleIDREF="CustomerID">
40      <Role name="Customer" nameID="CustomerID"/>
41      <Role name="Supplier" nameID="SupplierID"/>
42      <BusinessTransactionActivity name="BTA:propose_Blanket Purchase Order"
43        businessTransaction="propose_Blanket Purchase Order" fromRole="Customer" toRole="Supplier"/>
44      <Start toBusinessState="BTA:propose_Blanket Purchase Order"/>
45      <CollaborationActivity name="CA:BPO Negotiation"
46          binaryCollaboration="BC:BPO Negotiation" fromRole="Customer" toRole="Supplier"/>
47      <Transition fromBusinessState="BTA:propose_Blanket Purchase Order"
48          toBusinessState="CA:BPO Negotiation"/>
49      <Success fromBusinessState="CA:BPO Negotiation" ConditionGuard="Success"/>
50      <Failure fromBusinessState="CA:BPO Negotiation" ConditionGuard="Failure"/>
51   </BinaryCollaboration>
52   <!-- The Binary Collaboration representing the loop in the IP Blanket Purchase Order -->
53   <BinaryCollaboration name="BC:BPO Negotiation" initiatingRoleID="CustomerID">
54      <Role name="Customer" nameID="CustomerID"/>
55      <Role name="Supplier" nameID="SupplierID"/>
56      <CollaborationActivity name="CA:BPO Changes(XOR)"
57        binaryCollaboration="BC:BPO Changes(XOR)" fromRole="Customer" toRole="Supplier"/>
58      <Start toBusinessState="CA:BPO Changes(XOR)"/>
59      <Decision name="Decision:BPO Changes"/>
60      <Transition fromBusinessState="CA:BPO Changes(XOR)"
61          toBusinessState="Decision:BPO Changes"/>
62      <Transition fromBusinessState="Decision:BPO Changes" toBusinessState="CA:BPO Changes(XOR) ">
63        <ConditionExpression expressionLanguage="UP-ColBPIP"
64            conditionExpression="NegotiationIsRequired=True"/>
65      </Transition>
66      <Success fromBusinessState="Decision:BPO Changes" ConditionGuard="Success">
67        <ConditionExpression expressionLanguage="UP-ColBPIP"
68            conditionExpression="NegotiationIsRequired=False"/>
69      </Success>
70      <Failure fromBusinessState="Decision:BPO Changes" ConditionGuard="Failure">
71        <ConditionExpression expressionLanguage="UP-ColBPIP"
72            conditionExpression="NegotiationIsRequired=False"/>
73      </Failure>
74      </BinaryCollaboration>
        .......
```

Figure 4. BPSS specification generated by the UP-ColBPIP-to-ebXML transformation method.

Afterward, the Business Transactions are generated from the Speech Acts by the third rule. As example, Lines 10 to 15 defines the Business Transaction generated from the Speech Act *propose* with the *Blanket Purchases Order* document associated to it. This is used in the first Business Message of the Interaction Protocol.

Then, the InteractionProtocol-to-BinaryCollaboration rule is executed *n* times for each Interaction Protocol found. Each Interaction Protocol realizing a collaborative process is transformed into a Binary Collaboration. As example, the *Blanket Purchase Order* Interaction Protocol is mapped to the Binary Collaboration with the same name (Lines 38 to 53). In each execution of this rule, the subrules are executed.

The *Customer* and *Supplier* Partner Roles are transformed into Roles of the Binary Collaboration (Lines 40 and 41) through the execution of the PartnerRole-to-Role rule for each Partner Role found. This rule also sets the reference *CustomerID* in the *initiatingRole* attribute of the Binary Collaboration because the *Customer* is who initiates the process (Line 39).

Then the Fragment-to-BusinessState rule is executed for each Interaction Protocol's Fragment. In each execution of this rule one subrule will be executed. As example, the first two Fragments of the Interaction Protocol are the EventOccurrences referencing the Business Message *propose(Blanket Purchase Order)*. They indicates that the protocol start with this Business Message. Therefore the BusinessMessage-to-BusinessTransactionActivity rule is executed. As result of this rule the Lines 42 and 43 define the Business Transaction Activity generated and the reference to the corresponding Business Transaction before generated.

As example of the mapping of CFSs, we show the *CA:BPO Negotiation* Collaboration Activity and the *BC:BPO Negotiation* Binary Collaboration (Lines 46-47 and 55-79, respectively), which are generated from the *BPO Negotiation* CFS through the execution of the ControlFlowSegment-to-BinaryCollaboration rule.

5 Related Work

Through the modeling of interaction protocols that define the behavior of the collaborative processes we focus on a whole view of the choreography of the messages exchanged between partners. This is the main difference with other works that focus on the modeling and automatic code generation of conversation protocols [BBC04, [GAR03], i.e. the message sequence between a client and a service as part of the invocation of a Web Service. These approaches can be used to define the behavior of collaborative processes but only from the point of view of one partner. Instead, collaborative processes based on interaction protocols show the peer-to-peer interactions between the partners as a whole. In interaction protocol models, from the lifeline of each role it is possible to derive the behavior of the collaborative process from the point of view of each partner. Therefore, conversation protocols can be derived from the interaction protocols.

The generation of ebXML BPSS specifications from conceptual models of collaborative processes also has been described in [HH04]. The modeling methodology used to supports the analysis and design of collaborative processes is UN/CEFACT Modeling Methodology (UMM). Although UMM claims independence of the technology, the main conceptual elements are those used in BPSS because the BPSS metamodel is a subset of the UMM metamodel. Hence, the transformation of UMM to BPSS is simple and almost direct. However, this methodology influences the adoption of one standard. Moreover, UMM requires carrying out a lot of steps to define collaborative processes, because they are modeled in a hierarchical way, first defining business collaborations and then defining business transactions. This hierarchical approach does not enable representing in a high abstraction level, the interactions and the partners' responsibilities within a collaborative process. They are defined within business transactions, but not when the complete collaborative process is defined as a business collaboration.

6 Conclusions and Future Work

In this work, we have proposed a model-driven development method based on the principles of MDA for the design of collaborative business processes. Two techniques of this method are the UP-ColBPIP modeling language and the transformation method to generate ebXML BPSS specifications from UP-ColBPIP models.

With respect to UP-ColBPIP, this provides a technology-independent modeling language to design collaborative business processes, enabling partners to define and agree on a common collaborative processes at a high abstraction level. The use of a UML Profile allows us: provide a vocabulary more suitable to model collaborative processes; add semantics and constraints to the UML metamodel from the modeling domain of collaborative processes; and reuse existent UML case tools to model collaborative processes. Currently, although some UML case tools are implementing UML 2, most of them are implementing only some parts of the UML 2 metamodel. So, to specify UP-ColBPIP models in a XMI format we use Eclipse UML2, which is an implementation of the UML 2 metamodel based on the Eclipse Modeling Framework (EMF)

With respect to the method to transform UP-ColBPIP collaborative processes models to ebXML BPPS specifications, most of the BPSS elements can be derived from UP-ColBPIP. This indicates that UP-ColBPIP provides the main conceptual modeling elements required not only to design collaborative processes at a high abstraction level but also to derive executable specifications in a specific B2B standard.

Our ongoing work is about the transformation of UP-ColBPIP models to executable Web Services Composition languages, such as BPEL and WSCI, to implement collaborative processes based on interaction protocols. The most important aspect to consider in this transformation is that these languages support the definition of collaborative processes using abstract conversation protocols. This means the choreography is defined considering the view of only one role. Hence, due to interaction protocols show the whole view of the message choreography between the partners, from them we have to generate the conversation protocol required by each partner in order to implement collaborative processes.

References

[BAG04] Baghdadi, Y. ABBA: an architecture for deploying business-to-business electronic commerce applications. Electronic Commerce Research and Applications, 3 (2004) 190-212

[BBC04] Baïna, K, Benatallah, B., Cassati, F., Toumani, F.: Model-Driven Web Service Development. CaiSE'04, Springer (2004) 290-306

[BMO01] Bauer, B., Müller, J.P. Odel, J.: Agent UML: A Formalism for Specifying Multiagent Software Systems. J. of Software Engineering and Knowledge Engineering, 11 (2001) 1-24

[BKK03] Bernauer, M., Kappel, G., Kramler, G.: Comparing WSDL-based and ebXML-based Approaches for B2B Protocol Specification. Proceedings of ISOC'03 (2003).

[BUS02] Bussler, C.: The Role of B2B Engines in B2B Integration Architectures. ACM SIGMOD Record, Special Issue on Data Management Issues in E-Commerce, 31(1) (2002)

[CompTIA] CompTIA EIDX: Forecast-based Supplier-Managed Inventory (SMI), Version 1.0. http://www.comptia.org/sections/eidx/business_process/replenishment/replmodl4.asp

[GAR03] Gardner, T.: UML Modelling of Automated Business Processes with a Mapping to BPEL4WS, 17th ECOOP, Darmstadt, Germany (2003).

[HH04] Hofreiter B., Huemer C. ebXML Business Processes - Defined both in UMM and BPSS. Proc. of the 1st GI-Workshop XML Interchange Formats for Business Process Management, Modellierung 2004, Germany, 81-102 (2004).

[MBB03] Medjahed, B., Benatallah, B., Bouguettaya, A., Ngu, A.H.H. and Ahmed, K.E.: Business-to-Business Interactions: Issues and Enabling Technologies. The VLDB Journal, 12(1), Springer (2003) 2041-2046

[MCF03] Mellor, S., Clark, A.N., Futagami, T. Special Issue on Model-Driven Development. IEEE Software 20(5) (2003)

[MFG00] Mentzer, J. T., Foggin, J. H., Golicic, S. L.: Collaboration: The Enablers, Impediments, and Benefits. Supply Chain Management Review (2000).

[OMGa] Object Management Group. UML 2.0 Superstructure Specification. http://www.omg.org/docs/ptc/03-08-02.pdf

[OMGb] Object Management Group. MDA Guide V1.0.1, 2003. http://www.omg.org/mda

[UO] UN/CEFACT and OASIS: ebXML Business Specification Schema Version 1.10, http://www.untmg.org/downloads/General/approved/ebBPSS-v1pt10.zip (2001)

[VSC04] Villarreal, P., Salomone, E. and Chiotti, O.: A UML Profile for Modeling Collaborative Business Processes based on Interaction Protocols. Argentine Symposium on Information Systems (ASIS 2004), 33 JAIIO, Argentina (2004).

[VSCa03] Villarreal, P., Salomone, E. and Chiotti, O.: B2B Relationships: Defining Public Business Processes using Interaction Protocols. Journal of the Chilean Society of Computer Science, Special issue on the Best Papers of the JCC 2003, Vol. 4(1) (2003).

[VSCb03] Villarreal, P., Salomone, E. and Chiotti, O.: Managing Public Business Processes in B2B Relationships using B2B Interaction Protocols, CLEI 2003, Bolivia (2003).

[VCZ03] Villarreal, P., Caliusco, M., Zucchini, D., Arredondo, F., Zanel, C., Galli, M.R., and Chiotti, O.: Integrated Production Planning and Control in a Collaborative Partner-to-Partner Relationship. In: S. Sharma & J. Gupta (eds.): Managing E-Business in the 21st Century, Heidelberg Press, Australia (2003) 91-110

[WF86] Winograd T. and Flores F. Understanding Computers and Cognition: A New Foundation for Design. Ablex, Norwood, N.J 1986.

Introducción Sistemática de Tecnologías Internet en PyMEs

Marlens Cortés y Hernán Astudillo
Departamento de Informática
Universidad Técnica Federico Santa María
Avda. España 1680, Valparaíso, Chile
{marlens,hernan}@inf,utfsm,cl

Resumen

Las PyMEs (pequeñas y medianas empresas) chilenas han sido notablemente lentas en incorporar tecnologías internet a su operación, lo que redunda en la falta de uso de la Web como un canal adicional de ventas, soporte, manejo de proveedores, etc. Un estudio preliminar realizado por los autores indicó que una barrera substancial de adopción es el desconocimiento por PyMEs de estrategias y procesos para gestionar a constructores de sitios Web al mismo nivel de familiaridad que otros tipos de proveedores. Este artículo presenta los resultados sumarios del estudio, identifica algunos problemas de comunicación, y propone un mecanismo para resolverlos basado en la incorporación de un lenguaje de derechos y deberes. El mecanismo propuesto ha sido validado con la elaboración de folletos instructivos distribuidos a asociaciones de PyME (potenciales compradores de sitios Web).

Abstract

Chilean small and medium businesses (SMBs, or PyMEs by their Spanish acronym) have been slow to incorporate Internet technologies to their operations, which has lead to little use of the Web as additional channel for sales, support, providers management, etc. A preliminary study by these same authors identified as substantial adoption barrier the lack of knowledge by PyMEs regarding strategies and processes to manage Web site construction with the same level of familiarity as other kinds of providers. This article presents the summary results of that study, identifies some communication problems, and proposes a mechanism to solve them based on the use of a rights and duties language. The proposed mechanism has been validated via elaboration as summary handouts distributed through PyME industry associations (as potential Web site buyers).

1. Introducción

Los avances tecnológicos han brindado un gran apoyo al crecimiento empresarial y las técnicas de producción, pero también se han traducido en que existe una enorme brecha entre los que tienen el conocimiento y los que no, pues deben convivir en el mismo medio y utilizar los mismos recursos. Es por eso que se ha investigado en esta área para comprobar si esto que se observa a simple vista es generalizado o solo se debe a algunos casos aislados. En el presente artículo se analiza este problema y se propone una solución para este.

Para ello en la sección 2 se presenta algunos datos relevantes que se obtuvieron al analizar la situación actual, en la sección 3 se describe la solución propuesta, en la sección 4 se presenta los resultados de la validación de esta propuesta, en la sección 5 se mencionan algunos trabajos futuros, para finalmente en la sección 6 presentar las principales conclusiones obtenidas.

2. El estado actual

La Cámara de Comercio de Santiago (CCS) estima [1] que el año 2006 el 71% de las empresas estará conectada a Internet, y alrededor del 25% contará con un sitio web institucional. Esto a su vez se verá fomentado por las facilidades que el gobierno ha entregado a las Pymes a través de los Infocentros creados por el Ministerio de Economía [2] y operados por Sercotec (Servicio de Cooperación Técnica). En estos centros los microempresarios tienen acceso a equipos de última generación con conexión a Internet, acceder a capacitación en las distintas tecnologías o incluso comunicarse con posibles clientes a través de los portales creados para este efecto). También existen entes encargados de financiar a estas empresas en lo referente a capacitación o adquisición de tecnologías tales como lo es CORFO a través de las FAT, Profo, PAG y PDP, para más detalle visitar página de Chile Innova [3].

Y entonces si los recursos están disponibles, ¿por qué no se les saca partido? Para responder esta pregunta se debe analizar cómo es que las empresas enfrentan esta avalancha de tecnologías.

Al parecer muchos empresarios utilizan Internet porque sólo ven que todos los demás lo hacen, pero no analizan el trasfondo de lo que significa el tener esa posibilidad, invierten fuertes sumas en equipamiento y a veces ni siquiera saben para qué.

Este tema se puede analizar desde dos puntos de vista: por un lado está el empresario (PyME) que tiene pocos conocimientos del uso de Internet, y por el otro lado está la empresa encargada de crear el vínculo con Internet (página o portal web). Pero los problemas de fondo pueden aplicarse a ambos sin muchas diferencias.

Los sitios Web son considerados adornos y no herramientas de negocio. El mayor obstáculo que aparece es el económico, no se quiere invertir mucho porque se cree que no vale la pena, pero esto se debe a que no se conocen las potencialidades de un sitio web cuando está realmente diseñado pensando en promover la empresa y usarlo como un medio más para llegar a los clientes [4]. Al parecer uno de los mayores problemas radica en que muchas páginas se diseñan pensando en que "se vea bonita", pero no en que sea funcional y que llegue a los clientes interesados en los productos, esto se debe a que en muchos casos las empresas encargadas del desarrollo se enfocan en la parte técnica y no consideran el análisis del negocio, de cómo es la empresa para la cual se esta desarrollando y cual es el público objetivo y en otros casos se hace un desarrollo en menor tiempo sin considerar las tareas que se debieran efectuar antes de publicar un sitio Web [5] [6].

Los problemas que se han identificado son muy variados, algunos producidos por los mismos proveedores y otros por las Pymes, pero se encuentran relacionados y se retroalimentan, formando un círculo que es muy difícil de romper.

Las PyMEs:

- ✓ El desconocimiento de Internet.
- ✓ No considerar Internet como parte de la empresa.

En común:

- ✓ Se produce pérdidas de tiempo y recursos.

Los Proveedores:

- ✓ No se cuenta con pautas definidas para trabajar.
- ✓ No se genera documentación adecuada que sirva para futuros cambios.
- ✓ Los proveedores no publican sus metodologías de trabajo.

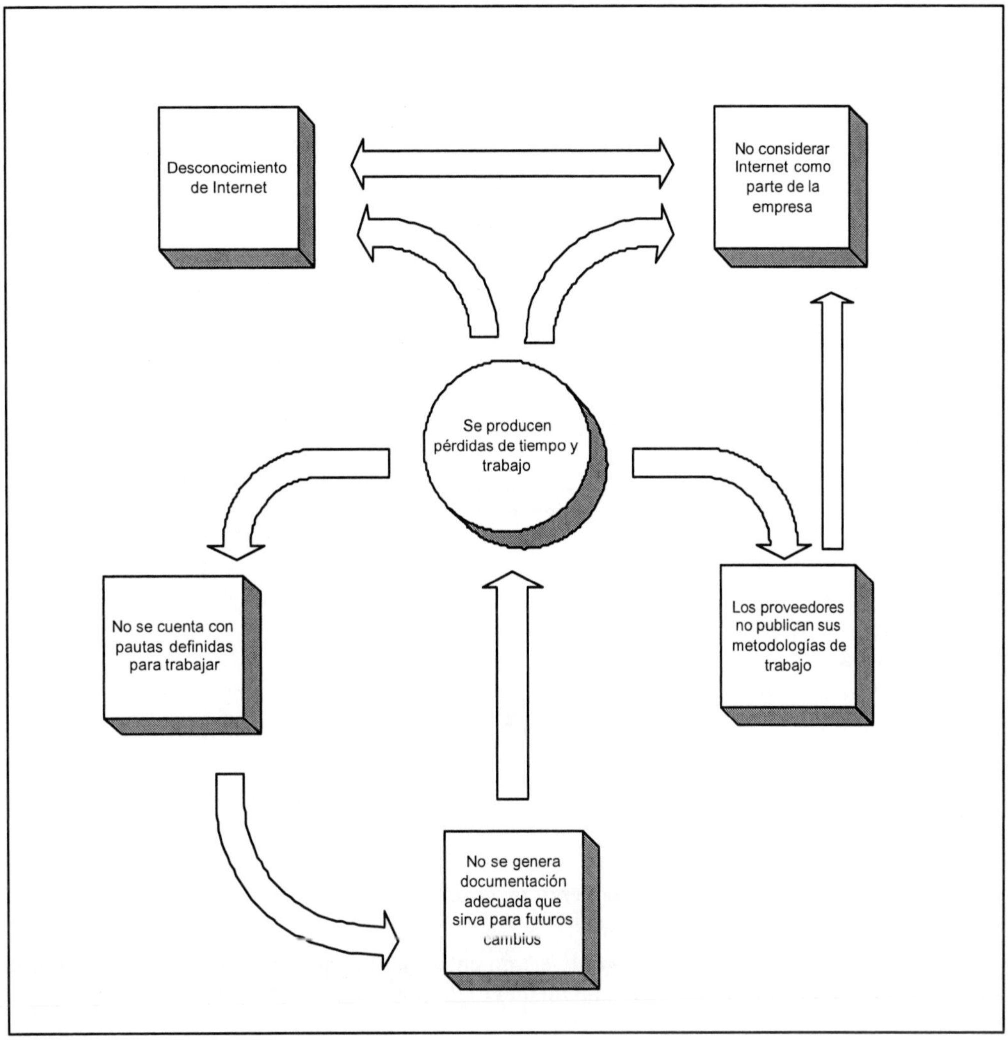

Figura 1: Relación de los problemas detectados

La falta de organización y de información son la base de estos problemas detectados y es debido a este análisis se decidió hacer una evaluación del mercado nacional, para ello se analizó los sitios Web de empresas nacionales proveedoras de servicios Internet.

Se analizó sitios de 238 empresas chilenas, cuya dirección se obtuvo de los buscadores Google y TodoCL y del portal Comunidad Informática. Los sitios fueron revisados en el orden generado por estas fuentes.

De los resultados obtenidos los más relevantes son:

- ✓ Sólo el 56% de estas empresas tenían publicada un URL.
- ✓ 42% tenía su sitio disponible (a diferencia de tener un solo URL sin un sitio).
- ✓ 82% de las empresas están localizadas en Santiago.
- ✓ 20% dan indicios de su metodología de trabajo.

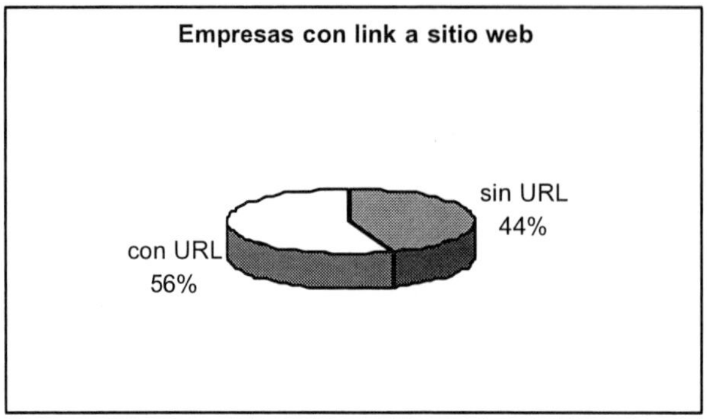

Figura 2: Fracción de empresas con sitio Web.

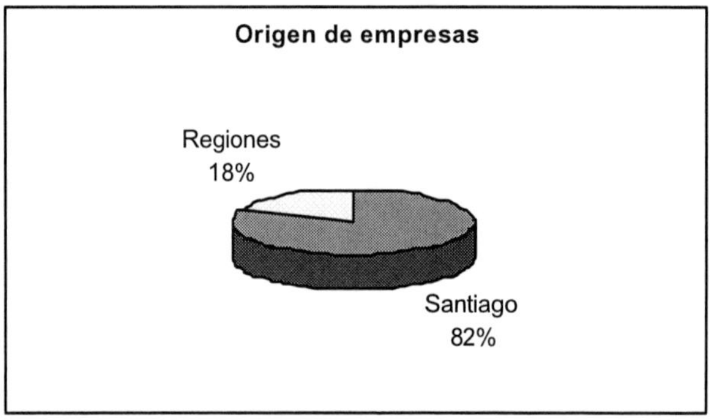

Figura 3: Ubicación de empresas proveedoras.

Un resultado algo inesperado es que muchas empresas no entregan información de contacto postal o telefónico, y usan un formulario Web como método preferido (si no único) de comunicación con sus prospectos.

Una implicación del estudio es que un cliente con poca familiaridad con Web (o Internet en general) no obtendrá mucha información por la mera búsqueda asistemática de sitios.

3. Características de la solución propuesta

El público objetivo de este trabajo son las PyMEs, por lo que se decidió empaquetar la información entregada usando un formato de folleto tríptico, con material primario resumido y con referencias a material más trabajado en un sitio Web ad-hoc. El contexto de uso de este material es una PyME en el proceso de escoger un proveedor de Web y de mantener una colaboración para crear un sitio Web propio. El espíritu del material escrito es introducir nociones claras de qué pedir y qué esperar pida la contraparte, enfatizando productos intermedios y criterios para juzgar calidad y efectividad de ellos.

Se generó dos folletos:

1. **"Cómo evaluar un proveedor de sitio Web para su PyME":** información que una PyME debiera conocer o esperar le entregara su proveedor.
2. **"Cómo evaluar un sitio Web":** información complementaria al primer folleto, con algunos consejos básicos para evaluar un sitio Web.

3.1 "Cómo evaluar un proveedor de sitio Web para su PyME"

A continuación se presenta el contenido del tríptico que se entregara a las Pymes con la información que al menos ellos debieran poseer o esperar de parte de su proveedor de servicio Web.

Introducción

Este tríptico ha sido diseñado para informar de los documentos que un proveedor debería entregar a una PyME para permitir evaluación de un sitio Web según las necesidades del negocio.

Del proveedor

El proveedor debe identificarse claramente y hacerse responsable por su producto. por lo tanto debe entregarle al menos la siguiente información.

- **Referencias (R):** ¿qué otros sitios ha hecho este proveedor? Sitios Web construidos para otros clientes. Si es parte de un sitio mayor, indicar qué parte se hizo.
- **Información propia del proveedor (IP):** descripción de empresa, misión, visión, personal encargado, tamaño, duración, etc.
- **Formas de contacto (FC):** ¿cómo contacto a este proveedor? Las personas responsables por este proyecto, y los medios para contactarlos (p.ej. formularios en su sitio Web, teléfono, dirección postal).

De la situación

Antes de comenzar a diseñar un sitio Web, se debe tener claro su propósito y objetivos. Si esto no se ha documentado previamente, el proveedor debe ayudar a elaborarlos y generar documentos que los describan.

- **Objetivos del negocio (ON):** ¿en qué consiste el negocio, y qué aspectos se quiere automatizar o potenciar?
- **Objetivos del sitio (OS):** ¿para qué se quiere tener un sitio Web? Típicamente es para reducir costos o para aumentar ingresos; por ejemplo, publicidad, captar nuevos clientes, vender directamente, informar a proveedores, atraer empleados, o alguna combinación.
- **Público objetivo (PO):** ¿a quién esta dirigido el sitio? Las audiencias deseadas del sitio determinarán el estilo y lenguaje a utilizar, y la información y recursos a entregar en el sitio. Esta definición puede incluir condiciones de acceso (p.ej. banda ancha o no, para discapacitados...), segmento etario y socioeconómico, etc.

De la solución

Una vez definidas las necesidades, el proveedor debe documentar lo que propone construir, en formatos que sean evaluables por el cliente:

- **Descripción del sitio (DS):** ¿cómo será el sitio cuando exista? Puede hacerse con maquetas, diagramas de flujo, diagramas de navegación u otros. Esta información es idealmente completa y consistente, comprensible por no-especialistas, y permite entender el impacto de cambios o ampliaciones al sitio.
- **Recursos requeridos (RR):** indican qué tecnologías serán requeridas tanto en los navegadores como en el servidor.

Del proceso

Antes de comenzar la construcción del sitio, el proveedor debe entregar información suficiente para que el cliente pueda monitorear el desarrollo.

- **Definición del proceso (DP):** el proveedor debe describir cómo y de que forma se llevará a cabo el desarrollo del sitio web, indicando las etapas y que involucran cada una. A continuación se identifican las más importantes.
- **Plan de entrega (PE):** ¿cuáles son las etapas del proceso?. El plan establece etapas y fija fechas de entrega (p.ej. con un calendario o carta Gantt). También puede indicar márgenes de atraso, y fechas y condiciones de pago.
- **Entregables(E):** ¿qué cosas serán recibidas? Propósito, audiencia y contenido de cada producto generado (documento, página...).
- **Plan de instalación (PI):** ¿como será instalado el sitio? Indicar si será instalado por el proveedor o por el cliente, y si lo será en las instalaciones del cliente o un "hosting" externo.
- **Nivel de interacción entre cliente y proveedor (NI):** Que tan en contacto se mantendrá el cliente con el proveedor durante el desarrollo del proyecto. Hasta que momento el cliente podrá solicitar cambios en los requerimientos sin que esto signifique nuevos costos. Se harán revisiones constantes o solo se hará una entrega final del proyecto.
- **Proceso de aceptación (PA):** Al momento de la entrega del sitio Web, entre el proveedor y el cliente se debe firmar un acuerdo de aceptación, este consiste en que el cliente da fe de recibir conforme el trabajo realizado. Para mayor información **ver folleto de aceptación.**
- **Soporte y mantención (S&M):** ¿qué apoyo tendré para operar y modificar mi sitio una vez entregado? Indicar si se dará soporte para operar al sitio, y si habrá mantención (cambios futuros).
- **Plan de capacitación (PC):** ¿cómo aprenderé a usar mi sitio? Indicar si será necesaria una capacitación presencial y su costo. Indicar el formato (papel o electrónico) del manual de usuario.

Esta información además puede ser complementada con una versión un poco más extensa del mismo, con la finalidad de que si quien lo lee quiere profundizar si información o algo no le ha quedado claro pueda hacerlo, este versión complementaria puede estar disponible en algún sitio Web por ejemplo.

3.2 "Cómo evaluar un sitio Web"

Esta información es complementaria a la información anterior y se hace referencia a ella en la sección Del Proyecto: **Proceso de aceptación**. Se plantean algunos consejos útiles al momento de querer hacer una evaluación rápida de un sitio por alguien que no tiene mucho conocimiento, pero que si puede evaluar algunos aspectos básicos para su buen funcionamiento.

Al momento de hacer recepción del sitio Web, el cliente debe verificar si este corresponde a lo que solicitó y si está en buenas condiciones, para luego poder dar su aceptación al sitio y recibirlo conforme. Pero al llegar a este punto es donde surgen nuevas dudas, ¿cómo evalúo el sitio?, ¿cómo sé que está correcto?

1.- Revisar concordancia con los requerimientos

Ya que durante la etapa de desarrollo se hizo un levantamiento de requerimientos, esta información está disponible, y por lo tanto el proceso consiste en verificar si el sitio se ajusta a los requisitos estipulados.

Por ejemplo, si se solicitó el uso de datos que varían con el tiempo, éstos deben aparecer en los lugares indicados, mantenerse actualizados y de la manera adecuada, también se debe verificar que están todas las secciones definidas, que los menús correspondan a la información que despliegan, entre otras.

2.- Aspectos de seguridad

- Si dentro del desarrollo se utiliza pequeños programas de apoyo a la aplicación (para llenar listas de datos , por ejemplo), que estos al ejecutarse no presenten errores, ni que el navegador indique algún error.
- Si se ha solicitado que alguna información sea tratada de manera segura, que esto realmente ocurra, ya sea con claves de acceso o sitio seguro según sea el caso.
- Si se presenta información que deba tener algún trato especial, ya sea de seguridad o fidelidad, esto debe hacerse notar, ya sea, mediante bloqueos de copias para las pantallas de despliegue, además del uso de servidor seguro.

3.- ¿Es "usable" el sitio?

- Que el sitio sea usable se relaciona con varios aspectos tanto del lado del usuario como también del funcionamiento del sitio mismo.
- Según las audiencias que se hayan definido, al navegar por el sitio, el usuario podrá obtener la información que quiere o le interesa y de no ser así debe contar con la ayuda apropiada para solucionar sus dudas, esto se logra a través de enlaces de ayuda o mensajes que indiquen posibles consejos.
- Del lado del funcionamiento del sitio, si hay animaciones, por ejemplo en flash, debe existir la posibilidad de saltar esta introducción, como también la de apagar la música. En todo momento sin importar en que parte se esta debe existir la posibilidad de volver a la página de inicio.
- Los enlaces deben ir a donde dice que van, no puede haber enlaces que estén rotos.
- Para un usuario no experto debe ser fácil tener acceso a la información y tener la opción de resolver pequeños problemas que le puedan aparecer durante su recorrido.
- Se debe mantener concordancia tanto en la ubicación de los contenidos como en los colores usados, para de esta forma acostumbrar al usuario.

4.- ¿Es eficiente el sitio?

- Esto se relaciona con los tiempos de respuesta y la utilización en distintos navegadores.
- Al cargar una página, esta no debe tardar más allá de lo que dura el interés del usuario, de lo contrario es muy probable que ese usuario simplemente abandone el sitio. (se considera un tiempo prudente a alrededor de 5 segundos).
- También es importante si el sitio es visible en más de un tipo de navegador, por ejemplo: Explorer, Netscape, Opera y/o Mozilla entre otros. De no ser así se debe saber porque ocurre esto y si es posible indicarlo en alguna parte del sitio.
- También se debe indicar si el sitio funciona bajo ambientes Windows y Unix/Linux o si se necesita instalar algún programa especial (plug-in) que permita la visualización.
- Las imágenes deben estar optimizadas para el uso en Web, para de esta forma evitar demoras en la carga de las páginas.

3.3 Comparación con Norma ISO

Una vez confeccionado el folleto instructivo "Cómo evaluar un proveedor de sitio Web para su Pyme", se procedió a la comparación de su contenido con respecto a alguna norma internacional, con la finalidad de demostrar su validez teóricamente. Y grande fue la sorpresa al encontrar sorprendentes semejanzas con la norma ISO 9001. La ISO 9001 se refiere al caso de una empresa que desee asegurar la calidad de los productos o servicios que provee a un cliente mediante un contrato. Abarca la calidad en el diseño, la producción, la instalación y el servicio postventa. En este caso su ámbito contemplaba los tópicos abarcados en el folleto, la ventaja de este es que está orientado al acceso vía Web lo cual no es así con la norma que es para empresas de productos y servicios en general.

La certificación ISO 9000 puede servir como un mecanismo de diferenciación para proveedores, particularmente en áreas de alta tecnología en que la alta calidad de los productos sea crucial; la certificación ISO 9000 puede ser una ventaja competitiva con algunos compradores.

El problema que presenta la certificación ISO es precisamente lo estricta que puede llegar a ser y lo costoso que significa su implementación, debido a que en algunas ocasiones incluso se puede requerir cambios en la estructura de la empresa o la forma de funcionar, lo cual finalmente repercute en que la empresa debe recuperar lo invertido lo que generalmente se traduce en alza de precios.

La ventaja de este folleto es que es una guía, una sugerencia de pasos a seguir, peroque se asemeja a la norma con lo cual da mayor confianza de que si se siguen las instrucciones el productos que se obtendrá debe cumplir con normas de calidad. Lo que se ha hecho es generar un documento que como se enfoca a Pymes (pequeñas y medianas empresas), no es tan riguroso en algunos aspectos y se enfoca en la parte principal que son que el producto obtenido sea de primera calidad.

Se sugiere revisar [7] para una mejor comprensión del ámbito de esta norma o ir directamente al sitio de la International Organization for Standardization (ISO - www.iso.ch), para verificar las semejanzas descritas.

4. Validación Empírica

4.1 Metodología

Para comprobar la utilidad de la información entregada se busco un método que nos entregara información lo mas precisa y para esto se definió hacerlo mediante consulta publica a aquellas personas que verían los efectos de este trabajo, es decir, los proveedores. Y porque se eligió a los proveedores y no a los clientes, pues por la razón que es el proveedor el que directamente ve los efectos al tener un cliente mas informado lo que le permite hacer un mejor trabajo y establecer desde un comienzo las responsabilidades de cada quien.

A los proveedores se les consultó por los efectos que esperarían obtener si esta información llegara a sus clientes (PyMEs).

La encuesta fue hecha vía Web y enviada mediante correo electrónico, con lo cual se esperaba que quien respondiera lo hiciera de manera anónima para que no sintiera presión alguna sobre sus respuestas.

Las direcciones de contacto de las empresas se obtuvieron de las empresas evaluadas en el punto 2 arriba y de NIC Chile (el "registrar" local).

4.2 Resultados obtenidos

La encuesta fue hecha entre el 3 y el 10 de enero del 2005, enviándose mensajes a 190 direcciones de contacto.

Como se indicó, esta encuesta estaba dirigida a los dueños de empresas proveedoras, por lo tanto las preguntas se dirigen a como verían ellos el efecto de que los clientes tuvieran estos conocimientos. Los proveedores se manifestaron a favor de que sus clientes (PyMEs) reciban esta información, y a la vez ven este estudio un intento de "profesionalizar el área"; es decir, creen que un mayor conocimiento de los clientes redunda en una capacidad para evaluar productos y proveedores, permitiendo identificar a aquellos que entreguen un producto o servicio de mayor calidad. Específicamente, una de las mayores ventajas concretas reportadas de tener clientes informados es la minimización de pérdidas de tiempo y conflictos al momento de firmar contratos.

Otro resultado muy interesante es que del total de empresas encuestadas, un 100% se manifestaron a favor de que algo se haga para mejorar las actuales condiciones de mercado en que operan, y específicamente evaluaron positivamente la creación de un folleto instructivo como el presentado.

5. Trabajos futuros

En lo que se refiere a futuros trabajos que se pueden realizar en esta área, este estudio se ha centrado en las PyMEs, por lo que ha quedado pendiente la realización de documentos similares, pero con mayor detalle y en un lenguaje distinto, más técnico. Posiblemente se puede recomendar metodologías de trabajo o herramientas para mejorar los desarrollos, lo cual a su vez implica que se tendrá que hacer pruebas para sustentar estas recomendaciones. Tamb ién un área que ha quedado fuera es el comercio electrónico, por ser considerado, para este análisis, como un caso especial de página Web, debido a que no todas las empresas están dispuestas en una primera etapa a entrar en esta área debido a la complejidad que podría significar o los posibles cambios que podría implicar en la forma de hacer sus ventas. Es muy posible que esta área también se tenga que hacer en versión para PyMEs y para Proveedores, por la justificación antes mencionada, el lenguaje, detalle y orientación de las explicaciones.

6. Conclusiones

Se observa que los problemas que presentan las empresas proveedoras es generalizado, la falta de entrega de información de estas empresas a sus posibles clientes es alta y esto se traduce en que estos clientes (PyMEs) continúen teniendo problemas pues no se les da mayor información que los pueda orientar. Las similitudes que se encontraron con la norma ISO 9001 son sorprendentes y demuestran que basándose en el conocimiento que da el estudio y el conocimiento del área son muy útiles para determinar que se necesita para poder obtener productos de buena calidad y que permitan que los sitios que se puedan producir no queden obsoletos en corto tiempo. En lo que refiere a los proveedores por la información por ellos entregada se entiende que quieren que la situación mejore, pero el falta el paso decisivo para concretar esta idea, quieren que sus clientes estén más informados, que sepan que es lo que quieren cuando se presentan ante ellos. Este es un proceso que no será rápido, sino que todo lo contrario que requerirá de la buena voluntad de ambas partes para que se logre una buena distribución de la información y más aun una buena re-educación en el uso de este tipo de tecnologías.

7. Referencias

[1] 110. CCS: Conectividad a Internet de las pymes llegará al 71% en 2006 (20.02.2003). http://www.economia.cl/economiafinal.nsf/Noticias?OpenForm&archivo&100 [last visited on 2005-01-17]

[2] Descripción de infoncentros. http://www.infocentros.gob.cl/AUSI/respaldo/coordinacion_1024/definiciones.htm [last visited on 2005-01-17]

[3] Página de Chile Innova. http://www.innovacion.cl/chileinnova/sec_chile.php?id_seccion=9 [last visited on 2005-01-17]

[4] "Internet y Pymes: Un amor incomprendido", Mauricio Cerón, Diciembre 2002. http://www.aige.cl/articulos/internet.htm [last visited on 2005-01-17]

[5] "Más que una cara bonita". Mauricio Cerón, Diciembre 2002. http://www.aige.cl/articulos/diseno_web.htm [last visited on 2005-01-17]

[6] Reflexión acerca de la aplicabilidad de metodologías de ingeniería de software en el desarrollo de sitios Web. Luis Herrera, Nov 2003. http://www.nosolousabilidad.com/articulos/importancia_metodologia.htm [last visited on 2005-01-17]

[7] Andrés Senlle, Joan Vilar, *ISO 9000 en empresas de servicios*, Ediciones Gestión 2000 S.A.

AUTHOR INDEX